# 바다가 삼킨 세계사

**일러두기**

1. 본문의 모든 인용문은 영문판 내용을 한국어로 옮긴 것입니다.
2. 본문의 괄호 안 글 중 옮긴이가 독자들의 이해를 위해 덧붙인 글에는 '옮긴이'로 표시했습니다. 이 표시가 없는 것은 원저자의 글입니다.
3. 본문에서 언급하는 단행본이 국내에서 출간된 경우 국역본 제목으로 표기했고, 출간되지 않은 경우 최대한 원서와 가깝게 번역하고 원제를 병기했습니다.
4. 책 제목은 겹낫표(『』), 편명, 논문, 보고서는 홑낫표(「」), 신문, 잡지, 카탈로그 등의 간행물은 겹화살괄호(《》), 그림, 노래와 같은 예술 작품의 제목과 TV 프로그램은 홑화살괄호(〈〉)를 써서 묶었습니다.


A HISTORY OF THE WORLD IN TWELVE SHIPWRECKS
Copyright ⓒ 2024 David Gibbins

Korean Translation Copyright ⓒ by Dasan Books Co., Ltd.
Korean edition is published by arrangement with Orion Publishing Group through Duran Kim Agency.

이 책의 한국어판 저작권은 듀란킴 에이전시를 통한
Orion Publishing Group과의 독점계약으로 ㈜다산북스에 있습니다.
저작권법에 의하여 한국 내에서 보호를 받는 저작물이므로
무단전재와 무단복제를 금합니다.

# 바다가 삼킨 세계사

A History of the World in Twelve Shipwrecks

**12척 난파선에서 발견한 3500년 세계사 대항해**

데이비드 기빈스 지음 ― 이승훈 옮김

다섯
조탕

### 이 책에 쏟아진 찬사

바다는 언제나 인류 역사에서 가장 치열한 현장이었다. 그러나 우리는 그 바닷속에 어떤 비밀이 숨어 있는지 거의 알지 못했다. 이 책은 짜디짠 바닷바람을 맞으며 전 세계를 누빈 인류의 숨겨진 이야기를 들려준다. 평생 난파선을 좇아온 세계적 수중고고학자인 저자는, 육지와 바다를 온몸으로 넘나들며 바닷속 깊은 곳으로 사라진 역사의 한 조각을 건져 올린다.

수중고고학은 삽 대신 산소통을 메고, 열사병 대신 잠수병을 걱정해야 하는, 고고학 중에서도 결코 만만치 않은 분야다. 그 미지의 세계로 우리를 이끄는 여정을 따라가다 보면, 바다가 얼마나 많은 이야기를 품고 있었는지를 새삼 깨닫게 된다. 이 책은 그 숨겨진 이야기들을 가장 매혹적으로 전하는 기록이라 할 만하다.

우리나라의 삼면이 바다인 만큼, 이 책은 우리에게 더욱 특별하게 다가온다. 700년 전 침몰한 신안 보물선처럼 수많은 유적이 바닷속에서 발견되고 있지만, 수십 년간의 노력에도 우리는 아직도 임진왜란의 상징인 거북선의 흔적조차 찾지 못했다. 그런 점에서, 바닷속을 향해 집요하게 잠수하는 저자의 이야기는 단지 고고학을 넘어서 한 인간의 위대한 집념을 보여주는 듯하다. 아무도 들어본 적 없는 새로운 역사 이야기가 펼쳐지는 이 책을, 여러분 모두에게 자신 있게 추천한다.

_강인욱(고고학자)

지금껏 우리가 보지 못했던 새로운 각도와 더 넓은 맥락 속에서 역사를 바라보는 그의 시선은 무역과 전쟁에 대한 우리의 생각을 변화시킨다.

_데이비드 아불라피아(케임브리지대학 지중해사 교수, 『지중해 세계사』 저자)

바다 내음이 물씬 풍기는 방식으로 세계 역사를 재구성한다. 통찰력 있게 짜여 있으며, 눈길을 사로잡는 이야기가 아름답게 그려져 이 책에 빠져들 수밖에 없다.

_멘순 바운드(수중고고학자, 『빙하의 배(The Ship Beneath the Ice)』 저자)

이 책은 상실의 신비, 발견의 낭만, 난파선이 간직한 순간을 포착하는 감각에 푹 빠진 모든 사람의 소중한 책이 될 것이다.

_팀 스밋(고고학자)

역사에 대한 우리의 생각을 변화시킬 놀라운 책이다. 매력적이고 아름답게 쓰였으며 흠잡을 데 없이 연구되었다. 세계사 그 너머의 세상을 보여주는 최고의 책이다.

_앨리스 로버츠(인류학자, 『조상(Ancestors)』 저자)

3000여 년에 걸친 대담한 여행. 풍부한 생각의 길을 열어주는 흥미진진한 책!

_《월스트리트 저널》

역사의 바다를 거침없이 항해한다. 전 세계의 고고학 현장을 누비는 저자는 수중고고학과 중세 중국 시의 인용문 사이를 경쾌하게 넘나든다. 생동감 넘치고 흠잡을 데 없이 잘 쓰였다.

_《퍼블리셔스 위클리》

역사적 지식과 모험심을 대범하게 결합했다. 방대하고 집요하게 인류의 역사를 망라한 흥미롭고 도전적인 책이다.

_《커커스 리뷰》

강력하다. 바다에 시선을 돌려 새로운 역사적 관점이 필요하다는 점을 상기시킨다. 역사를 향한 도전적이고 실용적인 그의 접근 방식은 현재에 딱 들어맞는다.

_《이코노미스트》

놀랍다! 끝없이 흥미롭고 풍부하고 상세하며 매혹적인 이야기로 우리의 마음을 사로잡는다. 아름다운 글이다.

_《아이리시 인디펜던트》

기빈스의 놀라운 연구는 역사 속에서 우리 세계가 어떻게 발전했는지에 대한 더 깊은 관점을 제공할 것이다.

_《북리스트》

저자가 발견한 보물과 그것이 드러내는 이야기에 깜짝 놀랄 준비를 해야 할 것이다.

_《타임스》

매혹적이다.

_《언신히스토리》

차례

이 책에 쏟아진 찬사 · 04
프롤로그 역사의 풍부한 옆길을 열어주는 바다 · 12

### 1장
**기원전 16세기(청동기) 인류의 항해가 시작되다** · 18

선사시대 무역선이 대륙을 연결하다 ⛵ 도버 보트 · 20

### 2장
**기원전 14세기(후기 청동기) 물자가 모이고 흩어지다** · 48

파라오 투탕카멘을 위한 황금 ⛵ 울루부룬 난파선 · 50

### 3장
**기원전 5세기(철기) 도시국가의 번영과 몰락** · 90

철학자들을 위한 포도주 ⛵ 텍타쉬 난파선 · 92

### 4장

**2세기(로마제국 전성기) 권력의 길을 닦다**     126

물자와 사람을 빨아들이는 대제국 ⚓ 플렘미리오 난파선     128

### 5장

**6세기(초기 비잔티움) 천상의 빛을 지상으로**     170

오직 신을 위한 항해 ⚓ 마르자메미 난파선     172

### 6장

**9세기(이슬람 황금기) 요람에서 무덤까지 진리를 탐구하다**     208

당나라와 바그다드를 오간 푸른 염료 ⚓ 벨리퉁 난파선     210

### 7장

**11세기(바이킹 시대) 생존을 건 위대한 도전**     246

침략자이자 탐험가였던 바이킹족 ⚓ 바이킹 롱십     248

## 8장

### 1545년(대항해시대) **절대왕정의 시대를 열다**　　　　　　　　　　**280**

왕을 대신해 든 깃발　⚓　메리 로즈호　　　　　　　　　　　　　**282**

## 9장

### 1667년(황금 시대) **세계 경제를 재편한 네덜란드 동인도회사**　**324**

평범한 사람들의 야심을 싣고 떠나다　⚓　산토 크리스토 디 카스텔로호　**326**

## 10장

### 1721년(계몽주의) **합리성의 그림자**　　　　　　　　　　　　　**366**

황금, 해적, 노예무역　⚓　로열 앤 갤리호　　　　　　　　　　　**368**

## 11장

### 1845년(산업혁명) **운명을 건 모험**　　　　　　　　　　　　　**418**

지구 끝을 탐험하다　⚓　HMS 테러호　　　　　　　　　　　　　**420**

## 1941(제2차 세계대전) 압도적 열세를 뒤집은 힘 464

전쟁의 소용돌이 한 복판에서 ⚓ SS 게어소파호 466

**에필로그** 고고학은 위대한 문서를 드러내는 일 513

프롤로그

# 역사의 풍부한 옆길을 열어주는 바다

프랑스 역사학자 페르낭 브로델(Fernand Braudel)은 『지중해: 펠리페 2세 시대의 지중해 세계』에 "바다는 과거 존재를 기록한 가장 위대한 문서"라고 썼다. 1949년에 이 책을 처음으로 출간했을 때만 해도 그는 이 말이 얼마나 진실에 가까운지 알지 못했을 것이다. 그보다 몇 해 전에야 자크 쿠스토(Jacque Cousteau)와 에밀 가냥(Emile Gagnan)이 애퀄렁(aqualung), 즉 자급식 수중 호흡기(스쿠버)를 완성했고, 잠수사들은 이제 막 이 장비를 이용해 해저 탐사를 시작했기 때문이다. 얼마 지나지 않아 프랑스 남부 해안에서 포도주와 고급 도기를 가득 실은 로마 시대 선박이라는 놀라운 유물이 발견되었고, 전 세계 곳곳에서 탐사가 이루어졌다.

1960년 튀르키예에서 청동기시대 난파선이 발굴되면서 고고학자들은 수중에서도 과학적 기록이 가능하다는 확신을 갖게 되었다. 1년 뒤인 1961년에는, 1627년에 건조된 스웨덴 국왕 구스타부스 아돌푸스(Gustavus Adolphus)의 기함 바사호가 스톡홀름 항에서 인양되었다. 이 사건은 난파선이 수중에서 놀라울 정도로 잘 보존될 수 있음을 보여주었다.

그 뒤로 60년이 흐르며 지중해 지역에서만 고전기 난파선 2000척이 발견되었는데 전 세계, 전 시대로 범위를 넓히면 수천 척에 이를 것이다. 이렇게 생긴 새로운 학문 분야는 고고학에 새바람을 불어넣어 19세기와 20세기 초 여러 육상유적 발굴과 맞먹는 놀라운 발견을 가능하게 했다. 이제 우리는 더욱 흥미진진한 방법으로 과거를 되살리고 있다.

이 책은 난파선 이야기에만 그치지 않는다. 난파선을 도약대로 삼아 더 넓은 맥락에서 역사를 들여다보고자 한다. 앞서 언급한 브로델은 역사를 보는 한 가지 구조를 제안했다. 통상적 역사의 '서사적 사건'과 더 폭넓은 맥락에서의 '시대' 혹은 '시기', 그리고 그러한 사건에 영향을 받지 않는 것으로 보이는 경제활동이라는 '배경'을 구분하자는 것이다. 난파선은 이 모든 층위의 역사에 접근할 특별한 길을 열어준다.

일반적인 고고학 유적지와 다르게 한 가지 사건만 대변한다는 점에서 난파선은 특별한 유물이다. 난파선에서 발견된 물건들은 침몰 당시 사용되던 것이라 꽤 정확한 연대측정을 할 수 있다. 다른 증거를 통해서는 흐릿하게 보이는 것도 여기서는 명확하게 보이며 새로운 통찰을 얻을 방향을 제시한다.

이집트 파라오 투탕카멘 시대의 상인이건, 기원후 2세기에 로마로 가던 안과의사건, 남중국해에서 황금을 찾던 페르시아인 선장이건, 헨리 8세 시대의 궁수건, 암스테르담에서 귀중한 작품을 배에 실은 위대한 화가건, 종말을 눈앞에 둔 북극탐험가건, 북대서양에서 어뢰에 맞은 배의 마지막 생존자건 우리는 과거의 인물에 확실한 감정이입을 할 수 있다. 휘황찬란한 황금과 잃어버린 보물도 그렇지만 사람들의 이야기를 전하는 유물 덕에 난파선은 매우 흥미진진한 사건을 마주하는 곳이 된다. 보잘것없는 항아리 조각조차 과거에 대해 완전히 새로운 관점을 열어준다.

나는 아주 어린 시절부터 난파선과 잠수에 마음을 빼앗겼고 결국 이 책까지 출간하게 되었다. 여섯 살 무렵 부모님과 함께 영국에서 뉴질랜드까지, 가까운 항로가 아닌 먼 항로를 택해 세계 일주를 했던 기억이 생생하다. 그때 나는 《내셔널 지오그래픽》에 실린 수중 탐사 기사나 자크 쿠스토의 영화와 책에 빠져들었다. 뉴질랜드에 있는 동안에는 의욕이 앞서 직접 장비를 만들어 스노클링을 시도하기도 했다. 무엇보다 나에게 가장 큰 영향을 준 사람은 바로 나의 할아버지였다. 할아버지는 옛 동인도회사의 전통을 이어받은 배에서 선장을 지내셨다. 퇴직할 때까지 277만 킬로미터 이상을 항해한 그는 전 세계 바다를 누비는 선장과 상인을 배출한 전통 있는 가문 출신이다.

영국과 캐나다를 오가며 자라온 나는 어린 시절에 선사시대 유적지에서 처음으로 고고학적 유물을 발견하기도 했다. 8000년 전에 부싯돌로 만든 창촉을 발견한 것이다. 열네 살 때는 고고학 현장 실습에서 스노클로 잠수해 19세기 병을 발굴함으로써 성공적인 첫 수중 발굴 프로젝트를 수행해 내기도 했다. 그 후 나는 17세기와 18세기에 모피를 얻고 새로운 땅을 찾기 위해 카누를 타고 숲과 개울을 헤쳐 간 보야저(Voyageur)의 경로를 되짚어 보기도 했다. 이런 경험 때문에 평생에 걸쳐 북아메리카 초기 개척 연구에 몰두해 왔는지도 모른다.

열다섯 살 무렵이었던 1978년 여름, 잠수 자격증을 받아 휴런(Huron)호에서 처음으로 난파선 탐사를 했을 때의 흥분이 지금도 생생하게 기억난다. 잠수복으로 스며든 물의 냉기, 수면 아래로 내려갈 때 호흡 조절기가 쌕쌕거리던 소리, 바위 위에 펼쳐진 거의 100년 된 목제 난파선의 잔해. 내 앞에 차원이 다른 역사가 펼쳐졌다. 내가 본 것 같은 선박들은 오대호의 위험한 수역과 내륙수로를 오가며 북부 삼림지대에서 벌목된 재목과 여러 원자재를 남쪽으로 수송하고 있었다. 이 목재는 대서양을 건너 영국 해군 조선소에 공급되어 나폴레옹을 격파하고 19세기의 해양 번영을 가져온 함선을 만드는 데 쓰였다. 나중에는 나의 형제 앨런과 함께 온타리오호에서 건조된 전함 여러 척에 잠수해 보았다. 이 전함들은

1812년에 미영전쟁이 발발했을 때 영국령 북아메리카를 수호한 함대의 일원이었다. 오대호 난파선을 통해 얻은 폭넓은 역사적 캔버스는 내 머릿속 깊은 곳에 남아 이 책에서 소개된 난파 유적에 대한 접근법에서도 드러난다. 그때 나는 배의 구조와 이들을 만든 자재를 보면서 멀리 떨어진 유럽에서 일어난 사건 및 지정학적 역학과 연결하고, 이 배에 탑승한 사람들과 이들의 사망에 영향을 받은 사람들의 생을 탐구했다.

바닷속 탐험을 하기 위해서는 위험을 감수해야 한다. 잠수 자격증을 얻은 이듬해 처음으로 얼음 밑으로 잠수해 친구와 함께 침수된 광산에 들어갔다가 하마터면 죽을 뻔했다. 갑자기 산소 공급이 끊겼고 전등도 떨어뜨렸다. 우리는 칠흑 같은 어둠 속에서 호흡 조절기 하나를 나누어 쓰며 그곳을 무사히 탈출할 방법을 찾아야 했다. 그나마 우리 둘 모두 이런 위기 상황에서 어떻게 대처해야 하는지 훈련을 받았고, 갱도의 좁은 구역에서 서로 얼굴을 맞대고 있었기 때문에 겨우 살아남을 수 있었다. 몇 년 뒤에 나는 영국 주간지 《선데이 타임스》에 이 기억을 글로 남겼다. 이런 경험 덕분에 오늘날 남들보다 조금 더 나은 잠수 능력을 갖게 된 것 같다고 말이다.

고등학교를 마치고 영국 브리스틀대학에서 고고학 학위과정을 밟았다. 내가 탐험했던 유적지는 대부분 19세기 난파선이었다. 때로는 오대호의 '죽음의 구역'에서 30미터 이상의 깊이까지 잠수하기도 했다. 그리고 1981년 여름에는 어릴 적부터 간절히 탐험하고 싶었던 지중해의 고전기 난파선에 잠수해 꿈을 이루기도 했다.

이 책에서 소개하는 난파선 중 절반 이상은 수중고고학자로 살아온 내가 직접 발굴했거나 잠수해 살펴봤던 것들이다. 지중해, 영국 근해를 거쳐 세계 각지의 바닷속까지, 고전기부터 17세기의 대항해 시대를 거쳐 제2차 세계대전까지, 이 선박들은 학창 시절부터 지금까지 내가 매혹된 역사라고 할 수 있다. 그래서 이 책은 고고학자이자 역사가로 거듭난 나의 삶을 반영한다.

난파는 묵시적으로 재앙 같은 사건이지만 항해는 삶을 긍정하는 행위다. 바다로 향하는 위대한 도전에는 언제나 위험이 따른다. 하지만 항해가 주는 풍부한 경험과 수평선 너머 어딘가에 있는 값진 보상이 우리를 끌어들인다. 수중고고학은 몰입할 준비가 된 사람에게 역사의 풍부한 옆길을 열어주는 모험이다.

난파선은 새로 발견된 땅이나 마찬가지다. 이곳에서는 모든 편견을 버려야 한다. 이곳에서 발견된 어떤 것도 평가절하해서는 안 된다. 내게 난파선 연구는 찰스 다윈(Charles Darwin)이 HMS 비글(Beagle)호 항해에서 경험한 "즐거움과 놀라움을 안겨주는 완벽한 허리케인"과 비슷하다. 이 책을 읽는 독자 여러분이 내가 느끼는 떨림의 일부라도 느낄 수 있기를 바란다.

기원전 16세기(청동기)

1장

# 인류의 항해가 시작되다

# 선사시대 무역선이 대륙을 연결하다

 도버 보트

    1992년 9월 28일, 유명한 석회 절벽이 펼쳐진 영국 남부의 항구도시 도버(Dover)에서 인상적인 유물이 발견되었다. 도로 표면 아래 6미터 지점에서 폭우용 배수펌프 수직 관로를 파던 노동자들이 고대 목재를 발견했다. 고고학자들은 즉시 굴착 작업을 중단시키고 아래로 내려갔다. 이 목재는 중세의 마을 성벽과 고대 로마 시대의 목제 방파제보다 더 밑에 있었다. 방파제는 로마 함대가 도버를 기지로 삼아 대서양과 북해를 잇는 영불해협을 순찰할 때 지어졌다. 그러니 이 목재들은 최소 로마인들이 도착하기 2000년 전인 철기시대의 유물이라는 뜻이었다. 고고학자들은 눈앞의 유물이 보트의 잔해일 뿐 아니라 그 보트가 잉글랜드 북부에서 파편으로 발견된 청동기시대 선박과 비슷한 기법으로 만들어

졌다는 걸 깨달았다. 그들은 영국 선사시대 연구에 아주 중요한 유물이 발견되었다는 건 알았지만, 당시에는 이 보트가 세계에서 가장 오래된 항해용 선박으로 판명되리라는 것은 예상하지 못했다.

도버 보트를 발견한 이들은 캔터베리 고고학 재단(Canterbury Archaeological Trust)에서 온 고고학자들이었다. 해안 도로에서 도버를 가로지르는 도로에 대한 접근성을 높이려는 공사가 재개되기 전까지 시간이 별로 없었다. 떡갈나무 판자 4개로 이루어진 이 보트의 단면은 길이가 6미터에 달했다. 바닥 판자 두 장은 판자 가장자리를 따라 길게 솟은 부분(Rail)과 고정용 클리트[Cleat: 밧줄 등을 고정하기 위해 귀 모양으로 불룩 솟는 부분 - 옮긴이]에 쐐기와 가로 늑골을 끼운 복잡한 시스템으로 짜맞춰졌고 양쪽 측면의 판자는 가장자리에 뚫은 구멍에 주목의 가늘고 유연한 실가지를 꿰어 연결되었다. 수직으로 두 번째 굴을 파고 들어가자 선미를 포함해 3.5미터 길이의 보트 일부가 발견되었다. 보트가 매장된 곳은 해안에서 200미터 떨어진 곳이었고 보트의 일부는 건물 쪽으로 뻗어 있어서 건물 가까이까지 파는 것은 너무 위험했다. 그래서 보트의 반대편은 지금도 여전히 도로 밑에 묻혀 있지만, 그 굴을 통해 모습을 재구성할 수 있었다. 선수 혹은 선미로 여겨지는 보트의 한쪽 끝을 발굴해 보니 이 보트가 버려졌을 때 판자 1개가 의도적으로 제거된 흔적이 남아 있었다. 그리고 측면 판자의 위쪽을 따라 구멍 자국이 뚫려 있었다. 그건 그 위에 연결되었던 다른 판자가 제거되었다는 증거였다.

　보트는 선사시대에 도버를 관통해 흐르던 강의 밑바닥 진흙 덕분에 산소가 차단되어 잘 보존되었다. 그러나 무사히 인양하기에는 너무 연약해진 탓에 발굴단은 보트를 몇 부분으로 절단하기로 결정했다. 발견부터 전체 작업이 완료되기까지는 3주가 조금 넘게 걸렸다. 고난도의 발굴치고는 상당히 빨리 끝났는데, 개발업자들이 도버의 여객선 항구를 통해 영불해협을 오가는 교통에 지장이 생긴다고 압박했기 때문이다.

　목재가 공기에 노출되면 바싹 말라 부서지고 박테리아에 의해 손상될 수도 있다. 따라서 선박 목재 보존 분야에서 영국 최고의 전문가 집단인 포츠머스의 메리 로즈호 재단(Mary Rose Trust)이 목재 보존 작업을 담당하기로 했다. 도버 보트의 자재들을 목재의 세포 구조를 강화하는 액체 왁스인 폴리에틸렌글리콜에 16개월간 담갔다가 냉동 건조시켜 자재에 남은 수분까지 모두 제거했다. 목재에는 방사성 동위원소인 탄소-14가 포함되어 있다. 시료를 채취해 연대를 측정한 결과, 이 보트는 기원전 1575~1520년경 건조되었을 확률이 95퍼센트라는 결과가 나왔다. 나무의 나이테로 연대를 측정하는 수목연대측정법(Dendrochronology)에 따르면 목재의 연대는 기원전 1589년이었다. 이것은 이 목재를 만든 나무가 영국 청동기시대 중반, 즉 영국제도에서 청동 제련이 처음으로 나타난 기원전 2300년과 유럽과 지중해에서 철기 기술이 도래한 기원전 800년 사이에 벌목되었다는 뜻이다. 신석기시대의 스톤헨지와 메이든 성[Maiden Castle: 영국 도싯에 있는 철기시대 요새 유적 – 옮긴이] 같은 기념비적 건축물 사이에 낀 중기 청동기시대는 그 전후에 비해 덜 주목받는 시대다. 그러나 이 시대 사람들은 농지를 개간하고 경작 시스템을 개발했을 뿐 아니라 기술 발전과 무역 사업, 먼 지역과의 교류에도 엄청난 노력을 기울였다는 것을 이 도버 보트가 생생하게 증명해 준다.

## 이 배가 바다를 건너갔을까?

도버 보트를 재조립하여 박물관에서 전시하기 시작한 1999년쯤에는 고대 선박의 건조 방법을 더 잘 이해하게 되었다. 연구자들은 청동기시대에 사용하던 도구를 재현해 보트의 일부분을 실물 크기로 복제했다. 이를 통해 보트를 제작했던 당시의 상황도 유추해 볼 수 있었다. 보트를 완성하는 데 10명이 한 달 정도 제작에 참여했으며 보트에는 높이가 최소 30미터인 떡갈나무 세 그루의 목재가 필요했을 것이다. 벌목과 목재 가공은 구리나 부싯돌보다 우수한 청동 도구의 덕을 크게 보았다. 날을 날카롭게 유지하기에 구리는 너무 물렀고 부싯돌은 깨지기 쉬웠기 때문이다. 완성된 보트는 길이 약 18미터에 폭 2.5미터, 무게 8톤 정도였을 것이다.

판재 결합법을 연구한 결과, 도버 보트는 현존하는 것으로는 당시 세계에서 가장 발전한 목공 기술을 보여주는 유물임이 드러났다. 튼튼하고 내구성이 좋았던 도버 보트는 강과 해안을 따라 물자를 수송하는 데 적합했을 것이다. 선체에 수리된 흔적도 남아 있는데, 이건 보트가 실제로 사용되었다는 사실을 뒷받침해 준다. 그런데 과연 이 보트가 실제로 대양을 가로질렀을까? 그건 절반 크기의 복제품을 만들고 나서야 확실해졌다.

2013년 9월 7일, 도버항에서 복제품 보트로 시험항해를 했다. 보트는 파도와 너울을 쉽게 타고 넘었고, 여덟 명의 노잡이는 노를 저어 순조롭게 전진했다. 원래 크기대로 건조했다면 노잡이는 16~20명 정도가 필요했을 것이며, 승객 서너 명과 화물 3톤 정도를 실어 나를 수 있었을 것이다. 같은 해에 팔머스(Falmouth)항에서 건조된 또 다른 청동기시대 선박의 실물 크기 복제품으로 한 시험항해의 결론도 비슷했다. 조수, 해류와 바람에 대한 지식이 있으면 영불해협을 건너 장거리 항해에 나서 발트해나 비스케이(Biscay)만까지 가는 것도 가능했을 것이다.

평평한 선체 바닥은 로마 시대부터 유지된 북서유럽 선박의 특징이다. 그 덕에 조수 간만의 차가 큰 해안에서도 이 배는 똑바로 설 수 있었을 것이다. 청동기시대에 이미 인류가 바다로 항해했음을 알려주는 이 실험을 통해 우리는 당시의 교역과 통신을 완전히 새로운 관점에서 볼 수 있게 되었다. 당시 영불해협은 교류를 가로 막고 단절시키는 장애물이라기보다는 사람, 상품, 문화가 쉽게 오가던 통로였던 것으로 보인다.

도버 보트는 꿰맴식 보트(Sewn Boat)다. 꿰맴식 판재 결합법은 가장자리를 따라 구멍을 뚫고 그 구멍에 식물성 섬유를 느슨하게 뗀 다음 확 잡아당겨 단단히 묶은 후 이끼로 방수 처리하고 배의 골격을 이루는 늑재와 널빤지를 부착하여 배를 완성하는 방법이다. 오늘날 오만, 스리랑카, 남인도를 비롯해 전 세계 여러 곳에서 여전히 이 방식으로 보트를 만든다. 영국에서 발견된 실물 보트 중 가장 오래된 건 험버강 하구의 페리비에서 파편으로 발견된 보트다. 가속질량분석기(AMS, Accelerator Mass Spectrometer)를 이용한 방사성 탄소 연대측정 결과, 이 파편은 기원전 2030년의 것이었다. 그 말은 초기 청동기시대 이후 영국에서 계속 사용된 이 기법이 남서부 지역에만 한정된 것이 아니라는 뜻이다.

같은 종류의 배 중에서 실물이 발견된 가장 오래된 선박으로는 기자의 대피라미드에서 발견된 기원전 2500년의 호화로운 파라오 쿠푸(Khufu)의 배를 비롯해 기원전 3000년대 고대 이집트의 태양선(Solar Barque)이 있다. 태양선은 고대 이집트인의 신앙에서 태양신이 낮과 밤에 타고 다닌다고 믿던 배다. 사후 태양신과 영혼의 세계를 함께하기 위해 부장품으로 만들어졌다는 해석이 가장 유력하다. 피라미드 근처에 묻힌 이 배의 늑재는 아프리카 띠풀(Esparto Grass)로 만든 밧줄로 꿰매져 있다. 아비도스에서 발굴된 어떤 보트는 왕조시대 극초기인 기원전 3000년에 제작된 것으로 추정되는데 판재로 만든 것으로는 세계 최고(最古)의 선박이 되었다. 이 배들은 나일강에서만 사용된 의식용 보트였지만, 지중해나 홍해를 항해한 다른 이집트 선박도 같은 기법으로 제작되었을 것이다. 그렇더라도 꿰맴식 판재 결합법은 이집트에서 기원한 것이라기보다 여러 지역에서 동시에 나타난 혁신이었다고 볼 수 있다.

역사의 상당 부분은 한 곳에서 기원한 생각이 다른 곳으로 확산한 결과로 설명되지만 어떤 혁신은 각 지역에서 독립적으로 발생한다. 이 기법이 그렇다. 지리적으로, 문화적으로 크게 분리되었지만 같은 문제와 씨름하던 사람들이 같은 창의성을 발휘해 비슷한 해법을 도출해 냈다. 인류는 점차 주변 수역을 넘어 더 큰 대양으로 나아갔다. 이를 위한 선박과 더 나은 항해 지식, 그리고 그 혁신을 더욱 확산시킬 교역망도 필요해졌지만, 아직 그건 먼 미래의 일이었다.

### 청동이 일으킨 일상의 혁명

도버 보트 위에 쌓인 파편과 인공물은 층을 이루고 있었다. 보트가 묻혔을 때부터 엄청나게 많은 시간이 흘렀다는 뜻이다. 도버 보트는 영국에서 발견된 그다음으로 오래된 배보다 1500년, 서튼 후에서 발견된 앵글로색슨 시대 배보다 2000년, 바이킹 시대보다 2300년 앞선 배다.

브리튼섬에 초기 인류가 도착한 건 거의 100만 년 전이다. 이들이 건너오는 데 사용했던 육교[Land Bridge: 바다를 사이에 둔 지역을 연결하는 지협—옮긴이]는 6000년 전에 이미 빙하가 녹아 해수면이 올라가면서 수몰되었다. 따라서 고대 근동의 비옥한 초승달 지대(Fertile Crescent)에서 농업이 시작된 지 5000년 뒤인 기원전 4000년경에 농업 기술을 가지고 건너온 이민자에게 항해는 필수였다. 그리고 기원전 2300년경에는 청동을 만드는 구리와 주석 제련 기법을 알았던 다른 이민자들이 왔다. 밖으로 뒤집힌 독특한 종 모양의 유물을 남겨 비커 민족(Beaker Folk)으로 불리는 이들은 전쟁 때문에 유럽의 고향에서 쫓겨났던 것으로 보인다. 이들은 청동 기술로 무기를 개선해 전쟁을 하기도 했고, 나무를 파거나 동물 가죽으로 만들었던 더 오래된 방식의 보트를 개량하는 데 필요한 도구를 만들기도 했다. 이 이민자가 남부 브리튼섬에 남았던 신석기인을 대체하고 도버 보트를 만든 이들의 조상이 되었을 것으로 추정된다.

영국 청동기시대가 남긴 가장 뚜렷한 증거는 남부 고지대에 산재한 수많은 원형 고분이지만 이 시대가 후대에 미친 가장 큰 영향은 농업의 확장과 확립이었다. 이들은 신석기인처럼 기념물을 세우거나 토목 공사를 하는 데 에너지를 쏟는 대신, 들판을 정리하고 광범위한 경작 시스템을 만들기 시작했다. 발전한 청동 기술로 더 튼튼하고 날카로운 도끼도 만들고 목재를 깎고 다듬는 데 사용된 여러 도구를 개발해 목공 기술이 꽃폈다. 이런 관점에서 보면, 도버 보트는 당시 목재 가공술의 독창성과 정교함을 엿볼 수 있는 열쇠다. 청동기시대를 규정하는 또 다른 특징은 해외 교역과 교류의 확장이다. 이민자를 조상으로 두었던 청동기인들이 교역이나 혼인, 혹은 다른 일을 위해 영불해협을 건너 유럽대륙으로 다시 돌아감으로써 사회적 유대를 강화하고 문화와 사상을 확산하는 통로가 만들어졌다.

    도버 보트가 제작되었을 때 인류는 역사상 손꼽히는 거대한 규모의 화산 폭발로 대전환을 맞이했다. 폭발로 인해 에게해의 화산섬 테라[오늘날의 산토리니 – 옮긴이]섬이 분화해 섬의 청동기 정착지를 파괴하고 크레타섬의 미노아 문명에 치명상을 안겼다. 이 사건은 그로부터 1000년 뒤에 플라톤이 말한, 바다에 수몰된 아틀란티스 문명 이야기의 기반이 되었을지도 모른다. 그때 이집트에서는 고대 이집트의 무덤 유적지인 왕가의 계곡(Valley of the Kings)에 처음으로 묻힌 제18왕조 파라오 투트모세 1세(Thutmose I)가 자신의 통치권을 나일강 제4폭포에서 유프라테스 강변의 카르케미시까지 확장해 이집트 역사상 최대 제국을 만들었다. 7000킬로미터 동쪽, 황하 계곡에서 성립 중이던 중국 상(商) 왕조의 서기들은 처음으로 한자로 된 기록을 남기고 있었다. 지구 반대편에서는 메소아메리카 지역에서 번성했던 고대 문명 올멕(Olmec)인이 멕시코 열대 저지대에서 번영하면서 높이 3미터, 무게 50톤에 달하는 거대한 석제 두상을 조각하고 있었다. 이것이 도버 보트가 만들어졌을 때의 모습이다. 이러한 고대 문명은 전체 그림의 일부만을 차지할 뿐이다. 당시 북극에서 북아메리카, 아프리카와 폴리네시아에 이르는 넓은 지역에 살던 대다수는 수렵채집에 의존해 살아가고 있었다. 바다와 내륙수로가 이들의 일상생활에서 차지하는 부분은 점점 늘어나고 있었으며 보트는 이들의 생존과 문화에 핵심 역할을 했다.

## 정착과 함께 시작된 정신적 삶

기원전 1550년의 도버는 지금과는 매우 달랐다. 바다로 내려가는 계곡의 급격한 경사면에 자라던 나무가 장작과 건축 자재로 베어졌던 탓에 계곡은 이미 헐벗었을 것이다. 여러 개의 수로로 나뉜 강은 서로 얽혀 내려가다가 습지대에 산재한 작은 섬에 의해 다시 나뉘기도 하며 하류에서는 조수의 영향을 받았다. 지금의 도시 밑에 묻혀 있는 선사시대 정착지에 대해 알려진 바는 거의 없다. 다만 보트가 발견된 곳 주변과 다른 정착지를 비교해서 단서를 파악할 수 있다. 보트 근처를 보면, 강으로 내려가는 경사면 쪽 돌출부 위에 소규모로 모인 원형 가옥 집단이 있었던 것으로 추정된다. 이 집들은 나뭇가지와 회반죽으로 지어졌을 것이다. 윗가지로 엮은 뼈대에 진흙과 배설물을 발라 벽을 만들고 가운데에는 불을 피우는 화덕이 있었다. 이곳에서는 가족이나 집단이 생활했을 뿐 아니라 의복을 짓거나 식품 보관용 바구니를 제작하는 등 각종 수공예 활동도 이루어졌다. 위쪽 경사지에는 밀, 보리와 다른 작물을 키우던 채소밭, 소, 양, 염소, 돼지, 말을 키우던 방목지도 있었을 것이다. 개의 가축화도 이 시기에 진행 중이었다. 사람들은 창이나 활과 화살로 숲에서는 사슴과 멧돼지를, 강에서는 민물고기와 물새를 잡았다. 바다에서는 오늘날처럼 낚싯줄과 그물로 물고기를 낚고, 갑각류와 해조류, 소금도 채집했다.

도버 보트가 제작되고 사용되었다는 건 농업이 번창해 수확량이 늘면서 다른 경제활동이나 '정신적 삶'을 위한 무엇인가를 할 여유가 생겼다는 뜻이다. 문자 기록을 남기지 않은 사회의 모습을 완벽하게 재구성하기는 어렵지만, 매장 관습이나 야금 분야에서 일어난 기술 혁신이 증거가 된다. 만약 청동 부스러기와 구리, 그리고 덩어리 주석(Tin Ingot)이 도버로 흘러들어 오고 있었다면, 강변 정착지 어딘가에서 금속 가공을 했다는 뜻이다. 철을 두들기거나 눌러서 필요한 형체로 만드는 작업은 수백 년 뒤에나 가능했으므로 당시의 금속 가공은 구리나 금 같은 부드러운 금속을 달구

지 않고 망치로 두들기거나 구리와 주석으로 청동을 만드는 제련 작업 정도였을 것이다. 녹은 구리에 약간의 주석을 첨가해 더 튼튼한 금속을 만드는 것은 엄청난 기술적 발전이었다. 기원전 8세기에 제철 기술이 전해질 때까지 청동 제련은 브리튼섬의 가장 중요한 혁신이었다. 많은 곳에서 발견되는 철광석과 달리 구리, 특히 주석은 희귀했다. 부서지거나 닳은 도구뿐 아니라 형태나 장식 면에서 인기가 떨어진 것들을 다시 제련했을 것이다. 청동 대장장이들은 실용적인 도구의 생산자뿐 아니라 문화적 표현의 주체였다. 지금으로서는 그 흔적을 찾을 수 없는 직물이나 목재와 같은 재료로 도구와 무기를 장식했다.

### 장애물이 통로가 되다

19세기 이후 고고학 분야에서 등장한 두 가지 혁신은 모두 도버 보트와 연관성이 있다. 첫 번째는 방사성 탄소 연대측정법이다. 앞에서 보았듯 우리는 이 방법으로 도버 보트의 연대를 기원전 1550년경으로 추정했다. 두 번째는 DNA 분석이다. 이 방법은 토기 양식, 금속공예품의 장식과 모양, 매장 관행 같은 물질문화의 변화가 새로운 사람들의 도래와 연관이 있는지를 변화 이전, 중간, 이후의 인골 표본 분석을 통해 알려준다. 2021년에 요크대학,

하버드의대, 빈대학, 런던자연사박물관의 과학자들은 청동기시대 DNA의 획기적 연구 결과를 공개했다. 매장되거나 화장된 800구의 인골을 분석한 결과, 이들은 브리튼섬에 대규모 인구이동이 두 번 있었다는 것을 밝혀냈다. 첫 번째는 기원전 3000년대 후반기에, 두 번째는 기원전 1300년부터 800년 사이에 일어났다. 두 경우 모두 출발지는 북프랑스 일대였던 것으로 추정된다. 첫 이동의 목적지는 켄트 남동해안인데 도버도 여기에 포함되었던 것이 분명하다. 타네트섬 유적지에서 발굴된 일부 유골의 주인은 동위원소 증거로 미루어 볼 때 유럽대륙에서 유년기를 보낸 것 같다. 비커 민족과 연관된 초기 민족이동은 아마도 전쟁, 인구압력, 식량부족이 원인이었던 것으로 보인다. 후기 이동은 교역이나 타 종족과의 결혼을 통해 몇 세기에 걸쳐 일어난 것으로 보인다. 이때 이동해 온 사람들은 고대 로마 시대에 브리튼인이 사용하던 켈트어를 가져왔고 브리튼섬 주민 절반의 유전적 조상이 되었다.

   이 연구가 갖는 함의는 엄청나다. 비커 민족이 브리튼섬에 온 지 얼마 안 되어 제작된 것으로 추정되는, 유럽에서 발견된 가장 오래된 판자 배인 페리비 보트에서 고도의 목재 접합기법이 사용되었다. 그 증거로 미루어 보아 이 보트 건조술은 청동기시대 브리튼섬 토착민이 발명한 것이라기보다 이민자들이 가져온 것 같다. 배 밑에 평탄한 저판(底板)을 깔아 조수간만의 영향을 받는 해안에서 사용하기 적합한 튼튼한 평저선은 이민자들이 떠나온 중부 유럽 지역의 강을 이용한 수운에 맞게 설계되었다. 몇 세기 뒤에 도버 보트의 시대가 되자 같은 방법으로 건조된 선박이 사람을 싣고 영불해협을 다시 건너가는 데 사용되었다. 그때의 항해 목적은 민족이동이 아닌 교역, 교류와 사회적 유대를 다지기 위해서였다. 이는 해협 양편에 있는 사람들이 내륙 공동체보다 서로와 더 공통점이 많았다는 뜻이다. 도주 수단이기도, 방어벽이기도 했던 바다는 이제 통합하는 존재이자 농업의 확산과 금속 교역의 통로가 되었고 보트는 광대한 바다를 사이에 두고 떨어진 사람들과 내륙수로를 묶는 수단이 되었다.

## 저승까지 항해하리라

이 실용적인 도버 보트는 청동기시대의 신념 체계도 반영하고 있다. 영국에는 스톤헨지 같은 인상적인 기념물이 있지만, 선사시대의 자연종교에 관해 우리는 거의 알지 못한다. 우리는 신의 개념이 어디서부터 시작되었는지 모른다. 그리고 인류가 신을 어떻게 숭배했는지, 영혼에 대한 어떤 믿음이 지배적이었는지도 모른다. 한 가지 문제는 고고학적으로 확인할 수 있는 돌로 만든 신전이나 다른 숭배 장소가 없다는 점이다. 스톤헨지나 다른 신석기시대 거석 기념물은 신성한 장소이며 그곳에 의식 목적이 있다는 건 분명하지만, 여전히 수수께끼로 남아 있다.

고대 브리튼인의 신과 믿음이 우리에게 어느 정도 알려진 시기는 고대 로마인이 도착한 이후부터다. 로마 시대 고전 작가들은 신성한 숲에서 숭배의식이 어떻게 열리는지 묘사했고 율리우스 카이사르는 고대 브리튼섬에서 켈트족의 사제였던 드루이드(Druid)에 대한 유명한 이야기를 남겼다. 로마 신과 켈트 신은 합쳐지기도 한다. 예를 들자면 켈트족 물의 신 술리스(Sulis)와 로마의 신 미네르바(Minerva)는 영국 남서부 바스의 신성한 온천에서 아쿠아에 술리스(Aquae Sulis)가 되었다. 선사시대 종교의 일부는 살아남아 수목숭배를 포함한 브리튼섬의 초기 기독교 관행에 영향을 끼쳤을지도 모른다. 특히 흥미로운 것은 켈트족의 샤먼이었던 드루이드다. 이들은 초기 수렵채집인에게서 비롯된 믿음 체계의 일부였을 수도 있기 때문이다. 하지만 선사시대 브리튼섬에 민족이동의 물결이 연달아 밀려왔음을 감안한다면, 로마인이 관찰한 당시 브리튼인의 신과 신앙이 그보다 2000년 전에 스톤헨지가 처음으로 건설되었을 때, 혹은 1000년 뒤 도버 보트 시대의 신앙과 같았다고 확신할 수는 없다.

종교 발달에 있어 가장 중요한 시기는 구석기 수렵채집에서 신석기 정주농업으로, 그리고 영적 존재들이 어디에나 존재하는 세상에서 신에 기반한 세상으로 이행하는 과정일 것이다. 우리는 전기 구석기시대의 동굴벽화에서 구석기시대 종교의 증거를 찾는다.

사냥꾼이 쫓던 동물을 보여주는 이 벽화는 샤먼의 힘과 관련이 있다고 해석된다. 사람들이 정착해 살게 되면서 사제 겸 왕의 권력이 확립되고, 신 또한 그 공동체의 산물이라는 생각은 튀르키예 남동쪽에서 발견된 괴베클리 테페(Göbekli Tepe) 유적에서 찾아볼 수 있다. 인공 구조물로는 세계에서 가장 오래된 이 유적의 연대는 기원전 9000년대로 추정되는데 원형 담장으로 구획된 이곳의 돌기둥들은 가장 오래된 신의 표현일지도 모른다. 브리튼섬에서는 근동에서처럼 농업으로 이행하자마자 바로 도시 문명이 일어나지 않았다. 대신 사람들은 빙하가 물러난 이후 수천 년 동안 살았던 방식 그대로 살았다. 이들의 믿음 체계는 구석기시대 이래 별로 변하지 않았다.

브리튼섬의 종교에 대한 가장 확실한 증거는 매장 관행의 변화에서 찾을 수 있다. 좁은 언덕에 시신을 집단으로 묻던 신석기시대의 장법은 청동기시대 들어 더 작은 원형 언덕에 개인 혹은 가족 단위로 묻는 것으로 대체되었다. 이러한 변화는 새로운 사람의 도래뿐 아니라 스톤헨지 건축 같은 대규모 공동체 사회에서 개인적 사회로 전환된 것을 반영하는지도 모른다. 작은 공동체에서는 지도자들이 경제적 성공과 권력의 중심이 되었다. 지도자 무덤에 귀한 청동 도끼와 무기가 묻혔다는 것은 이러한 물건의 위신과 가치뿐 아니라 망자가 생전에 좋아했던 물건이 사후에도 함께할 것이라는 믿음 체계도 보여준다. 부러지거나 못쓰게 만들어진 청동기가 단독 혹은 무더기로 발견되는 현상은 이것이 의도적임을 시사하므로 이들이 사후세계를 믿었다는 증거일지도 모른다. 구석기시대에 영혼이 드나드는 통로는 동굴이었다. 신석기시대에 들어오면 이러한 인공물들이 강, 웅덩이, 습지에서 더 자주 발견된다. 아마 영혼이 다니는 통로에 수로가 포함된 것으로 추정된다. 수면에 반사된 이미지는 저 너머의 세상, 조상들이 사는 곳을 들여다보는 것 같은 느낌을 끌어냈을지도 모른다. 샤먼은 여기에 들어갈 수 있는 특별한 통로를 가진 사람이었다. 신성한 웅덩이나 우물에 공물을 바치는 문화는 고대 스칸디나비아 문학에도 기록되어 있다.

도버 보트를 보면 판자를 꿰는 데 사용된 가느다란 주목 가지가 양쪽 측면에서 모두 절단되어 상부와 선미 부분의 판자가 제거되어 있었고 밑의 판자 두 장을 한데 묶은 클리트 중 하나도 의도적으로 제거되어 있었다. 이는 도버 보트가 의도적으로 '파괴되어' 강바닥에 묻혔을 수 있다는 걸 뜻한다. 이 보트는 아직 항해할 수 있었던 것 같으며 수리하던 도중에 버려진 것으로 보이지는 않는다. 하나의 흥미로운 가능성은 이 보트가 건조자 겸 선장을 위한 장례 의식의 일부로 파손되어 매장되었다는 것이다. 이런 사람은 공동체 안에서 지위가 있었을 것이며 보트는 그의 가장 귀중한 소유물이자 농사와 고기잡이를 뛰어넘는 번영의 열쇠였다. 보트는 아마도 화장용 장작으로 쓰이기 위해 판재가 제거되어 주인과 동행해 영혼의 세계로 갔을 것이다. 이 가능성이 사실이라면 도버 보트는 잉글랜드 동해안의 서튼후에서 발견된 기원후 6세기의 왕실 선박 매장과 다음 세기 스칸디나비아의 롱십 매장(Longship Burial)에서 엿볼 수 있는 보트 매장의 가장 오래된 사례일 수 있다. 이 발견은 배가 이 세상에서뿐 아니라 다음 세상에서도 사람과 그들의 소유물을 실어 나르는 중요한 수단이었음을 보여준다.

## 청동은 가장 값진 자산

도버 보트는 도버에서 발견된 대양항해의 유일한 증거가 아니다. 1974년 8월 14일, 도버의 스쿠버다이빙동호회 회원 두 명이 도버의 흰 절벽 밑, 여객선터미널 동쪽 방파제 바로 옆이자 도버 보트가 발굴된 장소에서 2킬로미터 떨어진 랭던(Langdon)만에 잠수했다. 두 사람은 수심 5~12미터에서 바닥이 흰 석회암으로 된 평평한 지역을 탐사했는데 이곳의 갈라진 틈새에서는 제2차 세계 대전에서 사용된 탄약을 비롯한 인공물이 발견된 적이 있었다. 랭던만은 잠수하기에 어려운 장소다. 바닥을 덮은 석회질 진흙이 일어나 물속을 우윳빛으로 뿌옇게 만들어 시야를 가리기 쉬운 데다 조류도 강했다. 이들은 놀랍게도 해저 골짜기(Gully)에서 청동제 도끼를 발견했고 잠수를 마칠 무렵에는 4개를 더 찾았다. 도버박물관의 큐레이터들은 이 도끼가 선사시대 유물임을 확인하고 다이버들에게 수색을 계속해 달라고 독려했다. 계절이 바뀔 무렵에는 유물 86점이 발견되었고 유물의 대부분은 중기 청동기 양식이었다.

그때 발견된 유물은 1977년에 영국박물관이 입수했다. 박물관은 이렇게 수집된 유물의 중요성을 확인하고 이들이 난파선 화물임을 확신했다. 1973년에 제정된 난파선 보호법에 따라 이 수역은 보호구역으로 지정되었다. 당시 케임브리지대학 연구원이던 키스 머켈로이(Keith Muckelroy)는 1978~1980년까지 발굴 작업을 더 이어가 유물 94점을 추가로 발견했다. 1990년 마지막 보고까지 모두 361점의 유물이 발견되었고 이렇게 발견된 유물은 영국의 단일유적에서 발견된 청동기시대 유물로는 가장 대규모였다. 랭던만 보트는 북서유럽에서 발견된, 가장 오래된 난파선 화물이었다. 발견 유물로 도끼 95개, 긴 칼날 187개, 장신구와 용도가 불명확한 도구 80개가 있었는데 상당수는 난파할 때 이미 닳았거나 부서졌으므로 아마 금속 자체의 가치만 쳐서 고철로 운송되고 있었던 것으로 보인다.

도버 보트는 지층에서의 위치, 목재의 방사성 탄소동위원소 분석, 그리고 수목연대측정법에 근거해 연대를 추정한 반면, 랭던만 유물은 고고학의 또 다른 기초 방법인 유물 유형분석을 통해 연대를 정했다. 유형분석은 도구의 형태가 시간이 지남에 따라 더 효율적으로 변한다는 생각에 근거한 방법이다. 발견된 유물에서 가장 큰 비중을 차지한 도끼류는 영국 청동기시대의 가장 특징적 유물 중 하나다. 이 도끼는 초기 형태에서 기원전 2000년대 플랜지, 즉 나무 자루를 제자리에 고정하기 위한 테두리가 붙은 도끼(Flanged Axes)를 거쳐 후기 청동기시대의 자루 구멍이 난 도끼(Socketed Axes)에 이르기까지 발전을 거듭했다. 랭던만 유물에는 이른바 청동 납작도끼가 있는데 이들은 플랜지와 실 혹은 생가죽으로 도끼 머리를 손잡이에 묶는 측면 고리를 갖춘 형태로 주조되었다. 랭던만에서 발굴된 유물들이 유럽대륙에서 만들어진 무기 및 도구와 유사하다는 점은 화물 출발지가 북프랑스였음을 시사한다.

보트에 남아 있는 많은 유물이 닳아 있거나 파손되어 있었다는 점을 고려하면, 도버에 있는 대장간에서 다시 제련하기 위해 운반하는 길이었는지도 모른다. 청동 제련은 제철보다 더 쉬운 과정이었다. 구리와 주석을 녹이는 데 필요한 온도는 섭씨 900도로, 간단한 풀무와 숯불로도 도달할 수 있었다. 이들은 찰흙, 돌, 혹은 청동으로 만든 틀에 녹인 금속을 부어 도구를 만들었다. 만들어진 주물은 물에 담가 식혔다가 단조하고 윤을 낸 다음 날카롭게 날을 갈았다. 금은 상온에서 망치질해 장신구로 만들어졌고 귀금속은 오늘날처럼 휴대 가능한 자산이 되었다. 그러나 가장 큰 자산은 청동이었다. 청동은 실용적인 용도뿐 아니라 부를 과시하거나 복종하게 하기 위한 위세품이나 의식용으로 사용되었다. 아마도 태평양의 멜라네시아와 폴리네시아에서 인류학자들이 처음으로 관찰한 섬 공동체의 족장들이 교환한 선물도 여기에 해당할 것이다.

## 청동 검은 왜 확산되지 못했을까?

랭던만 유물의 연대는 기원전 1200년경으로, 도버 보트보다 약 350년 뒤다. 랭던만에서 발견된 도끼는 도버 보트를 만드는 데 사용된 목재를 벌목하는 데 어떤 도구가 사용되었는지를 보여준다. 1977년에는 영국 남부에서 두 번째 청동기 유적지가 발견되어 흥미로움을 더한다. 도버에서 서쪽으로 370킬로미터 떨어진 데번의 샐컴 근처 무어 샌드에서 다이버들이 아름다운 청동 검 두 자루를 발견했다. 북프랑스 또는 남독일이 원산지로 밝혀졌고 연대는 기원전 1200년으로 추정된다. 영국에서 발견된 가장 오래된 검 중 하나로, 이런 종류의 무기로서는 가장 초기에 영불해협을 건너와 현지에서 광범위하게 복제 생산되었다. 검은 기원전 17세기에 흑해와 에게해 지역에서 처음으로 등장했으나 북서유럽으로 확산하기까지는 그 뒤로 500년이 더 걸렸다. 그 이유는 추측해 볼 뿐이다. 도버 보트가 만들어질 무렵, 영국에서 출발한 항해자들이 지중해에서 온 금속 무역상들과 접촉하게 되었는데, 이들이 검을 가지고 있었을지도 모른다. 그럼에도 확산되지 않은 한 가지 가능성을 생각해 보자면, 청동기시대인들은 무기로만 사용할 수 있는 검을 쓸모없다고 여겼을지 모른다. 창은 주로 사냥에 사용되었지만 필요하다면 무기로도 쓸 수 있었다. 브리튼섬에서는 전쟁이 만연하지 않았기에 무기를 수입하는 일에 저항이 있었을 수도 있다. 선사시대에도 평화주의를 외치는 목소리가 오늘날만큼 열정적이었을지 모른다는 매혹적인 생각을 떠올려 볼 수도 있다.

무어 샌드 유적지를 조사한 사람도 키스 머켈로이였다. 잠수 사고로 사망한 1980년 전까지 그는 박사논문 연구의 일환으로 이 유적지를 조사하고 있었다. 유적지의 마지막 발굴조사 기간이 거의 끝나가고 있었지만, 그곳에서는 약간의 유물만 발견되었을 뿐이었다. 그러나 이 유물이 내륙에 있는 유적의 일부라는 그의 생각은 틀리지 않았다. 2004년과 2009년에 더 많은 유물이 일괄 발굴되었고 유물의 총 숫자는 390개로 늘었다. 발굴된 유물 중에는 랭던만에서 발견된 것과 비슷한 도구와 날, 그리고 꼬아서 만든 금팔찌와 금제 목걸이도 있었다. 가장 중요한 유물로는 은닉처에 숨겨진 온전한, 혹은 일부만 남은 구리 덩어리 255개와 주석 덩어리 31개였는데 총 무게가 무려 100킬로그램이었다. 다음 장에서 만날 지중해 지역의 소가죽형 금속 덩어리(Oxhide Ingot)와 달리 작은 금속 덩어리지만 당시에 이들이 잡철과 완제품뿐 아니라 금속 덩어리 형태로도 원자재를 수송했다는 것을 보여줌으로써 랭던만 유물을 훌륭하게 보충하는 역할을 한다.

## 채굴되고 덩어리째 이동하는 금속

샐컴 해안은 프랑스 브리타니와 북부 스페인에서 온 선박들이 배를 대는 장소이자 웨일스와 콘월에서 금속을 싣고 오는 선박이 가로지르는 곳이었다. 중기 청동기시대 북서유럽의 구리 주산지 중 하나는 북부 웨일스의 그레이트옴곶이었다. 이곳에서는 선사시대부터 파기 시작한 길이 8킬로미터 이상의 터널이 발견되었다. 아마도 지난 1000년 전까지 이 터널은 세계에서 가장 큰 광산이었을 것이다. 그레이트옴에서 나온 구리괴는 웨일스 해안을 따라 수송되어 세번강 어귀를 가로지른 다음 남서 잉글랜드를 돌았을 것이다. 항해를 위해서는 조수, 해류, 바람에 대한 깊은 지식을 바탕으로 기상 상태를 예상할 수 있어야 했고, 가는 길에 문제가 생기면 은신처가 있는 해안으로 잠시 대피할 능력도 꼭 필요했다.

콘월은 유럽 청동기시대에 사용된 주석의 주산지였다. 북서유럽뿐 아니라 지중해 지역에서 사용된 주석도 콘월에서 산출되었다. 브리튼섬의 주석교역에 대해서는 기원전 4세기 그리스 탐험가 피테아스(Pytheas)가 기록한 바 있다. 영국에 관한 가장 오래된 기록인 그의 여행기는 후대 그리스 작가 디오도루스 시클루스(Diodorus Siculus)와 스트라보(Strabo)의 책에 실려 전해졌다. 피테아스가 남긴 지명은 선사와 현대를 잇는 흥미진진한 연결고리다. 오늘날의 켄트(Kent) 지역을 일컫는 칸티움(Kantium)

이 그렇고, 오늘날 브리튼을 가리키는 옛 용어로 알려진 프레타니케(Prettanikê)도 콘월의 리저드반도에 있는 프레다나크(Predannack)곶에서 유래된 지명이다.

고대의 채굴장 흔적이 완벽하게 보존된 그레이트옴과 달리 콘월의 주석 채굴장은 고고학적으로 식별하기 어렵다. 왜냐면 콘월 주석은 대부분 지상의 수로에서 '흘러나온' 원광이거나 얕은 곳에 판 채굴장에서 나왔는데 이런 채굴장은 나중에 수직, 수평으로 판 구덩이들 때문에 사라졌기 때문이다. 하지만 채굴은 대규모로 행해졌고 금속 덩어리를 실은 보트들이 자주 해안을 따라 동쪽으로 가 영불해협을 건넜다. 이들은 가는 길에 리저드반도 근해의 눈에 잘 띄지 않는 암초를 비롯한 위험에 빠지기도 했을 것이다. 그러나 도버 보트는 이 당시의 선박이 켄트와 그 너머까지도 항해할 수 있었다는 것을 보여준다.

### 고대의 문화권을 바라보는 새로운 관점

랭던만과 무어 샌드 유적은 지중해 지역 바깥에서 발견된 첫 선사시대 난파선 화물이다. 이 유적들은 청동기시대 북서유럽이 발전과 변화의 영향을 덜 받는 후진 지역이었다는 몇몇 지중해 고고학자의 주장에 반하는 근거가 되어준다. 북서유럽은 접촉과 교환이 광범위하게 이루어진 해양 네트워크의 일부였다. 이 네트워크에 속한 지역의 항해자는 장거리를 항해할 수 있었다. '주석 섬들'이라는 뜻의 카시테리데스(Cassiterides)군도 주민과의 교역을 다룬 고대 기록에서는 콘월 해안에 페니키아인이나 그리스 선박이 있었음을 시사할 필요가 없었다. 교역 대부분은 현지인을 통해 이루어졌는데 지금의 프랑스 해안을 따라 북부 스페인 해안까지 갈 능력이 있던 선원이 이끄는 배가 금속 덩어리와 완제품을 운반했다. 이곳의 교역지점에는 중개인이나 지중해 지역 상인이 있었다.

이러한 관점은 우리에게 알려진 초기 교역의 본질을 다시 생각하게 한다. 과거 우리는 유물의 원산지 출신의 '각 민족'이 이런 교역을 수행했다고 생각했다. 고전 시대 사료와 경험에 크게 의존했던 유럽 선사시대의 민족에 관한 생각은 이제 시대착오적일 수도 있다. 지도 앞에서 국제교역의 증거로 화물의 원산지와 이 장소들을 오간 선박들의 움직임을 지목하는 대신 우리는 이 지역들을 한데 묶은 공통된 해양 문화에 초점을 맞춰야 할지도 모른다. 따라서 청동기시대 교역을 '브리튼섬'이나 '유럽대륙' 항해자가 맡았는지를 토론하는 대신 이들을 영불해협 모두를 아우르는 공통문화 일부로 볼 수 있다. 교역의 기초를 제공한 사회 네트워크는 상품 수송 이외에도 선물교환, 지참금과 정치적 동맹 같은 다른 요소의 변화를 불러일으켰다.

이러한 접근은 이 지역의 고대 문명을 바라보는 새로운 관점을 보여준다. 몇몇 학자들은 왕국과 국가 위주의 전통적인 모델에서 벗어나 유동성과 통합에 초점을 맞춘 전 지구적 관점의 새 모델에 접근하기 시작했다. 이 모델에 나오는 해안 공동체 문화는 내륙이 아닌 바다에 있었다. 이런 관점에서 도버 보트는 대양항해를 위해 건조된 가장 오래된 목선일 뿐 아니라 선사시대에 이런 선박이 가졌던 중요성을 들여다볼 수 있는 훌륭한 기회를 제공한다. 즉, 도버 보트에는 광범위한 목공 기술이 적용되었고 청동기시대인은 여기에 요구되는 강도와 날카로움을 갖춘 청동도구 제작에 필요한 기술뿐 아니라 재료인 주석과 구리 덩어리에 접근하는 데 필요한 항해술을 보유했다. 동시에 나무를 파서 만든 카누, 뗏목, 갈대 묶음, 부력을 이용하기 위해 공기를 넣어 부풀린 동물 가죽, 나무틀 위에 동물 가죽을 당겨 씌운 보트 등 여러 종류의 보트가 만들어져 내륙수로와 강어귀에서 수송용으로 사용되고 있었다. 이누이트족이 사용하던 우미악(Umiak)은 바다표범과 바다코끼리 가죽으로 만든 덮개 없는 보트로 도버 보트와 비슷한 수의 승객과 화물을 싣고 북극해에서 상당히 긴 거리를 항해할 수 있었다.

몇몇 실험 결과, 동물 가죽과 갈대로 만든 보트도 바다를 건널 수 있음이 증명되었다. 예를 들어 1976년에 탐험가 팀 세버린(Tim Severin)은 6세기의 아일랜드 수도사 브렌던(Brendan)이 대서양을 횡단하는 데 사용한 것으로 보이는 커럭(Currach, 가죽배)을 복원해 항해했다. 또한 1947년과 1969년에 노르웨이 인류학자 토르 헤이에르달(Thor Heyerdahl)은 갈대 보트로 대서양과 태평양을 횡단할 수 있음을 보여주었다. 하지만 적은 유지 보수로 반복 항해를 하기 적합한, 판재로 만든 보트가 등장하고 나서야 장거리 항해가 해안지대 주민들의 일상생활에 핵심적인 역할을 하게 되었다.

## 이주하는 인류

바다를 건너야만 도달할 수 있는 섬에서 아주 오래전에 사람이 살았던 흔적이 발견된다는 것은 가장 오래된 보트 유물을 발견하기 전부터 대양항해가 가능했다는 증거다. 최근 가장 흥미진진한 고고학적 발견 중 하나는 크레타섬에서 발견된 도구다. 최소 13만 년 전에 만들어진 것으로 밝혀진 이 도구는 이 섬에 살며 남긴 종전의 첫 증거보다 3만 년 앞선 것이다. 빙하기가 절정에 달했을 때는 오늘날보다 해수면이 150미터나 낮았지만, 그때도 가장 가까운 섬에서 크레타로 오려면 바다를 건너 35킬로미터를 항해해야 했는데 이는 도버에서 영불해협을 건너는 거리와 거의 같다. 그리스든, 동지중해든, 북아프리카든 본토에서는 더 멀리 항해해야 했다. 세계 반대편의 오스트레일리아에서 최소 4만 년 전에 사람이 살기 시작했다는 것은 동남아시아의 티모르해에서 비슷한 거리를 항해해야 했다는 뜻이다. 이러한 이동 모두 25만 년 전 동아프리카에서 해부학적 현생인류가 전 세계에 퍼진 결과다. 오늘날 전 세계에 인류가 살게 된 원인인 가장 대규모의 이동은 약 5만 년 전에 시작했다.

1만 2000년 전에 끝난 빙하기와 그 직후 섬과 섬을 건너다니며 해안을 따라 이동한 결과, 인류는 세계 곳곳으로 빠르게 확산했다. 베링해협을 내려가 아메리카대륙 서해안까지 갔고 농업 기술, 인도유럽어, 야금술을 보유한 민족들이 여러 차례에 걸쳐 현재 튀르키예 지방에서 유럽으로 이동했다. 도버 보트가 발견된 지 몇 세기 만에 인류가 바다와 항해에 친숙해졌다는 것은 청동기시대 후기에 동지중해에서 활짝 꽃피운 뛰어난 문화에서 확인할 수 있다. 이것이 다음 장의 주제다.

기원전 14세기(후기 청동기)

# 물자가 모이고 흩어지다

# 파라오 투탕카멘을 위한 황금

 울루부룬 난파선

    1984년 여름, 나는 그때까지 진행된 역사적 발굴 중 가장 중요한 난파선 발굴을 참관하러 서부 튀르키예로 떠났다. 이 청동기시대 유적 발굴 현장은 울루부룬(Uluburun)이라는 바위투성이 돌출부 근해에 있었다. 나를 초대한 사람은 20년 전에 다른 청동기시대 난파선을 발굴했던 조지 배스(George Bass) 교수였는데 그 배보다 훨씬 많은 화물이 실린 울루부룬 난파선 발굴은 그에게 인생의 꿈이 실현된 것이나 마찬가지였다. 튀르키예로 떠나기 직전에 나는 케임브리지대학에서 고고학 분야 박사과정 연구 장학금을 받게 되었다는 소식을 들었다. 그리고 튀르키예 수도 앙카라의 영국 고고학 재단(British Institute of Archeology)에 현장답사 장학금도 신청해 둔 터였다. 장학금을 받게 되자 나는 튀르키예에서 두 달 동안 최대한 많은 고고학 발굴 현장을 방문하기로 하고 쿠르드족의 땅과 구소련 국경까지 갔지만 결국 울루부룬 답사가 가장 기억에 남는 경험이었다.

나는 카슈(Kaş)에서 작은 낚싯배를 타고 해안을 따라 발굴 현장으로 갔다. 가는 길에 배 주인은 점심으로 먹을 물고기를 작살로 사냥하기 위해 고기가 잘 잡히는 곳에서 멈췄다. 그와 함께 에게해의 수정같이 맑고 투명한 바다에서 프리다이빙하면서 나는 그가 푸른 수면에서 심연으로 이어지는 경사면의 틈을 찾는 모습을 보았다. 그가 착용한 간단한 스노클 장비는 고작 몇십 년 전부터 널리 사용되기 시작했지만 물고기를 낚으려는 외로운 어부와 바다 위의 작은 배는 지중해에서 예나 지금이나 그대로일 것 같은 풍경이었다. 에게해에서 고대 난파선을 발견하고 고고학자들이 바다 밑바닥의 풍부한 유물을 찾을 수 있게 도와준 이들은 구식 잠수 장비로 바다에 들어가 해산물을 채집했던 어부들이었다.

그런 다음 우리는 곶을 돌아 발굴대 캠프로 갔다. 나무로 된 플랫폼이 난파선 발굴지 위에 연이어 설치되어 있었고 그곳에서 발굴대는 해저에서 건진 유물의 일차 보존 작업을 할 수 있었다. 엄청나게 짜릿한 순간이었다. 한 대원이 내게 말했듯 '전에는 본 적 없는' 금이 발견되었기 때문이다. 그날 오후, 나는 아주 진귀한 유물을 많이 보았고 당시 해양 교역의 상징인 '소가죽형' 구리 덩어리를 만져볼 수 있었다. 그제야 청동 무기가 같은 무게의 금만큼 가치가 있고, 그 무기가 호메로스가 노래한 '영웅시대' 왕국의 가장 주목할 만한 성공을 뒷받침했다는 걸 실감했다.

영국 고고학 재단의 소식지에 내가 본 것을 보고서로 써서 보냈고 나중에 그 글은 주간지《일러스트레이티드 런던 뉴스》에 두 페이지짜리 펼침 기사로 실렸다. 14년 뒤에 박사학위 과정이 끝나고 영국의 대학에서 일하는 동안 다시 튀르키예에서 고전 시대 그리스 난파선 발굴 팀의 일원이 되어달라는 초청을 받았다. 그 프로젝트의 사전 준비 격으로 나는 연구선 비라존(Virazon)호에서 며칠간 잠수 작업을 했다. 첫 번째 잠수 대상은 7세기의 비잔틴 난파선이었고 그다음에는 셰이탄 데레시라는 곳에 있는 청동기시대 난파선이었다. 그때쯤 나는 그리스와 로마 시대 지중해 난파선에 자주 잠수해 연구했다. 해저 골짜기를 수색하며 기원전 17세기나 16세기의 것으로 추정되는 거대한 저장용 도기 항아리의 발굴 현장을 봤을 때는 무척 짜릿했다. 울루부룬 난파선에서 인양된 유물은 나중에 보드룸 성(Bodrum Castle)에 있는 보존실험실에서 더 자세히 연구할 수 있었고, 해저에서 막 건져내 발굴대 캠프에서 처음 보았던 유물들은 나중에 박물관에서 찬찬히 감상할 수 있었다.

울루부룬 난파선은 청동기시대에 찬란한 빛을 비춰주는 두 가지 기념비적 발굴과 어깨를 나란히 할 발굴이다. 다른 두 가지 발굴은 1876년 독일의 고고학자 하인리히 슐리만(Heinrich Schliemann)이 진행한 그리스 미케네 성채 발굴과 1922년 영국의 고고학자 하워드 카터(Howard Carter)가 진행한 투탕카멘의 무덤 개봉이다. 울루부룬 난파선에서 네페르티티[Nefertiti: 이집트 제18왕조 아크나톤(Akhnaton)의 두 번째 왕비이자 투탕카멘의 의붓어머니, 생몰년은 기원전 1370~1330년으로 추정 - 옮긴이]의 금제 스카라베[Scarab: 고대 이집트인이 신성시한 풍뎅이 모양의 인장 - 옮긴이]가 발견되었다. 이로 인해 이 난파선의 연대는 네페르티티의 생전이나 그 직후, 아마도 투탕카멘왕의 치세로 가늠할 수 있게 되었다. 즉, 이 난파선이 항해한 시대는 역사상 가장 유명한 인물 가운데 한 명의 시대와 구약성서에 영향을 주었을지도 모르는 고대 종교혁명의 시대와 거의 같다. 고대 이집트의 수도였던 아마르나와 근동의 다른 지역에서 발견된 점토 문서판을 같이 고려한다면, 이 당시에 엄청난 부와 문화적 성취가 동시에 이뤄졌다는 것을 알 수 있다. 이렇게 네페르티티, 파라오 아크나톤과 투탕카멘, 고대 항구도시 우가리트(Ugarit)와 키프로스(Cyprus)의 왕과 상인들, 펠로폰네소스 반도 일대를 점령한 미케네 시대의 그리스인 아카이아(Achaea)인 왕과 전사들처럼 널리 알려진 인물들이 역사를 장식한 영웅시대는 일찍이 없었다.

'영웅시대'라는 용어는 호메로스가 서사시 『일리아스』와 『오뒷세이아』에서 후기 청동기시대 에게해를 제패한 인물들이 살았던 시대를 가리키는 데 사용했다. 상업과 왕실 간 교류가 동시에 발전한 이 시기에 왕과 파라오들은 교역에 깊은 관심을 가졌고 상인들은 지배적 영향력을 행사하며 동맹을 형성했을 뿐 아니라 멀리 있는 왕국과 도시국가들을 연결하는 데 일조했다. 울루부룬 난파선은 배가 발견된 이래로 수많은 후속 학술연구를 통해 이 시대의 전체적 그림을 이해하는 데 큰 도움을 주었다. 이 연구 덕분에 기원전 14세기 후반은 다른 고대사에 비해 우리가 가장 잘 아는 시대가 되었다.

### 미케네인이 교역을 주름잡다

1954년, 케말 아라스(Kemal Aras)라는 해면 채집 잠수부가 튀르키예 남서부의 외딴 돌출부이며 키프로스와 로도스섬 중간에 있는 겔리도냐곶 해저에서 이상하게 생긴 금속판을 발견했다. 그는 해안 멀리서 발견된 이 난파선을 이렇게 묘사했다.

> 얕은 모래톱에 있는 바위 바닥의 빈 곳에 1~2미터 길이에 두께 3센티미터 정도 되는 청동제 물체가 6~8개 있었다. 다른 청동제 물체도 있었는데 너무 오래되고 형태가 변해서 무엇인지 몰랐다. 모든 것이 한데 단단히 뭉쳐 있어 떼어낼 수 없었다.

지난 세기에 에게해와 동지중해에서 처음으로 난파선을 발견한 사람들은 수면에서 수동펌프로 공기를 공급하는 구식 잠수 장비를 이용하는 그리스와 튀르키예의 해면 채집 잠수부였다. 크레타섬과 그리스 본토 사이, 에게해 가장자리에 위치한 안티키테라섬 근해에서 발견되어 1900년부터 1901년 사이에 인양된 난파선에서는 유명한 안티키테라 기계(Antikythera Mechanism)가 나왔다. 천문학 계산기인 이 기계와 더불어 청동 조각상이 발견된 안티키테라 난파선을 접한 고고학자들은 이 해역에 새로운 유물이 실린 난파선이 더 많이 있을 가능성에 눈을 떴다. 겔리도냐곶 난파선 발견 소식은 튀르키예 남서 해안에서 해면 채집 잠수부들이 발견했다고 보고한 난파선을 조사하던 미국 사진기자 피터 스록모턴(Peter Throckmorton)에게 전해졌다. 그는 1959년에 잠수부팀을 데리고 현장을 방문해 조각난 청동 2점을 인양해 나중에 해양고고학박물관이 된 튀르키예의 보드룸 성으로 가져갔다. 키프로스 박물관에서 이런 금속 덩어리를 본 적이 있는 영국대사가 인양된 유물을 알아보았고 키프로스 문화재청에서도 이를 확인해 주었다. 스록모턴은 펜실베이니아대학 고고학박물관의 지중해 부문 학예사인 로드니 영(Rodney Young) 교수와 만났다. 영 교수는 현장 조사 계획을 돕기 위해 조지 배스라는 고대 근동고고학 전공 대학원생을 찾았다.

당시에는 해저발굴을 과학적으로 수행할 수 있으리라는 생각에 회의적인 고고학자들이 많았다. 안티키테라 난파선을 발견한 잠수부들은 장비 탓에 행동에 큰 제약을 받았다. 자세히 살피기 위해 허리를 굽힐 수 없었고 섬세한 유물 회수 작업도 할 수 없었다. 더 큰 문제는 이 잠수사들이 유물을 실제로 볼 수 없었던 땅 위의 고고학자들에게 지시를 받으며 작업해야 했다는 것이었다. 첫 수중 사진은 19세기에 촬영되었지만 카메라용 방수케이스나 수륙양용 카메라는 1950년대에야 상용화되었다.

잠수 장비의 경우 1943년에 20세기 최고의 해저탐험가 자크 쿠스토와 프랑스의 엔지니어 에밀 가냥이 애퀄렁을 완성하면서 수중 탐사가 획기적으로 쉬워졌다. 이 장비의 발명에 힘입어 남프랑스 해안에서 광범위한 난파선 탐사가 수행되었고 이곳에서 발견된 로마 시대 난파선을 최초로 조사할 수 있었다. 하지만 잠수를 배운 고고학자가 극소수였다는 게 문제였다. 1952년에 마르세유 근해 그랑콩글루에섬과 1958년에 티탕섬에서 본격적으로 수행된 첫 난파선 발굴은 스쿠버 장비를 사용하는 프랑스 해군 잠수부들이 맡았다. 이 장비 덕에 잠수사는 공기 줄에 매여 있지 않고 자유롭게 탐사할 수 있었다. 그러나 감독자는 여전히 수면 위에 있었다. 프랑스 해군 잠수 학습연구집단 지휘관으로 티탕 난파선 발굴을 맡았던 필립 타이예(Philippe Tailliez)는 발굴 현장에 관해 쓴 책에서 이 문제를 유려하게 표현했는데 그에 따르면 수중 발굴은 "참여자의 신념, 끈기, 용기가 모두 필요한 어려운 과업이다." 그런 그는 이런 글을 남기기도 했다.

만약 고고학자가 우리와 같이 해저에 있었더라면 그는 분명 인양하기 전 각 유물의 위치를 더 세심하게 기록했을 것이며 발굴 현장에서 우리가 감지할 수 없는 단서와 다른 정보를 얻을 수도 있었을 것이다.

이 교훈을 마음에 담은 조지 배스는 겔리도냐곶 난파선 발굴을 위해 잠수를 배웠다. 그리고 대학박물관은 이 발굴을 후원하기로 했다. 1960년 여름, 배스와 스록모턴, 배스의 부인 앤, 영국 고고학자 호너 프로스트(Honor Frost)와 조안 두 플랫 테일러(Joan du Plat Taylor), 프랑스 잠수사 프레데리크 뒤마(Frédéric Dumas)와 클로드 뒤투위(Claude Duthuit)를 포함한 국제발굴단이 튀르키예에서 결성되었다. 그 뒤로 3개월에 걸쳐 이 발굴단은 난파선 상당 부분을 발굴해 유물을 하나씩 인양하며 첫 발견자 케말 아라스가 보았을 때 '한데 단단히 뭉쳐' 있던 덩어리를 수면 위에서 분리했다. 작업이 진행되면서 유적지의 상세 평면도가 작성되었다. 발굴팀은 표면에 설치한 펌프를 동력원으로 하는 공기 흡입 준설 장비로 침전물을 치우는 방법을 비롯해 1950년대에 프랑스 연안에서 발견된 난파선을 탐사할 때 잠수부들이 개발한 기법을 사용했다. 현장의 수심은 26미터에서 28미터 사이였다. 잠수병을 막기 위해 잠수부들의 작업은 하루 두 차례, 각각 40분과 28분으로 제한되었다. 기후 또한 이들의 탐사를 방해하는 장애물이었다. 이들은 가을부터 불기 시작하는 남풍을 비롯한 거친 기후에 직접 영향을 받는 고립된 장소에서 작업해야 하는 현실적 문제와 직면해야 했다. 남풍은 이 해안을 항해하던 배들이 늦가을 들어 거칠어진 날씨와 운 나쁘게 마주치면 무슨 일이 일어날지를 암시하는 징후였다.

배스는 박사논문 주제로 이 난파선을 택했다. 1967년에 출간된 이 논문은 수중 조사도 지상 조사의 엄격한 기준에 맞게 수행될 수 있음을 보인 획기적 업적이었다. 가장 중요한 것은 이 발굴로 울루부룬 난파선에서 발견된 증거가 청동기시대의 항해와 교역에서 핵심적 위치를 차지하게 되었다는 것이다.

배에 실렸던 주요 화물은 '소가죽형' 구리 덩어리였다. 이런 이름이 붙은 이유는 4개의 손잡이가 달린 구리 덩어리의 모양이 벗겨낸 소가죽과 닮았기 때문이었다. 이집트 벽화에서 이 금속 덩어리가 하역되는 장면이 묘사되기 때문에 금속의 모습은 친숙하지만, 지상에서는 이런 원자재를 대부분 완제품으로 만들기 때문에 고고학적으로 살아남는 경우가 거의 없어서 실물을 찾기가 힘들다. 무게가 거의 1톤에 달하는 구리 외에 발굴팀은 더 적은 수량의 주석 덩어리가 남긴 흰 자국도 찾았다. 이 배가 구리를 청동으로 변환하는 데 필요한 핵심 원료를 실어 나르고 있었음을 보여주는 증거다. 금속 덩어리 밑에 깔린 잔가지로 된 완충재는 동시대를 다룬 호메로스 작품과 이 난파선을 잇는 희미한 첫 연결고리다. 『오뒷세이아』에서 영웅 오디세우스는 칼립소의 섬을 떠나기 위해 배를 만들었다. 호메로스는 이렇게 노래한다. "파도를 막기 위해 이물에서 고물까지 버드나무 가지로 울타리를 세웠으며 그 위에 잔가지를 뿌렸도다."

납 동위원소 분석을 통해 이 금속 덩어리들은 지중해 동부에 있는 키프로스에서 채굴되었다는 게 확인되었다. 키프로스는 청동기시대 동지중해 지역의 구리 주산지였다. 바구니에는 부서진 청동 도구들이 담겼는데 재활용품인 게 분명했다. 이 외에 망치 머리, 숫돌, 모루로 추정되는 석물이 있는데 이곳저곳 돌아다니는 대장장이의 소유물로 해석된다. 금속 덩어리 외에는 고대 근동의 무게 기준에 따른 양팔저울용 각종 무게 추 약 60점과 동지중해 연안에서 나온 것으로 추정되는 도기 같은 다른 유물들이 있었다. 지금의 시리아, 레바논, 이스라엘을 포함하는 동지중해 지역은 초기 철기시대 페니키아인의 고향이며, 고고학자들은 구약성서에 나오는 용어를 따라 이 지역을 시리아-팔레스타인(Syro-Palestinian), 혹은 가나안(Canaanite)으로 부른다. 도기의 형태분석과 잔가지의 방사성 탄소연대측정분석을 통해 측정한 난파선의 연대는 기원전 1200년경으로 추정된다. 이때는 에게해와 동지중해 지역의 청동기 문명이 종말을 고하던 시점이다. 아마도 대격변이 동지중해 사회를 휩쓸고 난파선에 실린 화물로 대표되는 종류의 물품 생산을 끝장내기 몇 년 전이었을 수도 있다.

겔리도냐곶 발굴 작업은 아직 정답이 없는 한 가지 핵심 질문을 남겼다. 바로 "이 배에 실린 화물이 당시 교역을 얼마만큼 대표할 수 있는가"라는 질문이다. 동지중해와 이집트 유적지에서 미케네 그리스식 도기가 광범위하게 발견된 사실로 말미암아 난파선 발굴 전에 학자들은 후기 청동기시대에는 미케네인이 교역을 주름잡았다고 추정했다. 미케네식 도기가 발굴된 장소 중에는 기원전 14세기에 파라오 아크나톤이 지금의 아마르나에 건설한 새 수도도 있었다. 600개 이상의 도기에서 나온 1000점 이상의 미케네식 도기 파편이 이곳에서 발견되었는데 고급 기름을 담았던 소형 용기였던 것으로 추정된다. 당시 이 도기들은 장식과 모양 때문에 찾는 사람이 많았다.

아마르나에서는 해양 교역을 이해하는 데 필수적인 증거가 출토되었다. 여러 외국 통치자가 파라오에게 보낸 편지를 포함한 400개 이상의 점토서판 모음인데 편지 내용으로 미루어 볼 때, 후기 청동기시대에 바다로 수송된 원자재와 귀중품 가운데는 왕실끼리 교환한 선물과 공물이 상당 부분을 차지했던 것 같다. 그런데 겔리도냐곶 난파선이 키프로스나 시리아-팔레스타인에서 건조되었고 화물은 이곳저곳을 다니는 금속 상인 소유라면 아마르나 문서가 제시한 모델에 잘 들어맞지 않는다. 시야를 넓혀 그림을 보려면 다른 청동기시대 난파선이 필요했다.

## 누구를 위한 보물일까?

조지 배스는 겔리도냐곶 난파선을 발굴하고 나서도 1960년대와 1970년대에 튀르키예 연안에서 획기적인 발굴 작업을 감독했다. 그가 지휘해 발굴한 것으로는 야시 아다(Yassi Ada)의 4세기와 7세기 난파선과 휘황찬란한 유리 화물이 실렸던 세르체 리마니(Serçe Limani)의 11세기 난파선이 있다. 1972년에 배스는 해양 고고학 협회(Institute of Nautical Archaeology, 이하 INA)를 설립했다. 협회는 혹시 다른 청동기시대 난파선이 발견될지 모른다는 희망을 안고 보드룸의 본부에서 1년에 한 번 조사 작업을 하며 해면 채집 잠수부들을 대상으로 난파선 목격 여부를 문의했다. 그리고 1982년, 메메트 체키르(Mehmet Çekir)라는 잠수부가 튀르키예 남서단, 겔리도냐곶에서 65킬로미터 떨어진 울루부룬곶에서 '귀가 달린 금속 비스킷'을 보았다고 보고하면서 돌파구가 열렸다. 1983년에 INA가 조사한 결과 소가죽형 금속 덩어리, 피토이(Pithoi)로 알려진 저장용 대형 도기 항아리와 돌로 만든 닻이 수심 44~52미터 깊이의 가파른 경사면에서 발견되었다. 이곳은 탐사해 볼 만한 곳으로 여겨져 다음 해에 전면적으로 발굴을 개시하기 위한 후원 자금을 모금하기 시작했다.

첫 발굴 기간에는 배스가, 다음 발굴 기간에는 케말 풀락(Cemal Pulak) 박사가 지휘한 이 발굴은 해저 발굴로는 가장 집중적으로 수행된 탐사 작업 중 하나였다. 발굴이 끝날 무렵, 기록된 잠수 횟수는 2만 2413회였는데 이를 능가한 작업은 2만 7831회를 기록한 헨리 8세의 기함 메리 로즈호 발굴 작업뿐이다. 그러나 울루부룬 난파선은 메리 로즈호보다 네 배 더 깊은 곳에 있었고, 이 깊이는 압축공기로 안전하게 호흡할 수 있는 최대 한계였다. 울루부룬 발굴은 겔리도냐곶 난파선 발굴보다 더 깊은 곳에서 수행되어서 잠함병, 즉 잠수부가 너무 빨리 수면으로 올라올 때 생기는 호흡곤란 증상이 발생할 위험이 따랐으므로 잠수 시간이 제한되었다. 잠수부들은 질소중독과도 싸워야 했다. 질소중독은 깊은 물속에서 공기를 흡입할 때 혈액 속의 질소 농도가 증가하는 현상으로 알코올중독과 비슷한 증상을 보인다. 발굴팀은 현장 옆의 바위투성이 해변에 지은 캠프와 INA 연구선 비라존호에서 작업했고 유물은 보존과 전시를 위해 보드룸박물관으로 이송되었다. 모든 유물은 원래 있던 곳에서 옮기기 전에 삼각측량으로 정확하게 위치를 파악하고 과학적이고 세심하게 기록되었다. 발굴 다음에도 발굴 과정 못지않은 철저한 학술적 연구 대상이 된 이 유물에 대해 수많은 전문 분야 보고서가 출간되었다. 그렇게 울루부룬 난파선은 지중해 지역 청동기시대 난파선 가운데 가장 많은 토론과 논쟁의 주제가 되었다.

  난파선 자체의 길이는 해저에 파묻힌 잔해의 크기로 미루어 보아 15~16미터로 추정된다. 남은 파편을 보면 이 배는 고전 시대

지중해에서 사용된 배와 비슷하게 장부이음 방식, 즉 홈에 촉을 끼워 목재를 짜맞추는 방식으로 선체 외형을 먼저 건조했던 것으로 보인다. 판재와 용골은 키프로스, 남부 튀르키예, 레바논이 원산지인 레바논 삼나무로 만들어졌는데, 이 나무는 고대 근동의 가장 오래된 문학작품인 『길가메시 서사시』에 언급된 것으로 유명하다. 『길가메시 서사시』에서 영웅 길가메시와 그의 친구 엔키두는 삼나무 숲으로 나무를 베러 가서 숲의 수호자를 죽인다. 구약성서에서 솔로몬은 예루살렘 성전을 짓기 위해 레바논 삼나무를 사용한다. 그는 그 나무를 지금의 레바논-이스라엘 국경 근처에 세워졌던 고대 페니키아 도시 티레(Tyre)의 왕으로부터 얻었다(열왕기상 5:6).

잔가지로 된 보호재 위에는 믿기 어려울 정도로 많은 354개의 소가죽형 구리 덩어리와 다른 형태의 구리 덩어리 151개가 놓여 있었다. 구리의 양은 총 10톤에 달했고 주석도 1톤이나 있었는데 이는 청동 11톤을 만들기에 적절한 비율이며, 겔리도냐곶 난파선에 실린 화물의 10배에 달한다. [청동을 만드는 혼합 비율은 다양하지만 가장 널리 사용되는 건메탈(Gun Metal)은 구리 90퍼센트에 주석 10퍼센트를 섞어 만든다. '건메탈'이라는 이름은 과거에 대포 주조에 쓰였던 데서 유래한다-옮긴이] 납-동위원소 분석에 따르면 구리 대부분은 키프로스산이다. 그러나 나중에 보겠지만 주석은 더 먼 곳에서 왔던 것 같다. 다른 화물로는 피토이형 도기 항아리 3종이 사발, 물병, 램프 같은 키프로스산 고급 도기류 150점과 함께 포장되어 있었는데 아마도 금속 덩어리와 함께 키프로스에서 실었을 것이다. 난파선에는 손잡이가 2개 달린 수송용 항아리 암포라(Amphora)가 최소 149개 실렸는데 그 형태는 가나안식이다. 울루부룬 난파선은 이 다용도 운반용 그릇이 고대 지중해 난파선에서 처음으로 발견된 사례다. 이 중 다수는 성서에서 '엘라'로 언급되며 신성시되었던 테레빈나무(Pistacia Terebinthus) 송진으로 채워져 있었다. 이 나무의 송진은 향이 좋기로 유명하다. 기원전 4세기 철학자 테오프라스토스(Theophrastos)는 자신의 저서 『식물 탐구(Enquiry into Plants)』에서 테레빈나무 송진이 "가장 향기롭고 가장 섬세한 향이 나기 때문에 최고"라는 결론을 내렸다. 울루부룬 난파선의 항아리를 만든 진흙은 남부 레바논이나 북부 이스라엘에서 조달된 것 같다. 이 일반적 형태의 암포라는 시리아 선박의 도착을 그린 이집트 테베(Thebe) 켄아문(Ken-Amun)의 무덤 벽화에 묘사되었고, 아마르나에서 발굴된 가나안식 항아리 조각에 남은 송진 흔적을 분석한 결과 울루부룬 난파선에서 발견된 것과 같은 송진이었다.

아마르나와의 연관성은 다른 두 상업 화물에서도 보인다. 둘 다 당시로서는 독특한 발견이며 가장 오래된 사례로 알려져 있다. 울루부룬 난파선에서는 200개에 달하는 유리 덩어리가 발견되었다. 이 유리 덩어리는 대부분 거의 진한 코발트색이었다. 2022년에 진행된 화학분석 결과에 따르면 이들은 이집트산이며 아마르나에서 왔을 것이다. 난파선에서 발견된, 아마도 승객 소지품이었을 미케네에서 만든 유리구슬은 똑같은 화학적 특성을 보이는데 이것은 이 배가 가공되지 않은 유리뿐 아니라 이전에 선적된 원료로 만든 제품도 수송했음을 의미한다.

가장 이채로운 발견품은 조각용 상아로 사용되었을 코끼리 어금니 일부와 하마 이빨 13개다. 청동기에는 아직 인도코끼리가 근동 지역을 돌아다니고 있었고 이집트 파라오 투트모세 3세(Thutmose III)는 상아를 얻기 위해 북부 시리아에서 코끼리를 사냥했다. 그리고 이스라엘에서는 철기시대 하마 유골이 발견되었기 때문에 청동기시대 습지에도 하마가 있었다고 추측해 볼 수 있다. 이집트는 지금의 수단인 누비아(Nubia)와 푼트(Punt)라고 불리는 땅에서 코끼리 상아를 수입하기도 했다. 에티오피아 지역의 전설적인 왕국 푼트는 아마도 로마 시대 악숨(Aksum) 왕국이 위치한 곳으로 상아와 금 같은 적도 아프리카에서 수입된 물건들의 통로였을 것이다. 울루부룬 난파선에서 아프리카산 흑단 재목이 발견되었다는 것은 남쪽에서 이집트를 통해 더 많은 물품이 수입되었다는 증거다. 그리고 아마르나 문서에서 유리와 상아가 모두 언급되었다는 사실은 이들이 파라오와 근동의 다른 통치자들이 교환한 선물의 일부였음을 보여준다.

발굴 유물이 이토록 다채롭다는 것은 이 배와 화물의 다양한 기원을 반영하는 것이다. 시리아-팔레스타인에서는 도기, 상업용 도구, 악기와 금제품이 수입되었다. 메소포타미아에서는 장식된 원통형 인장[Cylinder Seal: 서명이나 소유권 표시 목적으로 점토판 위에 굴려 소유주의 이름이나 문양을 찍는 돌로 만든 원통 모양의 인장 - 옮긴이], 미케네 그리스에서는 칼, 창, 도기와 장신구가 들어왔다. 이 난파선의 연대를 청동기 문명 전성기인 기원전 14세기의 마지막 25년으로 확정한 근거가 되어준, 상형문자가 새겨진 금제 스카라베 인장은 이집트산이다. 발굴이 시작되고 몇 주 뒤에 이 유물들을 접한 조지 배스는 단순한 금속 무역상 이상의 무언가를 조사하고 있다는 걸 확신했다. 바로 화려한 금제 술잔(Chalice)을 발견했기 때문이었다. 이것은 그때까지 지중해의 난파선에서 발견된 고대 유물 중 가장 큰 보물이며 투탕카멘의 무덤이 열리기 전까지 가장 무거운 금제 유물이었다.

그리고 머리에는 뿔이 2개 달린 투구를 썼고 우두머리는 말총 장식이 달린, 뿔이 4개 달린 투구를 썼다. 털 장식은 무섭게 위에서 아래로 요동쳤고 그는 청동 날이 달린 강력한 창 두 자루를 쥐었다. 날은 예리했고 멀리 떨어진 천상에서는 청동이 번쩍였다. 그곳에서 헤라와 아테네가 벼락을 치며 금이 풍부한 미케네의 왕에게 경의를 표한다.

호메로스의 『일리아스』에 나오는 이 구절은 그리스 아가멤논

(Agamemnon)의 성채인 미케네에 대한 첫 문학적 언급이다. 『일리아스』는 트로이 왕자 파리스가 스파르타 왕 메넬라오스의 아내인 헬레네를 납치한 이후, 메넬라오스의 형이자 미케네의 왕인 아가멤논이 어떻게 그리스 도시국가 연합군을 이끌고 트로이에 대항해 싸웠는지를 묘사한다. 학자들은 트로이 전쟁이 실제 역사적 사건이었는지를 놓고 오래 논쟁해 왔다. 그리고 대다수는 『일리아스』가 여러 세기 동안 이어진 구전 전승이며 이 전승은 청동기 시대에 벌어졌던 실제 사건의 기억이라 추측한다. 하인리히 슐리만은 이 믿음에 이끌려 1873년에 북서 튀르키예 해안에서 트로이로 확인되는 유적지를 찾아냈고, 1876년에는 아르골리스 평야(Argolid Plain) 상부에 있는 미케네 폐허를 발견했다. 슐리만은 그리스인 부인 소피아(Sophia)와 함께 지칠 줄 모르고 많은 유물을 발굴했다. 어느 무덤에서 금제 가면을 발견한 그는 이 가면이 "광대한 지역을 다스리는 아가멤논 왕에 대해 오래전부터 내가 상상해 온 이미지와 매우 닮았다"라는 내용의 전보를 그리스 언론에 보냈다.

시신의 얼굴을 덮은 이 가면은 오늘날 아가멤논의 가면으로 유명해진 그 가면은 아니었다. 아가멤논의 가면은 근처에 있는 다른 수직갱 무덤에서 발굴되었다. 그리고 매장 시기인 기원전 1600년은 트로이 전쟁 시기라 보기에는 너무 일렀다. 그러나 어떤 측면에서는 슐리만이 옳았다. 기원전 8세기의 시인에게 그 가면은 상상했던 아가멤논의 모습 그대로였을 수도 있으며 호메로스가 만약 슐리만처럼 그 가면을 보았더라면 마찬가지로 흥분했을 것이다. 오늘날 유명한 미케네의 사자문(Lion Gate)과 키클롭스 성벽(Cyclopean Masonry) 앞에 서보면 왜 슐리만과 동시대인이『일리아스』에서 '훌륭하게 건설'되고 '금이 풍부한' 곳으로 묘사된 도시가 미케네라고 확신했는지를 이해하기가 어렵지 않을 것이다.

울루부룬 난파선의 시대 미케네는 전성기를 맞았다. 인구 3만 명이 살았던 이 요새 겸 도시는 그리스 본토와 에게해 섬들을 제패했다. 만약 울루부룬 난파선이 여기 도착했더라면 선원들도 오늘날 우리처럼 사자문 앞에 서서 키클롭스 성벽, 언덕 위의 궁전을 포함해 미케네에서 가장 인상적인 건물 대부분을 살펴보았을 것이다. 『일리아스』에 나오는 왕의 이름을 딴 네스토르 궁전(Palace of Nestor), 그리고 당시에는 상대적으로 약소국이었으나 앞으로 역사상 큰 발자취를 남길 아테네의 아크로폴리스를 포함한 다른 성채도 이때 건설되었을 것이다. 미케네인은 미노아인이 지배하던 기원전 15세기 중반에 크레타섬의 궁전들을 점령하고 동부와 서부 지중해 지역에 전초 기지를 두었다.

울루부룬 난파선에 실렸던 화물은 에게해에 산재한 미케네의 요충지 중 한 곳으로 향하고 있었을지도 모르지만, 미케네 본국이 목적지였을 가능성이 더 크다. 미케네 사회는 엘리트 전사가 통치했으며 가장 중요한 요새인 미케네를 중심으로 위성국과 동맹국에 지배력을 행사했다. 미케네의 군사력은 청동과 청동으로 만드는 무기의 통제권에 기반을 두었는데, 이런 관점에서 울루부룬 난파선의 금속 덩어리처럼 중요한, 그리고 경쟁자나 적의 손에 들어간다면 아주 위험한 화물이 권력의 중심, 즉 기원전 14세기의 아가멤논 왕 외에 다른 곳으로 향했을 것 같지는 않다.

난파선에서 발견된 미케네산 유물은 당시 세계와 이 난파선의 연결고리를 밝히는 매우 흥미로운 존재다. 도기로 연대를 파악할 수도 있고, 배에 탑승했던 개인의 신원을 추측해 볼 수도 있기 때문이다. 도기류 중에는 주로 와인을 담아 마셨던 아름다운 킬릭스(Kylix)와 다양한 크기의 등자형 항아리(Stirrup Jar)가 있었다. 킬릭스는 양쪽에 손잡이가 달렸고 다리와 받침대가 있는 잔이며, 등자형 항아리는 중심선에서 살짝 벗어난 주둥이와 등자 형태로 연결된 손잡이가 있는 확실한 미케네 양식의 항아리다. 비슷한 킬릭스가 우가리트의 항구 도시였던 미넷 엘베이다(Minet el-Beida)의 묘지에서 발견되었는데, 이런 형태의 도기가 아주 높은 평가를 받아 우가리트에도 반입되었음을 시사한다. 등자형 항아리도 마찬가지였을 것이다. 이런 형태의 도기는 크레타에서 생산되어 고급 기름을 담는 데 사용되었다. 에게해로 다시 돌아가는 배에 이런 화물이 실렸다는 사실은 이들이 배에서 사용될 용도였거나 이전 그리스 항해에서 탑승한 승객 혹은 선원의 소유물이었다는 것을 보여준다.

다른 미케네 유물은 아마도 두 사람의 소유물로 추측된다. 이들은 각자 검과 창으로 무장했고 정교한 가슴가리개와 의상을 입었다. 처음에는 미케네 왕이 보낸 사절로 여겨졌는데 그보다는 그리스로 돌아가는 배를 호위하거나 전 항해 동안 동행했던 경비병으로 보는 것이 더 합당할 것이다. 이렇게 귀한 화물은 경비병이 지킬 가치가 있었고, 무기와 화려한 옷과 보석을 소유한 미케네 전사들의 존재는 그 자체로 강력한 메시지를 전달했을 것이다. 발견된 두 벌의 장비를 있는 그대로 해석한다면, 배의 주인을 상인이 아닌 다른 인물로도 그려볼 수도 있다. 그런 점에서 이 유물들은 전사의 무덤에서 발견된 것과 비슷하다. 하지만 내세를 위해 매장되는 대신 이들은 난파 순간까지 사용되었을 것이다.

## 국제 교역의 중심지 우가리트

소피아와 하인리히 슐리만 부부가 미케네에서 발견한 위대한 보물 가운데에는 네스토르의 잔(Cup of Nestor)이 있다. 정교하게 만들어진 황금 술잔으로, 마치 잔에서 물을 마시려는 듯 양 손잡이에 두 마리 새가 앉아 있다. 호메로스에게 푹 빠진 슐리만은 이 잔을 보고 필로스의 네스토르 왕이 나오는 구절을 떠올렸다. "그 노인이 집에서 가져온 아름다운 잔은 금으로 된 돌기로 덮였고 손잡이가 4개인데 그중 2개에는 물을 마시는 비둘기가 있도다." 이 잔은 미케네에서 제작되었던 반면, 울루부룬 난파선의 금잔과 가장 유사한 것은 유리의 일종인 파이앙스(Faience)나 돌로 만든 근동과 이집트산 잔이다. 황금 잔은 엘리트 계층의 교류를 위한 연회가 중요했던 사회에서 눈에 띄는 방법으로 자신의 부를 과시하는 수단이었으며, 왕실 선물로 선사할 수도 있었다. 어떤 아마르나 문서에서는 황금 술잔이 미탄니 왕이 파라오에게 보낸 선물 중 하나로 기록되어 있다. 이 왕은 노예와 말, 전차도 보냈다.

    대단히 흥미롭게도 이 책에서 다루는 인도네시아 연안 벨리퉁(Belitung)에서 발견된 2000년 후의 난파선에서도 비슷한 황금 잔이 발견되었는데 이 잔도 비슷한 용도로 사용되었던 것 같다. 그리고 중국의 기록을 살펴보면 이런 잔은 외교 선물이나 교역용으로 사용되었다는 것을 알 수 있다. 만약 울루부룬 난파선에서 발견된 잔이 왕실 간 선물 교환이나 교역용 물품이 아니었다면, 상인의 소유물이었을 수도 있다. 그는 자신의 부를 과시하거나 교섭을 원활하게 하기 위해 연회에서 그 잔을 사용할 생각이었는지도 모른다. 난파선에서 발견된 잔은 장식이 없는 단순한 디자인이라서 왕실의 선물은 아니었을 것이다. 잔을 만드는 데 쓰인 금의 무게만으로 보는 이에게 감명을 줄 생각으로 만들어졌는지도 모른다. 난파선에서 발견된 다른 귀중품도 보는 이들을 즐겁게 하고 깊은 인상을 남기기 위한 물품이라는 관점에서 해석할 수 있다. 혹은 왕의 대리인으로 활동하던 상인이 왕실의 부와 권력뿐 아니라 자신의 권세도 뽐내며 선물로 증정했을 수도 있었다. 상인이 탑승했다는 가장 명백한 증거로는 양팔저울용 동물형 무게 추 19개와 기하학 형태의 무게 추 120개가 있다. 이들 무게 추는 겔리도냐곶에서 발견된 고대 근동의 표준도량형과 일치한다.

   고가물품 일부는 상인의 소유였을 수도 있지만 또 다른 해석의 가능성도 열려 있다. 금박을 입힌 가나안 여신의 나체 청동상은 아마도 배의 수호신이었을 것이다. 또 다른 나체 여신상은 금 펜던트에서 발견되었는데 양손에 가젤을 들고 있다. 꼭지가 4개 달린 별로 장식된 펜던트도 3개가 있었는데, 이 별은 메소포타미아의 이슈타르의 별(Star of Ishtar) 혹은 이난나의 별(Star of Inanna)의 가나안 버전이거나 태양의 상징이었을 수도 있다[이슈타르와 이난나는 고대 메소포타미아에서 사랑과 전쟁, 다산의 신을 서로 다르게 부르는 이름이다 - 옮긴이]. 그때는 이집트 파라오 아크나톤이 이집트 종교를 이집트 어디서나 볼 수 있던 독특한 태양 상징을 가진 아텐 신앙으로 대체하려던 시점이라 특히 흥미롭다. 기원전 15세기 이집트의 인물인 푸엠레(Puyemrê)의 무덤 벽화에서도 비슷한 펜던트를 찾아볼 수 있다. 그 벽화에서 한 시리아인은 비슷한 펜던트를 목에 걸고 있다. 진흙이나 왁스 위에 굴려서 날인하는, 돌로 만든 작은 원통형 인장 2개도 발견되었다. 상업용으로 쓰인 이 인장은 메소포타미아산 물품으로 교역이나 선물용으로 배에 실렸을 것이다. 둘

중에 배에 실린 가장 오래된 유물인 기원전 18세기의 고(古) 바빌로니아시대 인장에는 원래 수염을 기르고 치마를 입은 왕이 여신을 만나는 장면이 새겨졌는데 기원전 14세기에 그 위에 무시무시한 그리핀 같은 악귀가 다시 조각되었다. 이집트의 스카라베 인장처럼, 근동산 원통형 인장도 점토판 문서에 선물로 기록되어 있다. 이 인장들은 아름다운 조각이자 악이나 불운을 방지하는 부적으로서 인기를 누렸다.

금제 펜던트와 가나안식 항아리 파편을 비롯해 울루부룬 난파선에서 발견된 몇몇 물품들은 항구도시 우가리트에서 발굴된 물품들과 유사하다. 키프로스의 맞은편, 북부 시리아 해안에 있는 우가리트는 14세기에 국제교역의 중심으로 번창했고 겔리도냐곶 난파선 시대에 이루어진 국제교역의 마지막 단계를 생생하게 보여준다. 이집트, 키프로스, 남부 가나안 해안지대에서 온 물품들은 우가리트로 실려 와 여기서 사는 상인들의 감독하에 에게해 지역으로 가는 배에 선적되었을 것이다. 이 품목들의 원산지는 아프리카산 흑단, 상아 같은 더 먼 곳에서 온 물품들과 청동 제조에 필수품인 주석 같은 가장 귀중한 상품을 다른 배로 옮기는 환적 센터가 되기도 했다.

## 청동 수입에 목숨을 건 이유

　동지중해에서 사용된 청동기시대 금속 덩어리에서 나온 주석이 콘월산이라는 강력한 증거를 제시한 논문이 2019년에 출간되었다. 유럽 연구 이사회(European Research Council) 후원으로 수행된 이 프로젝트에서 독일 연구진은 27개 금속 덩어리에서 납과 주석 동위원소를 분석했다. 시료 중에는 크레타섬 연안 모클로스섬에서 발견된 금속 덩어리 1개와 울루부룬 난파선 금속 덩어리 3개, 그리고 하이파대학이 이스라엘 연안에서 조사한 청동기시대 난파선의 흩어진 잔해에서 수습한 금속 덩어리 14개가 있었다. 동위원소 분석 결과, 주석이 제련된 원광 하나는 약 2억 9100만 년 전의 것으로 밝혀졌는데 아나톨리아나 중앙아시아를 산지로 보기에는 너무 오래되었거나 너무 이르다. 이 두 곳은 당시 사용된 주석의 원산지로 여겨져 왔으나 분석된 원광은 오히려 서유럽에 매장된 주석의 성질과 일치했다. 흥미롭게도 앞 장에서 논의한 영국 데번 연안의 샐컴 청동기시대 난파선에서 수습된 주석 덩어리는 지중해에서 발견된 주석 덩어리와 비슷한 미량원소 조성을 보인다. 이로써 콘월산 주석의 수출과 동지중해 지역에서의 해상 수송 사이에 처음으로 명확한 연결고리가 밝혀졌다. 거리 관점에서 보면, 이 주석 수송로는 증거로 입증된 선사시대의 가장 긴 해양 수송로다.

기원전 5세기의 그리스 역사가 헤로도토스(Herodotos)는 '주석 섬들'이라는 뜻인 카시테리드군도를 '우리가 쓰는 주석이 오는 곳'으로 알았다. 콘월의 거의 모든 선사시대 주석 채굴장은 비교적 최근까지 이뤄진 대량 채굴로 사라졌지만, 북웨일스의 그레이트옴 구리광산의 흔적으로 우리는 당시 광부들이 지하 깊숙이 층을 파고 들어갈 능력이 있었다는 걸 알 수 있다. 콘월에서 지중해 원산 유물이 거의 발견되지 않았다는 것은 이 무역이 도버 보트 같은 배로 영불해협을 건너서 가져온 상품을 주석과 맞바꾼 중개인의 손에 좌우되었음을 반영하는지도 모른다. 울루부룬 난파선에서는 호박으로 만든 구슬이 발견되었는데 이 구슬은 북유럽과의 교역이 이뤄졌다는 또 다른 증거다. 호박 구슬은 투탕카멘 무덤과 시리아의 카트나(Qatna)에서 발견된 기원전 1340년경의 왕실 무덤에서 나온 목걸이에서도 볼 수 있다. 카트나 무덤에서 발굴된 호박을 분석한 바에 따르면 이 호박은 발트 지역에서 왔다는 것이 확인된다. 고대로부터 이 지역은 호박의 주산지였고 호박은 여기서 영불해협까지 운반되었다가 육상 수송이 예정된 주석과 함께 내륙수로, 혹은 지중해 해안을 따라 수송되었다.

무역상들이 이를 입수하려 먼 곳까지 갔던 것은 에게해와 동지중해 지역에서 주석이 그만큼 희귀하고 가치가 높았다는 의미다. 청동을 만드는 주석이 없었다면 미케네의 전사 엘리트들은 권력을 유지할 수 없었을 것이다. 최고의 무기를 가졌기에 적을 막고 해적을 진압할 수 있었다. 이는 부를 창출하고 교역을 진흥하기에 이상적 조건이다. 주석은 그 자체로 귀중한 상품이었을 뿐 아니라 주석을 수송하는 선박은 왕실끼리 교환하는 선물이나 다른 교역용 물품을 같이 수송하기도 했으므로 무역에 전반적 활기를 불어넣었다. 울루부룬 난파선에 실린 금속의 가치는 그것으로 만들 수 있는 무기의 양으로 가장 잘 평가할 수 있을 것이다. 고대 그리스의 무기와 갑옷을 연구한 앤서니 스노드그래스(Anthony Snodgrass) 교수는 이 배의 금속으로 제련할 수 있던 청동 11톤으로 검 5000자루, 창날 5만 개, 완전한 갑옷 600벌을 제작할 수 있었을 것이라고 계산했다. 즉 이 배에 실린 화물만으로 미케네 도시국가 군대 전체가 무장할 수 있을 정도의 양이다. 기원전 14세기보다 그 뒤의 청동기시대가 더 불안하고 가난했다면 울루부룬 난파선에 실린 화물의 손실은 세력 균형을 깨뜨릴 수도 있었을 것이다.

## 외교와 무역에 쓰인 쐐기문자

호메로스와 겔리도냐곶, 울루부룬 난파선에서 발견된 유물 간의 관계는 당시 사회가 문학의 탄생을 목전에 두고 있었음을 반영한다. 그 후 몇 세기가 지나 처음으로 기록되기 시작한 이야기는 미케네 전사 엘리트의 모임에서 낭송되고 있었다. 그곳에서 낭송된 이야기에는 청동기시대 말기인 기원전 12세기경의 사건이 반영되어 있다. 트로이 전쟁은 아니지만, 『일리아스』와 『오뒷세이아』에 등장할 다른 신들과 영웅들이 이 이야기에서 나왔으며 그리스의 첫 영웅 서사시도 이때 등장했다. 메소포타미아에서 기록문학의 역사는 훨씬 길다. 『길가메시 서사시』 일부가 기록된 가장 오래된 점토 서판의 연대는 기원전 2100년경인 우르 제3왕조 시대까지 거슬러 올라간다. 그리고 표준 바빌로니아어판의 샤 나크바 이무루(Sha Naqba Imuru), 즉 '심연을 본 사람'이라는 제목은 울루부룬 난파선의 시대에 쓰였다. 『길가메시 서사시』와 홍수 이야기, 그리고 히브리 구약성서의 홍수 이야기와 에덴동산 이야기가 비슷하다는 것은 구약성서 창세기에서 보이는 몇 가지 이야기의 기원이 근동에서 문명이 시작된 1만 년 전으로 거슬러 올라간다는 뜻이므로 이 이야기는 세계에서 가장 오래 전해진 이야기다.

영웅 이야기의 낭송은 선물 교환식 동안 열리는 연회의 일부였을 수 있다. 금속과 사치품을 가지고 미케네 왕의 궁정에 도착한 상인들도 이 의식을 경험했을 것이다. 현존하는 청동기시대 문헌 대부분은 더 따분한 행정문서와 편지로 이루어져 있다. 장부와 회계, 소유물과 교역품 목록, 왕과 신하들 사이에 오간 편지가 전부다. 미케네인도 선형문자 B(Linear B)라는 독자적 문자를 가졌다. 각 상징이 음절을 표시하거나 대상 혹은 물건을 나타낸 이 문자

체계는 마이클 벤트리스(Michael Ventris)가 천재적 능력을 발휘해 선형 문자 B를 초기 그리스어의 일종으로 해독해 냈다. 미노아 문명의 중심지였던 크노소스와 필로스에서 발견된 점토 서판에서는 울루부룬 난파선에서 발견된 물품과 관련된 단어가 등장한다. 예를 들어 기름 저장용 항아리를 가리키는 카-카-레-에우(Ka-Ka-Re-Ew)와 키프로스를 가리키는 단어 쿠-피-리-요(Ku-Pi-Ri-Jo) 등이 있다. 이는 구리를 의미하는 영어 단어 코퍼(Copper)의 어원이 되기도 한다.

 이 지역을 오간 교역을 이해하기 위한 가장 중요한 사료는 쐐기문자로 적은 점토 서판이다. 이 쐐기 모양을 한 기호는 기원전 3000년대부터 쓰인 메소포타미아의 첫 문자다. 아나톨리아에 있던 히타이트 왕국의 수도 하투사스, 우가리트, 그리고 동지중해의 다른 항구도시에서 발견된 점토 서판을 통해 왕실 간 교류와 상인의 역할을 생생하게 재구성할 수 있다. 앞서 본 이집트의 아마르나에서는 1880년대에 울루부룬 난파선과 시대적으로 가까운 아크나톤의 신도시 아케타텐의 폐허에서 수백 개의 점토 서판이 발견되었다. 이 점토 서판들은 울루부룬 난파선에 실렸던 것과 같은 종류의 화물 수송에 파라오가 직접 관여했음을 보여준다.

 울루부룬에서 발견된 가장 흥미진진한 유물 중 하나는 '세계에서 가장 오래된 책'이라고 불리게 된 접이식 나무 서판이다. 보급판 소설책 크기의 이 서판은 원통형 상아 경첩으로 연결된 나무

페이지 두 장으로 만들어졌다. 각 페이지 안쪽의 오목한 면에는 글이 쓰이는 밀랍을 고정하기 위해 가로세로로 금이 그어졌다. 이 서판은 호메로스와 관련이 있는 또 다른 난파선에서 발굴된 유물이다. 『일리아스』에 나오는 신화의 영웅 벨레로폰 이야기에서 프로이토스(Proetus) 왕은 '접이식 나무 서판에 많은, 그리고 치명적인 기호'를 새기고 그를 보낸다. 이전에 가장 오래된 것으로 알려진 서판은 기원전 8세기 지금의 이라크 님루드 궁전에서 발견된 것이었는데 이 중 하나에는 아직도 쐐기문자가 적힌 꿀벌 밀랍의 흔적이 남아 있다. 그리고 울루부룬 난파선에서 발견된 서판은 호메로스가 자기 시대가 아닌 청동기시대에 존재했던 물건을 묘사했다는 증거로 중요하다.

　이 발견으로 인해 여러 흥미진진한 질문들이 제기되었다. 이 서판의 목적은 무엇이었을까? 그리고 어떤 언어와 문자가 사용되었을까? 지우고 다시 쓸 수 있을 뿐 아니라 접어서 글의 내용을 보호할 수 있었던 만큼, 이 서판은 선박에서 사용하기에 제격이었을 것이다. 상인은 이 서판에 선적한 화물을 기록하고 도중에 내리고 싣기를 반복하며 수정했을 것이다. 사용된 언어는 기원전 2000년대에 들어 외교와 무역에서 국제 공통어로 쓰인 메소포타미아의 언어 아카드어(Akkadian)였을 것이며, 문자 체계는 쐐기문자였을 것이다. 이 쐐기 모양 문자는 끝이 뾰족한 금속제 필기구로 밀랍을 눌러 기록되었다. 하지만 이 상인이 만약 우가리트 출신이라면, 쐐기문자는 아카드어의 음절과 단어가 아니라 우가리트 알파벳을 적는 데 사용되었을 수 있다. 이는 오늘날 우리가 사용하는 알파벳을 쐐기문자로 표현한 초기 형태다. 그렇다면 이것도 호메로스와의 연결고리다. 그는 미케네인의 선형문자 B에서 처음 등장한 그리스어로 글을 썼지만, 페니키아인이 완성하고 기원전 1000년대에는 쐐기문자의 뒤를 이어 근동 전역에서 채택된 알파벳을 썼다.

## 네페르티티의 인장이 말해주는 것

난파선에서 발견된 가장 중요한 유물에는 청동기시대의 또 다른 위대한 문자 체계가 적혀 있었다. 아크나톤의 왕비이자 투탕카멘의 계모 네페르티티의 이름이 새겨진 독특한 이집트 스카라베 인장이다. 우리말로 쇠똥구리인 스카라베는 이집트 종교에서 이른 아침 해의 신인 케프리(Khepri)를 상징했다. 쇠똥구리가 쇠똥공을 굴리는 것처럼 이 신은 하늘을 가로질러 해를 굴리는 것으로 여겨졌다. 스카라베는 부적이나 인장으로 사용되기도 했다. 스카라베 밑면에는 이집트 상형문자로 네페르티티의 완전한 이름인 '네페르네페루아텐 네페르티티'가 적혔다. 이 이름이 밝혀지자 우리는 처음으로 난파선과 연관된 한 개인의 얼굴을 볼 수 있게 되었다. 바로 아마르나에서 발굴되어 '아텐의 아름다움은 아름답다.

아름다운 이가 왔도다'라고 번역된 이름에 걸맞은, 유명한 흉상으로 남은 네페르티티의 얼굴인 것이다.

네페르티티의 흉상은 아크나톤의 '총애하는 신하이자 장인'인 조각가 투트모세(Thutmose)의 작업실에서 1912년에 발굴되었다. 그는 역사상 처음으로 이름이 알려진 예술가이기도 하다. 아마도 울루부룬 난파선이 건조되었을 때, 혹은 그보다 약간 전에 아크나톤은 아마르나를 건설하기 위해 그보다 1000년 전의 피라미드 건설과 비견할 만한 노력을 기울이고 있었을 것이다. 너무나 수명이 짧아서 그랬는지 모르지만, 아마르나 건설은 놀라운 업적이었다. 첫 건물이 기원전 1346년에 건설된 이 도시는 겨우 14년 뒤에 완전히 버려졌다. 이 도시의 존속은 아텐에게 달려 있었다. 아크나톤은 태양신 아텐의 숭배를 위해 옛 종교와 옛 수도 테베를 버리고 이집트에 새로운 일신교를 도입하려 했다. 이 실험은 그의 아들이자 훗날 투탕카멘(Tutankhamun)이 되는 투탕카텐(출생 시의 이름)이 아텐을 배척하고 테베로 천도하면서 끝이 났다. 옛 종교의 사제들은 자기들의 종교를 다시 들여왔고 아텐 숭배와 연관된 이미지와 상징을 파괴함으로써 아크나톤의 '이단' 흔적을 최대한 지웠다.

네페르티티는 남편과 함께 새 종교의 전파에 적극적으로 임했다. 역사상 가장 풍요로운 시기를 맞은 당시 이집트에는 새로운 도시와 사원을 건설하기에 충분한 자원이 있었다. 스카라베에 새겨진 이름은 네페르티티 본인이 아크나톤의 사망과 투탕카텐의 즉위 사이 몇 년간 이집트를 다스린 수수께끼의 파라오 네페르네페르우아텐(Neferneferuaten)이었다는 강력한 증거로 밝혀질 수도 있다.

난파선의 연대는 분명 네페르티티 사후이며 옛 종교가 복구된 다음이므로 그녀의 이름과 상형문자로 Itn, 즉 '아텐'이라는 단어가 새겨진 스카라베는 외국 통치자가 받을 이집트 왕실의 선물이 아니라는 건 분명하다. 난파선에 재활용 금제품이 있었다는 사실은 이 스카라베도 다시 녹일 예정이었음을 시사하는 것인지도 모른다. 다른 한편으로 원래 중요성을 모르는 사람들에게는 난파선에서 발견된 메소포타미아산 원통형 인장처럼 이 스카라베도 부적으로서 가치가 있었을 수도 있다. 울루부룬 난파선에 실린 화물의 목적지였을 미케네 성채의 제의 공간에서는 아크나톤의 아버지인 제18왕조 파라오 아멘호테프 3세(Amenhotep III)의 왕비 티예(Tiye)의 스카라베가 발굴되었다. 스카라베를 비롯해 이 시기 미케네에서 발굴된 이집트 유물은 그리스의 은과 이집트의 금 교역을 통해 쌓아 올린 양국 관계를 반영하는 것일지도 모른다.

울루부룬 난파선 시대에는 투탕카멘의 흔적도 찾아볼 수 있다. 바로 왕가의 계곡에서 그의 미라를 덮었던 황금가면을 통해서다. 하워드 카터는 거의 반세기 전에 미케네에서 '아가멤논의 가면'을 발견한 슐리만처럼 흥분해서 이 가면을 "왕의 모습을 본떠 광을 낸 금으로 만든 이 가면은 뛰어난, 사람에 따라서는 엄청나다고도 할 수 있는 작품"이라고 묘사했다. 투탕카멘이 묻힌 연도인 기원전 1323년은 울루부룬 난파선이 가라앉은 해와 아주 근접했을 수 있는데 아마도 1323년 앞뒤 몇 년이었을 가능성이 상당히 크다. 금과 파이앙스 제품을 비롯한 투탕카멘왕 무덤에서 발견된 유물 상당수는 울루부룬 난파선의 유물과 아주 비슷하다. 카터는 무덤에 유리 제품이 없다고 한탄했는데 아마 그건 고대 도굴범의 소행일 것이다. 따라서 울루부룬 난파선에서 이집트산 덩어리 유리가 발견된 것은 그림의 균형을 맞춰준다. 울루부룬 난파선은 무덤에 매장하기 위한 물건이 아니었다. 실제 사용되는 물건들의 모음이라는 점에서, 이 무덤에서 발견된 이집트 왕조의 엄청난 부가 파라오나 파라오의 영생만을 위한 것으로 한정되지 않는다는 것을 보여준다. 잠수 기술에 힘입은 해저 발굴이 언젠가 근동과 에게해의 위대한 청동기 유적지 발견 유물들을 풍부하게 보충할 것임을 알았더라면 하워드 카터와 그의 동료 고고학자들이 얼마나 흥분했을까 하는 상상에 새로운 감흥이 든다.

## 무너지는 문명

겔리도냐곶 난파선이 제기한 큰 질문, 즉 난파선의 유물이 당시 교역품을 얼마나 잘 대표하는지는 울루부룬 난파선으로 인해 새로운 조명을 받게 되었다. 겔리도냐와 울루부룬 난파선에 실린 화물은 아마도 스펙트럼의 양극단에 있을지도 모른다. 겔리도냐곶 난파선이 상업적 교역을 대표한다면 울루부룬 난파선의 화물은 주로 왕실 간 교환용 선물이나 공물을 대표한다. 아니면 이 둘의 교역 방식은 같았지만, 규모만 다를 수도 있다. 겔리도냐곶 난파선의 화물은 상대적으로 소규모지만, 작은 군대를 무장시킬 수 있는 검 500자루를 만들 수 있는 자재가 실려 있었다. 1987년부터 2000년까지 추가로 잠수한 결과, 미케네식 등자형 도기 2점과 검이 발견되었는데 이로써 겔리도냐곶 난파선 발굴 유물은 울루부룬에서 발견된 유물의 범위와 더 비슷해졌다. 울루부룬 난파선의 화물은 유별나게 양이 많았다. 이는 배를 띄운 관계자들이 상당히 높은 위험을 감수했다는 증거다. 일반적으로 이 정도의 화물은 여러 척에 나눠 실어 난파로 인한 손실 위험을 줄였을 것이다.

두 난파선은 엄청난 번영기였던 기원전 14세기와 위태로운 시기였던 기원전 1200년대의 시대상을 반영한다. 겔리도냐곶 난파선과 직접 관련이 있는 우가리트 유물을 통해 우리는 자신감을 잃고 두려움을 자아내는 불길한 경고에 귀를 기울이게 된 이 시대의 감정적 불안함을 엿볼 수 있다. 1970년부터 1971년까지 시리아군은 도시의 언덕 남쪽에 벙커를 팠다. 궁전에서 200미터 떨어졌고 미넷 엘베이다 항구에서 1킬로미터 남짓 떨어진 곳이었다. 공사 중 점토 서판 한 장이, 그리고 1973년에는 100개 이상의 파편이 발견되었다. 1986년부터 고고학적 발굴이 가능해지며 큰 규모의 집이 발굴되었고 여기에서 2002년까지 650개 이상의 점토 서판이 발견되었다. 궁전 외에 우가리트에서 발굴된 최대 규모의 문서고였다.

서판 다수는 우가리트 알파벳으로 표기한 아카드어로 쓰여 있었다. 울루부룬 밀랍 서판에도 이런 언어가 쓰였을 것이다. 이 서판에 따르면 집주인은 왕의 대리인으로 활동했던 상인이었고 우가리트 왕을 위해 이집트 파라오와 키프로스, 히타이트의 왕과 거래하고 있었다. 통치 연대가 알려진 군주들을 통해 우리는 이 문서들의 연대를 기원전 1220년에서 1190년까지로 특정할 수 있다. 겔리도냐곶 난파선이 난파한 때다. 이 상인의 이름은 우르테누(Urtenu)였다. 발견품 가운데에는 투탕카멘왕 무덤에서 발굴된 것과 비슷한 이집트식 전차가 있었는데 아마도 왕실 선물로 보인다. 그의 지위는 왕실 선물을 받을 정도로 높았다. 또한 그는 문학 애호가이기도 했다. 서판 1개는 『길가메시 서사시』의 일부인 홍수 이야기가 포함된 것이었다. 이 이야기는 메소포타미아와 근동 고대 문명의 기원 신화다.

문서는 우르테누가 최고위층 사이의 거래를 중개하고 있었음을 보여준다. 처음에는 모든 것이 번영하는 것처럼 보인다.

알라시야(키프로스) 왕 쿠스메수사(Kusmesusa)는 나의 아들인 우가리트의 왕 니크마두(Niqmaddu)에게 이렇게 말한다. 나의 가족, 나의 말과 전차는 모두 무사하며 (…) 그대가 내게 보낸 선물에 대한 보답으로 나는 구리(덩어리) 33개를 보낸다. 무게는 30탈렌트, 6500셰켈이다.

믿기 어렵지만, 이때 왕이 보낸 구리는 겔리도냐곶 난파선 화물의 구리와 비슷한 양이다. 그리고 니크마두 3세의 치세인 기원전 1225년에서 1215년은 난파선의 추정 연대에 근접한다. 즉 이것은 실제 난파선과 연관될 수 있는 세계에서 가장 오래된 선화증권 [Bill of Lading: 배에 상품을 선적하고 나서 그 목록을 적은 서류-옮긴이]의 사례. 니크마두의 후계자 암무라피(Ammurapi)의 시대에 들어서자 문서에서 선물교환에 대한 언급은 사라지고 생존에 대해서만 말하는 식으로 어조가 달라진다. 전차와 말에 대한 언급 대신 비루(Biru)라는 단어가 나타난다. 비루는 아카드어로 굶주림이라는 뜻이다. 기원전 1213년부터 1203년까지 이집트를 다스린 파라오 메르네프타(Merneptah)는 편지를 보내 암무라피가 지난번 편지에서 쓴 다음 말을 인용한다. "우가리트 땅에서는 사람들이 심각하게 굶주리고 있습니다. 왕이시여, 곡식을 보내 나의 목숨을 구해주소서 (…) 그리고 우가리트 땅 백성들의 목숨도 구해주소서." 더 필사적 어조로 암무라피는 히타이트의 한 관료에게 이렇게 호소한다. "당신에게 선한 마음이 있다면, 내가 살 수 있도록 요구한 (곡식) 남은 것이라도 보내주시오." 이 문서는 우가리트를 덮친 기근이 얼마나 심했는지에 대한 증언이며 그때까지 번창했던 해상교역이 부가적으로 어떤 기능을 했는지를 보여준다. 즉 우가리트 같은 도시국가가 성장하면 인구 증가로 내륙 경작지가 잠식되어 식료품을 수입에 의존하게 되며, 식료품을 공급해 주는 곳이 자연재해를 겪으면 식량을 조달할 길이 막힌다는 뜻이다. 여기에서는 기원전 13세기 후반부터 12세기까지 고대 근동 대부분 지역에 영향을 준 가뭄이 원인으로 보인다.

엎친 데 덮친 격으로 북쪽에서 무시무시한 무엇인가가 내려오고 있었다. 에게해와 동지중해에서 청동기 문명을 깡그리 지워버리고 이집트까지 위협할 침략의 파도다. 이 침략자들의 정체는 불분명하다. 이들은 아마 흑해 북쪽에서 온 이주 민족의 혼성집단이었을 것이다. 에게해 지역의 호전적 민족과 성채가 파괴된 다음 살아남은 미케네인이 이들과 합세했다. 이집트인은 이들을 바다 민족(Sea Peoples)이라 불렀다. 이 공포는 우가리트에서 발견된 문서의 마지막 편지에서 엿볼 수 있다. 이 편지는 암무라피가 카르케미시[지금의 시리아 북부에 위치 - 옮긴이]의 히타이트 총독에게 썼으나 전해지지는 못한 것으로 보인다.

나는 전하께 두 번 세 번 편지를 씁니다. (…) 적에 관한 소식입니다! (…) 전하께서 적군이 라슈에 주둔했음을 아시기를 바랍니다. 그리고 그들의 선봉은 이미 우가리트로 파견되었습니다. 전하께서 군대와 전차를 보내주시어 적의 손에서 우리를 구원해 주소서!

이 편지는 아마도 암무라피와 우르테누의 생애 마지막 며칠 동안 작성되었을 것이다. 우가리트는 기원전 1190년을 전후해 일어난 대재앙으로 파괴되었다. 폐허에서는 광범위한 화재 흔적과 다수의 화살촉이 발견되었다. 도시가 너무나 완벽하게 파괴되었던 탓에 다시는 사람이 살지 못했고 1928년에 지역 농부가 우연히 무덤방을 뚫고 들어가기 전까지 역사에서 사라졌다. 이와 같은 파괴는 에게해와 동지중해 지역 전역, 즉 미케네와 필로스의 궁전, 히타이트의 수도 하투사스와 우가리트 남쪽 해안 유적지에서도 찾아볼 수 있다. 에게해와 동지중해 지역의 청동기시대 말기의 증거는 이 시대가 평화로운 이행이 아닌 폭력과 말살로 끝났음을 보여준다. 문화적 성취를 활짝 꽃피우며 평화롭게 번영하던 세상이 인간의 행위와 자연재해의 합작으로 너무나 금방 무너졌다.

### 철이 열어준 민주주의

다음 몇 세기 동안 세계 대부분은 암흑시대에 빠졌다. 그러나 기원전 9세기경부터 널리 보급된 철기 기술의 등장과 더불어 이 시대에 새로운 모습이 드러나기 시작한다. 주석의 희귀성 때문에 늘 공급이 제한적이던 청동과 달리 철광은 쉽게 구할 수 있었으며, 철기 제작 기술은 숙련되기만 하면 모두가 쉽게 활용할 수 있었다. 이 철로 더 뛰어난 칼과 창을 만들어내면서 무기와 도구는 더는 엘리트 계층의 전유물이 아니게 되었다. 청동기시대의 궁전 기반 사회가 끝남과 더불어 철기 기술은 새로운 사회적·정치적·경제적 구조의 기반을 제공했고, 이는 결국 민주주의의 첫 실험으로까지 이어지게 된다.

'영웅시대'는 잊혔다. 『일리아스』와 『오뒷세이아』는 철기시대 초기에 기록되었고 아테네인은 아크로폴리스에 있던 미케네인 성채의 토대를 일부러 잘 보이게 남겨두었다. 그러나 이 시대는 새로운 문화가 꽃필 때였고 페리클레스(Pericles)와 페이디아스(Pheidias)와 플라톤, 그리고 파르테논과 위대한 조각, 문학과 철학의 시대다. 에게해에서 발굴된 기원전 5세기의 난파선이 이 시대를 생생하게 보여줄 것이다.

기원전 5세기(철기)

3장

# 도시국가의 번영과 몰락

# 철학자들을 위한 포도주

 텍타쉬 난파선

　　　　1998년에 조지 배스 교수는 나를 포함한 몇몇 학자를 해양 고고학 협회(INA)가 계획하던 튀르키예 에게해 연안 침몰 난파선 발굴 팀원으로 초대했다. INA가 고전기 아테네의 전성기인 기원전 5세기 난파선을 최초로 조사하는 이번 작업은 울루부룬의 청동기 난파선 이래 가장 흥미진진한 발굴이었다. 그해 여름에 나는 옥스퍼드의 세인트존스 칼리지 방문학자 장학금을 받아 회화적·문헌적 증거를 통해 당시 선박에 대한 자료를 찾는 데 전념하고 있었다. 애슈몰린박물관에서 그리스 항아리 그림에 나오는 선박 묘사를 연구하던 나는 황금기인 기원전 5세기 중반 유물이 거의 없다는 데 놀라움을 금치 못했다. 이 난파선에서 당시 선박과 화물에 대한 독특한 정보를 얻을 수 있다는 것은 분명해 보였다.

회화자료가 드물었기 때문에 문학과 철학 작품에서 선박에 대한 참고자료를 찾아야 했던 나는 보들리언도서관에서 9세기 콘스탄티노플의 한 수도승이 필사한 가장 오래된 『플라톤의 대화편』을 연구했다. 특히 나의 관심을 끌었던 것은 '국가의 배' 비유였다. 플라톤은 도시국가의 통치를 선박의 지휘에 비유했다. 몇 세기 전 호메로스처럼 전투나 영웅이 업적을 이루는 수단으로 그리지 않고 민주정과 관련지어 표현한 것을 보니 매우 흥미로웠다. 플라톤이 논한 법의 지배와 최상의 국가 운영법은 기원전 5세기에 처음으로 논쟁거리가 된 이래 지금까지 이어진다.

1년 뒤에 INA 조사선 비라존호 위에서 첫 잠수 조사를 준비하노라니 옥스퍼드대학의 박물관과 도서관에서 보낸 나날이 먼 옛날처럼 느껴졌다. 바위투성이 텍타쉬(Tektaş)곶은 돌을 던지면 닿을 곳에 있었고 수평선 다른 한쪽에는 그리스령 키오스(Chios)섬이 있었다. 이곳의 태양과 바다, 바위에 이끌려 여기에 온 사람도 있을 것이고 마지막 한 방울이 남을 때까지 생명을 증류하는 듯한 사막 환경에 이끌린 사람도 있을 것이다. 발밑에는 일렁이는 물속에서 춤추는 햇살이 보였다. 너무나 투명해서 깊은 곳까지 들여다볼 수 있던 바닷물에서 잠수부들이 내는 물거품이 커튼을 이루며 보글보글 수면으로 올라오고 있었다. 나는 입수할 때 공기 마스크가 벗겨지는 것을 막으려 한 손으로 마스크를 잡고, 공기통이 뒷머리를 치는 것을 방지하기 위해 한 쌍으로 된 공기통을 멘 끈에 다른 손 엄지손가락을 건 다음 바다에 뛰어들었다가 수면으로 나와 신호수가 잠수 신호를 내릴 때까지 기다렸다. 신호가 떨어지자 나는 부력보정기의 압축공기를 빼고 쏜살같이 잠수했다. 신호수가 부상 시간을 알릴 때까지는 20분밖에 남지 않았으므로 해저에 있는 시간은 일분일초가 소중했다.

나는 자유낙하를 하듯 팔다리를 쭉 뻗고, 귀에 가해지는 압력을 낮추기 위해 한 손으로는 코를 잡았다. 모든 색이 걸러지다가 마침내 파란색만 남을 때까지 바위투성이 경사면을 따라 내려갔다. 50미터는 보통 공기 잠수의 한계로 여겨진다. 그보다 더 깊이 잠수하면 산소 독성으로 블랙아웃이 발생하고, 압력을 받은 상태에서 질소를 흡입하면 나타나는 환각 증상인 질소중독의 효과가 늘어날 위험이 있다. 40미터까지 내려가자 이미 반환점을 돌았다는 걸 알 수 있었다. 공기가 진득해지는 것처럼 느껴지며 더 깊이 내려가 보고 싶은 기분이 들었다. 인간이 질소중독 효과를 완전히 이해하기 전에 많은 잠수부의 생명을 앗아간 치명적 유혹이었다. 난파선 잔해를 처음으로 본 순간, 나는 1년 전에 보고 사진으로 남겨둔 바로 그 장면 속으로 풍덩 빠진 것 같았다. 심연 바로 위에 있는 모래투성이 바위에 저장용 암포라가 쌓인 광경이었다. 그건 내가 해저에서 보았던 가장 흥미진진한 이미지였고 어렸을 때 내게 영감을 불어넣은 책에서 본 사진을 그대로 옮겨놓은 듯했다.

30분이 지나자 나는 비라존호 밑에 매달린 금속 구조물로 들어가 배에서 늘어뜨린 호흡 조절기에서 순수 산소를 흡입하기 시작했다. 질소중독은 잠수부가 수면으로 올라오면 곧바로 사라지지만, 깊은 물속에서 질소를 흡입하면 압력이 낮아질 때 기포를 생성할 정도의 기체가 혈류에 녹아들어 간다. 이것이 뇌나 척수에 들어가면 잠수병이 생기며 잠수사는 극심한 통증에 시달린다. 비라존호는 잠수사가 이런 증상을 보일 때를 대비해 갑판에 감압실을 설치했으나 모든 잠수사가 늘 감압실을 거칠 수는 없었으므로 아직 수중에 있을 때 질소를 호흡으로 뱉어낸 다음 안전하게 수면으로 올라오기로 했다. 배 밑에서 20분간 흡입한 산소로 다시 에너지가 보충되는 것을 느끼며 나는 방금 본 장면과 이 시기의 난파선이 역사에서 차지할 위치에 대해 곰곰이 생각했다. 바다는 그리스에서 멀지 않았다. 햇살에 탈색된 아테네 파르테논의 기둥, 아크로폴리스 밑의 작업장에 있는 항아리 화공들, 도시 너머 바다를 바라보며 토론하는 철학자들…. 이것은 모두 이 난파선이 전해줄 이야기의 일부였다. 그리고 나는 앞으로 몇 주간의 발굴을 통해 고전시대 황금기의 몇십 년 동안 일어난 사건에 관해 흥미진진한 발견을 하게 되리라는 것을 알았다.

모든 선원보다 더 크고 힘이 센 선장이 있는 선단이나 배를 상상해보게. 그러나 그는 약간 귀가 먹었고 보는 것도 근시안적이지. 그리고 그의 항해 지식도 썩 나을 게 없다네. 선원은 누가 배를 조종할지를 가지고 서로 싸우고 있어. 모두가 본인이 키를 잡아야 마땅하다고 주장한다네. 그런데 그 누구도 항해술을 배운 적은 없지. (…) 선원들은 자기편을 들며 선장에게서 힘으로든 논리로든 배의 통제를 빼앗으려는 모의를 영리하게 돕는 사람을 선원, 조타수, 유능한 항해자의 이름으로 칭찬한다네. 하지만 그렇게 하지 않는 다른 사람들은 쓸모가 없다며 학대하지. 그러나 진정한 조타수는 해와 계절, 그리고 하늘과 별, 바람에 관심이 있어야 하며 진정으로 배를 지휘할 자격을 얻을 생각이라면 배를 모는 기예와 관련된 모든 것에 관심을 가져야 한다네. 그렇게 해야 다른 사람이 좋아하든 그렇지 않든 배를 몰 수 있지. 그런 사람들은 배를 모는 기예와 권위가 결합할 가능성을 진지하게 생각해 보지 않았거나 처음부터 자기 직업의 일부가 아니었을 것이네.

기원전 4세기에 플라톤이 쓴 『국가』에 나오는 이 구절에서 플라톤의 스승 소크라테스는 국가의 통치와 자신이 본 민주주의의 일부 맹점을 설명하기 위해 배의 비유를 든다. 이상적 통치자인 항해사는 능력과 지식을 모두 갖춘 사람이지만 시민은 그 사람이 아닌 다른 지도자를 따르는 오류를 범한다는 것이다. 현대 정치가가 "국가라는 배"라는 구절을 인용할 때마다 내 마음에는 플라톤뿐 아니라 플라톤의 그 말을 들은 사람들이 익숙하게 떠올렸을 배의 모습도 그려진다. 그 배는 시민들이 병사로 복무한 강력한 갤리선[노를 저어 항해하는 대형 선박을 일컫는다 – 옮긴이]인 삼단노선[노잡이가 삼단으로 배치된 갤리선의 일종 – 옮긴이]과 온통 바다인 세상에서 도시국가를 오가는 데 사용된 폭이 넓은 상선일 것이다. 호메로스의 『일리아스』와 『오뒷세이아』 어디를 보아도 배가 곳곳에 등장하며 역사가 헤로도토스와 투키디데스의 책, 항아리 그림과 위대한 희곡작가의 작품에서 나오는 배는 기원전 5세기 아테네의 전쟁과 정치에 대해 많은 것을 이야기해 준다. 내가 가장 먼저 배웠던 그리스어 단어는 아리스토파네스의 희곡 『개구리』를 번역하면서 접한 '쿠베르네테스(kubernētēs)'로, 플라톤이 철학자를 비유해 쓴 '조타수'라는 뜻의 단어다. 그리스인이 영어의 '히브 호, 히브 호(영차영차)'처럼 '호 오폽, 호 오폽' 하며 노 젓기 구호를 사용했다는 사실도 놀라웠다. 군함의 선수와 선미에 장착해 적의 선박을 부수는 데 쓰인 청동제 충각으로 적선의 옆구리를 들이받아 해전에서 승리하고 아테네의 '황금시대'를 가져다준 삼단노선의 노잡이들은 이 구호에 맞춰 노를 저었다.

기원전 479년에 페르시아 전쟁이 끝나고 아테네와 스파르타가 벌인 펠로폰네소스 전쟁이 일어난 기원전 431년까지의 48년은 유례없는 지적·문화적 성취가 이루어진 시기였다. 물질적으로는 아테네의 아크로폴리스에 있는 거대한 신전들이 이 시대를 압도했다. 다른 문화에서 이런 휘황찬란함은 평범한 사람들의 일상생활과 동떨어진 엘리트 계층의 것이었지만 모든 시민 계층이 정치에 관여한 아테네에서 이는 사회 전체의 작품이었다. 소크라테스 같은 철학자는 교육받은 소수만을 상대로 철학을 이야기하지 않았고 재산과 상관없이 모든 시민은 어깨를 나란히 하고 전쟁에서 싸웠다. 따라서 기원전 5세기의 일상생활과 연관된 고고학적 증거는 이 황금기가 배경이므로 발견 유물이 아무리 소박할지라도 우리는 그 속에서 이 유물의 주인이 살았던 당시의 환경을 파악할 수 있다. 이런 유물들은 파르테논이 건설되고 페리클레스 같은 정치인들이 민주정을 실험하며 소크라테스가 사람들의 사고방식을 바꾼 대화를 하고 있던 그때 침몰했던 난파선이 전하는 이야기에 또 다른 차원을 더해준다.

### 아테네 제국의 탄생

이 난파선은 1996년에 INA의 조사팀이 '외로운 바위 곶'이라는 뜻을 지닌 텍타쉬 부르누에서 발견했다. 이곳은 이즈미르 바로 남쪽, 튀르키예 서해안 중간에 있는 외진 돌출부다. 38~43미터 깊이의 절벽 바닥에 온전한 형태로 암포라가 쌓여 있었다. 경사면은 여기서부터 더 가파르게 이어진다. 연구를 위해 인양된 한 암포라는 에게해 북서 해안의 칼키디케반도에 있었던 고대도시 멘데(Mende)에서 온 것으로 판명되었고, 기원전 475~450년, 즉 고전 그리스의 황금기인 페리클레스시대의 것으로 밝혀졌다. 당시 소아시아 서해안, 즉 지금의 튀르키예 서부이자 고대 이오니아로 알려진 지역은 페르시아 전쟁 승리 후 델로스 연맹(Delian League)으로 아테네와 동맹을 맺은 많은 그리스계 도시국가들의 본거지였다. 에게해 세계를 정치적·경제적으로 한데 묶은 이 동맹의 결과, 회원국들이 내는 공물과 상업활동이 아테네로 집중되어 결국 아테네 제국이 탄생하게 된다. 이렇게 해서 800년 전, 미케네 세력의 전성기 이래 처음으로 에게해 지역이 통합되었다.

이 발견은 앞 장에서 설명한 겔리도냐곶 난파선과 조지 배스와 INA가 그 후 조사한 다른 유적 사이에 있는 시대적 간격을 메웠다. 이들은 기원전 4세기의 로마, 비잔틴, 이슬람 시대 난파선을 발굴했지만, 기원전 5세기의 난파선은 발견하지 못했다. 중서부 에게해 알로니소스섬에서 비슷한 시대의 암포라가 실린 난파선 잔해 하나만이 발견되어 그리스 수중문화재국이 1992년부터 부분적으로 발굴했을 뿐이다.

텍타쉬 난파선은 INA가 기원전 5세기 난파선 발굴을 위해 가용자원과 전문성을 총동원할 기회를 안겨주었다. 발굴이 완료되면 유물은 보드룸에 있는 INA의 최첨단 시설에서 보존과 분석 작업을 거쳐 1960년대 이래 튀르키예 남서 해안에서 발굴된 난파선 수습 유물들과 함께 보드룸 성에 있는 해양고고학박물관에 전시될 것이다.

학제로서 고전학(Classical Studies)이 발전하면서 우리는 발굴을 위한 더 폭넓은 배경지식을 갖게 되었다. 영국에서는 18세기부터 고대 그리스어가 학교 교육과정의 일부였고 1920년까지 옥스퍼드와 케임브리지대학의 필수 입학시험 과목으로 남을 만큼 굳게 자리 잡았다. 고대 그리스 연구는 르네상스기 인문학자들이 고전문학의 가치를 재발견한 데서 시작해 계몽시대로 이어졌고 많은 유럽인의 지적 세계관을 형성했다. 17세기부터 이들은 고대 유물을 직접 보기 위해 이른바 그랜드 투어(Grand Tour)에 나서 유적지를 방문하고 고대 조각상, 건물 파편, 항아리를 가지고 돌아와 저택을 꾸미고 박물관을 채웠다. 자신들이 본 흰 대리석 조각상처럼 고상하고 순수한 것으로 고전 세계를 이상화하면서도 이들은 그리스인이 남긴 역사·철학·희곡·시와 같은 뛰어난 문화적 유산은 결코 능가할 수 없었다. 건축양식에 관해서도 그리스 양식을 모방하는 데 급급했을 뿐이었다. 이들이 고전 시대 연구를 위해 채택한 용어인 고전(Classics)은 라틴어 형용사 클라시쿠스(Classicus)에서 유래했다. 원래 이 단어는 '상류층 로마시민'과 '최고 수준의 문학작품'을 가리키는 말이었다. 이런 어휘 선택으로 인해 이 분야는 엘리트와 연관되었다는 관념뿐 아니라 막대한 문화적 가치가 있다는 생각을 강화하는 방향으로 발전했다.

20세기 들어 고고학은 신전이나 고급 예술을 연구하는 데 그치지 않고 일상생활까지 영역을 넓혀갔다. 그 시기는 첫 난파선을 발견하며 학제로서 수중고고학이 등장하게 된 시기와 일치한다. 앞으로 보겠지만 텍타쉬 난파선에서는 기원전 5세기의 가장 뛰어난 예술작품, 특히 아름다운 청동 조각상이 발견되었다. 그뿐만 아니라 수습된 다른 유물도 식료품 수송 같은 일상생활에 대해 알려준다는 점에서 예술품과 마찬가지로 중요하다. 이 유물들을 파르테논이나 조각상과 동떨어진 것으로 생각해서는 안 된다. 지리적으로 텍타쉬는 아테네에서 겨우 220킬로미터 떨어졌을 정도로 에게해 문화와 아주 가까웠기에, 텍타쉬와 아테네의 부흥은 결코 완전히 다른 세계 이야기가 아니었다. 에게해를 가로지르는 작은 상선의 선원들까지도 아테네의 영광을 직접 목격했을 것이다. 오늘날 새로운 정보를 제공하면서 상상력을 자극하기도 하는 난파선을 통해 우리는 아테네인의 놀라운 성취를 새로운 방법으로, 그리고 더 폭넓은 역사적 맥락에서 조망할 수 있다.

## 신전 건축이 가능했던 이유

텍타쉬 난파선에서 가장 가까운 보급 장소까지는 보트로 20킬로미터를 가야 했다. 배가 난파된 데는 지리적인 영향뿐 아니라 북서쪽에서 4~10월에 자주 불어오는 계절풍인 멜테미풍도 영향을 주었을 것이다. 이 때문에 발굴도 난항을 겪었다. 조지 배스와 데

버러 칼슨(Deborah Carlson) 박사가 지휘하는 국제 발굴팀은 비라존호와 임차한 전(前) 해군 소해정 아르테미스호를 조사선으로 사용했고 바위투성이 돌출부에 나무로 지은 캠프장을 마련해야 했다. 또 다른 난제는 수심이었다. 잠수사는 하루에 두 번, 20분만 바닥까지 잠수할 수 있었다. 나는 두 번의 발굴 기간 동안 100회 이상을 잠수했는데 수심 45미터보다 더 내려가 가장 깊은 곳에 있는 부분을 조사했고 INA의 2인용 잠수정으로 탐사 작업을 하기도 했다.

2001년에 발굴이 끝날 무렵에는 난파선에서 암포라 208개가 수습되었는데 대부분 상태가 양호했다. 거기에 더해 흥미롭게도 더 작은 도기류도 다수 발견되었다. 어떤 종류의 도기는 12개에서 13개까지 있었다. 구체적으로 말하자면 채색된 테이블용 암포라, 손잡이가 2개 달린 잔, 손잡이가 하나 달린 사발과 접시를 닮은 기름 램프 등이었는데 아마 화물로 실렸을 것이다. 테이블용 암포라와 잔, 사발은 포도주를 마시기 위한 용도로 보인다. 아마 포도주를 담은 암포라와 같이 수송되어 판매될 예정이었을 것이다. 도기류의 형태는 근처 키오스섬의 기원전 5세기 무덤에서 발견된 부장품을 비롯한 이 섬 유물들과 매우 비슷했다. 이와 대조적으로 아테네령 아티카에서 만들어진 것으로 보이는 흑유도기 4점은 화물이 되기에는 수량이 너무 적었다. 그 4점은 모양이 다른 잔 2개와 아스코스(Askos)라고 불린 작은 물병, 그리고 소금 통이었는데 아마 선원들이 사용했던 것 같다. 이들이 아테네의 외항 피레우스(Piraeus)에서 실렸다면 이 배는 이오니아에서 출항했다기보다 아티카에서 출항해 포도주와 키오스산 고급 도기를 싣고 아테네로 돌아가는 길이었을 것이다.

다른 유물로 바닥에 검게 그을린 사용 흔적이 있는 요리용 냄비와 아름답게 세공된 석제 알라바스트론(Alabastron)이 있는데 이 집트산인 이 병에는 향수, 혹은 마사지용 기름을 담았던 게 분명하다. 그리고 뼈로 만든 작은 사각형 게임 말 2개도 있었다. 독특한 발견물로는 선수 근처의 선체에 부착하는 눈 모양의 대리석 장식 오프탈모이(Ophthalmoi)와 납으로 속을 채우고 나무로 자루를 만든 닻 5개도 있다. 이 닻은 초기의 석제 닻에서 기원전 4세기부터 쓰이기 시작한 납을 주조해 만든 닻으로의 전환을 대변하는 유물이다. 선체는 거의 남아 있지 않으나 이 배가 외형부터 만드는 고대 건조 양식으로 지어졌음을 증명해 주는 나무 파편과 구리로 만든 죔쇠는 남았다. 판재는 장부이음으로 가장자리를 접합했고 뒤쪽에는 반쪽짜리 뼈대가 끼워져 있었다. 배는 사전에 설계해 만들었다기보다는 눈대중으로 어림짐작하는 노동집약적 방법으로 만들어졌는데, 선체의 강도는 뼈대보다 판재의 접합을 통해 유지되었다.

나는 1980년대에 시칠리아 연안을 탐사한 경험을 통해 첫 현장 사진에 나오는 암포라를 알아보고 연대를 기원전 5세기로 추정했다. 끝이 뾰족한 공 같은 형태는 이들이 울루부룬 난파선에서 발견된 청동기시대 후기 '가나안 항아리'의 직계 후손임을 알려준다. 고전기 그리스 암포라의 용량은 약 25리터였고 생산 시기와 지역에 따라 모양이 약간씩 달랐다. 암포라 가운데 2개는 둥글넓적한 목으로 뚜렷하게 형태가 구분되는 키오스산인데 다른 발견물로 미루어 볼 때 기원전 440~430년으로 연대가 추정되며 이것은 난파선의 추정연대 중 가장 좁은 범위다. 10개 중 1개꼴로 있는 멘데산 암포라 9개는 송진으로 채워져 있었다. 송진은 암포라의 내부를 방수 처리해 도기에 액체가 스며들지 않게 하는 용도로 쓰였는데 송진이 나오지 않는 포도주 산지에서 수요가 있었다. 멘데 암포라 1개와 키오스 암포라 1개는 소뼈로 채워져 있었다. 아마도 선원의 식사용으로 실어 나르던 염장 쇠고기의 잔해일 것이다.

텍타쉬 난파선의 화물 대부분은 근처의 사모스섬에서 온 포도주 암포라와 모양이 비슷하지만, 출처가 불분명한 암포라 196개도 있었다. 내부는 방수 처리가 되어 있었고 다수에 포도씨가 붙어 있는 상태로 발견되었다. 당시에는 포도주 저장용으로 쓰였다는 뜻이다. 목 부분에 그리스어 알파벳 EPY가 찍힌 암포라 하나가 발견되면서 이 유물에 관한 돌파구가 열렸다. 똑같은 글자가 난파선 발견지점 동북 약 25킬로미터 떨어진 해안 도시 에리트라에(Erythrae)에서 발행된 은화에 새겨져 있었던 것이다[그리스어 알파벳 EPY는 영어로는 ERY에 해당한다 – 옮긴이]. 몇 년 전 튀르키예를 답사한 나는 튀르키예 고고학자 에크렘 아크루갈(Ekrem Akrugal)이 1964년부터 발굴한 아테나 폴리아스 신전을 포함한 에리트라에 유적을 조사했다. 이 신전은 기원전 8세기에 처음 지어졌다가 6세기 후반에 재건되었다. 입항하고 암포라를 실은 다음 마지막 항해에 나섰을 선원들이 이 신전을 봤을 거라 생각하면 아주 재미있다.

에리트라에는 기원전 5세기 역사가 헤로도토스와 기원후 2세기의 여행 작가 파우사니아스(Pausanias)가 언급한 적이 있다. 성 아우구스티누스는 『신의 도시(The City of God)』의 한 장을 에리트라에의 시빌에 대해 썼다. 시빌은 고대의 위대한 여성 예언자로 이탈리아의 쿠마에(Cumae) 시빌 다음으로 유명했다. 미켈란젤로는 시스티나 성당 벽화에 에리트라에의 시빌을 그렸는데 그녀가 그리스도의 도래를 예언했기 때문이었다고 한다.

에리트라에는 기원전 6세기에는 페르시아의 지배를 받았고 기원전 490년에는 아테네를 돕기 위해 군함을 파견했으며 478년에는 델로스 연맹에 가입했다가 기원전 452년에 아테네에 대항해 반란을 일으켰으나 곧 다시 아테네의 통제를 받았다. 이 사실은 영국박물관에 소장된 네모난 돌덩이를 통해 알려졌는데 여기에는 에리트라에에 민주정을 도입한다는 포고령이 새겨져 있었다. 아테네에 남은 또 다른 증거는 공물 목록이다. 아크로폴리스에서 파편 형태로 발견된 어떤 명문에는 텍타쉬 난파선의 시대에 에리트라에가 은으로 아테네에 공물을 바치는 이오니아 도시 중 하나로 기록되어 있다. 에리트리아가 공물로 낸 230킬로그램 이상의 은 9탈렌트는 상당한 액수였고 공물을 내기 위한 징세가 난파선에서 증거로 나타난 수출용 포도주 생산 증가의 드러나지 않은 원인이었을 수도 있다.

에리트라에산 포도주는 그 시대에 높은 평가를 받았다. 예를 들어 기원전 4세기의 철학자 테오프라스투스에 따르면, "한번 취하면 다른 포도주로는 만족하지 못한다." 텍타쉬 난파선은 단지 소아시아 해안을 따라 운항했던 것이 아니라 아테네를 목적지로 삼았을지도 모른다. 고급 포도주를 마시는 습관이 사회 전반에 만연한 아테네가 목적지라면 이 난파선과 거기 실린 포도주는 당시의 역사적 사건뿐 아니라 사회를 만들어낸 사람들, 즉 페리클레스와 아테네 민회에 참석한 다른 정치가들, 돌을 깎아 아크로폴리스를 만든 석공과 조각가들, 삼단노선에서 복무한 시민 병사, 범아테네 축제를 맞아 극장에 운집한 사람들, 그리고 철학과 이상 국가를 고민하며 포도주를 마시던 소크라테스와 다른 위대한 사상가들의 일상생활과도 연관이 있었을 것이다.

기원전 480년에 아테네가 살라미스 해전에서 페르시아에 승리하지 못했더라면 텍타쉬 난파선이 평화롭게 에게해를 항해할 수도 없었을 것이고 해상교역도 번창하지 못했을 것이다. 그해 9월, 크세르크세스의 페르시아군은 아티카를 침공해 아테네를 약탈하고 아크로폴리스의 신전에 불을 질렀다. 그러나 그로부터 겨우 며칠 뒤에 아테네 함대는 피레우스항에서 겨우 2킬로미터 떨어진 살라미스라는 작은 섬 근해에서 페르시아 함대를 만나 이를 격파했다. 승리를 가져다준 핵심 요소는 삼단노선이었다.

노잡이 180명이 탑승한 재빠르고 기동성이 좋은 갤리선은 청동제 충각으로 무장하고 빠른 속력으로 노를 저어 적함에 충돌해 무력화하거나 침몰시켰다. 헤로도토스의 주장에 따르면 아테네는 삼단노선을 380척 보유했다고 한다. 실제 이 해전에서 싸웠던 극작가 아이스킬로스(Aeschylos)에 따르면 아테네가 가졌던 삼단노선은 310척이었다. 당시 삼단노선은 1940년 제2차 세계대전 전후로 영국 공군이 사용했던 스핏파이어 전투기와 비교될 만하다. 둘 다 아름다움과 기능성을 겸비했으며 모국이 불타는 동안 적과 싸웠다. 그리고 둘 다 힘과 인내력의 상징으로서 전쟁이 끝난 후 거의 신화적인 위상을 획득했다.

고대의 해전은 잠수하기에 너무 깊은 곳에서 벌어진 데다가 배가 고장 나면 정처 없이 떠돌아다니다가 바닷가에 닿는 경우가 많아서 고고학적으로 연구하기가 어렵다. 1980년까지 고대 해전의 증거는 로마 황제 아우구스투스가 기원전 31년에 그리스 연안 악티움에서 마르쿠스 안토니우스와 클레오파트라에게 거둔 승리를 기념해 세운 전승비밖에 없었다. 이 기념비에는 충각 31개를 전시하기 위해 판 홈이 남았다. 그러다가 이스라엘 아틀리트에서 발견된 기원전 2세기의 훌륭한 청동제 충각을 하이파대학의 해양 연구 센터가 수습하면서 고대 해전의 실마리를 풀 단서가 발견되었다. 무게 465킬로그램인 이 충각은 고대 세계에서 만든 가장 큰 청동 주조품 중 하나로, 수평으로 난 3개의 핀이 수직으로 떨어지는 형태의 충각 머리를 보강하는 독특한 모양새를 하고 있다. 이것은 항아리 그림에서 보이는 뾰족한 충각이 진화한 형태다. 뾰족한 충각은 적선에 박혀서 꼼짝 못 하게 될 위험이 있었다. 아틀리트 충각 안에서 발견된 목재 파편은 원래 이 충각이 부착되었을 선박의 선수가 충격을 견디기 위해 강화되었음을 보여준다. 고속으로 적선에 충돌하면서 노잡이들이 내는 에너지가 한 점에 집중되었기 때문이었다.

고대에 대규모 해전이 벌어졌던 장소에서 처음으로 광범위한 조사가 이뤄지면서 2005년 이후 더 많은 충각이 발견되었다. 기원전 141년, 로마는 시칠리아섬 서쪽의 에가디섬 근해에서 벌어진 해전에서 카르타고 해군을 격파해 1차 카르타고 전쟁에서 승리하고, 카르타고령 시칠리아와 사르데냐를 탈취했다. 시칠리아의 해양 문화재 관리관 세바스티아노 투사(Sebastiano Tusa)의 주도로 무인잠수정을 이용해 인간이 들어갈 수 없는 75~80미터 깊이의 지역에서 조사가 시작되었다. 몇 년 전, 이곳에서 한 어부가 청동제 충각을 인양한 적이 있었다. 그 이후로 충각 25개와 더불어 청동제 투구 40개, 돌팔매용 납탄, 그리고 시칠리아의 카르타고 주둔군이 사용했을 포도주 저장용 암포라가 수습되었다.

윌리엄 머레이 박사(Dr. William Murray)와 국제 연구팀은 아틀리트에서 발견된 충각과 비슷한 이 충각이 헬레니즘시대의 그리스 역사가 폴리비오스(Polybios)가 전투에 참여했다고 기록한 함선 80척에 장착되었던 것이라는 사실을 연구를 통해 밝혀냈다. 몇 개에는 로마의 표식이 있었고 포에니어(Punic language) 명문이 새겨진 것도 하나 있었다. 이 명문에는 카르타고를 비롯한 북아프리카-동지중해 지역에서 숭배되던 최고 신 바알(Ba'al)이 등장한다. "바알의 분노를 담아 이 충각이 적선을 향하기를. 우리는 바알의 힘으로 일발필중할 것이며 가운데 있는 적의 방패를 타격할 것이다."

튀니지에 있는 카르타고의 폐허에서는 원형 군항을 둘러싼 선소(船所)의 크기를 측정해 갤리선과 직접 연관된 증거를 파악할 수 있었다. 이 군항은 유네스코에서 진행한 '카르타고 구하기(Save Carthage)' 프로젝트를 통해 조사단의 헨리 허스트(Henry Hurst)가 발굴했다. 1990년 초에 참여한 나는 케임브리지대학 잠수연구팀을 이끌고 연안 수중유적을 탐사했다. 3단으로 배치된 노의 실제 운용 방법 같은 난제에 대한 해답을 찾고 기원전 5세기 삼단노선을 상세한 부분까지 복원하는 것은 그리스 예술 작품에 나타난 묘사에 의존했다. 그리고 그 결과로 1990년에 실물 크기의 삼단노선 올림피아호가 피레우스에서 건조되어 시험항해에 들어갔다. 텍타쉬 난파선을 찾아 잠수할 때 내 마음에는 양쪽에 노를 삼단으로 배치하고 돛대 하나를 갖추고 있으며 선수에는 청동제 충각이 삐죽 나온 이 아름다운 배가 살라미스 해전이 벌어진 사로닉만을 날아가듯 가로지르는 모습이 떠올랐다. 그러면서 나는 당시 바다에서 고전시대가 끝날 때까지 사용되었을 함선들을 상상했다. 보병의 탑승 수단이 아닌, 배 자체가 무기인 삼단노선 같은 함선은 15세기와 16세기에 함포가 등장할 때까지 다시는 나타나지 않을 것이다.

텍타쉬 난파선은 역사상 가장 위대한 건축적 업적이 이루어진 시대에 항해했다. 아테네의 아크로폴리스에 아테나 파르테노스(Athena Parthenos) 여신을 위한 신전이 건설된 때였다. 기원전 447년에서 438년 사이에 건설된 이 신전은 그 시대를 정의하는 두 인물의 감독하에 완성되었다. 바로 정치인 페리클레스와 조각가 페이디아스다. 역사가 투키디데스가 '아테네의 제1 시민'으로 부른 페리클레스는 아테네를 30년간 이끌며, 페르시아 전쟁 후 결성된 도시국가 동맹인 델로스 연맹을 아테네 패권주의로 바꿔 아테네에 유례없는 번영을 가져왔다. 아테네는 신전 건축에 필요한 공물을 페르시아에 대한 승리를 감사해하는 다른 도시국가들로부터 징수할 수 있었다.

아티카 북부의 펜텔리쿠스산에서 채취한 대리석으로 만든 신전은 기원전 480~479년 동안 아테네를 점령했던 페르시아인이 남기고 간 폐허 위에 건설되었다. 페리클레스의 계획에 따르면 이 신전은 역사를 보존하는 곳이지 말살하는 곳이 아니었다. 페르시아인이 파괴한 이전 신전의 기둥 돌은 아크로폴리스의 외벽과 합쳐졌고 아크로폴리스가 미케네인의 성채였던 시절의 기반은 그대로 놓아두어 오늘날까지도 볼 수 있다.

페이디아스는 조각을 책임졌다. 그가 만든 부분은 고대 그리스 건축에서 특징적인 삼각형 패널 페디먼트(Pediment), 기둥 위에 수평으로 걸친 엔타블러처(Entablature)에 있는 직사각형 패널 메토프(Metope), 신전의 내실 외벽을 따라 이어지는 부조 띠인 프리즈(Frieze) 등이었다. 그는 페디먼트에 아테나 여신의 탄생과 아테네의 지배를 놓고 아테나와 포세이돈이 벌인 전투를, 메토프에는 신화적인 전투를, 프리즈에는 범아테네 축제의 풍경이었을 행렬을 새겨 넣었다.

그의 조각은 아름답기도 했지만 아래에서 바라볼 때 보이지 않을 세부까지 정성을 기울였다는 점에서 더욱 칭송받는다. 페이디아스의 조각은 파르테논 신전이 6세기에 비잔틴 교회로, 15세기에 오스만제국에 의해 모스크로 개조된 다음에도 상당히 오래 그 자리에 그대로 있었다. 1687년, 오스만군이 파르테논 안에 설치한 화약고에 아테네를 포위한 베네치아군의 포탄이 명중하면서 내실과 신전 남쪽의 조각상이 파괴되었다. 베네치아군과 오스만군은 그 뒤에도 계속 건물을 파손했으며 콘스탄티노플 주재 영국대사 엘긴(Lord Elgin)이 1801년에 남은 조각상의 반출 허가를 받으려 했을 때는 원래 조각상의 거의 절반만 남아 있었다. 오늘날 그 절반은 영국박물관에, 나머지 절반은 아테네에 있다. 아크로폴리스박물관은 영국 정부가 반환 결정을 내릴 때를 대비해 엘긴 대리석을 전시할 공간을 마련해 두었다.

난파선에서 나온 유물은 고전기 조각상 이야기에서 중요한 증거가 된다. 왜냐면 최고 걸작이라 불리는 그리스 조각의 일부는 대리석이 아닌 청동으로 만들어졌기 때문이다. 현존하는 청동 조각은 대부분 바다에서 인양되었다. 페이디아스와 그의 동시대 조각가 미론(Myron)과 폴리클레이토스(Polycleitos)는 청동 조각가로 유명했다. 청동은 표현이 가장 자유로운 매체였다. 예를 들어 청동으로는 팔을 쭉 뻗은 자세를 조각할 수 있었다. 청동 조각은 주형을 뜨기 전에 조각가가 원하는 형태로 정확히 만들 수 있었던 반면 대리석 조각은 조각 과정에서 일어날 수 있는 예측불허의 사태에 의지하는 바가 컸다. 미론의 유명한 〈원반 던지는 사람〉 조각과 폴리클레이토스의 〈창을 든 사람〉 조각을 비롯한 로마 시대의 대리석 조각 다수는 기원전 5세기 그리스 청동 조각의 모작이다. 둘 다 폼페이와 헤르쿨라네움에서 발견된 로마 시대의 모작만 남아 있다.

그리스 세계에 존재했던 청동 조각의 개수는 어마어마했다. 그리스 여행 안내서를 쓴 기원후 2세기의 지리학자 파우사니아스

(Pausanias)는 올림피아에서 올림피아 경기 승리자를 묘사한 청동 조각 69개를 보았다고 기록했다. 대 플리니우스(Pliny the Elder)는 아테네에만 청동 조각상 3000개가 있다고 주장했다. 실제 이들이 있었다는 증거는 고대 그리스의 도시국가이자 신탁이 이루어진 델포이와 다른 성역에 빈 동상 대좌가 많이 남아 있다는 점에서 확인할 수 있다.

청동은 재활용에 아주 적합한 소재였고 전쟁이 벌어져 상황이 급박해지면 청동상을 녹여서 전함의 뱃머리에 다는 충각을 만들 수도 있었다. 이런 청동 조각에 아무런 종교적·문화적 중요성을 느끼지 못했던 정복자들도 청동상을 녹였다. 중세까지 살아남은 청동 조각 일부는 아마도 대포를 만들기 위해 주물 공장으로 보내졌을 것이다. 15세기와 16세기 들어 전투에 필수적인 전장식 대포를 제작하는 데 대량의 청동이 필요했기 때문이다.

그 결과 5세기의 대형 청동 조각은 10개 미만의 작품만이 살아남았다. 그리고 그중 가장 뛰어난 고대 미술작품 중 하나는 바다에서 수습되었다. 1926년에 제우스, 혹은 포세이돈을 나타낸 아주 뛰어난 청동 조각이 아테네에서 북쪽으로 100킬로미터 떨어진 에게해 서부의 에우보에아섬 아르테미시움곶 근해에서 발견된 것이다. 조각은 침몰한 난파선에서 해면 채집 잠수부들에 의해 발견되었다. 수염을 기른 이 나체신상은 실제 사람보다 약간 큰데 오른팔은 번개나 삼지창을 던지기 위해 뒤로 쭉 뻗었고 왼팔은 균형을 잡기 위해 앞으로 내밀고 있다. 이 조각상은 그리스를 상징하는 이미지 중 하나가 되었다. 1974년에 남부 이탈리아의 리아체 근해에서 스노클 잠수부가 이와 비견될 정도로 뛰어난 청동 조각상을 2개 발견했다. 이들은 모두 기원전 5세기 작품이다. 조각가는 알 수 없으며 조각의 출처도 추측해 볼 수밖에 없지만 리아체 전사상은 원래 아테네 아크로폴리스에 있었거나 델포이, 올림피아, 혹은 아르고스의 위대한 성역 중 한 곳에서 왔을 것으로 추측된다.

아르테미시움곶 난파선의 연대는 아마 로마가 그리스를 정복한 기원전 2세기 중반일 것이다. 그리고 두 난파선 모두 그리스에서 약탈당하여 로마로 수송되던 예술품을 실었던 것 같다. 결국 로마인들은 이 과정을 통해 이집트에서도 조각상을 입수하게 되며 로마 시대에는 유물의 해상교역이 상당히 활발해지게 된다. 유물을 싣고 가던 배 중 많은 수가 난파했을 것이므로, 지중해는 '잃어버린 예술작품의 마지막 위대한 수장고'라고 불린다. 지금까지 발견된 청동 조각에 필적할 만한 가치가 있는 조각상을 아직 바다에서 발견하지 못했을 가능성은 충분하다. 아르테미시움곶 조각상은 아테네 국립고고학박물관의 가장 유명한 전시품이며 리아체 청동상은 이탈리아에서 전시 중인 가장 위대한 예술작품 중 하나다.

## 제국을 떠받친 포도주

텍타쉬 난파선에서 내가 발견한 가장 흥미진진한 유물은 손잡이가 하나 달린 아름다운 사발이었다. 검은색 유약 처리가 된 이 사발은 43미터 수심에서 공기 양수펌프로 바닥을 쓸어내자 드러났다. 근처에는 칸타로이(Kantharoi)로 알려진 손잡이가 2개 달린 잔도 여럿 있었는데 마찬가지로 유약 처리가 되어 있었다. 이것들은 불에 구우면 광택이 나는 검은색으로 바뀌는 점토액을 도기에 바르는 전형적인 그리스식 기법으로 마감되었다. 난파선에서는 이와 동일한 종류의 칸타로이가 10개 발견되었다. 제작 방식으로 미루어 보아 이들은 모두 근처의 그리스령 키오스섬에서 만들어진 것 같다. 칸타로이는 대개 포도주를 마시는 데 사용된 것으로 여겨지지만 텍타쉬 난파선에 실린 것들은 봉헌물로 제작되었을 수도 있다. 테두리를 빙 둘러 봉헌 문구가 적힌 비슷한 칸타로이가 이집트의 그리스 식민지 나우크라티스의 신전과 아테네와 가까운 아이기나섬에 있는 아파이아(Aphaia) 여신의 성역에서 발견되었다. 그리스 세계 사람들은 이런 신전에 매혹되었다. 어떤 사람은 먼 곳에서 배를 타고 와서 봉헌물을 바치기까지 했다. 그래서 봉헌용 물품을 제작하는 산업이 여기저기서 생겨났는데 저렴한 도자기와 조각상부터 고급 꽃병, 청동상, 무기에 이르기까지 범위도 다양했다. 그리고 범그리스인이 경애하는 올림피아와 델포이 성역에서는 고대 세계 최고의 예술작품이 만들어졌는데 이것들은 개인 봉헌물은 아니었고 가장 뛰어난 대리석상과 청동상을 만들기 위해 경쟁하던 도시국가들이 바친 것이었다.

많은 박물관이 소장하고 있는 그리스의 흑유도기는 고대 지중해 지역 유물인 채색 항아리로 가장 잘 알려졌다. 도공들은 아테네의 한 구역에서 그리스어로 찰흙을 뜻하는 케라메이코스(Kerameikos)를 재료로 삼아 신화, 연극, 일상생활의 장면으로 장식된 수천 개의 항아리를 생산했다. 기원전 6세기에 이들은 인물이 검은색으로 보이게 하는 기법을 사용했는데 인물상을 불에 구우면 검게 변하는 점토액으로 그린 다음 배경은 붉은색 점토로 남겨두었다. 5세기가 되자 이것은 반대로 배경을 점토액으로 그리고 인물상을 그대로 놓아두는 방식으로 변했다. 검은색 인물상의 경우 도기를 구운 다음 세부 디테일이 새겨진 반면, 붉은색 인물상에서는 채색으로 디테일을 더했는데, 그 결과 입체감이 좋아지고 표현 범위는 더 넓어졌다. 고대 그리스에는 현대적 관점의 '예술가'는 없었고 이 모든 창작물은 기예 혹은 기술을 뜻하는 테크네(Techne)로 불렸다. 그런데 예술작품으로 여겨질 정도로 뛰어난 항아리 그림이 있다는 데는 의문의 여지가 없다. 화공도 종종 자신만의 서명을 남기기도 했다. 지금은 이 화공들이 어느 화파에 속했는지도 식별할 수 있다.

그랜드 투어에 나선 여행객이 수집한 항아리들은 고대 그리스에 대한 지식을 북서 유럽에 확산하는 데 크게 공헌했다. 운반도 쉬웠고 박물관이나 집에 전시하기에도 제격이었다. 이 과정에서 핵심 역할을 한 인물은 나폴리왕국 궁정에 파견되어 1764년부터 1780년까지 '국왕 전하의 특명전권대사'를 지낸 윌리엄 해밀턴(William Hamilton) 경이다. 그는 열정적 골동품 애호가이자 고대 그리스 항아리를 실었던 몇 안 되는 난파선 중 하나와 연관된 인물이기도 하다. 폼페이와 헤르쿨라네움에서 대규모 발굴 작업이 막 시작되었던 때, 그의 부임지였던 이탈리아 중남부 나폴리는 골동품 수집가에게 천국과 같은 곳이었다. 그곳에서는 로마 시대 유물뿐 아니라 당시 네아폴리스로 불린 나폴리가 마그나 그라이키아[Magna Graecia: 그리스인이 남이탈리아와 시칠리아에 만든 식민지를 로마인이 부른 이름-옮긴이]의 일부였던 시대의 유물을 모두 입수할 수 있었다. 가장 초기의 그리스 항아리는 로마 북쪽의 에트루리아 무덤에서 출토되었는데 해밀턴의 시대에 이들은 아직 '에트루리아식' 혹은 '토스카나식' 항아리로 불리고 있었다.

해밀턴은 그의 부인 엠마(Emma)가 넬슨 제독과 나눈 사랑 때문에 더욱 잘 알려져 있다. 넬슨이 크게 이름을 떨친 프랑스와의 전쟁이 시작된 1793년, 엠마와 넬슨은 나폴리에서 처음 만났다. 엠마는 《두 시칠리아 왕국의 무덤에서 발견된, 순수한 그리스인의 솜씨로 제작된 고대 항아리에 새겨진 그림 모음집》이라는 제목의 2차 해밀턴 컬렉션 카탈로그의 첫 페이지에 그려진 여성으로 추측된다. 이 카탈로그에는 유골과 항아리가 보이는 열린 무덤 그림도 있다. 나폴레옹이 이탈리아를 침공하고 프랑스군이 나폴리로 진격하자 해밀턴은 2차 컬렉션으로 1000점 이상 수집한 항아리를 영국으로 보내기 위해 나무 상자에 포장했다. 넬슨의 도움을 받아 해밀턴은 수집품의 약 1/3 정도를 담은 상자 8개를 전열함 HMS 콜로서스호에 실었고, 이 배는 나일 해전에서 다친 병사들을 싣고 1798년 11월에 출항했다. 12월 10일에 콜로서스호는 콘월 앞바다의 실리제도에서 좌초했는데 물에 빠져 죽은 사람은 한 명에 불과했지만, 항아리 대부분은 잃어버렸다. 1974년, 잠수부들이 콜로서스호의 잔해를 발견했고 그 후 몇 년에 걸쳐 3만 점 이상의 항아리 파편이 인양되었다. 그 대부분은 영국박물관으로 보내져 해밀턴의 첫 컬렉션과 나란히 보관 중이다. 수백 개의 파편을 맞춰보니 불의 신 헤파이스토스의 얼굴을 그린 종 모양의 크라테르(Bell Krater)가 나왔다. 포도주를 물과 섞는 데 사용된 이 용기는 독일 예술가 하인리히 티슈바인(Heinrich Tischbeins)이 그린 해밀턴 카탈로그의 아름다운 삽화 중 하나와 일치한다. 이것과 에우로파(Europa)와 황소를 보여주는 다른 항아리의 연대는 기원전 440~430년으로 추정된다. 이는 텍타쉬 난파선의 연대와 매우 근접하며 펠로폰네소스 전쟁 발발 직전에 해당한다.

 해밀턴 컬렉션은 아니지만, 영국박물관이 소장한 어느 항아리는 텍타쉬 난파선과 아주 깊은 관련이 있다. 나폴레옹의 조카며

느리인 알렉산드린 보나파르트(Alexandrine Bonaparte)로부터 1843년에 사들인 〈세이렌 항아리〉는 배를 그린 몇 안 되는 붉은 인물상 항아리다. 호메로스의 『오뒷세이아』에 나오는 한 장면을 그린 이 항아리는 여자의 얼굴을 가진 새, 세이렌에게 홀리는 것을 막기 위해 스스로 돛대에 묶인 오디세우스를 보여준다. 세이렌 한 마리는 노래를 부르는 듯, 입술을 벌리고 있으며 다른 한 마리는 바위에서 뛰어내려 오디세우스를 향해 돌진하고 있다. 이 그림에서 매우 흥미로운 점은 선수 아래쪽 측면에 그려진 눈이다. 텍타쉬 난파선에서 발견된 가장 흥미로운 유물로 눈 모양으로 꾸며진 대리석 원판 2개가 있다. 선체에 부착하기 위해 중앙에 납으로 된 못을 박은 이 원판은 오프탈모이로 알려졌다. 피레우스항에서 여러 개가 발견되었지만, 상선에서 발견된 것은 텍타쉬 난파선이 처음이었다.

오프탈모이를 부착한 목적은 배의 수호신이 앞을 똑바로 보게 하기 위함이었다. 극작가 아이스킬로스는 자기 작품 「탄원하는 여인들」에서 이렇게 썼다. "탄원자들의 성역에 있는 여기 전망점에서 나는 그들의 배를 본다. 그 배는 특징이 뚜렷해서 놓칠 리 없다. 잘 정돈된 돛, 보호용 옆판, 눈으로 앞을 바라보며 조타용 노를 따라 앞으로 전진하는 뱃머리." 오늘날 지중해에서는 퇴마 목적으로 불운을 쫓기 위해 어선 양쪽에 눈을 그리며, 인도에서는 배에 생명을 부여하기 위해 눈 모양을 새긴다. 텍타쉬 난파선에서 발견된 눈 모양 장식은 시대를 뛰어넘어 지리적으로 멀리 떨어진 곳까지 확산한 해양 문화의 전통과 결부될 수 있다.

국가는 물과 섞인 포도주를 담은 그릇 같아야 한다. 처음에는 여기에 포도주를 부으면 걷잡을 수 없이 거품이 올라온다. 그러나 물을 차분히 부어 거품을 가라앉히면 물과 포도주는 훌륭한 동맹을 맺고 맛도 좋고 적당하게 즐길 수 있는 영약이 된다.

『법률』에서 인용한 이 구절에서 플라톤은 도시국가 운용을 포도주를 마시는 것과 비교하고 있다. 플라톤은 '같이 마신다'는 뜻인 심포지엄에서의 행동을 염두에 두고 이 구절을 썼다. 심포지엄에서 스스로 절제하는 올바른 음주 습관은 질서 잡힌 도시국가와 비교될 수 있었다. 심포지엄을 그린 장면은 기원전 5세기의 붉은 인물 항아리 수백 개에 등장한다. 여기에서는 소파에 비스듬히 누운 남자들과 포도주를 채운 암포라, 포도주를 물과 섞고 붓는 데 쓰인 병과 음주용 사발이 보인다. 포도주를 마시는 데 필요한 모든 물품은 행사의 필수품이었다. 텍타쉬 난파선에서 발견된 이런 음주 도구는 고고학과 고대 철학을 직접 연결해 준다. 이 배에 실렸던 도기류와 포도주는 바로 부두에서 심포지엄 장소로 옮겨져 소크라테스와 그의 대화 상대들이 사용했을 수도 있다.

배와 항해는 플라톤의 이상 국가 개념에서 중요한 역할을 한다.

플라톤은 이상국에 용기, 절제, 정의와 지혜라는 네 가지 미덕이 있으며 5개의 경제적 계층이 있다고 말했다. 생산자, 상인, 소매업자, 봉급을 받으며 남 밑에서 일하는 사람, 별도 계층인 선원과 선주다. '도시'라는 단어는 대략 플라톤이 쓴 '폴리스'라는 단어에 해당하는 번역어인데 물리적 실체라기보다 시민들의 집합과 이를 지도하는 원칙을 말한다. 그의 가장 영향력 있는 작품이자 이상적 폴리스의 기초에 관한 해설로 시작하는 『국가』의 그리스어 원제는 '폴리스에 관하여'란 뜻인 폴리테이아(Politeia)이다. 이와 가장 가까운 라틴어 번역 제목이 'Res Republica'였고 여기에서 영어 제목인 'The Republic'이 유래했다. 폴리테이아는 'Polity(통치조직)'과 'Politics(정치)'라는 단어의 어원이기도 하다.

플라톤은 『국가』를 기원전 380년에서 370년 사이에 썼으나 다른 모든 작품처럼 이 대화의 시대 배경은 소크라테스가 살아 있던 이전 세기로 설정하고 있다. 텍타쉬 난파선의 시대에 소크라테스가 아테네의 교육받은 엘리트층 시민뿐 아니라 길거리의 사람들과도 대화했다고 생각하니 가슴이 뛴다. 그렇게 소크라테스의 대화에서 탄생한 개념들은 『플라톤의 대화편』에 다수 등장한다. 그 내용 중에는 '아름다움'처럼 지식의 기반이자 불변의 본질이 되는 '형상 이론', 동굴에 갇힌 사람들은 바깥세상의 진실이 아닌 벽에 비친 그림자만 볼 수 있다는 '동굴의 비유', 그리고 여성이 남성과 동등한 역할을 해야 한다는 주장을 포함한 이상적인 도시국가의 모습 등이 있다. 기원전 6세기의 전 소크라테스(pre-Socratic) 철학자들은 주로 자연계에 관심을 가졌지만, 페리클레스 시대에 들어 후대 철학자들은 정치와 국가에 비상한 관심을 기울이며 인간계로 초점을 바꿨다. 플라톤은 철학계에 일어난 이런 전환을 대변하는 인물이다.

소크라테스는 자신이 주장한 삶을 살았다. 도시국가 시민으로서 병역 의무를 마치고 자신의 원칙을 위해 목숨을 바친 첫 위대한 사상가다. 그는 아테네 젊은이들을 잘못된 길로 이끌고 새로운 신을 도입했다는 죄목으로 기소되었다. 399년에 민회 앞에 선 그는 유죄 인정을 거부하며, 굴복하느니 자신이 가르쳤던 대로 독약을 마시는 편을 택했다. 플라톤은 "철학자가 왕이 되거나 우리가 왕과 통치자로 부르는 존재들이 철학자가 되기 전까지 이상적인 사회는 오지 않는다"라고 말했다. 이 말을 달리 표현하자면, 항해사가 배를 운항할 때 중요한 것은 형태에 대한 지식, 즉 철학 이론이 아니라 철학적 탐구 절차 혹은 담론이라는 뜻이다. 플라톤에서 시작된 이런 '비판적 사고'는 오늘날까지 전해지는 그리스 철학의 가장 중요한 유산이다.

우리는 다음의 세 가지 수단을 통해 텍타쉬 난파선 시대 그리스인의 '정신적 삶'에 대해 많은 것을 알게 되었다. 첫 번째는 미케네인이 선형문자 B로 첫 기록을 남긴 그리스어와 그 잠재적 표현력이다. 두 번째는 고대 근동에서 발명되어 그리스인이 채택한 알파벳이다. 알파벳으로 인해 감정 뉘앙스를 포함해 발언 전체를 기록하는 데 적합한 문자를 갖추게 되었다. 그리고 세 번째는 종이다. 진흙 서판이나 명문을 새겨 넣은 돌은 거추장스럽고 제한적이었으며 밀랍은 수명이 짧았다. 이집트인이 파피루스로 처음 발명한 종이 덕분에 구어가 종이 두루마리에 기록되기 시작했다. 그리고 결국 낱장을 묶어서 표지로 싼 형태의 코덱스(Codex)라는 지금의 책 형태로까지 발전했다.

## 아테네의 몰락과 불멸의 유산

아테네와 스파르타 사이의 펠로폰네소스 전쟁이 벌어진 기간 중 기원전 415~413년 사이의 시칠리아 원정에서 아테네는 최악의 국면을 맞았다. 이 원정에서 아테네는 스파르타 동맹국인 시라쿠사를 점령하려다가 1만 명 이상의 병사와 200척의 선박으로 구성된 병력을 거의 다 잃었다. 전쟁은 그 뒤로 거의 9년 동안 계속되다가 기원전 404년에 아테네가 패배를 인정함으로써 끝나고 스파르타가 에게해를 제패하게 되었다. 다음에 일어난 코린트 전쟁 기간인 기원전 386년에 아테네는 다시 독립하게 된다. 아테네와 스파르타의 경쟁은 마케도니아의 필리포스 왕이 기원전 338년에 그리스 대부분을 점령하고 7년 뒤에 그의 아들 알렉산드로스 대왕이 스파르타를 정복할 때까지 계속되었다.

　펠로폰네소스 전쟁 직후 몇십 년은 아테네인들에게 완전히 암울한 시기만은 아니었다. 기원전 387년, 플라톤은 아카데모스(Akademos)라는 아티카의 영웅이 소유했었다는 부지에 아카데미아를 설립했다. 아카데미아는 세계 최초의 대학이라 할 수 있는데 이곳에서 청년들은 철학·수학·천문·물리·정치를 배웠다. 여기서 공부한 사람 중 기원전 334년에 리케움(Lyceum)을 세운 아리스토텔레스가 있었다. 리케움은 강연이나 철학적 토론을 위한 장소였다. 풍요롭고 지적인 삶을 누렸으나 기원전 4세기의 아테네는 페리클레스의 아테네와는 매우 다른 곳이 되었다. 스파르타와의 전쟁으로 인해 아테네는 축소되고 인적·경제적으로 막대한 타격을 입었다. 그리스 세계에서 만연한 전쟁은 '황금시대'를 부흥시킬 수도 있었을 사람들의 에너지를 빨아들였다. 기원전 5세기 중반처럼 장기간의 평화는 다시 찾아오지 않았다. 이 평화야말로 아테네의 성취를 설명하는 핵심 요소다.

　알렉산드로스 대왕의 짧지만 눈부신 생애 동안 동지중해 지역은 마케도니아의 지배 아래에 들어갔다가 기원전 312년에 그의 장군들에 의해 분할되었다. 우리는 이들이 세운 국가를 헬레니즘 왕국이라고 부른다. 마케도니아와 그리스는 안티고노스(Antigonos) 왕조가, 소아시아와 근동은 셀레우코스(Seleucos) 왕조가, 그리고 이집트는 프톨레마이오스(Ptolemaios) 왕조가 다스렸다. 해상교역은 다시 번창했고 이집트의 알렉산드리아와 에게해의 로도스섬 같은 도시들이 상업 중심지로 발전했다.

다음으로 등장할 강대국은 로마다. 로마는 기원전 146년에 코린토스를 점령하고 86년에 아테네를 약탈했으며 다음 몇십 년에 걸쳐 잔존하던 헬레니즘 왕국들을 흡수했다. 그리고 이 과정은 기원전 31년의 악티움 해전에서 프톨레마이오스 왕조의 마지막 왕인 클레오파트라 여왕을 격파함으로써 절정에 달했다. 그때쯤 아테네는 정치적 독립을 잃은 상태였으나 로마 시대에도 중요한 지적 중심지이자 관광지로서의 역할을 계속했다.

불멸의 유산을 남긴 기원전 5세기 그리스의 성취는 로마 시인 호라티우스가 다음과 같이 유명한 구절로 표현했다. "정복된 그리스가 정복자를 다시 정복했다." 이것은 그리스의 예술·과학·철학이 로마 문화생활의 바탕이 되었음을 가리키는 말이다. 우리는 악티움 해전 직후 로마가 제정으로 변한 다음부터 이룬 뛰어난 업적을 둘러볼 것이다. 다음 장에서 살펴볼 동부 시칠리아섬 연안은 아테네가 시라쿠사에서 참패한 곳과 가깝다. 이곳에 침몰한 난파선은 로마제국 전성기 해상교역이 어땠는지를 보여준다.

**2세기(로마제국 전성기)**

# 권력의 길을 닦다

# 물자와 사람을 빨아들이는 대제국

 플렘미리오 난파선

시칠리아섬 동쪽, 마달레나반도의 돌출부를 처음으로 본 나는 흥분을 감출 수 없었다. 남서쪽으로 8킬로미터 떨어진 오니나곶에서 보트를 타고 눈부신 여름 햇살을 받아 수정처럼 맑게 빛나는 물 위를 미끄러지듯이 나아갔다. 그때 나는 아직 스무 살도 채 되지 않은 학부생이었지만 브리스틀대학 탐사단 잠수요원 자격을 얻어 지금껏 한 번도 방문해 보지 못한 유적지의 잠수를 계획하게 되었다. 우리 잠수요원들은 남쪽의 얕은 바다에 가라앉은 로마 난파선을 발굴하고 있었지만, 사하라에서 불어오는 시로코 풍 때문에 철수할 수밖에 없었다. 어쩔 수 없이 기상 상태가 더 나을 것 같은 다른 난파선 유적지를 찾아보기로 했다. 이곳은 지중해 수중고고학 탐사 초창기에 자크 쿠스토의 칼립소호 잠수사가 처

음으로 보고한 곳이기 때문에 나는 굉장히 들떠 있었다. 어린 시절 이 프로젝트에 관한 글을 읽었는데 바로 그곳에 내가 잠수한다는 건 정말이지 꿈같은 일이었다. 시칠리아에 왔을 때는 고고학 공부를 시작하기 위해 영국에 도착한 지 1년도 채 되지 않은 시점이었기에 내 마음속에는 나의 잠수 경력 대부분을 차지했던 캐나다 오대호 수중의 목선과 철선 잠수 기억만이 가득 차 있었다.

만을 가로질러 중간쯤 도착하니 반도가 더 또렷하게 보였다. 주 해안선에서 4킬로미터를 뻗어 큰 항구도시 시라쿠사의 남쪽까지 닿는 바위투성이 고원이다. 우리는 무로디포르코(Murro di Porco) 곶에서 조금 못 미친 섬 동쪽 끝에 있는 삐죽삐죽한 플렘미리오 절벽으로 향했다. 이곳은 지중해에서 가장 극적인 풍경이 펼쳐지는 장소다. 그리스 쪽으로 이오니아해가 내려다보이며 해안에서 몇 킬로미터만 나가면 수심이 3000미터까지 깊어진다. 알프스산맥의 높이와 맞먹는 깊이라 할 수 있다. 펠로폰네소스 전쟁 기간인 기원전 414년에 고대 아테네의 정치인 니키아스(Nicias)가 이끄는 아테네군이 시라쿠사를 포위하기 위해 상륙한 곳도 여기다.

절벽의 이름인 '플렘미리온(Plemmyrion)'이라는 단어는 시라쿠사 포위전을 묘사한 그리스 역사가 투키디데스의 글에 처음으로 등장한다. 그로부터 2500년 뒤, 이 수역은 역사의 방향을 바꾼 또 다른 상륙전의 무대가 되었다. 연합군은 1943년 7월 10일에 시칠리아에 상륙해 나치 독일에 대항한 전쟁에서 유럽대륙의 첫 교두보를 마련했다.

  탐사를 떠나기 몇 주일 전, 할아버지에게 시칠리아 상륙에 관해 물었다. 그날 상륙함에서 장교로 복무하셨던 이야기를 듣기 위해서였다. 두 사건 사이의 여러 세기 동안 시칠리아는 교역의 교차로였고 우리가 가는 곳은 그 정점을 대표하는 곳이었다. 해안선을 따라 마그나 그라이키아의 여러 도시와 로마로 향하는 선박들은 이곳을 통과해야 했다. 나중에 중세가 되어 서부 지중해의 중심지로 가는 배들도 마찬가지였다.

  배가 절벽에 접근하면서 돌출부를 향해 동쪽으로 뱃머리를 돌리자 나는 이런 생각을 잠시 접어두었다. 우리는 절벽을 따라 천천히 움직이며 발굴지를 표시하는 십자가 모양으로 움푹 들어간 곳을 찾았다. 파도가 절벽 아래를 철썩철썩 때리고 있었고 절벽 밑으로 빨려 들어가지 않기 위해서는 거리를 유지해야 했다. 잠시 후, 목표했던 곳을 발견한 우리는 장비를 챙겼다. 잠수할 사람은 네 명이었고 두 명은 배에 남아 먼바다로 나갔다가 우리가 올라오면 다시 돌아오기로 했다. 나는 난파선 잔해가 수심 40미터 아래까지 흩어져 있다는 것을 알고 있었지만, 감압 때문에 작업이 중단되는 상황을 막기 위해 최대 잠수 시간 20분, 최대 잠수 수심 30미터로 계획을 세웠다. 우리는 바다를 등지고 앉았다가 보트에서 등부터 바다로 굴러떨어지며 잠수해 절벽을 따라 곧장 밑으로 내려가 바위투성이 경사면에 도달했다. 깊이 30미터에 도달하자 나는 절벽에서 튀어나온 바위 위에서 멈춰 아래를 내려다보았다. 멀리 아래에서 다랑어의 반짝이는 은빛이 보였다. 나는 오대호에서 잠수하면서 위험 수심에 익숙해져 있었지만 이곳의 바다는 깊이를 헤아릴 수 없었다.

나는 자세를 돌려 다른 사람들을 따라 경사면을 타고 올라와 절벽 아래의 해저 골짜기와 갈라진 틈을 찾았다. 몇 분 안에 로마 시대 암포라로 가득한 해저 골짜기가 발견되었다. 이 암포라는 로마의 북아프리카 속주에서 만들어진 암포라의 특징인 독특한 원통 모양을 지니고 있었는데, 내가 알기로 이런 암포라는 로마로 생선 소스와 올리브유를 실어 나르는 데 사용되었다. 암포라를 만지며 나는 거의 2000년 전에 활동한 무역상과 선원뿐 아니라 스쿠버다이빙 장비가 아직 초창기이던 시절에 이 유적을 발견한 여러 선구적 잠수사와 연결되는 듯한 느낌을 받았다. 이런 발견을 통해 과거를 들여다보는 비범한 창문이 새롭게 열릴 것임을 직감했다.

그 잠수는 그해에 우리가 그곳에서 수행한 유일한 수중탐사였다. 남부 해안의 날씨가 좋아지며 우리는 원래 목표했던 얕은 바다에 침몰한 난파선에 다시 관심을 집중했다. 그런데 2년 뒤, 나는 발굴단을 인솔해 플렘미리오로 돌아가 한 계절 내내 조사 활동을 했고 그 2년 뒤에는 그 난파선을 발굴하게 되었다. 처음 잠수했을 때만 해도 이 작업에 몇 년간 열정을 바치고 박사학위 논문의 기반을 마련하리라는 것은 꿈에도 몰랐다.

플렘미리오 난파선의 연대는 로마의 첫 아프리카 출신 황제인 셉티미우스 세베루스(Septimius Severus)의 치세로 여겨진다. 울루부룬 난파선이나 텍타쉬 난파선처럼 이 난파선도 역사상의 전성기를 대변한다. 세베루스 황제의 치세에 최대로 확장한 로마제국은 메소포타미아, 사하라부터 브리튼섬 북부까지, 그리고 로마인이 갈 수 있던 라인-다뉴브강 국경까지 수백만 제곱킬로미터에 달하는 면적을 차지했다. 인구가 100만 명에 달한 제국 최대도시 로마에는 우리에게 친숙한 콜로세움, 판테온, 트라야누스와 안토니누스 피우스 기념주, 옛 공화정 시대 포룸의 신전과 법정, 그리고 트라야누스가 새로 지은 포룸 같은 기념물이 당시에도 그 자리에 있었다. 셉티미우스 세베루스도 자신의 이름을 딴 포룸에 개선문을 지어 이 장관에 광채를 더했다. 원로원 옆과 카피톨리누스 신전으로 올라가는 계단 아래 중앙에 있는 세베루스 개선문은 사람들이 사진을 가장 많이 찍는 고대 로마유적 중 하나다. 세베루스가 발행한 동전을 보면 이 개선문 위에는 원래 말이 끄는 훌륭한 전차 청동상이 있었다.

이 모든 것이 난파선과 연관된 휘황찬란한 배경을 이루지만 한 이야기에는 또 다른 숨겨진 역사적 진실이 담겼다. 바로 셉티미우스 세베루스 즉위 전에 일어난 내전이다. 로마제국은 이 내전으로 하마터면 파멸할 뻔했다. 경쟁자 클로디우스 알비누스(Clodius Albinus)와의 싸움으로 로마 군단은 큰 손실을 보았고 국경은 야만인의 공격에 취약해졌다. 제국을 강화하기 위해 세베루스는 자신이 태어난 북아프리카 도시들을 후원했고 북아프리카는 '로마의 빵 바구니'가 되어 로마인에게 식량과 올리브유를 공급했다. 플렘미리오에서 침몰한 선박은 이 교역의 본질과 사상 최대의 제국을 지탱한 경제구조를 독특한 방법으로 조명한다.

## 바다는 모두 기억하고 있다

이 난파선은 쿠스토의 칼립소호에서 잠수한 프레데리크 뒤마가 1953년 8월에 처음으로 기록했다. 그는 "절벽의 틈새에 한데 뭉쳐진 깨진 암포라, 바닥에 단단히 박혀 있으며 녹슨 것이 확실한 철제 닻과 그 위에 놓인 암포라 조각들을 보았다"라고 기록했다. 1950년대 초, 쿠스토는 남프랑스 해안에서 처음으로 애퀄렁을 사용한 난파선 발굴에 착수했다. 그리고 뒤마는 1960년에 조지 배스와 함께 튀르키예 연안의 겔리도냐곶에서 청동기시대 난파선을 발견했다. 영국의 해양 고고학 선구자인 토비 파커(Toby Parker) 박사의 지휘를 받으며 1974년에 수행된 시칠리아 발굴 원정 기간에 우연히 난파선을 발견한 브리스틀대학 잠수사들은 뒤마가 이미 플렘미리오 난파선을 발견했다는 사실을 알지 못했다. 현지 고고학 감독기관의 보호를 받으며 다수의 유물이 인양되었는데 그중에는 암포라 파편, 주물로 만든 철봉이 든 응결물, 그리고 끈에 금속 추를 매단 수심측량 도구인 독특한 측심연[Sounding Lead: 끈에 금속 추를 매단 수심측량 도구 - 옮긴이]이 있었다. 아프리카산 로마 암포라의 연구는 로마의 외항 오스티아에서 발견된 도기의 연구 결과가 세상에 밝혀지며 새로운 전기를 맞았고 동시대 난파선 유적 몇 개가 알려지며 플렘미리오 난파선도 발굴해 볼 만한 것으로 여겨지게 되었다.

첫 방문 다음 해에 그리스 학술답사를 끝내고 한 달간 시칠리아 남해안의 다른 로마 난파선을 발굴하며 나는 토비 파커 박사에게 나의 포부를 밝혔다. 우리는 이 시기 난파선에 나오는 로마시대 교역의 증거를 나의 학사학위 논문의 주제로 삼아야 한다는 것과 다음 해에 플렘미리오 난파선의 본격적 탐사를 내가 지휘해야 한다는 데 합의했다.

첫 잠수 후 영국으로 돌아갔을 때 나는 할아버지께 내가 어디 있었는지를 알려드리며 1943년 7월에 있었던 연합군의 시칠리아 상륙 작전인 허스키 작전 기록과 비교했다. 할아버지는 시칠리아 남동단의 파세로(Passero)곶의 바크 웨스트 구역에 상륙 예정이었던 강습함(Assault Ship) 엠파이어 엘레인함의 부장이었다. 엠파이어 엘레인함은 캐나다군 병력과 장비를 수송하던 호송선단의 일원이었다. 호송선단은 북아프리카 해안을 따라 항해하다 독일군 유보트의 공격으로 함선 세 척을 잃었으나 할아버지는 이 위험천

만한 항해에서 살아남았다. 선단은 모니터함[선체 크기에 비해 큰 화포를 실은 연안용 함선 – 옮긴이] HMS 로버츠함의 38센티미터 포 지원 포격을 받으며 상륙정을 발진시켰다. 로버츠함의 포구에서 나온 후폭풍은 탑승한 사람들의 귀를 먹먹하게 만들었고 포탄은 하늘을 가로질러 목표를 향했다. 상륙을 끝낸 캐나다군은 영국군이 상륙하고 있던 시라쿠사로 행군했다. 마달레나반도 근처에서 글라이더를 이용해 착륙하려 했던 시도는 글라이더가 너무 먼 바다 한복판에서 분리되는 바람에 실패해 수백 명이 목숨을 잃는 참극으로 끝났다. 그러나 SAS[Special Air Service: 북아프리카와 지중해 전역에서 활약한 영국군 특수부대 – 옮긴이] 소속의 강습 부대는 플렘미리오 난파선에서 몇백 미터 떨어진 곳에 상륙해 무로디포르코곶의 이탈리아군 포대를 성공적으로 공격했다. 15센티미터 포를 갖춘 이 포대는 강습 선단에 큰 피해를 입힐 수 있었다.

우리는 이탈리아군이 항복하고 나서 절벽 아래로 내다 버렸던 기관총 탄띠 여러 개를 난파선 위에서 발견했다. 2017년에 이탈리아 잠수사들은 상륙일 밤에 추락한 웰링턴 폭격기의 잔해를 원래 추락 지점으로부터 몇백 미터 떨어진 곳에서 발견했다. 이 추락으로 탑승원 전원이 사망했다. 산소 재호흡기와 혼합가스를 사용한 덕분에 100미터, 혹은 그보다 더 깊은 곳의 조사가 가능해지자 더 많은 비행기와 선박 잔해가 발견되었다. 이는 고고학이 비교적 최근에 일어난 전쟁도 재조명할 잠재력이 있으며 기원전

413~415년의 시라쿠사 포위가 지중해의 이 교차로에 집중적으로 일어난 전쟁 중 하나였을 뿐이라는 사실을 일깨워 준다.

### 의학을 배우러 로마로 가다

나는 세 번에 걸쳐 조사와 발굴을 감독했는데 브리스틀대학 원정단으로 시작해 1984년에 케임브리지대학 연구원으로 자리를 옮긴 다음 두 번 더 조사원정단에 참가했다. 1987년의 마지막 기간이 끝날 무렵, 이 프로젝트에는 고고학자와 잠수사 40명이 참가하고 참가자들은 현장에서 5개월 이상을 보내며 잠수 작업을 수백 번 수행했다. 우리는 현지 고고학 감독기관의 보호를 받으며 일했고 영국 한림원, 영국 로마연구소, 런던 고고학회, 케임브리지대학 고전학부, 그리고 케임브리지대학의 내 모교인 코퍼스 크리스티 칼리지를 비롯한 여러 단체로부터 후원받았다. 이 프로젝트는 내 박사학위 논문연구에서 꼭 필요했다. 나는 이 난파선을 다룬 간행물과 전문가 보고서를 많이 쓰게 되었다. 대부분의 고고학 프로젝트가 그렇듯, 현장 작업은 조사의 한 부분일 뿐이었다. 다른 여러 탐사와 비교하며 내 관점이 넓어지면서 이 난파선과 난파선의 역사적 의미에 대한 연구도 계속 진화했다.

우리는 오니냐곶의 캠프에서 출발해 공기주입식 보트를 몰고 매일 현장으로 가서 부이에 배를 묶고 22~47미터 사이의 수심에 매일 두 번 잠수했다. 절벽 아래 흩어진 유물들이 두 지점을 중심으로 뭉쳐 있다는 것이 확실해졌다. 한 곳은 선미에 있는 생활 구역에 해당했다. 난파선에 떨어진 큰 바위 밑에서 우리는 배의 주방에서 나온 타일과 벽돌을 비롯해 배의 창고에 실렸던 많은 물품을 발견했다.

발견된 물품으로는 완벽한 상태로 보존된 아름다운 암포라(아마도 포도주를 담았을 것으로 추정된다), 유리병과 사발 파편, 도기제 기름 램프 4개, 배에서 사용되어 바닥이 불로 그을린 솥을 포함한 요리와 식탁용 도기 22종, 항아리, 접시 사발이 있었다. 램프 가운데 하나는 비스듬히 누운 영양의 모습을 찍어낸 부조로 장식되었는데 그건 이 램프가 북아프리카산이라는 증거다. 바닷속에서는 기본적인 조리용 솥조차 단기간 내에 모양이 변한다. 그래서 모양과 재질로 원산지를 특정할 수 있는 도기가 아주 중요하다. 후기 로마 도기를 연구한 최고 전문가인 한 사람은 우리가 발견한 종류의 도기가 만들어진 연대가 기원전 200년경으로 추정된다고 했다. 이는 기원후 193년부터 211년까지 다스린 셉티미우스 세베루스 황제의 치세 중반에 해당한다. 도기 대부분은 북아프리카산이지만 일부는 로마나 로마의 외항 오스티아에서 만들어졌다. 이는 난파선이 항해한 항로를 반영하는 것이며 로마산 도기는 그 전 항해에서 수송된 물건이었을 것이다.

철봉 1톤에 더해 화물에는 암포라 200개도 있었다. 이는 파편의 수에서 추정한 양이다. 여기에는 완전하게 보존된 윗부분 33개와 밑부분 29개가 포함되어 있다. 암포라는 몸통을 이루는 원통 모양에 따라 두 가지로 나뉘는데, 1960년대에 이를 처음으로 상세하게 연구한 학자들은 이들 각각에 아프리카나 그란데(Africana Grande)와 아프리카나 피콜로(Africana Piccolo)라는 이름을 붙였다. 그리고 1970년대에 오스티아의 고대 로마 목욕탕에서 대량의 암포라 파편을 발견한 이탈리아 고고학자들이 연구 결과를 출간하면서 이 두 가지 암포라는 다시 세분화되었다. 이들은 대략 지금의 튀니지, 리비아 해안에 해당하는 아프리카 프로콘술라리스에서 생산되었다.

이 지역에서는 암포라 생산이 몇몇 항구도시에 집중되었다. 당시 로마에는 식품 수입을 담당하던 관청 쿠라 아노나에(Cura Anonnae)가 있었다. 쿠라 아노나에라는 이름은 글자 그대로 식량 공급을 의인화한 여신인 아노나의 보호라는 뜻이었다. 이 관청에서는 로마의 식량 배급에 필요한 곡식과 올리브유의 상당 부분을 북아프리카에서 입수했다. 북아프리카에서 수입되는 생선 소스와 염장 생선의 양도 증가하고 있었다. 아프리카 해안 도시의 또 다른 주산물이 된 이 품목들은 로마 식단의 주요 단백질 공급원이었다.

플렘미리오 암포라는 로마 시대 난파선에서 발굴된 암포라로서는 처음으로 도자기 재질과 내용물이 전방위에 걸쳐 과학적으로 조사되었다. 대형 원통형 암포라 안쪽에는 나중에 송진으로 밝혀진 검은색 층이 있었다. 이와 달리 소형 암포라 안쪽에는 눈에 띄는 층이 없고 파편을 크로마토그래피로 분석해 보니 도기로 스며든 올리브유 기름 흔적이 나왔다. 올리브유와 송진은 잘 섞이지 않는다. 올리브유 암포라는 안쪽에 송진을 입히지 않았던 반면 안쪽에 송진을 입힌 암포라는 생선 제품, 즉 염장 생선인 살사멘툼(Salsamentum)이나 뚜껑을 덮지 않은 큰 통에서 생선을 발효시켜 만든 가룸(Garum)이라는 생선 소스를 담는 데 사용되었다.

플렘미리오 난파선에서 발견된 두 가지 암포라 모두 제작 과정에서 쓰인 소금물 때문에 생긴 베이지색 '껍질'을 갖고 있었으며, 둘 다 동부 튀니지산 도기의 특징인 빨간 벽돌색 토기질로 만들어졌다. 맨체스터대학은 중성자 활성화 분석 프로그램을 도입해 원산지를 특정하기 위해 실험했다. 86개의 파편을 분석한 결과, 이 암포라는 동부 튀니지 해안 중간에 있던 고대 항구도시인 술렉툼의 살라크타 가마 유적에서 발굴된 파편과 특성이 같다는 것이 밝혀졌다. 특정 항구를 이런 종류의 암포라의 원산지로 밝힌 것은 이번이 처음인데, 난파선이 마지막 항해에 나섰을 때도 이곳에서 출항했음이 분명했다.

원산지를 알아내자 난파선의 배경을 이해하는 데 더욱 풍부한 자료가 되어줄 역사적 캔버스가 펼쳐졌다. 이 배와 연관된 사람들이 누구였는지, 그 이름까지도 어렴풋이 짐작해 낼 수 있게 되었다. 오스티아에서 오늘날 볼 수 있는 가장 놀라운 건축으로 피아찰레 델레 코르포라치오니(Piazzale delle Corporazioni), 즉 '상인의 광장'이 있다. 사방이 주랑으로 된 이 광장은 상인들의 사무실로 둘러싸여 있는데 이들은 자신의 사업 분야를 외벽에 흑백 모자이크로 광고했다. 가장 눈에 띄는 광고는 술렉툼의 나비쿨라리라는 선주(船主)가 냈다. 여기에서 배 두 척 위로 등대가 있고 그 아래에는 두 마리의 돌고래(또는 참치)가 문어를 잡아당기는 모습이 그려져 있다. 아마 그는 자신의 전문 분야가 수산 제품 생산이라는 걸 광고했는지도 모른다. 오스티아의 묘지에서는 당시 이 선주의 사무실 직원으로 보이는 사람의 묘비가 발견되었다. 이 묘비에는 그의 아내가 바친 묘비명이 새겨졌다.

지하세계의 신들이시여, 술렉툼 시민 푸블리우스 카에셀리우스 펠릭스가 여기 있습니다. 그는 47년 6개월을 살았으며 폼포니아 리시니아에게는 가장 소중한 남편이었습니다.

해운과 무역에 종사하던 많은 오스티아 주민에게 술렉툼은 셉티미우스 세베루스 시절에 중요한 외국 항구 중 하나였다. 푸블리우스 카에셀리우스 펠릭스는 상인광장의 술렉툼 선주 사무실에서 일했을 뿐 아니라 플렘미리오 난파선이나 그 화물과 직접 연관이 있었을지도 모른다.

모자이크에 묘사된 배는 플렘미리오 선박이 원래 어떤 모습이었는지를 인상적으로 보여준다. 이 배는 사각 돛 1개와 방향타로 쓰는 노 2개, 그리고 로마 상선의 특징인 높게 설치된 선미재[배의 뒷부분에 설치된 기둥으로 용골과 연결되어 있으며 배의 안정성을 돕는다 – 옮긴이]를 갖췄다. 또 다른 흥미로운 이미지는 술렉툼에서 발견되었다. 그 도시의 유적 중에서 가마터와 생선 염장 시설뿐 아니라 배 두 척을 보여주는 모자이크로 장식된 목욕탕이 있다. 모자이크에 새겨진 한 척의 배에는 레온티아스(LEONTIAS)라는 이름이, 다른 한 척에는 카네이우스(CANEIVS)라는 이름이 붙었다. 각각 '사자'와 '개'를 뜻한다. 사자라는 이름은 특히 중요하다. 지금까지 발견된 고대 세계 모자이크 중 가장 뛰어난 작품이 또 있기 때문이다. 바로 살라크타고고학박물관의 가장 중요한 전시품인 거대한 사자를 묘사한 모자이크다. 이 사자는 한때 북아프리카를 어슬렁거렸고 콜로세움의 검투사 격투에 사용된 바바리(Barbary) 사자로 지금은 멸종했다. 이 발견은 고대 사람도 지금의 우리처럼 배에 이름을 붙이거나 독특한 개성을 불어넣으려 했을지도 모른다는 점을 일깨워 준다. 어떤 배는 사자처럼 강력하고 날쌨을 것이다. 이는 플렘미리오 선박의 선원들처럼 배에 목숨을 맡긴 사람들의 희망을 반영한 것이다.

그 위로 바늘을 가져온다. 이 바늘은 눈을 관통할 정도로 뾰족해야 하지만 너무 가늘어서는 안 된다. 그리고 동공과 관자놀이에 근접한 각도 중간의 한 점, 백내장 중심부에서 먼 곳에서 혈관이 상하지 않게 눈의 두 외층을 곧바로 뚫어라. 그러나 바늘은 빈 곳을 지나갈 것이므로 소심하게 삽입해서는 안 된다. 그리고 여기까지 하면 아주 경험이 많지 않은 사람이라도 실수를 저지를 수가 없다. 압력에 대한 저항이 없기 때문이다. 환부에 도달하면 바늘을 충혈된 부분에 비스듬하게 기울인 다음 부드럽게 돌리고 조금씩, 조금씩 눈동자 영역 아래로 내려라. 눈동자 아래로 백내장이 내려가면 아래로 모일 수 있게 아주 꽉 눌러라. 백내장이 달라붙으면 치료는 성공한 것이다.

난파선에서는 가끔 뜻하지 않은 유물이 발견되어 이야기를 한층 더 흥미진진하게 만들곤 한다. 플렘미리오 난파선에서 전문 외과의가 탑승했음을 알려주는 유물이 발견된 것처럼 말이다. 해저 골짜기 아래 퇴적물을 조심스럽게 위로 날리던 나는 끝부분이 버드나무 잎사귀 모양인 길이 7센티미터의 가느다란 청동제 도구를 발견했다. 그것은 고대 난파선에서 최초로 발견된 수술용 칼 손잡이였다.

끝이 길고 가는 도구는 뭉툭한 절개 기구였을 것이고, 다른 한쪽에 부착되었을 철제 수술 칼날은 부식되어 사라졌다. 그 뒤로 발굴을 이어가 먼저 발견된 것과 똑같은 방법으로 제작된 수술칼 손잡이가 2개 더 발견되었다. 그중 하나에는 뭉툭한 절개 기구 대신 긴 나무 자루가 달려 있었는데 아마도 지혈대를 감는 데 쓴 막대기였을 것이다. 두 번째 철제도구는 뭉툭한 절제기 없는 수술용 칼과 합쳐져 있었는데 그 사라진 철제도구의 잔해가 손잡이 끝의 구멍에 남아 있었다. 이것이 백내장 수술용 바늘이었을지 모른다. 수술칼과 합쳐진 경우는 드물지만 말이다. 세 수술칼 손잡이 모두에 철제 칼날이 남긴 금속 잔여물이 있었을 뿐 아니라 이들을 고정하는 데 사용된 철사의 흔적도 있었다. 청동제 도구의 품질은 최고급이었으며 근대에 제작된 정밀 도구와 맞먹는 수준이었다.

우리는 발굴팀으로 함께했던 영국 잠수협회 의학 고문 크리스 에지(Chris Edge) 박사와 함께 수술칼 연구에 착수했다. 케임브리지대학의 앤서니 스노드그래스 교수는 독일 마인츠에 있는 로마-게르만 중앙박물관의 에른스트 퀸츨(Ernst Künzl) 박사를 내게 소개시켜 주었다. 그는 로마 시대 수술도구 연구 분야의 최고 전문가다. 영국박물관의 선사시대 및 로마-영국 고대유물부의 학예사이자 『로마제국의 의사와 질병(Doctors and Diseases in the Roman Empire)』의 저자 랠프 잭슨(Ralph Jackson)도 우리를 도왔다. 조사를 통해 우리는 지금까지 발견된 로마 시대 수술도구가 대부분 의사 무덤에서 나왔다는 것을 알게 되었다. 어떤 경우에는 한 곳에서 30개 이상의 도구가 발견되기도 했다. 그뿐만 아니라 폼페이에서 발굴된 의사의 집에서는 놀랍게도 반사경, 도뇨관, 탐침, 수술

칼 한 세트가 발견되었는데 이것은 20세기 초 의사의 수술도구라고 해도 어색하지 않을 정도로 정밀했다.

폼페이 수술칼에서는 조직을 절단하지 않고서 압박하고 떼어내는 데 쓴 숟가락 모양의 뭉툭한 절개 기구가 발견되어서 플렘미리오 난파선에서 발견된 것과 같은 길고 가는 형태의 수술칼과 차이가 더 뚜렷하게 구분된다. 앞서 인용한 1세기의 로마 의학 저술가 켈수스(Celsus)의 『의학에 관하여(De Medicina)』가 증언하듯, 고대인은 백내장 수술에 정통했다. 그리고 이런 형태의 유물은 안과 수술에 절개 기구가 사용되었다는 주장을 뒷받침해 준다. 이런 도구는 전에 발견되지 않았기 때문에 플렘미리오 난파선의 의료도구가 안과 전문의의 소유였을 가능성을 생각해 보면 더욱 흥미로운 발견이다.

플렘미리오 난파선은 고대 세계에서 가장 큰 영향력을 행사한 의사 갈레노스(Galen)가 살아 있을 때 난파했다. 혹시 이 배에 탄 의사가 갈레노스에게 새 기술을 배우기 위해 로마로 가는 길은 아니었을까? 갈레노스도 당시 안과 수술을 상세히 다룬 저작을 남겼을 정도로 유명한 의사였다. 129년에 고대 그리스의 도시 페르가뭄(Pergamum)에서 태어난 갈레노스는 고향에 있는 치유 신전의 조수로 수습 생활을 하고 의사가 되었다. 처음에는 페르가뭄의 검투사를 돌보다가 로마로 가서 마르쿠스 아우렐리우스(Marcus Aurelius), 코모두스(Commodus)와 셉티미우스 세베루스 황제의 주치의가 되었다.

로마 시대 다른 의사들과 마찬가지로 그의 방법은 기원전 5세기에서 4세기 초의 인물인 히포크라테스의 책과 알렉산드리아에 세워진 히포크라테스식 의학교에 기반하고 있다. 실제 관찰보다 철학적 사고에 더 바탕을 둔 '4대 체액'이라는 아이디어를 바탕으로 갈레노스는 히포크라테스처럼 철학과 의학이 밀접한 관계가 있다고 생각했다. 하지만 수술과 상처 치료를 집중적으로 다룬 그의 현존 저작들과 켈수스의 『의학에 관하여』는 철저할 뿐 아니라 많은 면에서 과학적이다. 그리고 이는 의학의 다양한 전문 분야로 확대되어 새로운 접근을 시도할 수 있게 했다. 멜랑콜리아(Melancholia)라고 이름 붙인 질병에 대한 켈수스의 치료법은 상당히 현대적으로 들린다.

> 두려움의 원인은 배제(되어야)한다. 그리고 좋은 희망을 불러일으켜야 한다. 이야기와 게임으로 (…) 즐거움을 찾아라. 그가 실제 업적을 세웠다면 그 업적을 찬양하고 그의 눈앞에 펼쳐라. 그의 우울함에는 원인이 없었으니만큼 부드럽게 책망하라. 그리고 그를 괴롭힌 바로 그것에 걱정보다는 즐거움의 원인이 있을 수 있다는 점을 가끔 되새겨 주어라.

누군가에게 고고학은 기록이라기보다 유물 보존처럼 보일지 모른다. 그러나 고대의 문해력이 어느 정도였는지를 재구성하는 데는 발굴 유물이 필수적이다. 우리는 고대 로마 시민의 문해율이 상당히 높았다는 생각에 익숙하다. 그건 현존하는 당시 문헌 기록이 매우 풍성하기 때문이다.

문헌 기록은 고고학이 학제로 발전할 때까지 고대 세계를 이해하는 유일한 기반이었으며 지금도 고전학의 주요 관심 분야다. 그러나 문해력이 얼마나 널리 퍼졌는지, 이것이 어떻게 이용되었는지를 보여준 것은 고고학적 발견이다. 사창가 벽에 남겨진 "나는 여기서 펠리치아와 성교를 했다"라는 글을 포함해 폼페이의 벽에 쓰인 낙서, 배를 그린 그림 옆에 적은 명문, 그리고 북부 잉글랜드 하드리아누스 성벽 근처의 침수된 요새 빈돌란다(Vindolanda) 유적지에서 발굴된 병사들의 편지, 파윰(Fayum)과 이집트 다른 곳의 묘지에서 발견된 수천 개의 파피루스 조각이 이런 발견에 해당한다. 도기에 찍거나 쓴 명문도 발견된다. 그것은 글을 읽을 수 있는 능력이 책을 쓰는 엘리트뿐 아니라 상품 생산과 운송에 종사했던 사람들에게까지 있었음을 보여준다. 로마 경제의 중심을 이루고 있던 식량으로 채운 암포라와 같은 상품을 만들고 운반한 사람도 모두 여기 포함된다.

플렘미리오 난파선에서 발견된 세 종류의 문구가 이 점을 완벽하게 보여준다. 하나는 아프리카산 암포라에 쓰인 EGTTERE라는 문구인데 라틴어로 '가다'라는 뜻의 동사 원형이다. 상세하게 쓰여서 관리만이 해독할 수 있었던 일부 로마 시대 암포라 명문과는 달리, 이 문구는 암포라 어깨 부분에 크고 굵은 글씨로 쓰여 있다. 항구에서 바쁘게 일하는 사람들이 멀리서도 금방 이해할 수 있도록 크게 쓰인 게 분명하다. 이 경우에는 수출용 암포라에 표시되었을 것이다.

다른 암포라에는 굽기 전에 PP로 끝나는 글자 열이 목 부위에 찍혔다. 이것은 암포라를 만들고 올리브유와 수산물을 채우는 작업을 했던 아프리카 해안 장원의 축약된 이름일 것이다. 세 번째 사례는 IVNDRA라는 제작자의 도장인데 난파선에서 발견된 램프 중 하나에 찍혔다. 영국박물관의 도널드 베일리(Donald Bailey)는 이 램프 제작자의 신원을 유니우스 드라코(Iunius Draco)로 확인했다. 그는 무명의 2세기 후반 이탈리아인으로, 아마 로마에 살았을 것으로 추측된다. 드라코의 이름 덕분에 우리는 당시에 문자가 널리 보급되었다는 사실을 알게 되었다. 드라코는 이름을 남기면서, 즉 제품을 완전히 현대적 방법으로 '브랜딩'함으로써 우리에게 당시의 문해력에 대한 증거를 남겼을 뿐 아니라 자신이 플렘미리오 난파선과 연관이 있음을 알려준다. 이것은 난파선에서 나온 증거로 우리가 과거와 얼마나 밀접하게 연결되었는지를 알게 된 사례다.

## 로마제국을 둘러싼 권력 암투

암포라에 찍힌 PP로 끝나는 글자 열은 매우 흥미로운 발견이다. 다른 아프리카산 암포라에 찍힌 글자 열 중 PP로 끝나는 것은 CFPPP가 유일하기 때문이다. CFPPP는 가이우스 풀비우스 플라우티아누스(Gaius Fulvius Plautianus)를 가리킨다. Gaius는 Caius로도 쓰이며 따라서 CFP는 가이우스 풀비우스 플라우티아누스라는 이름의 머리글자다. 그는 셉티미우스 세베루스 황제의 사촌이자 가까운 친구로 197년에 황제의 엘리트 경호 부대인 근위대 대장, 프라에펙투스 프라에토리오로 임명되었다.

플라우티아누스는 205년에 사망할 때까지 제국 최고의 권력자 중 하나였다. 세베루스처럼 렙티스 마그나(Leptis Magna) 출신인 플라우티아누스는 암포라에 찍힌 글자로 미루어 보아 북아프리카에 장원을 소유했다. 그가 사들였다고 알려진 로마 근처의 장원에서는 그의 이름이 찍힌 벽돌도 발견되었다. PP라는 글자가 사용된 시기의 범위는 197년부터 205년 사이다. 이 연대는 다른 증거에서 추정된 플렘미리오 난파선의 연대와 들어맞으므로 PP가 플라우티아누스를 가리킨다는 것이 거의 확실해진다. 놀랍게도 당시 로마 최고 권력자의 이름이 시칠리아 근해에서 침몰한 난파선에 실린 보잘것없는 암포라 도기에 나타난 것이다.

셉티미우스 세베루스가 권좌로 가는 여정은 순탄하지 않았다.

그의 치세에 일어난 가장 큰 전투와 인적 자원의 고갈 원인은 '야만인'을 상대로 한 전쟁이 아니라 내란이었다. 공화정 말기에 일어난 내란과 불길할 정도로 비슷한 사건이었고 앞으로 닥칠 더 큰 내란의 전조였다. '다섯 황제의 해'인 193년부터 벌어진 권력 투쟁에서 결국 최종 승자가 될 세베루스는 황위를 주장한 브리타니아 총독 클로디우스 알비누스와 역사상 가장 처참한 전투를 벌이며 싸웠다. 이 전투는 플렘미리오 난파선이 침몰한 바로 그해, 혹은 앞뒤로 몇 년 사이에 벌어졌을 것이다. 세베루스는 다뉴브강 국경에서 빼돌린 군단을 이용했는데 그중 한 군단이 가이우스 풀비우스 플라우티아누스가 지휘하던 군단이었다. 세베루스는 197년에 남부 갈리아[Gallia: 로마제국의 멸망 이전까지 현재의 프랑스, 벨기에, 스위스 서부 그리고 라인강 서쪽의 독일을 포함하는 지방을 가리킨다 – 옮긴이]에 있는 지금의 리옹 근처에서 알비누스와 마주쳤다. 당시 로마 원로원 의원이던 역사가 카시우스 디오(Cassius Dio)는 양측이 각각 15만 명의 병력을 보유했으며 세베루스가 승리를 거두기는 했지만, 로마 전체로 볼 때 유해한 결과를 가져왔다고 주장했다.

> 양측에서 수많은 사람이 쓰러졌기 때문에 로마의 국력은 큰 타격을 입었다. (…) 평원 전체가 사람과 말의 시체로 뒤덮였고 일부는 난도질당한 것처럼 상처를 많이 입어 모습을 알아볼 수 없었다. 그리고 상처 입지 않은 시체들도 무더기로 쌓였다. 사방에 무기가 흩어

졌고 피가 개울을 이루며 흐르다가 강으로 쏟아지기까지 했다.

203년에 로마에 개선문을 봉헌할 당시 세베루스는 아들 카라칼라(Caracalla)와 공동 황제로 제국을 다스리고 있었다. 그리고 동쪽의 파르티아에 거둔 승리는 그 자체로도 축하할 만한 일이지만 북아프리카 원정으로 더욱 완전한 업적이 되었다. 이 원정이 성공하면서 사막 국경이 안정되어 북아프리카의 풍요로운 농업 지역은 더욱더 번영하게 되었다. 145년에 렙티스 마그나에서 태어난 세베루스에게 북아프리카는 고향이었고 청년기에 정치 경력을 쌓기 위해 로마로 떠나기 전까지 살았던 곳이다. 포에니 혈통인 그의 아버지는 시리아-팔레스타인의 청동기시대 교역자로 1000년 전에 북아프리카 해안에 정착한 페니키아인의 후예였다. 권력을 쥔 세베루스는 비용을 아끼지 않고 자기 고향에 새 포룸과 개선문을 비롯한 여러 기념물을 세웠다. 그 결과 오늘날 렙티스 마그나는 이탈리아 밖에 있는 로마 유적지 중 가장 인상적인 곳이 되었다. 세베루스는 제국을 위한 식량을 확보하는 관청인 아노나에 프라에펙투스 아노나에 아프리카에(Praefectus Annonae Africae)라는 직책도 만들었다. 이들이 로마 시민에게 곡식과 다른 식품을 배급했고, 그 결과 플렘미리오 난파선 시대에는 아프리카의 식량 수출량이 치솟았다.

동전 초상화와 조각 외에 인도 쿠샨 제국 시대의 금반지에서 셉티미우스 세베루스의 인상적인 초상이 발견되었는데 여기에서 그는 아내 율리아 돔나(Julia Domna)와 얼굴을 맞댄 모습으로 그려졌다. 2세기 후반 들어 로마의 초상 제작 기술은 정점에 달했고 공화정 시대의 '사실주의', 즉 율리우스 카이사르 같은 인물을 엄격하면서 있는 그대로 그린 그리스 조각의 이상주의와 결합했다. 이러한 양식은 2세기 초에 그리스 애호가 하드리아누스 황제 시절에 로마에서 인기를 끌었다. 하드리아누스는 로마 황제 중 처음으로 수염을 길렀는데, 이 유행이 2세기 내내 이어져서 동시대 황제들은 제정 초기 황제들과 손쉽게 구분된다. 수염을 길게 기르고 곱슬곱슬한 머리와 눈에 띄는 이목구비를 가진 세베루스는 이 점에서 특별한 호사를 누렸다.

그의 초상은 다른 시대 황제들의 초상이 그렇듯, 시대를 대변하는 상징으로 더욱 돋보인다. 앞서 말한 반지가 흥미로운 이유는 이 반지가 인도에서 만들어졌고 초상 밑 굽타 브라흐미 문자로 된 명문이 있었기 때문이다. 로마가 인도 정복을 시도한 적은 없었다. 그러나 초기 제국 시대에 인도와 로마는 육로와 해로로 광범위하게 접촉했고 연례적으로 금화를 실은 선박이 홍해의 이집트 항구를 떠나 몬순 바람을 타고 남인도로 가서 향신료와 다른 상품을 교역했다. 이곳에서는 로마 상인들이 벵골만을 가로질러 온 인도네시아와 중국 상인과도 접촉했는데 이것은 그때까지의 역사상 가장 긴 해상교역로다.

반지 위에 동등하게 그려진 세베루스와 율리아 돔나의 이미지는 부부가 공동으로 제국을 경영했다는 사실을 반영한다. 율리아는 결국 아우구스타(Augusta, 존엄한 여성)라는 칭호도 받게 된다. 시리아에서 아랍인의 후예로 태어난 율리아는 당연히 세베루스처럼 국외자였다. 그녀는 세베루스의 의사결정뿐 아니라 아들 카라칼라와 게타(Geta)의 양육에서도 강력한 영향력을 행사했다. 율리아 돔나는 지식인이었고 그 주변에는 철학자 필로스트라투스(Philostratus)와 의사 갈레노스를 포함한 지식인 모임이 생겨났다. 이는 난파선 발견 유물이 전하는 이야기와 권력 최상층을 잇는 또 다른 연결고리가 되어준다.

율리아 돔나의 인생은 가이우스 풀비우스 플라우티아누스의 운명과 밀접한 연관이 있다. 플라우티아누스의 모습은 수염을 기른 호전적 인상의 남자를 그린 조각으로 우리에게 전해진다. 그는 203년에 로마 최고의 민간 직위인 집정관으로 임명되었다. 그리고 딸 파우틸리아(Pautilia)가 카라칼라와 결혼함으로써 플라우티아누스는 제국의 핵심 권력에 더욱 가까워졌다. 그해에 세베루스 황제는 아마도 플라우티아누스와 함께 사막 국경의 베르베르계 민족인 가라만테스인(Garamantes) 원정을 성공적으로 끝내고 렙티스 마그나에 임시 궁정을 설치했을 것이다. 카시우스 디오에 따르면 율리아 돔나는 플라우티아누스가 자기 권력에 위협이 된다고 걱정한 나머지 205년에 그를 죽이라는 명령을 내렸다고 한다.

파우틸리아도 결국 212년에 카라칼라에 의해 처형당했다. 플라우티아누스는 기록 말살형에 처해졌기 때문에 그를 언급한 명문과 기록은 가능한 한 모두 삭제되었다. 따라서 난파선에서 그를 가리키는 것이 거의 확실한 글자가 찍힌 암포라를 발견한 것은 특별한 여운을 남긴다. 그리고 이것은 당시 로마제국 내부의 권력 암투와 연결된 특별한 고리이기도 하다.

## 정복하고 확장하는 로마

플렘미리오 난파선과 로마 역사에서 이 배가 차지하는 위치를 탐구한 끝에 로마의 세력 팽창과 세베루스 시대까지의 해상교역에 얽힌 다른 이야기들을 되돌아보았다. 그리고 난파선에서 발견된 증거는 이 이야기에 새로운 빛을 던진다. 기원전 37년에서 기원후 14년 사이의 초대 황제 아우구스투스의 시대에 저술 활동을 했던 로마 역사가 티투스 리비우스(Titus Livius)는 도시국가이던 로마가 거둔 비범한 성공에 대해 그 어떤 현대 역사가보다 더 훌륭한 설명을 남겼다.

도시를 건설하면서 신과 사람이 이 장소를 고른 데는 다 이유가 있었다. 신선한 공기가 있는 언덕, 수확물을 내륙에서 하류로 내려보내고 외국 물건을 들여오는 데 편리한 강, 편리한 곳에 있으면서도 외국 함대의 침공으로부터 보호받을 정도로 떨어진 바다, 이탈리아 중앙부라는 위치. 이 모든 장점 때문에 이곳은 가장 사랑받고 결국 영광된 운명을 맞을 도시가 되었다.

여기에 사람이 살게 된 역사는 기원전 2000년대의 청동기시대까지 거슬러 올라가지만, 전승에 따르면 로마는 기원전 753년에 이곳에 세워졌다. 이때부터 '일곱 언덕'에 옹기종기 모인 오두막은 나중에 포룸이 될 계곡을 중심으로 한 단일공동체로 통합되었고 테베레강은 리비우스의 묘사대로 바다로 나가는 통로가 되었다. 그리스 도시국가들이 서부 지중해로 식민 개척자들을 보내는 동안 로마는 내부를 개발하고 아펜니노산맥부터 바다 사이에 있는 주변 민족을 서서히 정복해 나갔다. 정복된 민족 중에는 북부에서 도시국가 연합을 이루고 살던 에트루리아인이 있었는데 이들을 통해 로마인은 처음으로 그리스 문명을 대거 접하게 되었다. 에트루리아인은 그리스인과 교역하면서 고급 채색 도기, 갑옷과 다른 상품을 수입했다. 이런 유물들은 에트루리아 무덤과 서지중해의 기원전 7~6세기의 난파선에서 보인다.

이러한 초창기 역사 때문에 로마는 얼핏 군국주의 국가로 보인다. 그러나 기원전 509년에 성립된 로마 공화정이야말로 나중에 제국으로서 로마가 성공을 거둔 이유를 설명해 준다. 원로원, 선출직 집정관 두 명, 호민관과 공공 토목공사, 상수도와 다른 문제를 관리하는 관청을 포함한 로마 공화국의 제도는 아우구스투스와 그의 후계자들의 시대에도 유지되었다. 이러한 제도는 권력자들의 야심을 실천하는 데 필요한 기구가 되었다. 원로원과 기사 계급 출신자들은 명예로운 경력(Cursus Honorum)을 밟아 여러 관직을 역임하며 민간과 군사 분야에서 폭넓은 경험을 쌓아가다가 군단 지휘를 맡고 속주 총독이 되었으며 집정관 선거에 입후보했다. 기원전 1세기 초에 로마군이 직업군인제로 바뀐 다음에도 율리우스 카이사르 같은 지휘관은 직업 군인이 아니라 최고위 공직을 꿈꾸는 사람이었다. 즉 이들은 사람들은 군사적 승리뿐 아니라 원로원에서 로마를 위해 봉사하고자 하는 야심가였다.

로마 공화국의 역사에서는 카르타고와의 대전쟁이 큰 부분을 차지한다. 기원전 9세기부터 서지중해 지역을 식민지로 만든 페니키아인이 세운 도시인 카르타고를 로마인은 '포에니'라고 불렀다. 이들의 영향력은 북아프리카 해안을 따라 남부 스페인, 서부 시칠리아와 사르데냐섬으로 확장되었다. 반면 그리스인은 동부 시칠리아, 남부 이탈리아, 프랑스 남해안을 식민지화했다. 기원전 4세기부터 3세기에 걸쳐 로마는 네아폴리스(Neapolis)와 시라쿠사를 포함한 마그나 그라이키아로 알려진 그리스 식민지를 정복하거나 동화했는데, 이 두 도시의 크기와 영향력은 동시대 그리스의 옛 도시국가들을 추월한 지 오래였다.

기원전 218년부터 202년까지 로마는 카르타고와 싸우며 카르타고 장군 한니발이 코끼리를 이끌고 알프스를 넘어 로마로 진격하는 것을 목도했다. 전환점이 된 해는 기원전 146년이었는데 그 해에 로마는 카르타고뿐 아니라 그리스도 정복해 알렉산드로스 대왕의 후계자들이 세운 헬레니즘 왕국의 항복을 받았다. 그리고 기원전 31년에는 마침내 이집트를 합병했다. 이 모든 것은 공화국 시대에 달성한 업적이었다. 다만 마지막의 합병은 율리우스 카이사르의 양자 옥타비아누스가 기원전 27년에 '아우구스투스'라는 칭호를 받고 로마제국을 세움으로써 끝난 참혹한 내전기에 일어난 일이다.

### 더 멀리 뻗어 나간 로마의 사업가들

3장에서 보았듯, 전리품이 정복된 동방에서 로마로 운송되었던 덕에 우리는 지중해 해저에서 리아체 청동상이라는 걸작을 발견할 수 있었다. 기원전 5세기에 제작되어 델포이 성역에 있었을 이 엄청난 청동상 한 쌍은 1972년에 같은 이름의 이탈리아 항구 근해에서 스노클링하던 사람에게 발견되었다. 그러나 난파선에서 나온 증거 가운데 로마사의 사건과 가장 분명하고 강력한 상관관계를 보이는 것은 보잘것없는 도기 암포라였다. 난파선 화물에서 발견된 암포라는 수백 개에 달해 무역 유형을 추적할 수 있을 정도의 규모였다.

발굴에 관한 에피소드 중 가장 범상치 않은 것은 자크 쿠스토가 이끄는 잠수사들이 남프랑스에서 수행한 첫 서지중해 로마 난파선 작업이다. 이들은 같은 시기에 플렘미리오 난파선을 발견한 바 있다. 현지 잠수사는 쿠스토와 가냥이 발명한 애퀄렁을 처음으로 사용해 1948년에 마르세유 근처의 그랑콩글루에섬 근해에서 암포라 무더기를 발견했다. 1952년부터 1957년까지 이어진 이 발굴 작업에서는 잠수사가 수면에 있는 고고학자의 지휘를 받았다. 그런데 1980년에 프로젝트 기록을 재평가한 학자들은 사실 그곳에 비슷한 선박 두 척이 위아래로 포개져 있었다는 걸 발견했다.

더 오래전에 난파한 배는 기원전 200년경의 선박으로 나폴리 근처의 캄파니아와 시칠리아에서 생산된 전형적인 그리스식의 폭이 넓은 포도주 암포라를 나르고 있었다. 그리고 나중에 난파한 배는 로마 암포라 1200개를 실은 기원전 120~90년의 선박이었다. 처음으로 암포라의 유형적 분류를 시도한 19세기 독일 학자의 이름을 따서 드레셀 I(Dressel I)으로 이름 붙여진 이 암포라는 다루기 불편한 형태인 데다가 빈 그릇의 무게가 내용물 무게와 맞먹을 정도로 무거웠지만, 이탈리아에서 바다와 내륙수로로 중부 갈리아나 그보다 먼 곳까지 수송해도 괜찮을 정도로 튼튼했다. 두 척 모두 검은색 유약을 바른 캄파니아산 잔과 사발도 함께 실어 나르고 있었다. 즉 이들은 포도주뿐 아니라 포도주를 마시기 위한 그릇도 운송하고 있었다.

기원전 6세기부터 남프랑스의 중심지는 지금의 마르세유인 그리스 식민지 마살리아(Massalia)였다. 마살리아는 갈리아의 철기시대 부족들과 교역하는 중심지이자 탐험기지로 중세의 제노바와 비슷한 역할을 했다. 기원전 6세기에 세네갈까지 서아프리카 해안을 탐사한 에우티메네스(Euthymenes)가 출발한 곳이 마살리아였고, 기원전 4세기에 북쪽으로 가서 브리튼섬을 일주 항해한 피테아스(Pytheas)도 이곳에서 출발했다. 카르타고와의 전쟁에서 로마를 지원한 마살리아가 배후의 갈리아 부족들로부터 위협받자 로마가 파병해 이들을 물리쳤다.

그 결과 마살리아는 기원전 121년에 단순하게 프로빈키아[Provincia: 프로빈키아는 라틴어로 속주(屬州)다 - 옮긴이]로 알려진 로마의 첫 속주가 되어 그 이름은 지금도 프로방스(Province)로 살아남았다. 3년 뒤에 이들은 가론강 발원지에 나르보(Narbo)라는 도시를 세웠다. 나르보는 로마가 대서양과 철기시대 갈리아인 부족국가들로 진출하는 통로였으며 모험적인 로마 기업가들에게는 기회가 활짝 열린 곳이었다.

우리가 알고 있는 갈리아 사회에 대한 지식 대부분은 율리우스 카이사르의 『갈리아 전쟁기』에서 비롯되었다. 카이사르는 기원전 58년부터 52년까지 갈리아를 정복해 영불해협까지 도달했고 영국을 급습해 잠시 머무르기도 했다. '야만인'이라고 멸시했어도 갈리아인은 가공할 만한 적이었고 많은 점에서 로마인과 동등했다. 이들은 브리튼섬의 메이든 성과 갈리아의 알레시아(Alesia) 성처럼 언덕에 흙을 쌓아 거대한 요새를 만들었고 카이사르는 알레시아에서 갈리아 왕 베르킨게토릭스(Vercingetorix)를 포위해 항복을 받았다. 카이사르와 다른 로마 작가들은 경쟁적으로 부를 과시하며 축제를 벌이는 족장사회를 묘사했다. 그리스에서 도입되어 갈리아인이 푹 빠진 포도주가 이 축제의 열기에 불을 붙였다. 기원전 1세기 역사가 디오도루스 시클루스(Diodorus Siclus)는 첫 로마 속주가 건설된 다음의 교역에 대해 다음과 같이 생생한 이야기를 남겼다.

갈리아인은 포도주에 심하게 중독되었고 상인들이 가져온 포도주를 배가 부를 때까지 마셨다. 이들은 포도주에 물을 섞지 않았으며, 포도주를 마시고 싶은 갈망에 사로잡혀 절제하지 못하고 한데 어울려 마구 마셨다. 취한 이들은 멍하니 있거나 광기에 빠졌다. 그 결과 돈을 사랑하는 많은 이탈리아 상인들은 여기에 이끌렸다. 갈리아인의 포도주 사랑을 하늘이 내린 기회로 보았던 그들은 항해할 수 있는 강에서는 보트로, 평원에서는 수레를 이용해 포도주를 실어 날랐고 믿을 수 없는 가격에 포도주를 팔았다. 포도주 암포라 하나에 노예 한 명을 받았고 한 번 마시는 데 하인 한 명을 얻었다.

교역에서 로마가 가장 큰 관심을 기울인 대상이 이 문단에서 언급된다. 바로 노예 획득이다. 이들 대다수는 포도주를 생산하는 이탈리아의 장원에서 일했다. 일부 장원 소유주 이름은 암포라에 찍힌 글자로 알려졌다. 그랑콩글루에 난파선에서 발견된 세스티스 (Sestis)를 나타내는 SES가 이에 해당한다. 프랑스 남해안의 마드라그 드 지앙에서 침몰한 또 다른 난파선은 카이사르가 갈리아 원정을 떠나기 전에 포도주 운송 규모가 어떠했는지를 보여준다. 1967년에 프랑스 해군 잠수사들이 발견한 이 난파선은 프로방스 대학과 프랑스 국립과학연구센터가 1972년부터 11차례에 걸쳐 발굴했다. 약 40미터의 길이에 드레셀 I형 암포라를 최소 6500개 실은 이 배는 우리가 아는 가장 큰 고대 선박 가운데 하나다. 이 배는 막대한 수익을 얻을 수 있다는 기대로 대형 화물을 한 번에 보내는 위험을 감수했던 이탈리아 장원 소유주의 재산 규모도 짐작케 한다.

　중부 프랑스에서는 다 쓴 암포라를 내다 버린 유적지가 여러 곳에서 발견되었다. 영국 하트퍼드셔의 웰윈 가든 시티에 있는 기원전 1세기 무덤에서 온전한 형태로 발견된 암포라 5개는 이 교역의 지리적 도달 범위를 보여준다. 카이사르가 갈리아를 정복하면서 대규모 수송은 끝이 났지만 로마 사회는 그 전에 이미 변했다. 포도주를 수출한 장원은 부자가 되었고 이들이 데려온 노예는 농촌에서 자유인 노동자를 대체했다. 그 결과 로마시의 빈민이 급격히 늘어나서 식량 수입에 대한 수요가 더욱 커졌다. 제국 시대 난파선이 그 증거다.

## 로마의 '빵 바구니'가 된 나라들

율리우스 카이사르 같은 남자들이 명예로운 경력을 밟으며 맡았던 직책 가운데에는 시장이 있었다. 시장은 상수도 공급 같은 도시 관리의 실무 책임자였다. 장군이나 속주 총독이 되려는 야심가들은 시장으로 일하며 도시가 기능하는 방법을 익혔고 사소해 보이는 일도 군사적 승리나 국경 확장과 같은 국가적 성공을 이루기 위해서는 중요한 요소라는 교훈을 배웠다. 비슷한 직책으로 프라에펙투스 아노나에, 즉 식량 공급 담당 기관인 아노나의 수장이 있었다. 로마는 공화정 후기의 정복을 통해 식량 문제의 해법을 찾았다. 시칠리아는 로마의 첫 '빵 바구니'가 되었고 그다음에는 스페인 내륙 및 이집트에서 모로코까지 이르는 북아프리카가 로마에 필요한 나머지 식량을 제공했다.

공화국의 집정관도, 그 후 황제들도 지도력을 유지하려면 식량 배급은 필수적이었으며 이 문제는 예측 불가한 일이 일어나는 상업에 맡겨두기에는 너무 중요했다. 양적으로 가장 많이 수입된 것은 곡식이었으나 또 다른 필수 식량으로 올리브유가 있었다. 로마에 올리브유란 오늘날에 있어 원유나 마찬가지라고들 말한다. 둘다 생활필수품이며 이들이 공급된다는 것은 경제가 안정되어 있다는 증거였다. 79년의 베수비오 화산 폭발로 파괴된 도시 중 하나인 헤르쿨라네움에서 발견된 사람 뼈를 분석한 결과가 2021년에 발표되었는데 이 분석에 따르면 올리브유는 로마인의 식단에서 중요한 지방공급원이었고 단백질 섭취량의 최소 12퍼센트를 차지했다. 이는 로마인이 매년 평균적으로 올리브유 20리터를 소비했다는 역사가들의 추산을 뒷받침하는 증거다.

전반적 식량 조달 상황을 이해하는 데는 올리브유를 담았던 암포라 연구가 핵심적 역할을 한다. 왜냐면 올리브유는 포도주나 다른 제품이 아닌 올리브유 전용 암포라에 담겨 수송되었기 때문이다. 공화국 후기에 이탈리아에서 갈리아로 운송된 포도주의 양도 1세기와 2세기에 로마로 수송된 올리브유의 양에 비하면 보잘것없는 것이 된다. 연간 수백 척의 배에 실린 올리브유가 오스티아항에 도착해 바지선으로 테베레강을 거슬러 올라 교외의 창고로 수송되었다. 당시 올리브유의 주공급원은 남부 스페인의 바에티카 속주였다. 지금의 세비야와 코르도바 사이를 흐르는 과달키비르강 제방과 해안 근처의 언덕은 온통 올리브 농장이었고, 이곳에서 돌로 된 올리브유 압착기 다수와 암포라를 굽는 가마터들이 발견되었다. 그곳에서 올리브유 수송용으로는 독특한 형태의 암포라가 제작되었다. 드레셀 20형으로 불리는 이 크고 둥근 형태의 이 암포라는 40~80리터의 올리브를 담을 수 있었고, 손잡이에는 장원 소유주의 이름이 찍힌 경우가 많았으며 무게와 화주 이름이 기록되었다. 이는 상당히 고도의 품질 관리와 규제가 이루어졌음을 보여주는 증거다.

잘 알려지지 않았지만 고대 로마의 올리브유 수송 규모는 그 방대함 때문에 하나의 역사적 불가사의로 여겨진다. 포룸에서 2킬로미터 떨어진 남쪽 성벽 바로 안쪽, 관광객들이 자주 찾는 길에서 벗어난 위치에 몬테 테스타치오(Monte Testaccio)로 알려진 곳이 있다. '항아리 조각의 산'이라는 뜻의 이곳은 둘레 1킬로미터에 높이 35미터로 거의 콜로세움만 한데, 온전하건 부서졌건 순전히 폐기된 암포라로 이루어져 있다. 올리브유 암포라는 일회용이었다. 안에 송진을 발랐더라면 수명도 늘리고 기름이 스며들어 암포라 벽이 약해지는 것을 막을 수 있었겠지만, 송진은 기름을 오염시킬 수 있었으므로 사용되지 않았다. 일반적으로 깨진 암포라 조각은 로마식 콘크리트에 섞여 판테온 같은 건물을 짓는 데 쓰였다. 그러나 기름 먹은 조각은 회반죽과 잘 섞이지 않았으므로 올리브유를 담았던 암포라는 재활용되지 않았고, 결국 몬테 테스타치오로 옮겨져 폐기되었다. 폐기는 조직적 절차에 따라 이루어졌는데 온전한 암포라는 테라스를 만드는 데 사용되었지만, 대부분은 깨서 언덕 위로 파편을 쌓아나갔고 그 높이는 점점 높아졌다.

중세 들어 몬테 테스타치오는 예수 십자가형 재현 행사에서 골

고다 언덕 역할을 했다. 행사에서는 대열을 이끌고 온 교황이 몬테 테스타치오 꼭대기에서 의식을 집전했다. 암포라 조각이 쌓여 이루어진 아래쪽 층이 포도주를 보관할 정도로 시원하다는 사실이 알려지자 사람들은 여기에 저장실을 팠다. 하인리히 드레셀이 처음으로 로마 암포라 유형학을 개발한 곳이 여기였다. 그때까지 사람들은 이곳을 네로 치세인 64년에 일어난 로마 대화재의 잔해가 쌓여 만들어진 곳이라고 잘못 생각하고 있었다. 쓰레기장으로 오해되어 왔던 이곳에서 드레셀은 새로운 발견을 해냈다. 최근에는 이탈리아와 스페인 고고학자들이 매년 이곳을 발굴하고 있다. 이들은 수천 개의 스탬프로 찍은 글자와 손으로 쓴 명문을 기록하고 연대를 밝히기 위해 수직갱을 파서 작업한다.

몬테 테스타치오를 방문할 때마다 나는 동쪽 지붕 너머로 보이는 기념물을 만들어낸 로마인의 위업을 경제적으로 지탱한 것이 바로 이것이었다는 생각에 압도당한다. 여기 있는 암포라의 수는 약 5000만 개로 추정된다. 그 자체로 놀라운 숫자다. 만약 이곳이 150년 동안 사용되었다면 이곳에 암포라가 한 해에 30만 개가 버려졌다는 뜻이다. 암포라 1개에 올리브유 50리터가 담겼다면 연간 소비량은 1500만 리터다. 로마 인구가 100만 명이었으니, 이 숫자는 헤르쿨라네움 인골 연구에서 제기된 1인당 연간 소비량 20리터에서 크게 벗어나지 않는다. 500~1000개의 암포라를 배 한 척에 실었다면, 암포라 30만 개는 연간 300~600회 사이의 항해로 실어 나를 수 있는 양이다. 드레셀 20형 암포라를 실은 난파선 약 60척은 대부분 남부 스페인과 로마를 잇는 항로에서 발견되었다.

역사가 페르낭 브로델은 자신의 16세기 항구 연구에서 지중해 선박들은 어떻게 항해하든 대체로 1/20에서 1/30 확률로 난파한다고 주장했다. 만약 이 추산을 적용한다면, 난파선 60척이 발견되었다는 것은 1200~1800회의 성공적인 항해가 있었다는 뜻이다. 이곳이 사용된 150년이라는 기간을 넣어 생각해 보면 연간 8~12번 항해에 성공했다는 의미인데, 그건 몬테 테스타치오의 암포라 총수량 추정치에 따라 연간 300~600회 항해가 이루어졌다는 결론과 비교하면 미미한 수치다. 난파선이 60척이나 발견되었다는 게 인상적이긴 하지만 그 숫자는 몬테 테스타치오라는 엄청난 기념물이 대변하는 총운송량의 극히 일부이며 아직도 발견되지 않은 난파선이 많다는 것을 보여준다.

## 제국의 후퇴와 함께 요동치는 시장

1993년에 나는 영국 유네스코의 '카르타고 구하기' 프로젝트의 일원으로 고대 카르타고 항구에서 발굴 작업을 했다. 해안을 따라 쭉 내려가 고대 술렉툼 항구에서 잠수하거나 오스티아의 상인

광장으로 가서 술렉툼 선주들의 사무실 앞에 서 있기도 했다. 그렇게 나는 로마를 향해 1000킬로미터의 항해를 떠난 플렘미리오 난파선의 출발지와 목적지를 연결했다.

그때쯤 나는 플렘미리오 선박이 사고를 당한 지 몇 년 뒤인 3세기 초의 북아프리카산 암포라 무역에 무슨 일이 일어났는지를 더 명확하게 이해하게 되었다. 211년에 세베루스는 스코틀랜드의 칼레도니아인 원정에서 병에 걸려 지금의 영국 요크시에 위치했던 로마의 속주 에보라쿰(Eboracum)에서 사망했다. 율리아 돔나는 그 뒤로 6년을 더 살며 두 아들의 화해를 시도했다. 그리고 작은아들 게타가 살해당한 다음 카라칼라를 따라 동방으로 갔다. 그곳에서 카라칼라도 병사들에게 살해당했고 율리아 돔나는 자결했다.

카라칼라는 게르마니아 국경의 알레마니족(Alemanni)과 파르티아 원정에서 성공했으나 가장 영향력이 오래간 업적은 안토니누스 칙령이었다. 그는 이 칙령을 내려 제국에 거주하는 자유인 성년 남성 모두에게 로마 시민권을 부여했다. 다음 황제 마크리누스(Macrinus)는 카르타고계가 아닌 베르베르계로 1년 남짓 다스리다가 안티옥 전투에서 엘라가발루스(Elagabalus)에게 패배했다. 율리아 돔나의 시리아인 친척인 엘라가발루스는 가장 타락한 로마 황제 중 하나가 되었다. 222년에 근위대가 엘라가발루스를 암살했고 이후 세베루스 알렉산더(Severus Alexander)의 비교적 안정된 치세가 이어졌다. 그러나 235년에 그가 병사들에 의

해 살해되자 제국은 장기적 정치 위기에 빠지게 되고 50년 동안 26명이 스스로를 황제라 칭했다. 284년에 디오클레티아누스(Diocletianus)가 즉위하고 나서야 질서가 회복되었지만 이때 제국은 거의 멸망한 것이나 마찬가지였고 국경을 침범하는 야만인들의 압박은 속주에 큰 위협이 되고 있었다.

제국의 위기는 셉티미우스 세베루스 황제가 군대에 지급할 화폐 공급을 늘리기 위해 은화의 은 함량을 낮춘 것에서 시작되어 후계자들에 의해 계속 이어진 은화의 가치 절하에서도 드러난다. 3세기 중반에 이르자 데나리우스는 순은으로서 가치를 잃고 은도금한 동전에 불과하게 되었다[아우구스투스 황제 시대 데나리우스의 은 함량은 95~80퍼센트였으나 카라칼라 황제 시대 데나리우스의 은 함량은 그 절반 이하였다 – 옮긴이]. 은본위제가 사라지자 청동과 구리 따위의 액면가가 더 낮은 동전 화폐에 대한 신뢰도 떨어져 가치를 잃게 되었다. 이러한 위기는 난파선의 패턴에도 드러난다. 3세기 북아프리카산 암포라를 실었다고 알려진 난파선 100척 대부분은 세기 초와 말에 몰려 있다. 플렘미리오 난파선으로 대표되는 초기 집단과 시칠리아 남해안에서 발굴된 후기 난파선들인데, 후자에는 디오클레티아누스 황제 치세에 다시 활발해진 생산량을 반영하는 새로운 형태의 북아프리카산 암포라가 실려 있었다.

제3 아우구스타 군단은 아우구스투스 시대부터 식량 공급을 보호하기 위해 북아프리카에 주둔하고 있었는데 이 군단은 경쟁자를 지지했다는 이유로 238년에 고르디아누스 3세(Gordian Ⅲ) 황제에 의해 해체되었다. 이에 따라 렙티스 마그나와 북아프리카의 다른 도시들은 베르베르족의 공격에 취약해졌으며 이는 수출용 올리브유의 생산이 감소되는 결과로 이어졌다. 로마에서 식량 조달은 고도로 중앙집중화되어 있었고 황제가 임명한 시장이 도시를 운영했는데 무정부 상태가 원활한 행정 수행과 식량 수입량에 영향을 주었다고 보는 것이 합리적이다. 프롤로그에 적은 브로델의 역사 모델에 나오는 서사적 사건은 고고학적으로도 인식될 수 있는 경제활동에 영향을 끼쳤다.

디오클레티아누스는 이전 반세기 동안 자신이 본 문제점을 고치기 위한 근본적 개혁을 시작했다. 그중에는 군대 개편, 속주의 확대와 4인 황제제(Tetrarchy)가 있었다. 이 제도에 따라 로마제국은 공동통치 황제인 아우구스티(Augusti)와 부황제이자 계승자인 카이사레스(Caesares)가 다스리는 동로마와 서로마 제국으로 나뉘었다. 디오클레티아누스의 후계자 콘스탄티누스 대제(Constantine the Great)는 한 걸음 더 나아가 수도를 로마에서 콘스탄티노플로 옮기고 기독교를 공인했다. 337년에 콘스탄티누스가 죽었을 무렵, 아우구스투스 시대부터 디오클레티아누스 황제 치세까지는 근본적으로 비슷했던 로마 세계가 상당한 변화를 겪었다. 제국의 동부가 새로운 중심이 되었고 통치와 행정 구조도 재편했다. 무엇보다 기독교가 더는 박해받거나 매도되지 않았다. 기독교는 국가 종교가 되어가면서 제국의 권력이 투사되는 중심으로 발돋움하고 있었다. 새로운 세계 질서는 플렘미리오 남쪽, 시칠리아섬 남동단 근처의 항구였던 마르자메미 근해에서 발견된 6세기의 놀라운 난파선에서 찾아볼 수 있다.

**6세기(초기 비잔티움)**

# 천상의 빛을 지상으로

# 오직 신을 위한 항해

 마르자메미 난파선

유스티니아누스(Justinian) 황제가 요새뿐 아니라 수비대와 군대를 정비해 제국을 강화하고, 동쪽 국경에서 해가 지는 곳까지를 로마의 영역으로 만들었다는 데 논란의 여지가 없으며 이는 모든 인류에게 아주 명백하다. 유스티니아누스 황제의 건물에 대해서도 나는 똑같은 것을 발견하는 데 성공했다. 황제가 세운 건물들 가운데 나는 직접 봤거나 본 사람들로부터 이야기를 듣고 최선을 다해 기록으로 남겼다. 하지만 언급하지 않고 넘어간 건물들이 있다는 것도 안다. 수가 많아서 주의를 끌지 못했거나 내가 전혀 알지 못했기 때문이다. 따라서 누군가가 수고를 들여 모든 건물을 찾아 나서서 나의 글에 더해준다면, 그이는 필요한 일을 해내는 사람이라는 칭송을 들을 것이다.

이 말은 고대 로마의 항구도시 카이사레아의 역사학자 프로코피우스(Procopius)가 쓴 『건축에 관하여(De Aedificiis)』라는 책에서 인용한 것이다. 기원후 6세기 유스티니아누스 황제의 치세에 살면서 그리스어로 작품을 썼던 프로코피우스는 유스티니아누스와 그의 아내 테오도라(Theodora)를 다룬 선정적 이야기인 『프로코피우스의 비잔틴제국 비사』로 가장 잘 알려져 있다. 또한 유스티니아누스의 장군 벨리사리우스(Belisarius)가 제국의 동방과 서방에서 수행한 정복 전쟁을 다룬 여러 권의 책을 쓰기도 했다. 그는 벨리사리우스를 따라 526년부터 532년까지는 페르시아와의 전쟁에, 533년부터 534년까지는 북아프리카의 반달인과의 전쟁에, 535년부터 540년까지는 시칠리아와 이탈리아에서 고트족과의 전쟁에 종군했다. 벨리사리우스의 원정에 힘입어 재통일된 로마제국은 몇 년 뒤 다시 분열되었고 서부는 북쪽 고향에서부터 로마를 휩쓸며 내려온 게르만인 영주들의 후예가 다스렸다. 3세기 전의 플렘미리오 난파선의 시대와는 매우 다른 제국이었다. 4세기 초에 콘스탄티누스 대제는 제국의 수도를 보스포루스해협과 가까운 옛 그리스 식민지 비잔티움으로 옮기고 이름을 콘스탄티노플로 바꿨다. 그리고 한 세기 뒤에 서로마 제국도 수도를 로마에서 아드리아해 연안의 라벤나로 옮겼다. 북서쪽에 있던 옛 제국의 상당 부분은 영영 수복하지 못한 채 상실했다. 로마가 410년에 포기한 브리튼섬에는 웨식스의 앵글로색슨 왕국(Anglo-Saxon kingdom of Wessex)이 세워졌다. 무엇보다도 기독교가 국교로 채택되고 그 위상이 강화되면서 제국에도 변화가 생겼다. 콘스탄티노플의 아야 소피아(Ayasofya) 성당과 같은 당시의 대건축물이 이런 현상을 잘 나타낸다. 이전 로마제국과 똑같은 자재와 건축 양식을 사용한 이 건물들은 어떤 면에서는 과거와의 연속성을 보여준다. 그러나 다른 면에서 비잔틴 건축은 로마 건축과 근본적으로 달랐다. 그리고 이 건축물들은 중세와 그 이후 유럽 역사의 무대를 마련한 기독교와 정치 권력 사이의 연합을 상징적으로 보여준다.

기원후 535년, 프로코피우스는 벨리사리우스가 시라쿠사를 함락하는 현장에 있었다. 시칠리아 동해안에 있는 고대 그리스 도시인 시라쿠사는 지리적으로 지중해 세계의 중심에 있었다. "시칠리아 전체를 정복한 다음, 집정관 임기 마지막 날에 그는 시라쿠사로 입성했다. 군대와 시칠리아 주민들은 그에게 박수갈채를 보냈으며 그는 모두에게 금화를 뿌렸다." 남쪽으로 불과 40킬로미터 떨어진 곳에서는 프로코피우스가 자신의 책 『건축에 관하여』에 수록할 수 없었던, 그의 시칠리아 시절보다 조금 나중에 지어진 건물이 발견을 기다리고 있었다. 육상이 아닌 바닷속에 있던 그 건물은 바로 성당의 조립식 대리석 부품이다. 이 건물 부품은 통일 로마제국의 마지막 시기에 기독교가 전파된 과정을 흥미롭게 조명해 준다.

## 성당 건축을 향한 야심

1950년대 들어 처음으로 게르하르트 카피탠(Gerhard Kapitän)이라는 고고학자가 시칠리아 남동쪽의 어촌인 마르자메미 마을 근처 해저에 있는 고대의 돌기둥을 연구하기 시작했다. 유적지는 해안에서 1킬로미터 거리, 수심 8미터 이하 바닷속에 있었다. 지중해 난파선 고고학의 선구자 중 한 명이던 카피탠은 배에 있는 석재가 비잔틴 성당의 일부라는 놀라운 사실을 발견하고 이 난파선의 중요성을 바로 알아차렸다. 1960년부터 여러 기간에 걸쳐 카피탠은 유적지 지도를 만들고 상당 부분을 발굴해 대량의 대리석 파편을 인양하고 현지 고고학 관리 감독기관에 이들의 보호를 위탁했다. 상당한 학문적 협력을 받으며 카피탠은 발견된 석재가 6세기에 유스티니아누스 황제가 추진한 성당 건설 프로젝트와 관련이 있음을 알아냈다. 연구 결과가 출간되자 '성당 난파선'은 가장 유명한 난파선이 되었을 뿐 아니라 지중해 고전기 마지막 시대를 이해하는 핵심 유물이 되었다.

나는 운 좋게도 시칠리아 발굴 원정 중 게르하르트 카피탠과 함께 성당 난파선에 잠수했다. 그는 내게 25년 전에 해저에서 처음으로 대리석을 본 장소를 이야기해 주었다. 우리는 어촌에서 보트를 몰고 나와서 그가 당시 사용했던 이동 수단을 이용해 발굴지를 찾아보고, 나중에 시라쿠사 고고학 공원에서 인양된 조각들을 살펴보았다. 2013년부터는 이탈리아 해양 고고학 관리 감독기관과 스탠퍼드대학의 저스틴 레이드왱어(Justin Leidwanger) 박사, 캐나다 브록대학의 엘리자베스 그린(Elizabeth Greene) 박사의 협업으로 고고학적 탐사가 재개되어 남은 자재의 상당수가 발굴되었고 새로운 유물도 발견되었다. 이 작업과 이전 작업이 재평가받으면서 이 배의 화물은 다시 폭넓은 관심을 받았다. 언론매체에서 '조립식' 성당으로 불린 이 대리석 파편들은 옥스퍼드의 애슈몰린박물관으로 옮겨져 2016년, 시칠리아 난파선 특별전에 전시되었다.

이 난파선의 주 화물은 28개의 대리석 기둥이었다. 각 기둥의 높이는 3.4미터, 무게는 1.8톤이었다. 기둥머리와 받침을 합치면 총 높이는 4.25미터였을 것이다. 기둥머리와 받침의 수는 각각 최소 35개와 32개로, 발견된 기둥의 수보다 더 많았는데 아마 파손될 경우를 대비한 예비품이 포함되었을 것이다. 이들은 고대 후기에 사용된 흰 대리석의 주산지였던 콘스탄티노플 근처의 프로콘네수스섬에서 캐낸 대리석으로 만들어졌다. 흰 바탕에 독특한 회색 줄무늬가 있는 대리석이었다. 기둥 본체는 무늬가 수직으로 나타나도록 절단되었고, 기둥머리는 코린트 양식(Corinthian style)으로 소용돌이와 아칸서스 나무 잎사귀 모양이 조각되어 있었다. 대충 모양을 깎아낸 석재는 콘스탄티노플의 석공 구역에 있었을 작업장으로 옮겨져 완성되었다. 몇몇 기둥에는 석공이 그리스어 알파벳 2~3개로 표시를 남겼다.

대리석으로 된 예배용 가구들도 큰 흥미를 끈다. 이들은 성당 성소에서 사용되기 위한 장식 구조물인데 기독교 예배 의식이 확립되면서 초기 비잔틴 시대에 표준화되었다. 이 가운데에는 칸막이와 기둥이 있는데 이 역시 프로콘네수스산 대리석으로 만들어졌다. 어떤 판은 외부에는 십자가가 있는 동그라미, 내부에는 십자가 2개가 옆에 있는 그리스도 이름의 문자 조합으로 장식되었다. 가장 놀라운 발견은 최소 20조각으로 된 설교단(Ambo)이었다. 높이 5미터 이상에 너비는 거의 3미터로, 초기 양식을 보여주는 이 설교단은 볼록한 난간 뒤에 설치되어 단을 이루며 양쪽에 연결된 계단으로 오르내릴 수 있다. 이 설교단도 칸막이와 비슷하게 외부는 동심 직사각형 안의 십자가로 장식되었고 설교단 내부의 원형으로 들어간 곳은 그리스도 이름의 문자 조합으로 장식되었다. 설교단은 그리스 서북쪽의 테살리아에서 캐낸 얼룩덜룩한 녹색 브레치아석의 다른 이름인 베르데 안티코(Verde Antico)로 만들어졌다. 이 돌은 기둥, 석관과 장식을 제작하는 데 주로 사용되었다. 프로콘네수스산 대리석과 이 돌을 함께 사용하는 것은 6세기 성당 장식의 특징이다. 녹색과 흰색의 조합은 눈에 잘 띄었고 이것이 당시 성당 내부 건축의 표준이었다.

화물의 무게는 약 100톤으로 추정되며 이를 실었던 배도 길이 30미터에 폭 8미터의 대형 선박으로 추정된다. 다른 발견물로는 청동기시대 이래 스파르타 인근에서 채굴되어 온 라피스 라케

다이모니우스(Lapis Lacedaemonius)라는 녹색 화강암 조각과 주황색을 띠는 황납석[Realgar: 비소와 황으로 구성된 광물로 밝은 적색에서 주황색을 띤다 - 옮긴이], 금색 황영석[Orpiment: 비소와 황으로 구성된 광물로 밝은 노란색에서 레몬색을 띤다 - 옮긴이] 덩어리가 있다. 로마 박물학자 대 플리니우스[Pliny the Elder: 본명은 가이우스 플리니우스 세쿤두스이며, 자연물에 대한 방대한 저작을 남겼다 - 옮긴이]는 자신의 책 『플리니우스 박물지』에서 이들이 염료이며 건축물 채색용으로 사용되었을 수도 있다고 기록했다. 당시에는 조각상을 채색하는 경우가 많았기에 그럴 가능성도 있다. 발견된 도기류 중에는 동지중해산 포도주 암포라뿐 아니라 예복을 입고 한 손을 들어 인사 혹은 축복의 자세를 취한 인물과 십자가가 달린 막대기를 나르는 인물이 그려진 붉은 유약 도기 조각이 발견되었다. 이는 이 시기에 기독교적 상징 표현이 일상 곳곳에 존재했다는 흥미로운 증거다. 비밀리에 예배하고 상징을 드러내는 경우가 거의 없었던 초기 기독교 시기에는 불가능했을 일이다. 이러한 인물 양식의 연대는 다른 고고학적 증거로 미루어 볼 때 515~530년쯤으로 추정되는데 이 양식상의 특징은 도기와 대리석의 장식으로부터 추정한 난파선의 연대와 일치한다. 유스티니아누스 황제의 치세에 해당하는 이 시기는 벨리사리우스의 북아프리카, 시칠리아, 이탈리아 정복 직후이기도 하며 난파선은 이때 항해했을 것으로 보인다.

제단 벽판의 일부였을 파편과 성찬 용기(Ciborium), 제단 지붕을 포함해 난파선에서 발견된 모든 유물은 이 배에 실렸던 화물이 대성당을 짓기 위해 미리 주문 제작된 물건이었음을 알려준다. 칸막이와 설교단을 만든 대리석의 출처는 달랐지만, 장식 양식의 유사점으로 미루어 보아 이 둘은 같은 작업장에서 완성되었을 것이다. 그리고 그 모든 대리석 화물은 아마 높은 확률로 콘스탄티노플에서 조립되어 선적되었을 것이다. 나중에 보겠지만 이 난파선이 지중해의 교차로인 시칠리아섬 남동쪽에서 침몰했기 때문에 최종 목적지가 어디였는지 확정하기 어렵다. 다만 테살리아산 대리석으로 만든 설교단은 아주 값비싼 물건이었고 그런 품질의 설교단은 새롭게 정복된 서부에서는 흔치 않았다는 점을 토대로 그 후보지를 좁혀나갈 수는 있다. 화물의 크기와 가치로 미루어 보건대 이 화물로 지을 성당은 동시대 라벤나나 이탈리아 다른 곳에 지어져 현존하는 성당 혹은 북아프리카에 지어졌다가 폐허로 남은 다른 성당들만큼 중요한 건축물이었을 것이다.

## 건축물의 표준을 세우다

유스티니아누스가 성당 건축을 통해 기독교와 제국의 이념을 결합하고자 한 시도, 곧 그리스도의 형상과 황제 자신의 이미지를 교차시키려 한 그의 의도는 기독교 왕국 비잔티움의 심장부에 있는 아야 소피아 대성당에서 가장 잘 드러난다. 이 성당은 535년에 반달족을 정복했을 때 콘스탄티노플에서 공사 중이었으며 540년에 라벤나를 함락했을 때 준공되었다. 프로코피우스는 『건축에 관하여』에서 성당 건축 프로그램이 전 유럽에 걸쳐 진행되었음을 분명히 밝힌다.

유스티니아누스 황제는 로마제국 전역에 성모를 위한 성당을 많이 만들었다. 장엄하고 규모가 큰 이 성당들의 건축에는 엄청난 비용이 들어갔는데 이런 성당 가운데 하나라도 직접 본 사람이라면 누구나 이 성당이 황제가 이룬 유일한 업적이며, 황제가 그의 치세 전체를 이 성당을 건립하는 데 바쳤다고 상상할 것이다.

새롭게 정복된 북아프리카의 도시 렙티스 마그나에서 유스티니아누스는 "매우 훌륭한 성소를 지어 성모에게 봉헌하고 성당 4개를 더 지었다." 렙티스 마그나 서쪽의 사브라타에서 그는 "특기할 만한 성당"을 지었고 지브롤터해협에 있는 오늘날의 세우타인 셉툼에서는 "성모에게 바친 훌륭한 성당을 축성하고 (…) 제국의 입구를 성모에게 바쳤다." 유스티니아누스 치세에 4000킬로미터 떨어진 흑해 동해안이라는 제국의 다른 변경에서도 비슷한 공사가 벌어지고 있었다. 이 지역은 벨리사리우스가 사산 제국과 싸워 캅카스까지 세력을 확장하면서 비잔틴의 통치 아래 들어왔다. 이곳에는 마르자메미 설교단과 가장 비슷한 유물인 프로콘네수스산 대리석으로 만든 석판 3개가 있는데 모두 마르자메미 설교단과 비슷한 유형의 십자가와 장식이 조각되었다. 서부 조지아의 코비에 있는 중세 예배당의 벽에 붙어 있는 이 석판은, 명문에 따르면 14세기의 한 영주가 지금의 압하스에서 전리품으로 가져온 것이라고 한다. 압하스는 캅카스산맥 서쪽 끝에 있는 산악지대로 로마가 점령한 적이 있지만 통제는 느슨했다. 기독교는 기원후 1세기부터 이미 이곳에 정착했을 수도 있다.

예배용 가구 형식이 통일된 것은 종교로서 기독교의 힘뿐 아니라 더 구체적으로는 비잔틴 성당이 받아들인 정교, 그리고 제국의 메시지 일부로 이를 전파한 유스티니아누스 황제의 힘을 증명하는 것이다. 통일된 예배용 가구는 제국의 국경을 넘어 사하라 남쪽 아프리카에 있는 극초기 기독교 왕국 중 하나에까지 퍼졌다. 서부에서 유스티니아누스는 이교도를 개종시켰을 뿐 아니라 반달과 고트인이 믿던 이단 기독교를 비잔틴 정교로 대체하면서 비잔틴 성당과 자신의 유대를 강화했다. 이러한 성당들은 이 마지막 로마제국의 주도적 건축 양식에 따라 지어졌다. 초기 로마제국의 원형극장, 법정, 황제 숭배를 위한 신전을 포함한 여러 신전이 당시의 주도적 양식에 따라 지어진 것과 마찬가지다. 제국 서부에서 이런 건물은 현지 유지들이 기부했는데 6세기의 유스티니아누스 황제 치세에서는 주교와 다른 유력자들이 성당을 지어서 기부했다.

## 위대한 기독교 도시를 위하여

 마르자메미를 방문했을 때, 나는 시칠리아 남동 연안의 후기 로마 시대 난파선과 석재 화물에 특별한 관심을 가지고 케임브리지 대학에서 박사학위를 위한 논문 연구를 하고 있었다. 그 전해에 나는 앙카라의 영국 고고학연구소에서 장학금을 받고 몇 달 동안 튀르키예를 답사하다가 이스탄불의 아야 소피아 성당 박물관 정원에서 재조립된 설교단을 우연히 마주쳤다. 이 설교단은 근처 6세기 성당의 폐허에서 발견된 파편을 1940년대에 다시 짜맞춘 것이었다. 십자가로 장식된 난간 뒤에 계단이 대칭적으로 설치되고 이 계단으로 오르내리는 플랫폼으로 된 형태라는 점에서 마르자메미 설교단과 매우 비슷했다. 테살리아산이나 프로콘네수스산 석재는 아니었지만, 이 설교단은 서부 튀르키예의 도키미움에서 나온 붉은 줄무늬가 있는 파보나체토(Pavonazzetto) 대리석으로 만들어졌다.

 설교단을 뜻하는 암보(Ambo)는 그리스어로 '오르는 계단'이라는 뜻의 단어에서 왔다. 계단을 올라 플랫폼 위에 서보니, 복음서를 읽는 성직자가 회중을 바라보며 느꼈을 권위감이 느껴지는 듯했다. 설교단의 원조는 고대 로마에서 연설할 때 쓰인 연단, 로스트라(Rostra)다. 몇 세기 전만 해도 비공식으로 모여 드렸던 예배가 성직자와 회중이 별도 공간으로 분리되는 구조화된 예배로 대체되면서 6세기경에는 설교단이 진화한 성당의 성질을 대변하게 되었다. 설교단은 성직자와 회중을 구분하고 이 분리를 강화하는 역할을 한다. 회중과 신의 중개자 역할을 하는 성직자는 중앙 복도와 그 뒤의 성스러운 공간 사이에 섰다. 유스티니아누스 황제 시대에 이 설교단은 성소 칸막이[성당이나 성당 내부에서 제단이 있는 성소와 나머지 예배 공간을 구분하는 구조물 – 옮긴이], 난간을 세운 통로, 제단과 제단 지붕을 포함한 예배용 가구 세트의 일부가 되었다. 이들은 모두 대리석으로 만들어졌고 콘스탄티노플의 전문 작업장에서 높은 기준에 맞춰 완성되었다.

 이러한 장치들이 당시 성당에서 어떻게 보였는지를 이해하고 싶다면 바로 옆에 있는 가장 기념비적인 무대, 아야 소피아 성당으로 걸어 들어가기만 하면 된다. '신성한 지혜'라는 뜻의 아야 소피아 성당은 기독교가 중심이 된 세계에서 1000년 동안 가장 큰 성당이며 현존하는 고대 건축물로는 여전히 최대 규모의 건축물 중 하나다. 아야 소피아 성당은 3차에 걸쳐 다시 지어졌는데, 현재의 모습은 유스티니아누스 황제 때 지어진 세 번째의 것이다. 직전의 성당, 즉 두 번째로 지어진 성당은 유스티니아누스 황제 때 히포드롬에서 전차 경주를 관람하던 시민들이 성당을 불태우고 유스티니아누스를 황위에서 쫓아낼 뻔한 니카의 반란(Nika Riot)으로 소실되었다. 그 몇 년 뒤에 세 번째로 아야 소피아 성당이 지어졌는데 이것은 황제가 자신의 권위를 다시 세우려는 의도를 반영한다.

동시에 그는 성당의 권위를 자신의 제국 서쪽까지 확대할 구상을 하고 있었다.

아야 소피아의 거대한 크기는 신자들이 공동체를 이루며 예배를 드리고 신앙 생활을 하는 것을 중시하는 기독교의 회중주의적 성격을 반영한다. 이는 이전의 다른 종교와 기독교의 가장 큰 차이다. 이교도 신전은 아무리 컸어도 본질상 신자들에게까지 그 공간이 허락되지 않았고, 예배도 사제 집단과 몇몇 사람들에만 한정되었다. 로마에서 초기 성당의 모델은 사람들이 모이는 가장 큰 건물이었다. 일반적인 성당에서 주랑[건물 입구로 이어지는 현관 - 옮긴이] 설계는 주로 법정을 칭하는 고대 로마인들의 공공건물의 바실리카(Basilica)에 기반하고 있으며 이것이 마르자메미 난파선의 화물로 대변된다. 그런데 유스티니아누스의 건축가는 자신들의 방침과 맞지 않는 로마 최대 신전 중 하나에서 영감을 얻었다. 바로 기원후 2세기에 지어진 로마의 만신전 판테온(Pantheon)이다. 아야 소피아에서도 이와 비슷한 돔이 만들어졌다. 그리고 이 양식은 이후 지어진 전통적 동방정교회 성당과 모스크의 모델이 되었다.

완공되었을 때 아야 소피아 성당은 다른 어떤 성당과도 달랐다. 광을 낸 백색 대리석 판으로 겉을 싸고 금으로 도금한 성당이 내는 광채는 보스포루스해협 건너편에서도 어른거렸고 바다 멀리서도 보였다. 이 성당은 유스티니아누스와 신성의 관계를 표시하는 봉화이자 장군들이 정복한 모든 땅을 지배하는 비잔티움의 권위를 공고히 하는 성스러운 건물이었다.

아야 소피아의 설교단은 제4차 십자군 전쟁 기간인 1204년에 성지로 가던 십자군이 '가장 위대한 기독교 도시' 콘스탄티노플을 약탈하자는 설득에 넘어가 성당을 공격했을 때 파손되었고, 오스만 제국이 1453년에 콘스탄티노플을 함락하고 아야 소피아를 이슬람의 예배당 모스크로 바꾸면서 사라졌다. 하지만 우리가 성당 난파선에서 본 프로콘네수스산과 테살리아산 대리석으로 만든 물품 다수를 포함해 대리석으로 된 성당 내부는 대부분 살아남았다. 이 대리석이 사용된 가장 눈에 띄는 부분은 중앙 복도 바닥이다. 이 바닥은 프로콘네수스산 대리석 석판의 무늬를 의도적으로 한데 모아 파도처럼 보이도록 했고, 테살리아산 대리석으로 강을 나타내는 띠를 만들어 이를 구분했다. 바닥에서 본 설교단이 어떤 모습이었는지는 침묵의 파울루스(Paul the Silentiary), 곧 궁중의 정숙을 유지하는 책임을 맡은 관료가 아야 소피아 성당의 돔 일부가 무너지고 다시 축성된 562년에 예루살렘에서 낭송한 호메로스식 6보 격 시에서 묘사한 바 있다.

밀밭과 포도밭, 그리고 꽃이 만발한 초원과 숲이 무성한 언덕으로 꾸며진, 바다의 파도 사이로 솟아오르는 섬이여. 배를 타고 가는 여행객들이 보고 기뻐하며 바다에서의 불안과 노고를 누그러뜨린다네. 경계 없는 성전 한가운데로 돌로 만든 설교단이 탑처럼 솟아오르네. 대리석 초원으로 장식되고 장인의 기예가 낳은 아름다움으로 만들어진 섬이여.

나는 6세기에 지어진, 현존하는 가장 오래된 중세 성당인 성 아폴리나레 인 클라세 성당에서 비슷하게 사용된 무늬를 보았다. 클라세는 아드리아해에 면한 항구도시로 한때 이탈리아 동고트족의 수도였고 540년에 벨리사리우스가 탈취한 다음에는 비잔틴제국의 서부 수도가 되었다. 복도에 있는 프로콘네수스산 대리석으로 만든 기둥은 무늬가 수평으로 나타나도록 채석장에서 절단되었다. 그 무늬의 흐름은 위에 올려진 아치가 만드는 리듬을 따르도록 배열되었는데 이는 아야 소피아의 바닥에서 바다 느낌이 나게 만든 것과 비슷하다. 이 성당의 제단 위에는 원 안의 보석 장식 십자가를 보여주는 아름다운 모자이크화가 있다. 이는 성당 난파선의 가림막 파편에 있는 원 안의 십자가와 똑같은 디자인이다. 그리고 십자가 양쪽에는 나무와 동물이 있는 초원 풍경이 펼쳐진다. 침묵의 파울루스가 말한 '꽃이 만발한 초원'이다. 그리고 모자이크 아래에는 흰 양이 줄지어 서 있다. 6세기 후반부터 비잔틴 황제는 이 설교단 위에서 대관식을 치렀는데, 양을 보며 나는 설교단이 한쪽의 회중과 다른 쪽의 사제와 황제 일행을 나눌 뿐 아니라, 지상의 것과 천상의 것을 나누는 경계라고 생각하게 되었다. 설교단 위의 이미지는 신앙의 핵심이었다. 유스티니아누스 황제 시대에 만든 아야 소피아의 기독교적 장식은 사라지고 없을지 모른다. 그러나 이 곳이 신성한 공간이라는 느낌은 오늘날까지 강렬하게 남아 전해진다. 지금의 성당에는 설교단 대신 이슬람의 성직자 이맘(Imam)이 사용하는 민바르[Minbar: 모스크에서 강단에 해당하는 부분 - 옮긴이]가 있으며 동정녀 마리아와 예수를 나타낸 양쪽의 10세기 모자이크화 위에 무함마드와 알라를 나타내는 아랍 글씨가 쓰인 19세기의 원형 장식물이 걸려 있다.

### 황제, 신의 대리인이 되다

라벤나에는 유스티니아누스 치세 당시 종교의 역할을 훌륭하게 나타낸 성당이 하나 더 있는데 바로 산 비탈레 성당이다. 벨리사리우스가 반달인으로부터 카르타고를 탈취한 다음 해인 534년에 라벤나에 있던 동고트인의 여왕 아말라순타(Amalasuntha)는 유스티니아누스에게 대리석을 보내준 데 대한 감사 편지를 썼다.

> 폐하의 경건함에 힘입어 은혜로운 주님이 폐하에게 나눠주신 보물 일부를 기쁘게 받았습니다. 저희는 대리석과 다른 필요한 물건을 받기 위해 편지와 같이 이 사절을 보냅니다. (…) 폐하가 만들어 주신 모든 장신구는 폐하의 영광을 더합니다. 평화에 대한 폐하의

사랑으로 영광을 찾은 로마 세계가 빛나려면 폐하의 도움이 있어야 할 것입니다.

이 편지는 아말라순타의 아버지인 테오도릭 대왕(Theodoric the Great)의 비서 카시오도루스(Cassiodorus)가 썼다. 콘스탄티노플에서 교육받은 테오도릭은 이탈리아에 동고트 왕국을 세우고 비잔틴 황제의 봉신으로 이를 다스리며 로마법과 로마의 문화를 유지했고 라벤나에 대규모 건설사업을 일으켰다. 그의 딸 아말라순타는 라틴어, 그리스어와 철학에 조예가 깊었다. 프로코피우스에 따르면 그녀는 "지혜를 타고났으며 정의를 최고로 존중한 사람이었다." 아말라순타는 테오도릭의 치세 끝 무렵에 태어난 어린 남동생을 대신해 섭정으로 왕국을 다스리다가 535년에 살해당했다. 이 사건은 유스티니아누스가 이탈리아를 침공한 계기가 되었다. 테오도릭은 비잔틴 성당과 마찬가지로 니케아 공의회 교파를 추종한 라틴성당에 관대했다. 본인이 직접 라벤나에 성당을 세웠는데 그중 산타 아폴리나레 누오보 성당이 가장 유명하다. 그러나 이 성당은 고트족이 믿은 아리우스 교파를 위해 지은 것이었다. 따라서 유스티니아누스가 아말라순타에게 보낸 '대리석'에 마르자메미 난파선에서 발견된 것처럼 니케아식 전례를 위한 장치가 포함되었을 가능성은 적다.

프로코피우스는 아말라순타의 '공식' 역사를 다룬 『고트 전쟁

(The Gothic Wars)』에서, 아말라순타의 편지의 어조에서 느껴지는 유스티니아누스를 향한 우호적 태도에 반감을 느낀 고트 귀족들이 아말라순타를 살해했다고 썼다. 그런데『프로코피우스의 비잔틴제국 비사』에서 그는 유스티니아누스의 부인 테오도라가 아말라순타 살해의 배후라는 또 다른 가능성을 제시했다. "아말라순타는 고귀한 태생이며 여왕이었을 뿐 아니라 매력적 외모에 원하는 것을 얻을 수단과 해결책을 아주 빨리 찾아냈다는 점을 고려해야 한다." 다른 말로 하면 테오도라는 아말라순타를 질투했으며 그녀가 콘스탄티노플로 이주한다면 두 사람은 한 곳에 있을 수 없다고 생각했다는 것이다. 진실이 무엇이든 산 비탈레 성당의 모자이크에서 바깥을 응시하는 사람은 아말라순타가 아닌 테오도라다. 이 성당은 동고트 왕국 통치 말에 지어지기 시작했고 성당을 유명하게 만든 모자이크는 개인적으로 발주되어 546년부터 556년까지 제작되었다. 그러나 우리가 아는 유스티니아누스의 면모를 고려한다면 모자이크에 표현된 도상은 그의 세계관을 반영한다. 이 모자이크는 한때 아야 소피아 성당을 장식했던 모자이크에서 부분적으로 복제되었을지도 모른다.

유스티니아누스와 테오도라는 모자이크에서 놀라울 정도로 친밀하게 서로를 응시한다. 모자이크에 나타난 이목구비는 초상화처럼 자세하고 개성도 뚜렷하게 묘사되어 있다. 두 사람은 황실의 오라를 강조하는 강렬한 금색 배경 위에 그려져 있는데 이는 고대 로마의 방식이라기보다는 후대의 동방식 성화에 더 가깝다. 유스티니아누스는 앱스[Apse: 후진(後陣)이라고도 하며 성당 입구 반대쪽에 부속된 반원, 혹은 반원에 가까운 내부 공간 - 옮긴이]의 북면에 왕관과 자주색 예복을 입은 모습으로 묘사된다. 그 주변에는 사제, 병사와 관리들이 황제를 에워싸고 있다. 그중 한 명이 아마도 벨리사리우스일 것이다. 테오도라는 앱스 반대편에서 자기 수행원들을 거느린 채 유스티니아누스를 바라보고 있다. 기독교적 도상이 곳곳에 보이는데 한 병사의 방패 위에는 그리스어로 쓴 카이-로[Chi-Ro: 그리스어로 쓴 그리스도의 앞 두 글자를 결합한 상징 - 옮긴이]가 거대하게 장식되어 있고 사제는 보석 박힌 복음서를 들고 있으며 유스티니아누스는 성찬례용 황금 빵 바구니를, 테오도라는 포도주 그릇을 들고 있다. 이들은 앱스 뒤의 그리스도 이미지 아래에 있다. 양옆에 천사를 거느린 그리스도는 '만물에 대한 지배'를 상징하는 구체 위에 앉은 거대한 인물로 그려진다. 황제의 색인 자주색 옷을 입은 그리스도는 마치 자신의 대리인으로 유스티니아누스를 임명하는 것처럼 그에게 왕관을 건네준다. 유스티니아누스와 테오도라의 후광 때문에 이러한 인상은 강화된다. 황제를 신으로 숭배했던 기독교 이전의 로마인에게는 '신성한 황권'이라는 개념이 친숙했을 것이다. 이 모자이크는 그런 개념을 영원한 것으로 만들어낸다. 산 비탈레 성당 중앙 복도에서 본 모자이크를 아야 소피아로 옮겨 온다고 상상해 보자. 그러면 유스티니아누스가 회중을 대면했을 설교단이자 침묵자 파울루스의 시에 나오는 '바다의 섬'에 유스티니아누스가 서게 된다. 지상의 존재이면서 성스러운 공간을 차지한 그는 '그리스도의 군대'에 서쪽의 옛 로마제국에 황제의 권위를 재확립할 임무를 주어 성당과 국가는 하나라는 메시지를 투사한다.

## 왜 대리석은 가벼워졌을까

이 메시지는 유스티니아누스의 또 다른 위대한 유산에서도 드러난다. 바로 로마법을 집대성한 유스티니아누스 법전(Codex Justinianus)이다. 이 법전의 첫 페이지에서 유스티니아누스는 자신의 이름과 승리를 그리스도와 결부한다. "우리 주 예수 그리스도의 이름으로 황제 카이사르 플라비우스 유스티니아누스, 알레마니인, 고트인, 프랑크인, 게르만인, 안테인, 알란인, 반달인, 아프리카인의 정복자, 경건한 (…)" 법전에 나오는 첫 법은 4세기 후반 테오도시우스 황제 칙령을 반복한 것이다. 다음에 등장하는 부분이 가장 중요하다.

짐은 나의 관대한 제국 신민이 신성한 사도 베드로가 로마인에게 준 것과 같은 종교를 가지고 살기를 원하노라. 그리고 우리는 똑같은 신성함을 부여받아 삼위일체를 이루는 성부, 성자, 성신이 하나의 신을 이룬다는 것을 믿어야 하노라. 짐은 이 법을 따르는 모든 이가 가톨릭 그리스도인의 이름을 취할 것을 명하노라.

이런 형태의 기독교 신앙이 법전에서는 '니케아식'으로 불리는데 325년에 콘스탄티노플 근처의 니케아(Nicea)에서 열린 공의회에서 확립되어 오늘날까지 가톨릭 교리의 바탕을 이룬다. 공의회 후 2세기가 지나자 수많은 견해가 생겨나며 신의 본질에 대해 점점 더 현실과 동떨어진 토론이 늘어났기 때문에 유스티니아누스는 니케아 신앙을 더욱 강력하게 내세웠다.

단성론자들은 그리스도가 하나의 본질인 성부만 가졌다고 믿었다. 4세기 초에 이집트에서 살았던 신학자의 이름을 딴 아리우스파는 그리스도가 언제나 있었던 것이 아니며, 성부에 의해 생겨난 존재라고 믿었다. 서부의 고트인과 반달인이 주로 아리우스파 신도였고 이 점 때문에 유스티니아누스는 서부를 정복해 이들의 신앙을 잠재우고자 했다. 이것은 유스티니아누스와 그의 관료들이 니케아식 기독교에 기반한 단일한 체계를 도입할 필요성을 강렬하게 느끼고 있었음을 알려준다. 성당 난파선에서 보이는 대리석 가구들이 고도로 표준화된 이유도 바로 이 점에서 기인한다. 신도들은 새로운 전례뿐 아니라 비잔틴제국의 힘에도 순종해야 했다.

이러한 신학적 논쟁은 기독교 도상학의 발전에도 영향을 주었다. 난파선에서는 이에 대한 흥미진진한 증거가 발견되었다. 설교단에 새겨진 십자가는 끝이 벌어지고 세로가 가로보다 더 긴 라틴 십자가인데 이런 형태의 십자가는 일반적으로 4세기 초 콘스탄티누스 대제 시기에 확립되었다. 초기 기독교의 신앙과 매장 장소이던 카타콤에 새겨진 기독교적 조각 대부분은 XP나 IX 같은 상징이 대부분이었다. 이는 각각 그리스도와 예수 그리스도 이름의 첫 두 글자를 표시한 것이며 둘 모두 난파선에 실렸던 돌판에서 찾아볼 수 있다. 십자가 위의 그리스도 묘사는 6세기 들어서야 흔하게 나타나기 시작했다. 단성론자들은 그들이 유일하게 신성한 것으로 본 신체의 이미지를 도상으로 사용하는 것에 반대했고, 다른 기독교 신자들도 이런 이미지를 불편하게 여겼다. 고대 후기에도 십자가형은 여전히 처형 수단이었기 때문에 일상적으로 보는 고통과 처벌의 이미지로서의 십자가와 예수의 희생을 드러내는 이미지로서의 십자가 사이에서 갈등하게 되는 양상은 다음 세기에 들어 더 직접적으로 표출된다.

 십자가는 또 다른 상징적 용도인 군기로서 사용되기도 했다. 이는 312년의 밀비우스 다리 전투에서 콘스탄티누스 대제가 환영을 경험한 다음부터 시작되었는데 이 전투에서 경쟁자 막센티우스(Maxentius)에 승리를 거둔 덕에 콘스탄티누스는 단독 황제가 될 수 있었다. 콘스탄티누스가 전투에서 보았다는 환영은 후대의 창작일 수도 있지만 지평선 가까이에서 태양의 양쪽으로 고리 모양으로 빛나는 기상 현상, 환일(幻日) 현상이었을 수도 있다. 이야기의 진실이 무엇이든 이 일을 계기로 십자군과 스페인 정복자들, 그리고 다른 많은 이들이 십자가를 들고 전쟁에 나가는 역사가 시작되었다. 6세기의 유스티니아누스 황제의 전쟁은 기독교와 정복을 연관시킨 중요한 표현이다.

> 산들이 산산조각으로 쪼개지며 수천 종의 대리석이 생겼다. 우리는 바다에 흙과 돌을 쏟아부어 곶을 만들고 넵튠의 얼굴은 어디서나 평평해지고 있다. 우리는 이제 나라와 나라를 나누던 방벽을 없애고 있다. 우리는 대리석을 수송하기 위해 배를 만든다. 그리고 자연의 가장 시끄럽고 활기찬 요소인 파도를 헤치고 우리는 산꼭대기를 이곳에서 저곳으로 운반하며 (…)

이 구절은 『플리니우스 박물지』에서 인용한 것이다. 그는 이 책의 한 장 전체를 대리석에 관해 썼는데 이 용어는 변성 석회암이나 돌로마이트[Domolote: 칼슘 마그네슘 탄산염으로 구성된 광물 – 옮긴이]처럼 오늘날의 대리석에 대한 지질학적 정의라기보다 고대에 장식과 구조물 제작에 사용된 다양한 석재를 가리킨다. 이탈리아 카라라에서 채굴되는 흰 대리석부터 그리스와 소아시아의 색상이 있는 대리석까지, 지중해 지역에는 석재의 종류가 풍부하다. 기원전 2세기와 1세기에 로마 세계가 넓어지면서 로마인은 새로운 석재 산지에 접근할 수 있었는데 여기에는 튀니지 쳄투의 아름다운 꿀색 대리석과 반암[Porphyry: 알이 가는 바탕에 굵은 반점이 있는 화성암-옮긴이], 그리고 이집트 화강암이 있었다.

내가 잠수 작업을 하기도 했던, 남부 시칠리아의 또 다른 후기 로마 시대 난파선 두 척에 실린 석재 화물은 당시 석재 산업의 규모를 가장 잘 보여주는 사례다. 한 척에는 수중에서 발견된 것으로는 최대로 기록된 길이 6.4미터에 무게 50톤의 돌기둥이 실렸다. 시칠리아섬 바로 남동단에서 발견된 다른 한 척에는 총 350톤으로 추정되는 돌기둥과 블록이 실렸다. 이것은 고전기 난파선에서 발견된 최대 규모의 화물이다. 난파선에서 발견된 석재 중에는 프로콘네수스산 대리석이 있다. 프로콘네수스는 성당 난파선에서 발견된 돌기둥과 성찬장 칸막이를 만든 석재를 캔 곳이며 이곳에서 나온 대리석은 특히 유스티니아누스와 밀접한 관계가 있다. 마르마라해에 면한 프로콘네수스섬은 문자 그대로 하면 '대리석의 섬'이라는 뜻이다. 콘스탄티노플에서 고작 100킬로미터 떨어져 있어 지리적으로 매우 유리했으며 그리스와 새로 정복된 영토를 향해 떠나는 선박들이 택한 항로에 있었다. 이 섬에서는 성당 건축용 석재를 큰 힘을 들이지 않고 보낼 수 있었다. 즉 유스티니아누스가 전파하고자 했던 종교와 제국의 메시지를 확산하는 데 중요한 곳이었다.

성당용 석재 수송에 대한 한 가지 흥미진진한 이야기가 『성 데

메트리우스의 기적(Miracles of Saint Demetrius)』이라는 책에서 전해진다. 성 데메트리우스가 행한 기적을 모은 강론집인 이 책은 7세기 초, 북부 그리스 테살로니키의 한 주교가 집필했다. 슬라브인이 제국의 북부 국경을 위협하던 때 키프리아누스라는 주교가 북아프리카에서 콘스탄티노플로 오던 길에 그만 슬라브인에게 붙잡혔다. 그러자 성 데메트리우스의 환영이 그를 테살로니키로 안전하게 인도했고 주교는 그곳 데메트리우스의 순교 장소에 지어진 성당에서 감사 기도를 올렸다. 그리고 아프리카로 돌아간 주교는 "환영에서 본 것과 비슷한 키보리움[Ciborium: 성당 내부에서 제단 위를 덮는 4개의 기둥 위에 얹힌 천장 구조물. 성체를 보관하거나 전시하는 성스러운 공간을 강조하는 데 사용한다 – 옮긴이]과 대리석 기둥"을 세우고자 했다. 성자의 환영이 다시 나타나 그에게 "그대가 원하는 모든 것"을 실은 배가 들어올 것이라고 말했다. 배에 실린 것은 마르세유의 주교가 한 채석장에 주문했던 석재였다. 그런데 성인의 개입으로 이 주교는 성 밖에서 아름다운 반암제 기둥과 돌판을 발견했고 그에게는 더 이상 그 석재가 필요 없게 되었다. 키프리아누스는 배의 화물을 팔라고 선장을 설득했다. "나는 당신이 잘 포장된 설교단과 다른 대리석 석물들을 배에 숨겨놓고 있다는 것을 압니다." 교섭에 성공하자 그는 성 데메트리우스를 위해 성당을 짓기 시작했다. 이 이야기는 제국 서부의 주교가 채석장이나 작업장에서 성당용 석물을 직접 주문할 수 있었다는 점을 보여준다는 점에서 몹시 흥미롭다. 겨우 몇십 년 뒤, 이슬람교도가 북아프리카를 정복하면서 이런 성당들은 새로운 종교의 새 건물을 짓는 데 필요한 재료를 공급해 주는 채석장이 되었다.

디오클레티아누스 황제 시절인 기원후 301년, 인플레이션을 잡기 위해 최고가격 칙령이 발표되었다. 우리는 이런 종류로는 유일하게 현존하는 이 고대 기록을 통해 여러 대리석의 가격을 엿볼 수 있다. 목록에 있는 대리석 19종류의 1세제곱피트당 가격은 107데나리우스였다. 성당 난파선에서 발견된 설교단의 재료였던 테살리아산 녹색 대리석은 150데나리우스다. 가장 비싼 석재는 기원후 4~5세기에 황제의 석관 재료로 선호된 이집트산 자주색 반암이었고 이 반암은 250데나리우스였다. 테살리아산 대리석은 100데나리우스였던 이집트산 회색과 붉은색 화강암보다는 비싼 편이며 석재와 이를 가공하는 데 필요한 솜씨를 갖춘 석공에게 비용을 많이 지급해야 했으므로, 성당 난파선의 설교단은 고가품이었다고 볼 수 있다. 이 설교단은 정해진 모양에 따라 사전 제작되었겠지만 대성당에 사용될 용도로 몇 개만 만들어졌을 것이다. 이는 더 작은 성당에서 사용될 칸막이와 다른 가구용 프로콘네수스산 대리석제 기둥과 석판의 수가 많은 것과 대조를 이룬다. 다른 난파선에서 볼 수 있는 거대한 기둥이나 블록들과 대조적으로 성당 난파선에 실린 부속품이 상대적으로 다루기 쉬운 크기였다는 점은 유스티니아누스의 성당 건설 프로젝트의 범위가 넓었다는 것을 보여주는 증거다. 왜냐하면 1.8톤 무게의 기둥이라면 수레에 실어 제국의 국경 지대나 그 너머에 있는 내륙 깊숙한 곳까지 수월하게 운반할 수 있는 정도였기 때문이다.

## 종교를 통치 수단으로 이용하다

성당 난파선 대리석 석재의 최종 목적지는 과연 어디였을까? 시라쿠사가 있는 시칠리아였을 수도 있다. 새로 정복된 그곳에서 벨리사리우스는 기원후 535년에 개선식을 열었다. 그러나 가장 가능성이 큰 곳은 북아프리카다. 벨리사리우스의 원정 이전에 지금의 모로코, 알제리, 튀니지와 리비아는 거의 한 세기 동안 반달인의 통치를 받고 있었다. 게르만인의 일파인 이들은 이베리아반도를 휩쓸고 지브롤터해협을 건너 기원후 439년에 로마로부터 카르타고를 함락했다. 반달인은 아리우스파 기독교를 믿었으므로 유스티니아누스와 그의 성당은 이 지역에 자신이 믿는 형태의 기독교를 확립해야 할 강력한 동기가 있었다. 이미 보았지만, 프로코피우스는 북아프리카의 성당 건립 계획을 유스티니아누스의 업적으로 꼽았다.

목적지였을 가능성이 제기된 또 다른 장소는 지금의 리비아에 있는 아폴로니아의 중앙성당이다. 지금도 남아 있는 이 성당의 기둥을 살펴보면 10개는 프로콘네수스산 대리석이고 8개는 현지 석회암이어서 열주를 완성하기 위해 필요한 대리석을 조달받지 못했음을 시사한다. 한편으로 아예 다른 곳일 가능성도 있다. 이 배에서 발견된 돌기둥과 기둥머리, 기둥받침과 기타 석재는 기둥 14개로 된 열주회랑 및 정교한 설교단과 찬양대 칸막이를 만들기에 충분한 양이었으므로 최종 사용처는 프로코피우스가 기록한 '웅장한 성당' 중 하나였을, 더 화려한 건물이었을 수 있다. 난파 때문에 완공되지 못한 이 성당은 아마 렙티스 마그나, 사브라타나 심지어 카르타고 같은 북아프리카 도시에 있었을지도 모른다.

1990년대에 유네스코의 '카르타고 구하기' 프로젝트의 일환으로 잠수팀을 지휘했을 때 우리는 주로 반달과 비잔틴 시대 연구에 초점을 맞췄는데 벨리사리우스가 정복한 뒤 파괴되어 바다로 쓸려간 건물 파편도 우리 연구 대상이었다. 프로젝트를 시작하기 얼마 전에 나는 마르자메미 난파선에서 잠수 작업을 했던 터라 튀니지의 비잔틴 시대 성당 폐허에 큰 관심이 있었다. 698년에 아랍군이 카르타고를 탈취하면서 비잔틴 성당은 북아프리카에서 벌어진 대변화에서 살아남지 못했다. 겨우 2년 뒤, 아랍 장군 우크바 이븐 나피(Uqba Ibn Nafi)는 카이로완의 대모스크(Great Mosque of Kairouan)를 세웠는데 이 모스크는 학문과 쿠란학습의 중심이자 이슬람 세계의 뛰어난 건축물이 되었다. 이 모스크에는 로마와 비잔틴 시대 돌기둥 500개가 재사용되었고 그중 414개가 기도실에 있다. 우리는 이 기둥들이 이집트산 붉은색과 회색 화강암, 이탈리아와 그리스산 대리석, 켐투산 꿀색 대리석, 그리고 성당 난파선의 석재와 같은 프로콘네수스산과 테살리아산 대리석을 비롯한, 고대부터 유명한 석재로 만들어졌음을 알아볼 수 있다. 여러 세기가 지나며 비잔틴 시대 성당 폐허에서 대리석은 사라졌지만, 유스티니아누스의 성당 건축 프로그램을 위해 선적되어 목적지에 무사히 도착한 다른 자재들은 7세기부터 오늘날에 이르는 북아프리카사의 다른 단계에 지어진 다른 종교의 건물에서 가장 쉽게 찾아볼 수 있다.

## 믿음의 요새를 남기다

성당 난파선 이야기는 빅토리아시대 영국에서 감행한 최대 규모의 군사 원정 및 사하라사막 이남 아프리카에서의 첫 고고학 발굴과도 연결된다. 1867년에 민간인 2만 3000명, 코끼리를 포함한 동물 2만 6000마리, 영국군과 인도군 장병 1만 3000명으로 이루어진 부대가 뭄바이를 떠나 해로로 아네슬리(Annesley)만 입구 근처, 지금의 에리트레아에 있는 줄라로 향했다. 에티오피아 황제 테워드로스 2세(Tewodros Ⅱ)가 마그달라라는 외딴 산악 요새에 붙잡아 둔 유럽인 인질을 구출하기 위해서였다. 기독교인이던 테워드로스는 빅토리아 여왕에게 북쪽 이슬람 세력과의 전쟁 지원을 요청했지만 거절당했다. 테워드로스의 적국이었던 오스만 제국은 영국에는 러시아로부터 완충지대 역할을 하는 중요한 지역이었다. 게다가 미국의 남북전쟁 때문에 직물 산업에 사용할 목화의 수입이 줄어든 영국은 이집트와 수단으로부터의 수입에 더 크게 의존해야 했기에 지원을 거절할 수밖에 없었다. 1868년 초에 이 부대는 3개월간 마그달라로 행군했다. 결국 테워드로스는 자결했고 인질들은 구출되었다. 전투가 끝나고 에티오피아의 많은 보물이 영국군에게 약탈당하여 영국의 박물관으로 흘러들어 가거나 개인 소장품이 되었다. 테워드로스의 왕관과 옥새를 비롯한 몇몇 물건들은 반환되었지만 말이다.

종군 민간인 중 리처드 홈스(Richard Holmes)라는 영국박물관 수사본(手寫本)부 조수가 있었다. 그는 박물관에서 손으로 글을 베껴 쓰는 일을 하며 부대 지휘관이 경매에 부친 약탈품 상당수를 사들였다. 원정대의 박물관 대표로 그는 홍해 연안에 위치한 고대 도시 아둘리스(Adulis)의 폐허 일부를 발견할 수 있으리라는 희망을 품고 줄라 발굴의 공식 책임을 맡았다. 아둘리스항에 대해서는 기원전 1세기의 대 플리니우스도 이야기한 적이 있고 상인의 안내서인 『에리트레아해의 항해 안내(Periplus Maris Erythraei)』(이하 『항해 안내』)에서는 전설의 악숨 왕국이 가장 처음으로 언급된다. 이야기에 따르면 아둘리스에서 악소미테스로 불린 악숨의 대도시까지는 8일이 걸리며 나일강 너머에서 온 모든 상아는 이곳으로 모였다. 거대한 오벨리스크를 남긴 것으로 유명한 악숨 왕국은 로마제국 밖의 왕국 중 처음으로 기독교를 믿게 된 나라이며 고대 사하라사막 이남의 나라 중에서 유럽에 존재가 알려진 유일한 왕국이었다. 어떤 이야기에 따르면 4세기 말에 표착한 프루멘티우스(Frumentius)라는 시리아계 그리스인이 악숨 왕국을 기독교로 개종시켰다고 한다. 그러나 일반적인 관점으로 보자면 콘스탄티누스 대제가 기원후 313년에 기독교를 공인한 다음 아둘리스 같은 항구에 기독교도 상인들이 도착하면서 기독교 개종이 이뤄졌다는 게 더 자연스럽다.

홈스가 마그달라에 있는 동안에는 영국 육군공병대 대위인 윌리엄 웨스트 굿펠로(William West Goodfellow)가 뭄바이와 마드라스 공병 25명을 지휘하며 줄라 발굴 작업을 수행했다. 1868년 여름, 줄라로 돌아온 홈스는 이렇게 썼다.

> 나는 당장 굿펠로 대위를 만났다. 대위는 한정된 인원의 사람을 데리고 물도 부족한 상태로 엄청난 열파 속에서 작업했다고 했다. 다음 날 아침, 나는 폐허로 말을 타고 가서 그가 그린 건물 평면도를 살펴봤다. 나는 보자마자 이것이 비잔틴 성당임을 알아차렸다.

발견된 유물 중에는 8각형 기둥의 일부인 아칸서스 나뭇잎을 새긴 대리석 기둥머리와 십자가로 장식된 석판 파편이 있었다. 나중에 영국박물관에서 이 파편들을 동위원소로 분석한 결과, 이들은 프로콘네수스산 대리석으로 만들어졌음이 확인되었다. 그리고 재건해 보니 이 파편은 사전에 제작된 장식용 칸막이의 일부였으며 성당 난파선의 발견품과도 비슷했다. 1907년에 이탈리아 고고학자 로베르토 파리베니(Roberto Paribeni)는 아둘리스에서 또 다른 성당을 발굴했는데 여기서 성당 난파선에서 본 것과 마찬가지로 I와 X를 겹친 그리스 알파벳 머리글자 IX로 장식된 석판, 프로콘네수스산 수입 대리석, 리비아의 아폴로니아 성당에서 발견된 것과 거의 똑같은 소형 벽기둥이 발견되었다.

아둘리스는 프로콘네수스섬과 3000킬로미터가량 떨어져 있는데 이는 프로콘네수스섬의 채석장에서 성당 난파선까지 거리의 두 배에 해당한다. 아둘리스까지 석재를 운반하기 위해서는 나일강 상류까지 실어 온 화물을 내려 낙타 캐러밴에 싣고 홍해까지 육로로 운송한 다음 이를 남쪽으로 향하는 배에 실어야 했을 것이다. 이러한 발견물은 사전 제작된 성당 가구들의 목적지가 지중해 지역에 새로 지어진 성당뿐 아니라 제국 국경 바깥에도 있었음을 뜻한다. 여기에는 황제가 직접 관여했을 수도 있다. 프로코피우스는 『페르시아 전쟁(Persian Wars)』에서 유스티니아누스가 악숨으로 사절을 보내 "두 나라의 종교가 같으므로" 악숨이 페르시아와의 전쟁에서 로마와 대의를 같이해야 한다고 주장했다고 썼다. 예배용 가구는 이 외교 교섭의 일환으로 황제가 증정한 선물이었을 수도 있다.

악숨은 금, 노예, 상아, 향기로운 수지(resin)와 이국적 동물을 메소포타미아와 그보다 더 멀리까지 수출했고 왕과 궁정에서 사용될 사치품을 수입했다. 악숨과 아둘리스는 기독교 세계와 사하라 이남 아프리카가 만나는 주요 접점이었다. 이곳으로부터 나일강 서쪽과 남쪽 멀리 교역로가 뻗어나갔다.

6세기 말에 페르시아가 아라비아를 정복하고 다음 세기에 이슬람 세력이 일어나 홍해와 아라비아만의 무역을 빼앗자 악숨은 쇠락하기 시작했다. 그런데도 에티오피아 성당은 15세기에 포르투갈의 아프리카 탐험에 이어 파견된 예수회 선교사들이 아프리카 대륙에 더 폭넓게 기독교를 전파할 때까지 유일무이한 기독교의 교두보로 남았다. 에티오피아 기독교인들은 처음에 예루살렘에 순례자로 갔다가 13세기 초에 수도 공동체를 세웠다. 그때 성지에 온 십자군이 서구 기독교인으로는 처음으로 이들과 접촉했고 이들은 지금도 예루살렘의 성묘성당 지붕에 있는 수도원에 기거하고 있다. 이 수도원의 역사는 초기 비잔틴 시대와 홍해에 면한 아둘리스에서 1868년에 발굴된 것과 같은 성당이 건립되었을 때까지 거슬러 올라간다.

### 종교의 빛으로 더 가까이

기원후 536년, 벨리사리우스가 카르타고를 탈취한 때로부터 고작 3년 뒤이자 마르자메미 난파선이 항해했다고 추정되는 연도로부터 10년 뒤인 그해에는 엄청난 자연재해가 전 세계를 뒤흔들었다. 이른바 '화산의 겨울'이다. 프로코피우스는 반달인과의 전쟁에 관한 이야기에서 이 사건을 이렇게 그렸다.

> 그해에 가장 두렵고 불길한 징조가 찾아왔다. 태양은 1년 내내 마치 달처럼 희미한 빛을 냈는데 극단적으로는 일식이 일어났을 때의 태양 같았다. 태양이 발산한 빛이 예전처럼 맑지 않았기 때문이었다. 그리고 이런 일이 일어난 때부터 사람들은 전쟁, 전염병, 그리고 죽음의 원인이 된 그 어떤 것으로부터도 자유롭지 못했다.

여기서 말하는 전염병은 유스티니아누스의 흑사병이다. 이 전염병은 기록으로 남겨진 가장 오래된 전 세계적 전염병이므로 아마 14세기 흑사병과 같은 바이러스가 일으킨 질병이었을 것이다. 이 전염병 때문에 541년부터 549년 사이에 콘스탄티노플 인구의 20퍼센트가 사망했을 것으로 추정되며 유스티니아누스 본인도 병에 걸렸다. 프로코피우스가 묘사한 것은 북아메리카에서 연이어 발생한 화산 폭발 중 첫 번째였다. 그 결과, 몇 년 동안 지구

기온이 전반적으로 하강했고, 북반구에서는 흉작, 기근과 지독한 겨울 추위가 발생했다. 전염병의 발생은 우연의 일치였을지 모른다. 그러나 이를 경험한 사람들은 두 사건을 쉽게 연관 지었을 것이다. 마찬가지로 마르자메미 근처에서 침몰한 배의 선원들도 그렇게 생각했을 것이다. 항해하기 위해 날씨와 기상 상황에 민감한 사람이었으니만큼, 이들은 자기들이 운반하던 자재와 비슷한 자재로 지은 성당에 임한 신의 징벌을 상상했을 것이다. "하나님의 진노가 불의로 진리를 막는 사람들의 모든 경건치 않음과 불의에 대하여 하늘로부터 나타나나니(로마서 1:18)."

  18세기 역사가 로버트 기번(Robert Gibbon)은 그의 『로마제국쇠망사』에서 "전쟁, 전염병과 기근"이라는 세 가지 재앙으로 인해 역사가 고대 후기에서 암흑시대로 이행했다고 보았다. 그러나 모든 것이 다 암흑에 빠지지는 않았다. 성당 난파선 시대에 기독교에 일어난 발전은 신앙을 강화했고 변화보다 영속성을 추구하는 방향으로 시대를 움직였다. 신의 성질에 대한 신학적 토론은 본질을 희미하게 만들고 사람들을 성당으로부터 멀어지게만 했을 뿐이었다. 이탈리아 성인 가운데 한 사람인 누르시아의 베네딕토(Benedict of Nursia)가 536년에 쓴 책 덕분에 사람들은 전쟁이나 정치적 변화와 같은 역사적 사건을 견디는 힘으로 기독교를 더욱 의지하게 되었다. 그의 책 『베네딕트의 규칙서』는 수도원에서 공동 생활을 하던 수도사를 위해 쓰였다. 그러나 행동을 규제하기 위한 딱딱한 규범이 아니라 단순하고 순수한 신앙생활을 통한 영적 여정을 안내하는 이정표이자 지침서였다. 이와 같은 내용이 당시 사람들에게 큰 울림을 주었고 이 책은 유럽의 여러 지역에 빠르게 퍼져 나갔다. 이후 이 책은 샤를마뉴 대제를 비롯한 다른 중세 통치자들에게 큰 영향을 주었으며 사람들이 도덕성에 다시 관심을 갖게 만들었고 기독교 초기 예수의 가르침을 찾는 이들을 끌어들였다. 수도사는 신도를 신에게 더 가까이 인도했을 뿐 아니라 벨리사리우스의 군대보다 더 멀리 기독교를 전파했다. 로마 출신의 수도사 아우구스티누스(Augustine)는 597년에 이교를 믿던 잉글랜드의 켄트 왕국을 기독교로 개종시켰다.

서구 수도원의 필사실은 현존하는 그리스 로마 시대 문학작품 상당수가 살아남는 데 결정적 공헌을 했다. 그러나 처음에 이들을 후대에 전승한 것은 기독교가 아니라 또 다른 위대한 종교인 이슬람이었다. 바그다드, 바스라와 카이로는 이슬람 학문의 중심이었고 유스티니아누스 시대 이후 몇 세기 동안, 고대의 철학과 과학적 유산을 볼 수 있던 곳은 분명 이슬람 세계였다. 인도양과 남중국해를 가로질러 벌어진 항해와 교역의 휘황찬란한 새 시대가 이 책의 다음 장에서 펼쳐진다.

**9세기 (이슬람 황금기)**

# 요람에서 무덤까지 진리를 탐구하다

# 당나라와 바그다드를 오간 푸른 염료

 벨리퉁 난파선

운명과 행운에 떠밀려 나는 다시 항해에 나서기로 했다. 해외 무역에 적합한 좋고 값비싼 여러 물건을 사서 나는 바그다드에서 바소라까지 간 다음 바다로 갈 준비가 된 배를 발견했다. 그 배는 값비싼 물품을 가지고 있는 상인과 유명 인사로 가득 차 있었다. 그래서 그 배에 내 짐도 실었다. (…) 물건을 선적하고, 안전하고 기분 좋게 바소라를 떠난 다음 우리는 이곳에서 저곳으로, 한 도시에서 다른 도시로 항해를 계속했다. 물건을 사고팔며 이익을 거뒀다. 그리고 낯선 사람들이 사는 나라를 구경하며 기분 전환도 했다. 어느 날 선장이 비명을 지르며 터번을 갑판에 내던질 때까지 운명은 우리에게 미소를 지었으며 항해도 순조로웠다. (…) 선장은 곧장 돛대로 올라가 해협을 빠져나갈 통로가 있는지 살피고 돛을 느슨하게 풀었다.

그러나 두 배로 강해진 바람이 배를 세 바퀴 돌렸고 배는 뒤로 물러났다. 키가 부러진 배는 높은 산 쪽으로 기울어졌다. 돛대에서 내려온 선장은 이렇게 말했다. "영광되고 위대한 알라 외에 권능과 힘을 가진 분은 없으니, 운명이 정한 것은 사람이 막을 수 없도다! 알라가 우리를 분명 죽을 곳으로 인도했으며 도망갈 곳도 없으니, 우리 중 누구도 구원받을 수 없을지어다!" 그리고 삶이 곧 끝장난다고 느낀 우리는 생존에 대한 희망을 잃고 모두 쓰러져 울며 서로에게 작별을 고했다. 배는 산을 들이받고 둘로 쪼개졌다. 그리고 배에 실린 모든 것이 바다로 떨어졌다. 어떤 상인들은 익사했고 어떤 상인들은 기지를 발휘해 해변으로 헤엄쳐 가서 산으로 올라가 목숨을 구했다. 나도 살아남아 해변에 올라왔다. 정신을 차려보니 이곳은 거대한 섬, 혹은 반도였다. 해변에는 익사한 승객을 실은 배와 그 배에서 바다로 던져진 상품과 장비들의 잔해가 흩어져 있었다. 그 양은 어떤 계산으로도 셀 수 없었다.

난파를 묘사한 이 문단은 『선원 신드바드의 여섯 번째 항해(The Sixth Voyage of Sindbad the Sailor)』에서 인용한 것이다. 이 책은 영국의 탐험가 리처드 버턴(Richard Burton) 경이 번역하여 영국에서 출간되었다. 빅토리아시대 최고의 학자였던 그는 1885년에 고풍스러운 단어와 철자로 가득한 이 책을 출간했다. 군인이자 탐험가였으며 인도에서 통용되던 여섯 가지 언어와 페르시아어, 아랍어에 통달한 언어 천재였던 그는 이슬람으로 개종해 쿠란을 암송할 수 있는 사람인 '하피즈'가 되어 20세기 이전에 메카와 메디나를 순례해 하지(Hajj)가 된 몇 안 되는 유럽인이기도 했다. '오리엔트'에 대한 유럽인의 관념이 현지 실정에 무지한 작가의 작품을 통해 한번 걸러져 들어오던 시절, 아랍과 힌두 세계에 정통한 버턴의 글은 그 문화를 외부에서 관찰하는 것이 아니라 내부에서 바라보는 새로운 관점을 제공했다. 그가 번역한 『카마수트라』와 『향기로운 정원(The Perfumed Garden)』 무삭제판 속에서 펼쳐지는 금단의 즐거움이 있는 세계와, 항해하는 동안 신드바드가 무시무시한 독수리를 비롯한 모든 종류의 괴물을 만나는 초자연적 세계에 빅토리아시대 영국인은 열광했다. 그러나 실제로 그 세계는 문화가 꽃피고 어마어마한 예술적 업적을 달성한 곳이자 첫 유럽인 항해자들이 15세기 후반에 인도양에 도착하기 훨씬 전에 먼 거리를 잇는 항로를 개척한 곳이었다.

신드바드의 이야기는 기원후 8세기부터 9세기의 이슬람 황금기에 기원한 아랍 전승 모음인 『천일야화』의 17세기 판본에 처음으로 기록되었다. 하룬 알 라시드(Harun al-Rashid)는 이슬람 제국의 절정기에 바그다드에서 사치를 누린 아바스 왕조의 제5대 칼리프다. 그의 치세에 바그다드에 있던 '지혜의 집'은 그리스와 라틴어 저작을 아랍어로 번역하는 중심지였다. 그 덕에 이러한 고전기 문헌이 현존하게 되었으며 과학·기술·철학 발전의 기반이 마련되었다. 기원후 6세기의 지적 활동의 중심지는 콘스탄티노플이었지만 2세기 뒤에 그 중심지는 바그다드로 옮겨 갔고 이런 점에서 지중해 지역의 우위도 끝났다. 동시에 아랍 세계의 물질문화도 중동의 아랍 상인들과 스칸디나비아의 바이킹, 그리고 중국 당 왕조를 연결한 교역망에 힘입어 매우 다양해졌다. 페르시아만의 바스라에서 시작해 중국 광저우를 잇는 항로는 바스쿠 다가마(Vasco da Gama)가 1498년에 인도에 도달해 유럽 선박과 동방을 연결하기 전까지 정기적으로 이용된 가장 긴 항로였다. 아랍에서 출발한 9세기 난파선이 인도네시아 벨리퉁섬에서 발견되면서 우리는 당시의 교역과 리처드 버턴이 그렇게 매료된 동방 세계를 아주 면밀히 들여다볼 수 있게 되었다. 이 난파선은 중국산 유물이 가장 많이 발견된 배 가운데 하나일 뿐 아니라 선원 신드바드 시대의 항해가 실제 어땠는지를 밝혀줄 독특한 증거이기도 하다.

## 중국과 페르시아를 잇는 해상 실크로드

1998년에 벨리퉁섬 근해에서 해삼을 찾던 현지 잠수부가 바다 밑바닥에서 산호에 싸인 도자기 무더기와 우연히 마주쳤다. 위치는 옛 지도에 위험한 만(Treacherous Bay)으로 나온 해역 근처였다. 그곳에는 '검은 바위'라는 뜻의 바투 히탐이라는 이름이 붙은 산호초가 있었는데 그 근처 수심 17미터 해저에서 도자기가 발견되었다. 잠수사들이 인양한 도자기는 기원후 618~907년 동안 유지된 중국 당(唐) 왕조 시대의 창사요(長沙窯) 제품으로 밝혀졌다. 한 회사가 인도네시아 정부로부터 난파선 발굴 허가를 받고 유적지를 인수했는데 도굴 시도가 발생해 정부 개입을 요청했다. 남은 화물은 두 차례에 걸쳐 발굴되었고 난파선 선체도 대부분 기록되었다. 두 번째 발굴은 선체와 화물에 관해 광범위한 연구를 수행한 마이클 플레커(Michael Flecker) 박사가 지휘했다. 1999년에 두 번째 발굴 기간이 끝날 즈음에는 국제적으로 중요한 의미를 가진 난파선이 발견되었음이 분명해졌다. 동남아시아에서 가장 오래되고 가장 중요한 난파선 중 하나인 벨리퉁 난파선은 '해양 실크로드'의 형성기 동안 아바스 왕조 페르시아와 중국 당 왕조 사이에 교역이 있었다는 증거다.

가장 놀라운 발견은 화물의 양이었다. 커다란 보관용 사기[점토를 재료로 초벌구이 없이 한 번에 구운 도자기로 자기와 도기 중간의 성질이다-옮긴이] 항아리에는 창사요에서 만든 사발 5만 7000개가 나선형으로 빼곡히 포장되어 있었다. 이 중 다수는 갈색 유약으로 아름답게 장식되어 있었다. 이 그릇은 해외시장용으로 특별히 제작되었기 때문에 불교 상징과 아랍 글자를 모방한 무늬가 그려졌다. 다른 도기류 3000점도 발굴되었다. 그 가운데는 남중국과 북중국에서 온 백자와 녹색 석기 및 페르시아에서 수입된 코발트

청 안료를 사용해 칠해진 사기가 완벽한 상태로 여러 점 발견되었다. 따라서 이 사기는 13세기에서 14세기에 나온 청화백자의 가장 초기 형태인 셈이다. 그릇 상당수는 실용적인 사발, 물병, 항아리, 잔과 잔 받침, 화병, 대야, 사각 상자, 촛대, 침 뱉는 그릇, 램프, 향로였다. 창사요 사발뿐 아니라 물병과 신화 속 야수, 잎사귀와 인간의 모습을 틀로 찍어내 항아리에 붙인 장식이 큰 관심을 끌었다. 그중 어느 그릇에는 앞으로 달리며 뒤를 바라보는, 날이 구부러진 칼과 방패로 완전 무장한 전사가 묘사되었는데 1000년 전 진시황제 시대의 유명한 병마용을 연상시키는 이미지다.

이 난파선에는 순금으로 된 잔과 쟁반, 은제 사발, 대접, 상자, 은 덩어리와 청동 거울을 비롯해 금과 은으로 된 엄청난 보물과 고급 청동 제품이 실렸다. 유물 일부는 교역용이 아니라 외교 선물이었거나 외국 항구에서 거래를 원활하게 하려고 사용되었을 것이다. 다른 화물 중에는 '지불 수단으로 쓰인 무게 추'로 납 10톤이 배의 용골을 따라 실려 있었다. 향신료로 사용되었던 8개의 꼭지가 있는 팔각도 대량으로 실렸다. 선원들이 썼던 도구로는 청동제 양팔저울, 주물로 만든 쇠그릇, 구리합금 사발, 맷돌과 화살 한 다발이 있었다. 중국산 먹물을 만들고 담는 데 쓴 벼루는 아마도 글을 쓸 줄 알았던 상인의 소유물이었을 것이다. 중국 특유의 구리합금으로 만든 엽전도 다수 있었다. 일부에는 당 왕조 내내 주조된 개원통보(開元通寶)라는 명문이 새겨져 있었다. 건원중보(乾元重寶)

라고 쓰인 다른 엽전도 있었는데 이 화폐는 758~759년에 주조되어 그 뒤로 수십 년 동안 유통되었다.

## 몬순풍을 타고 빠르게 이동하다

도자기, 엽전과 같은 유물이 실렸다는 건 이 화물이 중국산이라는 증거다. 이 유물은 한 곳의 고고학적 발굴 현장에서 발견된 최대 규모의 당 왕조 유물이다. 벨리퉁섬은 수마트라섬 건너편, 자바해에 있는데 그곳은 전설 속의 스리위자야 왕국이 있다고 믿어진 곳으로 중국과 인도양의 중간 지점이다. 그리고 북서쪽에는 동양과 서양의 관문인 말라카해협이 있다. 벨리퉁 난파선이 원래 아랍-페르시아에서 왔고 화물의 최종 목적지도 그곳이었으리라는 가정이 가장 흥미롭다. 남아 있는 판재로 미루어 보아 이 배의 길이는 18미터였고 판재는 꿰맴 기법으로 접합했던 것으로 보이는데 청동기시대 도버 보트에서 보았던 것과 같은 기법이다. 이 기법은 포르투갈인이 16세기에 쇠못을 도입할 때까지 인도양 해안에서 주로 사용되었다.

흥미롭게도 벨리퉁 난파선과 같은 시대에 살았던 당나라의 장군 유순(劉恂)이 남해 지방의 기이한 사물을 적은 『영표록이(嶺表錄異)』에는 "상인들의 배에 쇠못이 사용되지 않았고 판재는 야자나무 섬유로 묶였다. 모든 틈새는 마르면 단단해지는 으깬 올리브 열매로 메웠다"라고 기록되어 있다. 이는 서부 인도양 지역에서 온 배에 대한 묘사이며 이때 '상인'은 그 지역에서 온 외국인일 가능성이 크다. 그리고 기록에 따르면 배 몇 척은 중국에 도달했을 것이다. 배를 묶은 섬유는 중국 혹은 인도네시아의 중간 기착항에서 수리되거나 교체되었다. 중국에 온 프란체스코회 선교사 조반니 다 몬테코르비노(Giovanni da Montecorvino)의 말처럼 아라비아 배는 1년에 1회 수리가 필요했다. 또한 12세기 송나라의 주욱(朱彧)은 『평주가담(萍洲可談)』에서 중국에서 출항한 배는 대개 수마트라에서 수리했다고 적었다. 연례적으로 몬순풍의 방향이 바뀌기를 기다리는 동안 자연히 항해는 지연될 수밖에 없었는데 그 기간 동안 사람들은 배를 수리했다.

난파선의 목재를 분석해 이 배가 중동에서 왔다는 추가 증거가 발견되었다. 목재 중에는 아프리카나 인도에서 온 것으로 보이는 활엽수가 있었다. 배를 만들기에 적당하지 않은 야자수와 사이프러스 나무만 자라는 페르시아만 지역에서는 전통적으로 아프리카나 인도 지역의 재목으로 배를 만들었다. 인도양 항해용 전통 범선인 다우(Dhow)는 돛대에 비스듬히 장착되어 앞뒤 방향으로 움직이는 삼각돛인 라틴(Lateen) 돛 1~2개, 혹은 돛의 앞쪽 모서리를 자른 세티(Settee) 돛을 갖췄다. 다우의 고전적 이미지는 리처드 버턴의 『천일야화』에 실린, 거대한 독수리의 공격을 받는 신드바드의 배를 묘사한 목판 삽화에서 살펴볼 수 있다. 하지만 여기에 묘사된 라틴 돛은 15세기부터 인도양 지역에 널리 퍼졌으므로 시대와 정확하게 맞지는 않는다. 신드바드와 벨리퉁 난파선 시대에 항해한 선박 대부분은 사각 돛을 달았다. 반면에 당시 지중해 지역의 상선과 이 배를 비교해 보면 경사가 급한 선수와 더 가는 외형 같은, 후대의 다우와 공통되는 특징도 보인다.

  이 설계로 실제 항해가 가능했을까? 2008년에 벨리퉁 난파선의 복제품 '무스카트의 보석호'가 만들어져 오만에서 항해에 나섰다. 배를 만드는 데는 가나산 아프젤리아 아프리카나 목재가 쓰였고 판재는 야자나무 섬유로 묶였다. 돛은 잔지바르의 전통 직조공이 야자나무 잎사귀를 엮어 만들었으며 고증에 따라 선미 측면 키를 장비했다. 선미에 수직축으로 설치된 이 키는 유럽과 인도양에는 12세기 들어서야 나타난다. 선원 여덟 명을 태운 이 배는 오만에서 출항해 스리랑카의 갈레를 경유한 후 싱가포르까지 5000킬로미터를 항해했다. 대양을 가로질러 항해하기 위해 이들은 카말(Kamal)이라는 도구를 활용했다. 카말은 천체관측으로 위도를 측정하는 단순한 도구인데, 벨리퉁 난파선 시대에 아랍 항해자들이 흔히 사용했던 도구다. 2월부터 시작해 7월에 항해를 마침으로써 이들은 과거의 항해를 재현해 냈다. 당시 선박들은 7월부터 9월까지 남서쪽에서 부는 몬순풍을 타고 항해했다가 10월부터 12월까지 북동쪽에서 부는 몬순풍을 타고 중국과 인도네시아에서 돌아왔다. 이 패턴은 당시 항해뿐 아니라 무역 조직과 그 문화적 영향을 이해하는 데 중요하다. 몬순풍의 방향이 변하기 전까지 거래를 끝낼 수 없었던 경우가 많아 선박들은 중국이나 말레이군도의 항구에서 한 해를 보내기도 했다.

기원후 9세기 아랍 상인들의 기록을 통해 우리는 이 교역을 묘사한 아주 훌륭한 그림을 그려볼 수 있다. 유럽에서 처음으로 널리 읽혔던 중국 견문 기록은 마르코 폴로가 직접 중국에 다녀온 후 쓴 책이었다. 베네치아 상인인 마르코 폴로는 1283년에 원나라 초대 황제 쿠빌라이 칸(Kublai Kahn)의 궁정에 도착했다. 이런 상황은 프랑스의 신학자 유제브 르노도(Eusèbe Renaudot)가 쓴 『기원후 9세기에 고대 인도와 중국으로 간 두 이슬람 여행자의 이야기, 아랍어 번역(Ancient accounts of India and China, by two Mohammedan travellers. Who went to those parts in the 9th century; translated from the Arabic)』이 1733년에 런던에서 출간됨으로써 변했다. 이야기를 하는 사람 중 한 명은 '상인 술레이만'이라는 뜻의 술레이만 알 타지르(Suleyman al-Tājir)다. 그는 히즈리 237년[무함마드가 메카에서 메디나로 이주한 622년을 기원으로 하는 이슬람력 - 옮긴이], 즉 서력 기원 851년의 사람으로 벨리통 난파선과 거의 동시대인이다. 이 책에서 그는 자신이 바스라에서 온 상품들이 환적되는 페르시아만 동안의 큰 항구인 시라프에서 출발해 중국으로 왔다고 말했다. 바스라는 티그리스강과 유프라테스강

이 합류하는 샤틀 알 아랍강에 면한 바그다드의 관문이다. 시라프에서 출항한 선박들은 '오만주 끝단에 있는 마스카트라는 장소'로 항해했다가 이곳에서 바다를 가로질러 인도와 중국으로 갔다. 항로는 비와 해적 때문에 위험했다. 배는 대규모 아랍인 거류구가 있던 광저우(廣州)에 도착했다. 중국은 수입품에 높은 세금을 부과했고 황제는 아랍 공동체에서 한 명을 판관 겸 이맘으로 임명했다. 술레이만이 중국 도자기의 품질을 찬탄했다는 점은 아주 흥미롭다. "중국에는 뛰어난 품질의 도자기가 있다. 그 품질은 유리 제품 못지않으며 유리만큼 투명하다."

발견된 어느 창사요 사발에는 당나라 제13대 황제 경종(敬宗)의 연호인 보력(寶曆) 2년 7월 16일이라 적혀 있는데 이 날짜가 난파 사건과 가장 가까운 연대일 것이다. 이 날짜는 경종의 재위 2년째인 음력 826년 7월 16일이며 배는 최소 이날 이후 난파한 것이 된다. 다른 유물들도 전체적으로 826년에서 840년 사이의 연대를 시사한다. 따라서 술레이만 같은 상인뿐 아니라 경종 황제(재위 824~827년)와 그의 후계자 문종(文宗, 재위 827~840년), 그리고 아바스 왕조 칼리프 알 마문(al-Ma'mun, 재위 813~833년)과 알 무타심(al-Mu'taşim, 재위 833~842년) 등을 교역과 연관된 핵심 인물로 볼 수 있다. 더 넓게 보면 이 시기는 프랑크 왕국은 샤를마뉴의 뒤를 이은 신성 로마제국 카롤링거 제국의 2대 황제 루도비쿠스 1세(Ludovicus Ⅰ)의 시대였고, 앵글로색슨인의 알프레드 대왕

(Alfred the Great)이 태어나기 얼마 전이었다. 또한 큰 주목을 받은 자연현상이 일어난 시기이기도 했다. 837년에는 핼리 혜성이 지구에 가장 가까이 다가왔다. 전 지구적으로 기록된 이 현상은 거대한 대륙과 바다로 갈라져 서로의 존재를 알지 못했던 모든 인류에게 공동의 경험이 되었다. 페르시아만에서 남중국해까지 벨리퉁 난파선이 대표하는 지리적 세계는 넓었으나 문화적으로 이 난파선은 이슬람의 서쪽 경계인 스페인부터 당 왕조 중국의 황해에 이르기까지 훨씬 더 넓은 세계를 대표한다. 이 시대에는 위대한 지적·예술적 업적이 활짝 꽃피었고 두 위대한 세계 종교가 단단히 뿌리를 내렸으며 폭넓은 상업 활동이 역동적으로 일어났다. 이러한 사실은 난파선이 전해주는 이야기에 화려한 배경을 더해준다.

## 지식을 구하라

『천일야화』의 신드바드 이야기는 허구의 페르시아 왕 샤리야르(Shahryar)에게 왕비 셰에라자드(Scherezade)가 들려주는 이야기다. 셰에라자드는 처형당하지 않으려고 매일 밤 왕이 다음 내용을 듣지 않고는 못 배기는 지점에서 이야기를 끝낸다. 셰에라자드를 만나기 전 샤리야르에게는 자기를 속이고 간통했던 왕비가 있었고, 그 왕비를 처형한 왕은 같은 사태가 다시 발생하는 것을 막기 위해 셰에라자드를 만날 때까지 3년 동안 매일 새 왕비를 들이고 다음 날 아침에 처형했다. 샤리야르는 아마 사산 제국 통치자 중 한 명이었을 것이다. 지금의 이라크에서 아프가니스탄까지 세력이 미쳤던 이 제국은 2세기에 파르티아 제국을 계승한 다음 637~642년에 무슬림 아랍에 패할 때까지 영속했다. 『천일야화』의 무대는 벨리퉁 난파선보다 200년 전이기는 했으나 여기 등장하는 이야기들은 786년부터 809년까지 다스린 하룬 알 라시드 같은 역사적 인물에 대한 언급을 비롯해 8세기부터 9세기까지 일어난 이야기를 모은 것이다. 아랍 통치는 페르시아 문화를 잠식하는 대신 동화하고자 했다. 『천일야화』에서 보이는 두 문화의 풍성한 융합은 페르시아인과 아랍인 선원이 같이 일했던 당시 해양 세계에서도 분명 눈에 띄었을 것이다.

알 라시드의 선대왕 알 만수르(al-Mansur)는 아바스 왕조의 수도를 다마스쿠스에서 티그리스강 변의 바그다드로 옮겼다. 이곳은 사산 왕조의 수도 크테시폰과 청동기시대 아카드인의 수도였던 바빌론과 가까웠다. 바그다드는 기원후 762년부터 겨우 4년 만에 건설되었고 거대한 원형 성벽이 칼리프의 궁전과 장대한 모스크를 에워싼 놀라운 도시였다. 도시 안에는 초기 칼리프의 가장 위대한 업적인 바이트 알 히크마(Bayt al-Hikma)가 있었다. '지혜의 집'이라는 뜻의 이곳은 그리스 철학·과학·의학 저작을 아랍어로 번역하는 중심지가 되었다. 7세기 초 무슬림의 세력이 확장되면서 아랍 학자들은 이집트와 시리아에 진출한다. 그곳에는 기독교인이 보존한 도서관에 이러한 저작들이 남아 있어 곧 아랍 학자들은 그 학문적 가치에 눈을 뜨게 되었다. 번역 동기는 여러 가지다. 고대 공학 기술과 의학을 배우려는 열망, 콘스탄티노플의 경쟁자 비잔틴제국처럼 이 텍스트들을 흡수하고 사용할 수 있음을 보여주고자 한 아바스 왕조 칼리프들의 정치적 필요성, 그리고 고대인의 철학적·과학적 발견이 이슬람 세력 강화에 도움이 될 것이라는 깨달음을 꼽을 수 있다.

벨리퉁 난파선 시대에 대대적인 번역 사업을 수행한 인물은 801~873년경에 살았다고 알려진 알 킨디(Al-Kindī)다. 바그다드의 다재다능한 철학자인 그의 가장 큰 공헌은 기원전 4세기의 그리스 철학자 아리스토텔레스 작품의 아랍어 번역 작업을 총괄한 것이었다. 그리스어 텍스트를 아랍어로 번역한 것 중에서 가장 오래된 번역본은 에브 알 모카파(Ebh al-Moqaffa)라는 페르시아 학자의 아리스토텔레스의 『오르가논(Organon)』 의역본이다. 9세기 말이 되자 알 킨디의 지도로 아리스토텔레스의 저작 대부분이 아랍어로 번역되었다. 알 킨디는 그리스적 생각이 중요하며 이것을 이슬람의 메시지를 강화하는 데 사용할 수 있다고 주장했다. 예를 들어 아리스토텔레스의 '사물이 알려질 수 있는 제1 원칙'은 쿠란의 알라와 같다. 자연과학에 대한 아리스토텔레스의 분류는 의학·수학·지리학을 다룬 히포크라테스, 갈레노스, 유클리드, 프톨레마이오스의 번역본을 수록한 아랍어 백과사전의 기반이 되었고, 이는 과학이 엄격하게 제시된 결론의 총체라는 아리스토텔레스의 개념을 뒷받침했다. 9세기에 바그다드에서 이 번역 작업이 수행되지 않았더라면 12세기에서 13세기 사이에 유럽에서 아리스토텔레스가 '재발견'되는 사건이나 그 비슷한 일도 없었을 것이며 서구 철학의 역사도 매우 달라졌을 것이다.

이러한 지적 발전은 멀리 떨어진 인도네시아 난파선의 이야기와는 직접 연관이 없어 보일지 모르나 실제로 이들의 관계는 매우 가깝다. 신드바드 이야기가 보여주듯, 부유한 선장들은 왕과 칼리프, 혹은 그들의 부인에게 영향력을 끼칠 수 있었다. 지혜의 집은 칼리프뿐 아니라 도시 엘리트층의 협조를 받아 만들어졌다. 이 사람들은 허구인 신드바드 이야기의 기반이 되었고 그중에는 벨리퉁 난파선의 화물과 연관된 상인이 있었을 수 있다.

### 중심지의 주인이 바뀌다

마르자메미 난파선 시대에 비잔틴 세계에 대한 생생한 그림을 남긴 6세기 역사가 프로코피우스는 인도양의 선박이 "못이 아니라 줄로 엮여 만들어졌다"라고 특기했다. 이 선박은 그보다 500년 전에 쓰인 현존하는 가장 뛰어난 고대 항해 관련 문서『항해 안내(Periplus Maris Erythraei)』에서도 언급되었다. 책 제목의 Periplus는 항해 안내, 즉 여행 일정이었고, 이 경우는 상인을 위한 안내를 의미했다. 그리고 Maris Erythraei는 지금의 홍해가 아니라 인도양과 그 너머의 바다를 가리킨다.

가장 오래된 판본으로서 하이델베르크대학 도서관에 소장된 10세기 그리스어 판본의 새 번역본을 비롯해 이 문서를 직접 연구해본 결과, 나는 원본이 나사렛 예수가 살았던 1세기 초에 작성되었다는 견해를 지지하게 되었다. 이 문서를 쓴 사람은 홍해를 근거지로 활동하며 그리스어를 사용하던 이집트 상인이었다. 약 1200개의 단어로 된 짧지만 강렬하고 사실적인 산문을 통해 저자는 잔지바르까지 가는 동아프리카 해상 항로와 바다를 가로질러 남인도로 가는 항로를 묘사하고 "현지 방식으로 꿰맨" 선박들이 오만에서 아라비아로 오갔다고 기록한다. 그는 항구의 이름과 각 항구에서 구해야 할 주산물을 들면서 세세한 부분까지 자세히 언급한다. 『항해 안내』에서는 지금의 에티오피아에 있던 악숨 왕국이 처음으로 언급되기도 했다. 그리고 저자는 북서 인도에서는 "고대 성역, 요새 성벽, 큰 우물" 같은 알렉산드로스 대왕의 원정이 남긴 흔적이 여전히 보인다고 언급한다. 알렉산드로스가 북인도와 아프가니스탄을 그리스 상인과 그리스의 영향력에 개방하는 데 중요한 역할을 했음을 떠올리게 하는 구절이다.

『항해 안내』를 통해 우리는 8세기 뒤에 벨리퉁 난파선이 증언하는 교역망을 역사적으로 깊이 들여다볼 수 있다. 그리스와 이집트 선원은 알렉산드로스 대왕 시대인 기원전 4세기 후반에 몬순풍에 대한 지식을 획득했을 것이다. 여름에 선박들은 "마치 목조르기로 바람을 붙들려는 듯" 남서쪽으로 부는 몬순풍을 타고 동쪽을 향했다가 10월부터 바람의 방향이 바뀌면 돌아왔다. 몇 주에 걸쳐 망망대해를 건너는 항해는 길고 위험했으며 1년이 걸려야 돌아올 수 있었다. 그러나 보상은 컸다. 수 세기 뒤 네덜란드 동인도회사의 상인들과 마찬가지로 가장 큰 유인은 향료였다. 특히 인도 남서쪽 말라바르해안에서 얻은 후추가 값졌다.

수입품 대금을 지불하기 위해 금화가 사용되면서 로마에서는 금이 귀해졌고 로마제국 제2대 황제 티베리우스(Tiberius)가 그에 대해 한탄하기도 했다. 19세기에 남인도에서 대량으로 발견된 로마 금화는 이런 교역이 이루어졌다는 증거다. 그러나 이런 증거가 지도상에서 처음 확인된 곳은 인도 동부의 퐁디셰리 근처 아리카메두다. 1945년에 인도 고고학조사국 국장인 모티머 휠러(Mortimer Wheeler)는 이곳에서 고대 로마 암포라 파편, 이탈리아산 붉은 도기인 아렌틴(Arretine)식 도기와 다른 지중해 지역 유물을 발견했다. 발견 증거에 비춰 휠러는 이 유적지가 『항해 안내』에 나오는 항구로 볼 수 있는 로마 시대의 교역 거점이라는 결론을 내렸다. 따라서 이것은 로마 시대에 로마에서 가장 멀리 떨어진 거점이 되었는데 로마로부터의 거리는 7000킬로미터였고 이곳에

가려면 이집트와 아라비아에 있던 제국 국경에서 바다를 건너가야 했다. 그리고 이 발견으로 인해 동방에서 로마제국의 존재를 엿볼 수 있는 창문이 열렸다. 그 뒤를 이어 남인도뿐 아니라 이집트의 홍해 연안을 따라 세워진 교역 관련 유적 발굴 조사가 진행되었다.

벨리퉁 난파선의 시대에 들어 이슬람이 융성하고 카이로, 다마스쿠스와 바그다드가 이국적 상품 소비지로서 로마와 콘스탄티노플을 대체했으며 샤틀 알아랍 강변의 바스라와 페르시아만의 시라프가 무역 규모 면에서 홍해 연안의 항구를 추월했다. 이로 인해 에리트레아해 지역에는 완전히 새로운 교역을 시작할 동인이 생겼다. 그러나 그리스-로마 시대 상인, 선원, 모험가의 후예가 이 지역의 풍부하고 다양한 문화와 민족 구성에서 상당 비중을 차지하고 있었고, 초기 무역의 영향이 그때까지 뚜렷이 남아 있었다. 한 가지 유산은 기독교의 존재다. 앞에서 아라비아 배가 1년에 1회 수리가 필요하다고 말한 선교사 조반니 다 몬테코르비노를 소개했는데, 나중에 그는 베이징 주교가 된다. 그가 1291년에 설교했던 장소인 인도 마드라스 근처의 '성 도마의 나라'에는 『항해 안내』의 시대인 기원후 1세기부터 사도 도마 본인을 포함해 초기 공동체의 후손으로 보이는 기독교도들이 살고 있었다. 교역은 상업 중심지(Emporia)를 유산으로 남긴다. 시라프, 스리위자야와 광저우 같은 9세기의 대규모 중계무역항은 아리카메두처럼 거의

1000년 전 로마제국 변방의 교역 거점에서 무역을 기반으로 성장했다.

## 황금 섬이 곧 사라진 이유

벨리통 난파선의 이야기는 아바스 왕조 페르시아와 당 왕조 중국에만 국한된 것이 아니라 중계무역으로 엄청난 부를 쌓은 한 왕국과도 관계가 있다. 바로 '황금 섬'이라 불리는 전설 속의 나라, 스리위자야 왕국이다. 인도 너머의 땅을 그리스어로 '황금'이라는 뜻의 '크리세'로 부른 『항해 안내』의 시대부터, 사람들은 남중국해 방향 어딘가에 상상을 초월할 정도로 부유한 왕국이 존재할 것이라고 믿기 시작했다. 이 생각은 남부 수마트라섬 무시강과 바탕강에 사금이 풍부했다는 사실에 기원한다. 기원후 7세기에 이곳에서 생겨난 한 왕국은 동쪽과 서쪽을 잇는 통로인 말라카해협을 통제했다. 이 해협은 모든 선박이 통과해야 하는 곳이었다. 벨리통섬은 무시강 어귀에 있는데, 그곳에서 난파한 벨리통 난파선은 스리위자야의 수도에 잠시 들르러 가는 길이었을지도 모른다. 그곳은 금 외에도 스리위자야의 다른 귀중한 산물인 녹나무 목재의 산지다. 마르코 폴로는 13세기에 이 나무가 "세계 최고의 목재"라고도 말했다.

아랍 작가들의 스리위자야 묘사는 플라톤의 아틀란티스 이야기처럼 약간 비현실적 분위기마저 풍긴다. 마치 이들도 자신이 쓰는 이야기가 사실이라는 것을 알면서도 이를 믿지 못했던 것 같다. 기원후 947년에 완성된 『황금 초원(The Meadows of Gold)』에서 바그다드 출신의 저명한 역사가이자 여행가인 알 마수디(Al-Masudi)는 스리위자야를 이렇게 묘사했다.

> 섬의 왕인 마하라자(Maharaja)는 무한한 제국을 다스리며 수없이 많은 병사를 거느렸다. (…) 이 군주의 영토에서는 모든 종류의 향신료와 향료가 산출되며 어떤 군주의 이익도 그의 땅에서 거두는 이익을 능가하지 못한다. 이들은 장뇌와 침향, 정향, 백단, 메이스, 육두구, 카다몬, 큐베브를 수출한다. (…) 중국해 너머에 있는 바다와 접한 이 섬들이 어디까지 뻗어 있는지, 한계가 어디인지는 아무도 모른다.

페르시아의 역사가이자 지리학자인 이븐 알 파키흐(Ibn al-Faqih)는 903년에 "아랍어, 페르시아어, 그리스어와 힌디어를 가르칠 수 있는 흰색, 빨간색, 노란색 앵무새와 점무늬가 있는 녹색 공작새, 정수리가 빨간 흰색 참매와 소의 꼬리를 한 원숭이가 있다"라고 썼다. 마찬가지로 페르시아의 지리학자인 이븐 코르다드베(Ibn Khordadbeh)는 50년 전에 "들어오는 배의 선원들은 산 위로 치솟는 영원한 불과 계속 타오르는 화염을 보고 두려움에 떨었다. 낮에는 빨갛고 밤에는 검은 불꽃은 무시무시한 천둥소리와 가끔 이상하고 두려운 소리를 내며 구름 속으로 솟았다"라고 기록했다. 이것은 수마트라를 묘사한 장면인데 서부 인도네시아의 화산 풍경에 익숙하지 않은 독자들은 이런 곳이 세상에 있기나 하는지를 의심하며 놀랐을 것이다.

팔렘방에서 발견된 13세기 이전의 고고학적 유물의 수가 아주 적었기 때문에 스리위자야는 더욱 신비로운 곳으로 여겨졌다. 그런데 최근 들어 상황이 극적으로 변했다. 수면에서 공기를 공급하는 위험천만한 후카(Hookah) 호흡 장비를 이용해 현지 어부들과 보물 사냥꾼들이 유물을 찾아낸 것이다. 그들은 강둑을 따라 진흙을 파내고 금과 청동으로 된 불교 조각, 금반지, 승려가 쓰는 종, 금화, 은화, 동전을 비롯한 벨리퉁 난파선 시대의 유물들을 다수 발견했다. 이 유물은 강에 공물로 바쳐진 물건으로 추측된다. 스리위자야의 왕은 '바다의 정령'들과 소통할 수 있었다고 전해지며 12세기의 한 여행자는 "이 나라 내륙에 사는 사람들은 바다에 공물을 바쳐 일종의 숭배의식을 한다고 한다. (…) 그렇게 함으로써 자기들을 해칠 악한 힘을 제거하는 것이다"라고 기록했다. 이런 설명이 맞든 틀리든 강에서 발견된 금의 양은 문헌 기록에 묘사된 이 왕국의 부를 반영하고 있다. 팔렘방에서 이 시기의 건물 유적이 발견되지 않는 이유도 문헌 속에서 찾을 수 있다. 한 10세기 기록에 따르면 "어떤 집은 땅 위에 지었으나 대부분은 물에 떠 있다." 이는 스리위자야가 진정한 '물의 도시'였다는 암시일지도 모른다. 13세기에 남인도의 촐라 왕국이 스리위자야를 제치고 동서무역의 주요 중개자가 되면서 부유했던 이 도시는 자취를 남기지도 못하고 빠르게 쇠락했다.

선원 신드바드의 이야기에는 스리위자야 근처의 말레이군도에 있는 지명 여러 개가 나온다. 신드바드는 세 번째 항해에서 인도와 페르시아로 돌아가기 전, 알 살라히타라는 섬에 들른다. 이 이름은 말레이어로 '해협'이라는 뜻인 '셀라트'와 비슷한데 아마도 말라카 해협을 가리키는 말일 것이다. 다섯 번째 항해에서 신드바드는 적도 남쪽에 있는 사란디브라는 산에 간다. 이 단어는 '수마트라'를 가리키는 산스크리트어 단어와 비슷하다. 아랍어로 작품 활동을 한 페르시아 작가 알 람호르무지(al-Ramhormuzi)의 『인도의 경이(The Wonders of India)』는 같은 시대 다른 선원들의 이야기 모음집인데 여기에는 "바다를 종횡무진으로 탐험하고 중국에 일곱 번 다녀온" 아브하라(Abhara)라는 선장의 이야기가 나온다. 그는 돌아오는 길에 "중국해로 뻗은 곶" 근처에서 난파해 혼자 살아남았다. 이곳은 아마 말레이반도였을 수도 있다.

이 해역에서 난파는 언제나 도사리고 있는 위험이었다. 신드바드는 일곱 번 항해할 때마다 난파한 것으로 유명하다. 그리고 람호르무지도 아브하라 이야기를 통해 이 위험을 강조한다.

그의 시대 전에 그 누구도 사고 없이 여행을 마무리한 사람은 없었다. 도중에 실종되지 않고 중국에 도착하는 것 그 자체가 상당한 업적이었다. 무사히 귀환하는 일은 일찍이 들어본 적이 없다. 나는 그를 제외한 그 누구도 불행한 사고 없이 중국까지 왕복했다는 이야기를 들어본 적이 없었다.

이렇게 위험이 컸기 때문에 초기 화주들은 페르시아에서 중국까지의 정기 직항을 꺼렸다. 중국까지 왕복하려면 2년이 걸렸지만, 말레이시아까지는 1년 정도가 걸렸다. 인도네시아에 도착한 페르시아와 아랍 상인들은 위험한 남중국해에 익숙한 선원이 탑승한 현지 선박에 상품을 싣고 더 동쪽으로 갔을지 모른다. 이것이 스리위자야가 중개무역으로 성공한 원인이다. 스리위자야는 동쪽에서 서쪽으로 가는 상품의 환적항이었을 뿐 아니라 이 기회를 이용해 같은 배로 금과 향신료에서 장뇌와 진주에 이르는 자국 상품을 수출했던 것이다. 신드바드 이야기에 흘러든 단편적 지리 정보를 제공한 선원들이 중국까지 갔든 가지 않았든, 벨리퉁 난파선 선원을 포함한 이들은 무시강에 있는 번쩍거리는 황금의 섬에 한 번쯤은 가보았을 것이다.

## 눈에 보이지 않는 보물

기원후 1세기의 『항해 안내』에서 가장 궁금증을 증폭시키는 구절은 끝부분이다. 저자가 경험한 한계점에 다다른 인도 남동부 어딘가에서 그는 "극단적 겨울과 한파 때문에 접근이 어렵거나 신의 영향력 때문에" 다가가기 어려운 지역을 아는 한도 안에서 둘러보고 "명주실과 비단, 비단으로 만든 것들을 판매하는 '티나'라고 불린 내륙 대도시"에 대해 이야기한다. "이 도시는 접근이 어려운 땅에 있으며 이곳에서 빠져나온 사람은 찾을 수 없고 있다고 해도 거의 없었다. 이 나라는 작은곰자리 밑에 있으며 폰투스와 카스피해의 가장 먼 곳과 국경을 접한다고 한다. 그 옆에는 마에오티스 호수가 있으며 모두 바다로 흘러 들어간다." 이 지식은 기원후 2세기 그리스 지리학자 프톨레메우스가 동방 세계를 상상하는 데 도움을 주었을지 모른다. 그는 중국을 육상 실크로드 동쪽 끝에 있는 '비단의 땅'이라는 뜻의 세리콘(Serikon)과 남쪽 해상항로 끝에 있는 킨(Qin)으로 나눴다. 기원후 6세기의 인물로 '인도로 항해한 자'라는 뜻인 코스마스 인디코플레우스테스(Cosmas Indicopleustes)는 한때 상인이었다가 수도사가 된 이집트인이다. 그는 자신이 '치니스타'라고 부른, 먼 외국을 그렸다. 그런데 그도 남인도의 교역 거점까지는 도착했지만 그 이상은 가지 못했다는 점에서 『항해 안내』의 저자와 시점이 같다. 기원후 2세기에 로마에서 온 사절단이 중국에 도달한 것으로 추정되며 비잔틴 황제 콘스탄스 2세(Constans Ⅱ)의 사절은 기원후 643년에 당 태종의 궁정에 도착했다. 그러나 그건 일회성 사건에 그쳤고 계속 유지된 외교관계를 대변하지는 못한다. 일부 상인과 모험가들은 의심할 나위 없이 중국까지 직접 갔겠지만, 육로와 해로를 이용한 무역은 중개인의 손아귀에 있었고 따라서 양쪽 끝의 세계에 대한 지식은 계속 제한적이었다.

9세기 벨리퉁 난파선의 시대에는 중국과 바그다드의 아바스 왕조 칼리프들이 바다를 통해 직접 더 자주 접촉하면서 상황은 변해 갔다. 아바스 왕조 시대가 이슬람 문화의 황금기로 여겨지듯, 벨리퉁 난파선의 시대에 중국을 다스린 당 왕조도 예술·문학과 기술 부문에서 높은 수준의 성취를 이뤘다. 초기의 해양 상인들은 페르시아와 중국의 광저우 항을 정기적으로 직접 오갔으며 이를 통해 상품뿐 아니라 사상까지 흘러들어 갔다. 이전의 간접교역을 통해서는 불가능했을 일이다. 광저우에는 16세기에서 19세기 유럽의 동인도회사가 그랬던 것처럼 아랍인의 임시 거처가 있었다. 중국과 인도네시아의 중계항에서 몬순풍을 기다리던 배들이 그동안 문화 교류에 더욱 이바지했을 것이다. 이러한 교류는 무역상의 출신 국가 사이에서만 이뤄진 게 아니라 더 다양한 민족과 종교, 생활 습관을 아우르며 점점 하나로 융합되던 이 해양 지역에서도 일어났다.

중국이 발명한 4대 발명품인 항해용 나침반, 화약, 종이, 인쇄술 가운데 종이와 인쇄술은 벨리퉁 난파선 시대에 증가한 해양 교역의 결과로 서구에 도달했을지도 모른다. 나무를 펄프로 만들어 두들기는 과정을 거쳐 만들어지는 종이는 『항해 안내』의 시대에 중국에서 발명되었고 기록 매체였던 비단과 죽간을 대체했다. 이후 종이는 서구에서 섬유를 겹으로 붙여 만든 파피루스와 동물 가죽으로 만든 양피지도 대체했다. 제지 기술은 기원전 7세기 후반에 인도로 전파되었고 한 세기 뒤에는 바그다드로, 그리고 12세기경에는 이슬람령 북아프리카를 통해 스페인으로 전해졌다. 중국에서는 목판 인쇄술이 기원후 600년에 시작되었는데 이는 유럽에서 첫 인쇄기가 발명되기 8세기 전이었다. 인쇄기 이전에도 종이가 사용되었다는 것은 두루마리 형태로든 지금의 책 형태로든 책이 더 빨리 만들어질 수 있었음을 뜻했다. 그리고 종이는 다루기가 더 편리했기 때문에 종이책은 더 많이 생산될 수 있었고 편리하게 운반될 수 있었다. 아바스 왕조 바그다드와 당 왕조에서는 공통적으로 공공과 민간 도서관의 수가 많고 규모가 컸다. 두 나라의 도서관들은 중세 후기에 이르기까지 유럽의 어떤 도서관보다 큰 규모를 자랑했다. 제작 과정이 비밀에 부쳐진 데다가 정치와 종교의 제약을 받았기 때문에 중국에서 유럽까지 종이를 만드는 기술이 전파되기까지는 오랜 시간이 걸렸다. 그러나 언어를 문자로 전달하는 데 유용했던 종이는 더 멀리까지 생각을 확산하기 위해서는 필수적이었다. 난파선에서 벼루가 발견되었다는 건 이런 점에서 아주 특별한 문화적·지적 중요성을 드러낸다.

　벨리퉁 난파선에서 발견된 금과 은은 고고학적으로 발견된 당 왕조 시대 최대 규모 보물 중 하나다. 그리고 중국 밖에서 발견된 유일한 것이기도 하다. 발견된 뛰어난 예술품 중 순금으로 만든 잔 4개와 사발 3개가 있는데 이 중에는 가수와 무용수 그림으로 장식된 8각형 잔, 안에 오리 두 마리가 새겨진 타원형 사발, 그리고 만자(卍字)가 그려진 사발 하나가 있다. 은 제품으로는 도금 술병, 사발 4개, 대접 2개와 작은 상자 14개가 있다. 이 중 여러 개는 나뭇잎 모양에 두드림 성형기법으로 새긴 원앙 한 쌍과 꽃이 만발한 풍경에 있는 앵무새로 장식되었다. 여기에 더해 배의 화물에는 순도가 매우 높은 은 덩어리 18개가 있었다. 중국에서 순은이 수출되었다는 첫 증거다. 금잔과 사발은 음주와 특별한 연관이 있다. 벨리퉁 난파선의 시대와 비슷한 840년경에 지은 〈불능망정음(不能忘情吟)〉에서 시인 백거이는 이렇게 읊었다.

소야, 소야!
나를 위해 버드나무 가지를 불러 다오.
나는 너의 금잔에 술을 채우고,
너와 함께 취한 나라로 돌아가련다.

금으로 된 사발은 선물로 쓰였고 각 지역을 통솔하는 절도사들이 장안(長安)에 이런 그릇들을 공급했다. 이들은 축제나 행사에서 상당히 의례화된 형태로 종친, 관료, 승려나 다른 이들에게 그릇을 증정하곤 했다. 충성과 친척 사이의 결속을 다지는 이런 사회적 기능은 유대감이나 결혼 생활의 행복을 상징하는 한 쌍의 새 장식과 영원히 순환하는 부처의 발걸음인 만자에 반영되었다. 당나라 사회에서의 역할에 더해 이런 고가품들은 해외로 파견된 사절단이 선물로 가져가거나 상인들이 교역을 원활하게 하는 데 사용되기도 했다. 벨리퉁 난파선 시대의 외교적 선물은 벨리퉁 바로 남쪽인 셰포에서 813년에서 839년 사이에 파견된 사절단의 선물 목록에 나와 있다. 셰포는 자와섬 중부 자카르타 지역에 번성했던 왕국으로 지금의 자바로 추정된다. 목록에 있는 선물에는 노예, 앵무새, 향, 거북의 등딱지와 살아 있는 코뿔소가 있었다. 선물로 금과 은그릇을 썼던 것에 대해서라면 12세기 후반에서 13세기 초반의 중국 역사가 조여괄이 아주 오래전 '보니'라 불렸던 보르네오 왕국에 대한 기록에서 다음과 같이 언급했다.

해변에 외국 선박이 도착한 지 3일 뒤, 왕과 그의 가족은 왕실 고위 관리들과 함께 배에 올라 항해가 얼마나 힘들었는지를 물었다. 여러 선원이 배로 건너오는 판자를 두꺼운 은색 비단으로 감싸 존경하는 태도로 이들을 환영했다. 이들은 손님에게 온갖 종류의 술을 대접하고 계급에 따라 금은으로 된 그릇을 선물로 나눠주었다.

청동 거울은 궁중에서 선물용으로 쓰인 위세품이었지만 해외에서도 탐내는 사람들이 많아서 아시아 전역에서 상업적으로 거래되었다. 내구성 있는 청동 거울은 몇 세기 동안 보존될 수 있었다. 기원전 206년부터 기원후 220년까지 유지되었던 한(漢) 왕조 시대 난파선에서 발견된 청동 거울 29개는 놀랍게도 중국 고분에서 발견된 고대 거울과 유사한데 이들이 귀한 가보였음을 보여준다. 금과 은그릇처럼, 거울에도 상징적인 장식이 있는데 몇몇 경우 이들은 명상에 사용되었다. 거울의 한 뒷면에는 현악기를 연주하는 남자와 그 음악에 맞춰 춤추는 봉황이 그려졌다. 그리고 "진정한 신사, 흩날리는 서리"라고 새겨진 명문은 음악과 몸짓을 통해 진정한 조화로움에 도달하려는 모습을 보여준다.

중국적 철학 전통에서 음과 양의 균형은 뛰어난 청동 거울인 양심(楊心) 혹은 '양쯔강의 심장'이라 불리는 어느 거울에 명료하게 상징화되어 있다. 가장자리의 명문에는 "건원(乾元) 무술년(戊戌年) 11월 29일에 양쯔강의 심장 양저우에서 백 번 녹인 (금속으로 만들어졌다)"라고 적혀 있는데 이는 759년 1월 3일에 해당한다. 거울 주변에 새겨진 팔괘는 음과 양을 대변하는데 음은 끊어진 선으로, 양은 이어진 선으로 나타낸다. 거울에는 사방을 나타내는 상징이 새겨져 있다. 서쪽의 백호, 북쪽의 현무, 동쪽의 청룡, 남쪽의 주작 그림은 이 거울이 귀신을 쫓아주며 악령이나 다른 위험으로부터 사람을 보호하는 주술적인 역할이 있었음을 뜻한다.

거울을 분석해 보니 이 거울을 만든 합금에는 주석 비율이 높았다. 주석 비율이 25퍼센트였는데 그래서 거울은 더 은색을 띠고 반사율도 더 높아졌다. 시인 백거이는 이런 거울이 "강 한가운데의 파도치는 곳의 배에서 5월 5일 정오에 주조된다. 옥가루와 금가루를 갠 풀로 광을 내면 이 거울은 가을 연못의 맑은 물처럼 반짝거린다"라고 적었다. 음력으로 5월 5일은 하지와 가까워서 빛, 불과 같은 밝은 양의 기운이 가득한 날이다. 이는 거울이 매우 반짝인다는 의미다. 이와 대조적으로 난파선에서 발견된 거울은 음의 기운이 재생하는 에너지인 양의 기운으로 대체되는 동지에 주조되었다. 벨리퉁 난파선이 방문한 지역은 이미 불교와 도교 전통이 넓게 퍼진 지역이었다. 이 거울을 만진 탑승원들도 거울에 새겨진 상징과 그 힘을 이해했다고 생각하면 흥미진진하다. 서로 반대되는 우주의 힘이 합쳐져 존재를 이루고 있다는 사고방식은 많은 사람의 세계관과 인생관을 형성하는 지배적인 생각이었다.

## 끝없이 이어지는 역사의 연결고리

기원후 770년경에 쓰인 다도에 관한 가장 오래된 책 『다경(茶

經)』의 저자이며 시인이자 차 애호가인 육우(陸羽)는 차를 마시는 데는 차의 녹색을 더 두드러지게 만드는 중국 월요(越窯)의 빛나는 녹색 차 사발이 최고라고 했다. 이와 대조적으로 흰색 차 사발은 차의 붉은빛을 보이게 만든다. 차 문화는 당나라 시대에 가장 인기가 많았다. 물론 다른 것들과 마찬가지로 중국 사회에서는 어떤 환경에서 마시느냐에 따라 의미가 달라졌다. 차는 불교의 명상과 연관되기도 했고 의료용으로 사용되기도 했으며 일상적으로 즐기기도 했는데 이때는 소금과 향료로 맛을 내었다. 차는 가루를 낸 찻잎을 뜨거운 물에 휘저어 우려냈다. 차를 마시는 데에는 물병, 찻잎 상자와 차 사발과 같은 도자기를 사용한다. 육우는 벨리퉁 난파선에서 발견된 단일 화물로는 가장 큰 규모를 차지한, 창사요제 도자기를 언급하지 않는다. 창사요 가마에서 9세기 초에 들어서야 대량생산을 시작했기 때문이다. 하지만 이 유물이 차를 마시기 위해 제작되었다는 데는 의문의 여지가 없다. 그중 하나에는 안에 '차를 마시는 잔'이라는 뜻의 차잔자(茶盞子)라는 명문이 쓰여 있기도 했다.

벨리퉁에서 발견된 창사요 사발 수천 개는 당시 중국 도자기 문화에 대해서뿐만 아니라 중국과 외국 시장, 특히 아바스 왕조 페르시아와의 상호작용에 대한 흥미로운 증거가 된다. 당시의 중국 도자기 가마들은 양쯔강의 지류인 샹강 연안에 있었고 따라서 바다로 쉽게 접근할 수 있는 범위 안에 있었다. 발견된 사발들은 거의 비슷한 형태였는데 일부는 지름 13센티미터에 깊이 5센티미터였고 한 가지 양식으로 장식되어 있었으나 여러 사람이 손으로 자유롭게 그렸기 때문인지 하나하나가 모두 독특하다. 한 번 유약으로 칠해진 사발의 테두리는 다른 방향으로 네 번 갈색 유약에 담겨 그 안에 디자인이 들어갈 프레임처럼 기능한다. 완성된 사발은 가마에 넣어 구웠다. 색상은 대부분 구리 녹색과 망간철 갈색이었고 미묘한 녹색을 띤 광이 났다. 이 사발을 더욱 아름답게 만든 것은 그 디자인이다. 사발에는 꽃, 새, 산, 구름과 안개 무늬, 바다 괴물이 그려졌다. 자바 서쪽까지 한자가 퍼지지는 않았기에 사발에 한자 명문을 새기는 일은 상대적으로 적었다. 이 사실은 벨리퉁 난파선의 도자기들이 수출용으로 만들어졌다는 것을 암시한다.

장식의 몇몇 주제는 불교적 의미를 담고 있다. 기원전 1000년대에 인도에서 기원한 불교는 기원후 2세기경 중국으로 가는 육상과 해양 교역로를 따라 전파되었다. 벨리퉁 난파선의 시대에 밀교가 당나라 황제들의 종교가 되었고, 선불교도 널리 퍼졌다. 사발의 꽃문양 가운데에는 불교에서 성스럽게 여겨지는 연꽃이 있다. 어떤 사발에는 사리를 안치하거나 불교의 가르침을 상징하는 건축물 스투파(Stupa)가 그려졌고 만자로 장식되었다. 난파선에서 발견된 청동 거울에서처럼 부처의 발자국을 상징하는 것이다. 다른 종류의 도자기로 녹색 물방울무늬 사발과 잔이 있는데 여의주를 좇는 용이 그려진 도기제 메달 모양의 장식이 부착되었다. 이것은 불교와 도교의 상징이었다. 도교는 중국의 또 다른 위대한 종교이자 당 왕조에서 공식적 위상을 획득한 종교였다. 다른 창사요 사발에서도 도교에서 불로불사의 상징인 영지버섯이 그려졌다. 몇몇 사발에는 자연의 힘과 에너지의 상징인 구름과 연기가 피어오르는 양식화된 산과 새가 아름답게 그려져 있다. 이 가운데에는 언제나 평생 한 상대만 선택해 늘 한 쌍으로 날아다니며 결혼 생활의 행복과 정절을 상징한다는 상사조도 있다.

 몇몇 장식은 중국 도자기 제조업자들이 서방 시장을 염두에 두고 제작했다. 난파선에서 발견된 창사요 주전자에는 대추야자 나무를 그린 도자기 부착장식이 있다. 이 나무는 중동에서는 경제적으로 아주 중요하지만, 중국에서는 자라지 않는다. 가장 고개를 갸우뚱하게 만드는 것은 쿠란의 쿠픽(Kufic) 서체 명문을 따라 그린 패턴이 있는 사발이다. 이 서체는 각진 형태가 특징적인 초기 아랍어 서체이며 장식용으로 많이 쓰였다. 이것은 아랍어를 읽거나 이해할 수 없지만, 무슬림에게 이 명문이 의미가 있다는 것을 알고 그려진 것으로 보인다. 그 시대에는 아랍과 페르시아 상인들이 중국의 수도 장안과 여러 주요 항구에 살고 있었고 이들은 쿠란도 함께 들고 왔을 것이다. 사발에 그려진 그림 중 가장 특기할 만한 건 바로 사람들의 초상이다. 곱슬머리와 수염을 기르고 넓은 눈과 큰 코를 가진 이 사람은 아랍인이나 페르시아인이었을 텐데 선원 다수가 중동 출신이었을 이 배에도 그런 외모를 한 사람이 있었을 것으로 짐작된다.

　벨리퉁 난파선에 실린 도자기는 실용적인 목적으로 제작되었지만 장식은 그 도자기를 진정한 예술품으로 올려놓을 정도로 훌륭하다. 중국에서는 '예술가'와 '장인', 혹은 '고급'과 '저급' 예술 사이의 구분이 없었다. 그림은 삼절(三絶)로 알려진 예술 중 하나였다. 서예, 시와 함께 삼절을 이루는 그림은 당나라 시절에 발전한 개념이다. 예술적 표현과 감성은 사람이 살고 직업을 영위하는 데 필수적이다. 예를 들어 당시에 관리가 되려면 반드시 시 쓰기 능력을 갖춰야 했다. 시서화 삼절의 관계는 난파선에서 발견된 사발에도 아름답게 표현되어 있다. 8세기에 개발된 '매우 흘려 쓴 서체'인 광초(狂草)로 글씨를 써 장식적인 맛을 더한 이 글씨에서는 즉흥성, 자유분방한 구성, 빠르게 쓴 솜씨가 엿보인다. 발견된 한 창사요 사발에는 안쪽에 시 한 수 전체가 쓰였는데 그 무엇보다 삼절의 모든 것을 보여주는 희귀한 사례다. 1000년도 더 된 오래된 글은 그 어떤 고고학자의 말보다 당시의 일상과 항해, 교역의 모습을 생생하게 전해준다.

　　외로운 야생 백조의 눈에 남쪽 하늘은 얼마나 멀까?
　　차가운 바람에 마음에 공포가 든다.
　　큰 강 너머 먼 곳으로 여행을 떠난, 사랑하는 이가 그립다.
　　나의 마음은 밤낮으로 국경을 향한다.

리처드 버턴이 번역한 『선원 신드바드의 이야기』 속 목판화에 나오는, 배 위를 나는 거대한 독수리는 록(Roc)이다. 이 새는 아랍과 페르시아 전승에 등장하는 맹금류인데 아마도 이 지역에서 멸종한 초대형 독수리가 목판화의 기원이 되었을지도 모른다. 신드바드의 다섯 번째 항해에서 그가 탔던 배는 록이 떨어뜨린 바위에 부서졌고 배에 탔던 선원들은 록의 알에 있던 새끼를 잡아먹었다.

> 날이 흐려지며 어두워졌고 태양이 보이지 않았다. 마치 땅 위로 거대한 구름이 지나가는 것 같았다. 우리는 눈을 들었다. 구름이라고 생각했던 것은 해를 가린 록이었다. 그리고 낮의 빛을 어둡게 만든 것은 그 새의 날개였다.

배에 위협이 된 록은 인도 신화의 마카라(중국에서는 마갈어)와 비견된다. 마카라는 코끼리 코에 악어의 몸을 한 바다 괴물이다. 기원후 7세기 중엽에 인도 승려 가범달마가 한역한 『천수천안대비심다라니』에는 마카라에게 잡아먹힐 뻔한 어떤 선원이 마음을 부처에게 집중하고 기도하니, 마카라가 공격을 멈췄다는 이야기가 등장한다. 놀랍게도 이 장면은 난파선에서 발견된 한 사발에도 묘사되어 있다. 사발에서는 어둠에서 나온 마카라가 자신을 향해 항해하는 선박을 집어삼키려 한다. 이 배는 벨리퉁 난파선처럼 아랍이나 페르시아 배일 수 있는데 아마 가장 오래된 그림일 것이다.

빛과 어둠 사이에 있는 마카라의 이미지는 마카라가 힌두교와 불교 도상학에서 문지기로 등장해 시간과 공간, 현세와 내세의 경계를 연결한다는 세계관을 연상시킨다. 이 그림은 어디서나 발생하곤 했던 난파에 관한 이야기로 읽을 수도 있다.

  마카라는 벗어날 수 없는 자연의 힘을 상징한다. 마카라가 그려진 이 그림에서 배는 빛에서 어두움으로, 삶에서 죽음으로 이동하고 있다. 마카라는 변덕에 따라 배를 삼킬 수도, 그냥 보낼 수도 있다. 우리는 벨리퉁 난파선이 난파한 이유와 선원들의 운명에 대해 전혀 알지 못한다. 다만 이 이미지와 다른 사발에 있는 시를 통해 1200년 전, 아바스 왕조 이슬람과 당 왕조 중국 사이의 남부 자바해에서 침몰한 이들의 경험과 감정을 상상할 수 있을 뿐이다.

**11세기(바이킹 시대)**

# 생존을 건 위대한 도전

# 침략자이자 탐험가였던 바이킹족

 바이킹 롱십

793년, 여기 노섬브리아 땅에 끔찍한 경고가 내려졌다. 사람들은 비탄에 차 두려움에 떨었다. 놀라운 광채를 띤 번개가 치고 회오리 바람이 불었다. 하늘에는 불을 뿜는 용이 날아가는 모습이 보였다. 이 징조들에 이어 대기근이 일어났고, 얼마 뒤인 같은 해 1월의 중간날(Ides) 6일 전에는 이교도가 침입해 린디스판섬에 있는 주님의 교회를 앞뒤 보지 않고 약탈하고 파괴했으며 살육을 저질렀다.

고대 영어로 된 이 구절은 9세기 후반의 알프레드 대왕 시대부터 로마 시대 역사 기록까지 거슬러 올라가는 영국사 연대기인『앵글로색슨 연대기』에서 나온 것이다. 어린 시절에 이 연대기를 직접 필사했던 나는 케임브리지대학 코퍼스 크리스티 칼리지에 박사과정 연구생으로 있으며 이 책의 가장 오래되고 완전한 판본인 파커 연대기(Parker Chronicle)를 살펴볼 수 있다는 데 짜릿함을 느꼈다. 노란색으로 변한 양피지에는 787년에 쓰인 기록이 남아 있었다. 이 기록에서 나는 고대 영어로 '데인인의 함선'을 가리키는 스키푸 덴시크라 몬나(Scipu Densicra Monna)라는 문구와 위칭(Wicing), 혹은 '해적질'로 알려진 이들의 활동을 지칭한 단어를 처음으로 보았다. 이 연대기는 787년에 웨섹스 해안에 배 세 척이 도착했고 이들을 만나러 말을 타고 나온 이곳 남성 한 명이 살해된 사건을 전한다.

　이것이 바이킹이 잉글랜드 해안에 등장했다는 가장 오래된 기록이다. 그러나 많은 사람에게 충격을 준 사건은 793년에 일어난 린디스판 습격 사건이었다. 이 사건 이후 사람들은 상상 속에서만 떠올리던 바이킹이 누구인지를 구체적으로 정의하게 되었다. 린디스판섬의 성 쿠스버트(St. Cuthbert) 수도원은 린디스판 복음서가 제작된 곳으로, 습격받기 전부터 이미 영국에서 가장 성스러운 곳 중 하나로 여겨져 많은 사람들의 관심을 받았던 곳이다. 프랑크인과 롬바르드인의 왕이자 신성 로마제국 황제가 될 샤를마뉴 왕의 궁정에 있던 노섬브리아 출신의 학자 알쿠인(Alcuin)은 노섬브리아 왕에게 이렇게 썼다.

　브리튼섬에는 우리가 지금 이교도들로부터 겪은 것 같은 참사가 일어난 적이 없습니다. 바다로 이들이 침입하리라 생각해 본 적도 없습니다. 그런데 보십시오, 전하. 쿠스버트 교회에는 신의 사제들이 흘린 피가 사방에 튀었고 수도원의 모든 장식이 약탈당했습니다.

어떤 사람들은 이것이 죄에 대한 응징이며 구약성서에 나오는 예언이 실현된 것이라고 믿었다. "여호와께서 나에게 이르시되, 북쪽에서 재앙이 터져 나와 이 땅 모든 주민에게 임할 것이라(예레미야서 1:14)." 신성모독을 당한 곳은 린디스판 수도원만이 아니었다. 그다음 해에는 재로 수도원의 차례였다. 그곳은 노섬브리아 출신 신학자 베다 베네라빌리스(Beda Venerabilis)가 앵글로색슨 역사에 대한 대작『잉글랜드인의 교회사(Historia Ecclesiastica Gentis Anglorum)』를 집필한 곳이었다. 그리고 그로부터 한 해 뒤에는, 634년에 린디스판 수도원을 세우기 위해 아일랜드 수도사 아이단(Aidan)이 출발한 아이오나 수도원이 당했다. 이 공격을 시작으로 북유럽인은 북부와 동부 잉글랜드를 점령해 데인로(Danelaw), 즉 '덴마크 법'이 적용되는 지역을 확장해 나갔고 11세기 초 덴마크의 크누트(Cnut) 왕은 잉글랜드를 통치했으며 결정적으로 1066년에 노르만인이 잉글랜드를 정복했다. 이 정착과 통합 과정에서 앵글로색슨 왕국과 데인인은 파괴적이고 처참한 전쟁을 자주 벌였다.

793년 그날 린디스판섬에서 일어난 일의 실체는 유적에서 발견된 이른바 둠즈데이 비(Doomsday Stone)라는 9세기의 묘비에서 찾아볼 수 있다. 이 비석의 한 면에는 천상의 십자가 앞에 절하는 사람이, 다른 한 면에는 칼과 도끼를 휘두르는 전사 일곱 명이 보인다. 그러나 사람들의 공포를 자아낸 것은 바로 피레네 드라칸(Fyrenne Dracan), 즉 용머리 모양 선수에 핏빛의 붉은 줄무늬 돛을 올리고 바다에서 뱀처럼 유연하게 움직이는 바이킹의 배였다.

19세기 노르웨이에서는 바이킹선 무덤이 발견되었다. 그리고 1893년에 시카고 만국박람회를 기념해 복제 선박이 대서양을 횡단하면서 바이킹선은 우리 눈앞에 다시 한번 생생하게 등장했다. 또한 2014년에는 다른 바이킹선이 영국박물관 특별전에 전시되면서 광범위한 관심을 끌었다. 그때 전시된 배는 매장되었던 것이 아닌 난파선이었다. 그 배는 1990년대 후반에 덴마크 로스킬레 피오르에서 다른 배의 선체들과 함께 발굴되어 현지 바이킹선박박물관에 전시되었던 바이킹 롱십(Longship)이다. 로스킬레 선박은 1025년의 것으로 추정된다. 이 시기의 바이킹은 약탈을 일삼는 이들이 아니었다. 이들은 교역하고, 정착해 살았으며 탐험에 종사해 고대 북유럽 역사의 가장 흥미진진한 시기를 만들었다. 이때 바이킹들은 중부 유럽의 강을 거슬러 올라가 비잔티움과 아랍 세계와 교역했으며 영토를 향한 갈망에 이끌려 영국 제도로 가거나 아이슬란드, 그린란드에 정착하고 북아메리카 해안에 도달해 사상 처음으로 세계 반대쪽 끝에 사는 사람들을 연결했다.

### 콜럼버스보다 먼저 도착한 탐험가들

1893년 5월 27일, 캐나다 최동단에 위치한 뉴펀들랜드 해안에 900년간 보이지 않았던 무언가가 모습을 나타냈다. 바로 바이킹 선박이었다. 용 모양의 선수와 붉은 줄무늬가 그려진 흰 돛을 모두 갖춘 이 바이킹선은 노르웨이에서 출발해 한 달 동안 대서양을 건너 시카고 만국박람회가 열리는 육지에 도달했다. 캐나다 동부 대서양 연안에 있는 노바스코샤 해안에서 거센 폭풍과 싸운 끝에 2주일 뒤 뉴욕에 도착한 이 배는 대거 집결한 미국 해군 함선과 요트, 예인선, 증기선의 환영을 받았다.

이 배는 뉴욕에 있는 이리 운하에서 오대호를 가로질러 시카고 만국박람회 노르웨이관의 주요 전시물이 되었다. 그해 박람회는 크리스토퍼 콜럼버스의 미 대륙 발견 400주년 기념행사였지만, 역설적으로 바이킹선의 이 항해로 인해 북유럽 선박이 대서양을 횡단할 수 있다는 것이 증명되었다. 콜럼버스가 출항하기 500년 전에 북유럽의 영웅 신화를 담은 아이슬란드 사가(Icelandic Saga)에 전해지는 것처럼 말이다.

이 바이킹호는 1880년에 노르웨이 고크스타드에 있는 고분에서 발견된 9세기 선박의 복제품이었다. 따라서 이 항해는 이런 종류의 배가 실제 항해할 수 있었는지를 알아보는, 진정한 고고학적 실험이었다. 한 선원은 나중에 이렇게 썼다. "배가 마치 생물처럼 연결부를 부드럽게 움직이며 집채만 한 파도를 뚫고 매끄럽게 항해하는 모습은 정말 멋졌다." 선장은 이 배의 바닥이 거의 2센티미터가량 휘어졌고, 현연[舷緣: 현측 꼭대기와 갑판이 접하는 부분 – 옮긴이]은 15센티미터까지 유연하게 움직였다고 기록했다.

이는 거친 바다에서 유연성을 발휘하도록 선체 아래쪽에 더 가벼운 판재를 사용한 '경량 외부 우선 설계'의 결과다. 덧대는 방식으로 만들어진 바이킹호는 판재가 겹치는 부분에 철제 리벳[Rivet: 대가리가 두툼한 굵은 못 – 옮긴이]을 박고 용골과 가까운 곳은 버드나무 가지로 꿰맸다. 키 역할을 하는 노는 고대 북유럽어로 우현을 가리키는 스티보르드(Stybord)에 부착해 우현에서 조타했고 사각 돛을 단 돛대 하나와 노잡이 32명을 위한 설비를 갖췄다. 이 실험을 통해 고크스타드 바이킹선은 의례용이었다기보다 먼바다를 제대로 항해할 수 있는 선박임이 증명되었다. 이는 린디스판 수도원 습격 사건에서의 기록과 8세기에 북유럽인이 서부를 확장하면서 형성된 바이킹의 이미지에도 부합한다.

1904년에 환상적인 바이킹선이 오세베리 근처에서 발견되었다. 이 배는 고크스타드 바이킹선과 비슷한 설계지만 선수와 선미를 조각으로 아름답게 장식했다. 두 척 모두 바이킹이 해적과 가장 많이 연관되었던 9세기 선박이었다. 이들은 왕릉급 무덤에서 등장했다. 고크스타드 선박은 왕이나 족장의 것이었고, 오세베리 선박은 지체 높은 여성과 그녀의 여성 동반자의 것이었다. 이로 인해 이 배들은 고대 북유럽 공식 역사에서 확고한 위치를 차지하게 되었다. 이 관점은 20세기 초 유럽에서 인기를 끌었던 민족주의와 결부되었다. 나치는 바이킹에 역할을 부여해 역사 이야기를 창작해 내고자 했고, 롱십도 그 운동의 일부로 활용되었다. 1939년 나치가 발행한 잡지 《여성의 파수꾼(Frauen Warte)》에는 '우리 조상이 남긴 불멸의 유산'이라는 제목의 기사가 실렸다. 이 잡지의 표지에는 출항하는 바이킹선을 아들딸과 함께 자랑스럽게 지켜보는 한 여성이 담겨 있다. 노르웨이인을 무장 친위대로 모집하기 위해 제작된 1943년의 포스터에는 돛에 나치 친위대를 상징하는 룬문자를 새긴, 롱십과 배 한가운데 철모를 쓴 나치 병사가 서 있는 모습이 그려져 있다. 롱십의 이미지는 무장 친위대 제5 기갑사단 비킹(Wiking)의 마크가 되었다. 바이킹선의 이미지는 『유럽과 동방(Europa und der Osten)』이라는 호화판 대형 사진집에서 가장 노골적으로 소환된다. 이 사진집은 1938년에 열린 나치당 전당대회의 선전용 전시회 자료집인데, 책에 실린 발굴 중인 오세베리선의 사진에는 바이킹이 독일인의 조상이며 이들의 해적 행위는 나치가 모방하기를 원했던 인종적 우월성의 징표라는 거짓 설명이 곁들여졌다.

제2차 세계대전이 끝나고 덴마크 로스킬레에서 새로운 고고학적 발견이 이루어지면서 고대 북유럽인의 항해에 대한 연구가 본격적으로 시작되었다. 덴마크 본토와 스웨덴 사이의 제일란트섬에 있으며 발트해와 북해 사이의 해협에 가까운 로스킬레 피오르는 로스킬레에서 남쪽으로 40킬로미터 뻗어 있다. 덴마크와 노르웨이의 국왕이었던 푸른 이의 하랄(Harald Bluetooth)이 980년대에 세운 도시인 로스킬레는 1020년에 주교구로 격상되었고 11세기 중반에는 왕실과 교회의 중심지가 되었다.

스칸디나비아의 다른 곳과 마찬가지로 이 피오르의 지리는 선박과 보트가 초창기에 어떻게 발전해 갔는지를 설명해 준다. 이 지역에서는 선박운송이 필수적이었고 해안에 있는 장소끼리는 육상운송보다 해상운송이 효율적이었다. 어떤 배들은 상대적으로 잔잔한 발트해의 환경에 맞춰 발전했고, 어떤 배들은 더 거친 북해에 적응하는 방향으로 발전했다. 좌초하지 않고 조간대에 올라올 수 있도록 만들어진 선박들도 많았다. 그 결과 상대적으로 바닥이 평평하고 흘수선[Waterline: 선박의 선체과 수면이 만나는 선 - 옮긴이]이 낮아서 카스피해에서 흑해까지 동유럽의 강을 건너 콘스탄티노플과 이슬람과 교역할 수 있는 선박이 탄생했다.

### 유연하고 강인한 용 모양의 배

1962년에 로스킬레에서 북쪽으로 20킬로미터 떨어진 스쿨델레프라는 마을 근처 얕은 바다에서 선체 잔해 5개가 발견되었다.

이 배들은 로스킬레가 공격 위협에 처했을 때 적들이 피오르에 들어오는 것을 막기 위해 가장 좁은 지점에서 의도적으로 침몰시킨 것이었다. 이 잔해들은 수중 발굴 대신 코퍼댐[수중 구조물을 세우는 동안 물의 유입을 막기 위하여 임시로 설치하는 구조물 – 옮긴이]으로 물의 유입을 막고 물을 퍼낸 다음 발굴하는 방식으로 조사했다. 이렇게 발굴된 선체 잔해의 각 부분과 복제품은 로스킬레의 바이킹선박박물관에서 볼 수 있다. 이 전시품 덕에 우리는 11세기 초반부터 중반까지 북유럽에서 사용된 모든 종류의 선박을 일괄적으로 살펴볼 수 있다. 스쿨델레프 1형은 사람과 화물을 싣고 북해를 항해하기 적당한, 흘수선이 깊고 폭이 넓은 선박으로, 고크스타드나 오세베리의 바이킹선보다는 그린란드와 북아메리카로 항해했을 선박과 비슷했을 것이다. 이와 대조적으로 전통적인 바이킹 롱십의 이미지와 비슷한 스쿨델레프 2형은 길이 30미터에 노잡이 60명~70명이 탑승하도록 설계되었다. 배를 만든 재목의 나이테를 분석해 보니 이 나무는 9세기에서 12세기까지 바이킹의 주요 정착지였던 아일랜드 더블린 근처에서 벌목되었음이 확인되었다. 다른 배 세 척을 보면 주로 발트해에서 사용되었을 더 작은 화물선, 양현 가장 위쪽 판재에 방패끈을 매는 구멍을 뚫어 방패를 죽 늘어세웠던 함선, 그리고 마지막으로 피오르 내에서 낚시나 해안운송에 사용되었을 더 작은 배가 있다.

    1996년부터 1997년까지 바이킹선박박물관 옆에 작은 항구가 건설되었을 때, 이 박물관 소장품에 주목할 만한 전시품이 추가되었다. 건설 현장에서 여러 척의 선박 잔해가 발견되었는데 이 중에는 지금까지 발견된 것들 중 가장 긴 롱십이 있다. 길이 36미터인 이 배는 고크스타드선보다 12미터, 스쿨델레프 2형보다 6미터, 16세기 영국 헨리 8세의 기함 메리 로즈호보다 4미터가 더 길다. 연륜연대학(dendrochronology), 즉 나이테를 통한 연대 측정법으로 분석한 결과 아마도 이 배를 만드는 데 쓰인 목재는 1018년에서 1032년 사이에 벌목되었고, 1039년 이후 어느 시점에 수리되었음이 밝혀졌다. 나이테로 미루어 보아 이 배는 노르웨이의 오슬로 피오르 지역에서 건조되었던 것 같다. 9세기의 고크스타드선과 오세베리선보다 더 길고 더 좁은 선체에 최소 78명의 노잡이가 노를 젓는 바이킹 롱십 설계의 최종 산물인 이 배는 떡갈나무로 만들어졌으며 용골은 삼등분되었고 배를 만드는 데 쓰인 판재의 길이는 최대 8미터다. 뼈대와 접합부는 고도의 목공 기술을 보여준다. 아름다움과 기능성이 뛰어나게 결합된 결과물인 로스킬레 선박은 단순히 그 실용성 때문만이 아니라 최고의 예술과 문화적 표현으로 당시 사람들에게 찬사를 받았을 것이다.

## 사람들을 벌벌 떨게 하는 함대

롱십이 자아낸 찬탄과 공포는 엠마(Emma) 여왕을 찬양하기 위해 1041년에 노르망디에서 집필된 『엠마 여왕에게 바치는 찬사(Encomium Emmae Reginae)』에서 생생히 묘사된다. 노르망디에서 첫 바이킹 통치자의 딸이었던 엠마는 평화 협정의 대가로 잉글랜드로 건너가 애설레드 더 언레디(Aethelred the Unready) 왕과 결혼했다가 애설레드 사후에는 애설레드의 적이었던 크누트 왕과 재혼해 강력한 권력을 행사한 여걸이었다. 그렇게 엠마는 앵글로색슨의 마지막에서 두 번째 왕인 참회왕 에드워드(Edward the Confessor)와 크누트의 후계자 하르타크누트(Harthacnut)의 어머니가 되었다. 1015년, 크누트는 배 200척으로 된 함대를 거느리고 덴마크를 떠나 잉글랜드로 향했다.

> 장대한 위용을 뽐내는 이 함대의 주인은 어떤 민족이라도 정복할 기세였다. 전사들이 배에서 내리기도 전에, 적들은 배만 보고서 겁에 질렸다. 번쩍거리는 금으로 장식된 무시무시한 사자, 위협적인 황금 가면을 쓴 갑옷 입은 병사, 순금으로 만든 불타오르는 용, 금으로 번쩍이는 뿔을 가지고 죽일 것처럼 위협하는 배 위의 황소를 본 사람이라면 이런 힘을 가진 왕을 어찌 두려워하지 않을 수 있을까?

로스킬레선의 건조 연대와 크기로 미루어 볼 때, 이 배는 크누트 왕이 건조했을지 모른다. 크누트 왕은 1016년에 잉글랜드 왕위에 올라 덴마크, 노르웨이, 잉글랜드를 합병하고 1028년부터 1035년에 사망할 때까지 북해제국을 짧게 다스린 왕이다. 바이킹의 전통대로 남부 잉글랜드 해안을 습격하며 치세를 이어온 크누트는 '전(全) 잉글랜드의 왕'이라는 뜻의 에알레스 란데스 엥글라 퀴닝(ealles Engla landes cyning)이 되었다. 그는 1028년에 50척의 배로 노르웨이 침공에 나섰고, 성공의 여세를 몰아 아일랜드에서 스웨덴에 이르는 지역에 해양 패권을 확립했다. 로스킬레선 같은 선박은 이 과정에서 강력한 권위를 표현하는 수단이 되었다. 이런 점에서 이 배는 다음 장에 나올 헨리 8세의 기함 메리 로즈호와 비슷한 역할을 했다고 볼 수 있다. '왕의 선박'으로 쓰인 이 배는 크누트와 그의 후계자의 치세에 역사의 흐름을 바꾼 사건에서 임무를 수행하고 로스킬레 피오르에 버려졌을지도 모른다.

노르망디의 엠마와 마찬가지로 이 배는 바이킹 역사의 다른 세 명의 위대한 인물과 비슷한 시대에 활약했다. 이 시대는 바이킹 세력과 그 세력의 지리적 판도가 정점에 달한 때였다. 1019년부터 1054년까지 키예프 대공이었던 현명공 야로슬라프(Yaroslav the wise), 1046년부터 1066년까지 노르웨이 왕이었던 하랄 하르드라다(Harald Hardrada), 1035년부터 노르망디 공작이었다가 1066년에 잉글랜드 왕이 된 정복왕 윌리엄(William the

Conqueror)이 모두 이 시대의 인물이다. 1066년은 하랄 하르드라다가, 그리고 나중에는 노르망디 공작 윌리엄이, 잉글랜드의 해럴드 고드윈슨(Harold Godwindon) 왕과 권좌를 놓고 싸웠던 기념비적인 해였다. 그리고 그 1066년에 앵글로색슨의 잉글랜드 지배도, 해양 교역자이자 탐험가였던 바이킹의 이야기도 종말을 고했다. 그때는 북아메리카에 처음으로 상륙했다고 알려진 바이킹인 탐험가 레이프 에릭슨(Leif Erikson)이 살아 있던 때다. 그해에 이 배는 권력과 정복의 세계에서 조금 떨어진 곳에서 존재했을 수도 있다. 이스탄불의 건물에 새겨진 바이킹 명문을 처음으로 보고, 키이우를 답사하고, 당시 유럽인들이 가장 먼 세상의 경계선으로 여겼던 그린란드와 뉴펀들랜드에 있는 고대 북유럽인 정착지까지, 바이킹의 행적을 따라 여행했던 내게 에릭슨과 동방으로 진출한 고대 북유럽인의 이야기는 특별한 여운을 남긴다.

### 아야 소피아 성당에 간 바이킹

장대한 볼거리가 많은 이스탄불의 아야 소피아 성당에서 나에게 가장 인상적이었던 건 성당 중앙 회랑을 내려다보는 2층 갤러리 대리석 난간에 거칠게 새겨진 낙서였다. 1964년에 발견된 이 낙서는 많이 닳아서 부분적으로만 읽을 수 있었으나 분명 고대 북유럽인의 알파벳인 룬문자였다. 남아 있는 첫 룬문자 4개는 할프단[Halfdan: 반쪽 덴마크인-옮긴이]을 뜻하는 FTAN으로 보인다. 이 이름은 8세기에서 11세기 사이 고대 영어로 쓰인, 지은이를 알 수 없는 영웅 서사시 『베오울프(Beowulf)』에서 가장 잘 알려진 이름이다. 이 서사시에서 헤알프데네(Healfdene)는 스킬딩인(Scylding)의 전설적인 왕이다. 명문의 나머지 부분은 아마도 "이 룬문자를 새겼다"와 "여기 있었다"라고 판독될 것이다. 비잔틴인이 바랑기아인(Varangian)으로 불렀던 할프단은 비잔틴 황제가 친위대로 고용한 바이킹 용병이었을 것이다. 아마 그는 9세기에서 10세기 사이에 이 명문을 새겼을 것이다. 황제가 참석한 예배에서 다른 친위대원들과 경비를 서던 할프단이 심심해서 이 명문을 새겼을까? 당시 스칸디나비아의 바이킹은 막 기독교로 개종하기 시작했고 바랑기아인들은 자기들이 위에서 보고 있던 예배나 교회에 대한 경외심도 없었을 것이다.

바이킹이 콘스탄티노플에 도착했다는 사실은 이들이 흘수선이 낮은 롱십을 이용해 발트해, 흑해와 카스피해를 잇는 동쪽에서 서쪽으로 볼가강, 돈강, 드네프르강, 드니에스트르강과 같은 여러 지류를 능숙하게 항해할 수 있었다는 증거가 되어준다. 비잔티움 및 이슬람 세계와 이들의 상업적 접촉이 어느 규모였는지는 스칸디나비아에서 대량으로 발굴된 바이킹 유물에 있는 아랍 디르함(Dirham) 은화와 교역이 이루어진 강변의 상업거점 주변에 정착지가 형성된 사실로 확인된다. 이 정착지 중 한 곳이 드네프르와 볼가강에서 이루어진 무역 중심축 노브고로드였다. 다른 정착지는 드네프르 강변의 키예프다. 또 다른 정착지는 볼가강 하류, 오늘날 카잔 근처에 있었다. 9세기 이래 노브고로드와 키예프는 로스킬레선 시대에 가장 크게 세력이 커진 동유럽의 중세 국가 키예프 루스의 일부였고 인구 가운데 상당수가 고대 북유럽인이었다.

가장 오래된 문헌 기록은 동방에 있던 바이킹과 거래한 사람들의 기록이다. 이들은 린디스판 주민과 달리 이교도와 신의 징벌을 두려워하지 않았다. 낯설고 가끔은 눈살을 찌푸리게 하는 관습이 있더라도 이들은 바이킹을 오로지 상인으로만 보았다. 가장 상세한 기록은 아흐마드 이븐 파들란(Ahmad Ibn Fadlān)의 글에서 찾아볼 수 있다. 이븐 파들란은 바그다드 아바스 왕조 칼리프가 불가르족에게 사절을 보낼 때 동행했는데 그때의 여정을 글로 기록했다. 볼가강에 있는 "모든 귀중한 상품이 모이는 큰 시장이 자주 열리는 곳에서" 그는 루스에서 온 상인을 만났다. "야자나무같이 키가 크고 피부가 희며 혈색이 붉은 이 사람들은 (…) 모두 도끼와 장검, 단도를 지녔다. (…) 이들은 발가락 끝에서 목까지 어두운 녹색으로 다양한 도안의 문신을 했다." 여성들은 원형 브로치를 착용했으며 "금과 은으로 된 토크"로 목을 감쌌다. 이븐 파들란의 묘사 중에는 바이킹의 선박 장례를 직접 목격한 글이 가장 유명하다.

죽은 남자와 그의 아내가 화장될 날이 왔다. 나는 그의 배가 정박한 강으로 갔다. 사람들이 강변으로 끌어올린 배가 보였다. 땅에 박힌 카단크(khadank), 혹은 다른 나무로 된 4개의 기둥 주변에 나무로 뼈대가 세워졌다. 다음에 이들은 배를 끌고 와 이 목제 구조물에 얹었다. (…) 그리고 이들은 침대를 가져와 배에 놓고 비잔틴제 두꺼운 은색 비단으로 된 쿠션을 (…)

그다음 이들은 죽은 왕의 시체를 배로 가져와 무기를 옆에 놓고 말 두 마리, 암소 두 마리와 개 한 마리를 제물로 바친 다음 그 고기를 배에 던지고 여인도 죽였다고 기록한다. 그런 다음 이들은 배를 불태우고, 태우고 남은 유해를 언덕에 묻었다. 바이킹이 장례에 인신 공양을 했다는 이야기는 다른 곳에서는 살펴볼 수 없다. 노르웨이의 고크스타드선에서는 동물을 제물로 바친 증거가 있는데 여기에서는 말 12마리, 개 6마리의 유해가 발견되었다. 매우 흥미롭게도 오세베리선에서는 이븐 파들란이 볼가강에서 보고 묘사한 장례용 구조물처럼 비단 조각이 발견되었는데 그 일부는 페르시아식 디자인이었다. 앞 장에서 보았듯, 바그다드의 아바스 왕조는 로마 시대 이래 처음으로 중국과 서구 사이에 해양 교역의 다리를 놓았다. 즉 9세기 노르웨이의 선박 매장지에서 발견된 비단은 중국에서 인도네시아의 말라카해협을 거쳐 스리랑카와 북인도를 지나 바스라와 바그다드로 왔다는 뜻이다. 9세기 후반의 교역망은 이미 아시아에서 가장 멀리 떨어진 양 끝단을 연결했고 당시의 해양 민족 바이킹은 이미 서쪽으로 아이슬란드까지 진출했으며 그린란드와 아메리카 동부 해안도 곧 탐험하게 된다.

바랑기아 친위대 중 가장 유명한 사람은 나중에 노르웨이의 왕이 될 하랄 하르드라다였다. 그는 젊은 시절에 콘스탄티노플로 가서 비잔틴 황제를 섬겼다. 이른바 바랑기아 룬문자 비석을 통해 스칸디나비아의 젊은 바이킹 사이에서 황제의 친위대라는 직업이 인기를 끌었다는 사실이 밝혀졌다. 이 비석은 그들이 고대 북유럽어로 '큰 요새'라는 뜻의 미클라가르드르라고 부른 곳으로 가서 전투에서 숨진 전사들을 추모하기 위해 세워졌다. 비잔틴 황제들은 바이킹의 충성심뿐 아니라 바이킹이 북서유럽에서 두려움의 대상이 된 바로 그 이유 때문에 이들을 총애했다. 10세기와 11세기 비잔틴사의 주된 사료인 요안네스 스킬리체스(Ioannes Skylitzes)가 쓴 『역사 개요(Synopses)』의 동시대 삽화에서는 한 줄로 선 바랑기아인 전사들이 묘사되었는데 이들은 린디스판섬의 둠즈데이 비에 나오는 것과 아주 비슷한 모습으로 전투용 도끼를 추켜올리고 있다. 친위대장이 된 하랄 하르드라다는 팔레스타인, 시칠리아, 이탈리아를 비롯한 여러 곳에서 싸웠다. 그는 11세기의 비잔틴제국이 500년 전의 유스티니아누스 황제 이래 영토를 가장 크게 넓히는 데 큰 역할을 하고 전리품으로 부자가 되어 고향으로 돌아갔다. 바이킹 전사에게 전리품은 그들이 비잔틴 친위대로 복무하는 가장 매력적인 이유가 되어주었다.

1031년에 콘스탄티노플로 돌아가던 하르드라다는 키예프 루스국에 잠시 머물며 군주인 야로슬라프 현명공(Jaroslav the Wise)을 섬겼는데 이 인연으로 야로슬라프의 딸 엘리지브(Eliziv)와 결혼하게 되었다. 드네프르 강변의 수도 키예프에서 야로슬라프와 그의 아버지 볼로디미르(Volodimir)는 강을 통한 교역을 통제해 스칸디나비아와 콘스탄티노플을 잇는 강력한 중개자가 되어 많은 부를 쌓았다. 998년 볼로디미르 치하의 키예프 루스국 사람들이 대거 기독교로 개종하면서 비잔티움과의 유대가 강해졌고, 이를 계기로 키예프에 아야 소피아 성당의 이름과 양식을 모방한 성 소피아 성당이 건설되었다. 키예프의 소피아 성당은 황금색 돔과 쿠폴라[Cupola: 작은 돔 – 옮긴이] 때문에 아야 소피아와 구별된다. 이 성당은 발트해에서 배로 노브고로드를 지나 드네프르 강변의 교역장까지 항해하고 노를 저어 온 바이킹이 있었기에 가능했던 놀라운 문화적 통합의 상징이었다. 이 교역장은 8세기와 9세기에 키예프에 생긴 첫 정주공동체의 기반이 되었다.

## 그린란드 정착지의 종말

비잔틴과 아랍 사료들이 특기한 바이킹의 주요 수출품은 모피와 노예였지만 비싸게 팔린 또 다른 산물 중에 바다코끼리 상아가 있었다. 고대 북유럽에서 바다코끼리 상아는 조각하는 데 쓰였다. 이 상아로 만든 조각품 중에는 12세기나 13세기에 노르웨이 혹은 아이슬란드에서 만들어지고 스코틀랜드의 루이스섬에서 발견된 루이스 장기 세트(Lewis Chessmen)도 있다. 이때 루이스섬이 속한 아우터헤브리디스(Outer Hebrides)제도는 노르웨이 왕국령으로, 스칸디나비아가 직접 다스린 영국제도의 마지막 일부였다. 콘스탄티노플에서 팔린 상아 대부분은 코끼리 어금니였는데 이 상아는 사하라 남쪽 아프리카에서 실려와 악숨 왕국을 거쳐 홍해를 통과해 콘스탄티노플로 왔다. 하지만 11세기 초부터 대서양산 바다코끼리 상아도 수입되었다. 바그다드에서 바다코끼리 상아는 단검 손잡이와 장검 칼자루 재료로 좋은 평가를 받았다. 10세기 후반의 아랍 지리학자 알 무카다시(al-Muqaddasī)가 쓴 『지역에 대한 지식의 최고 분류(The Best Divisions in the Knowledge of the Regions)』라는 책에 상아에 대한 내용을 찾아볼 수 있다. 1000년 전 대 플리니우스나 고대 그리스의 지리학자 스트라본의 책과 다루는 범위가 비슷한 이 책에서 그는 아랍 세계가 들여온 수입품 목록에 '물고기 이빨'을 기재했다. 아랍인뿐 아니라 비잔틴인도 바다코끼리 상아를 가리킬 때 이 단어를 사용했다.

2002년에 발간된 학술지 《왕립학회보(Proceedings of the Royal Society)》에 실린 어느 연구에서는 이 교역에서 키예프가 중요한 역할을 했다고 분석한다. 2007년에 우크라이나 과학 한림원이 강변에서 겨우 200미터 떨어진 저지(低地) 키예프의 10세기부터 12세기까지의 지층을 발굴한 결과, 바다코끼리 두개골 로스트라(Rostra: 상아가 있는 머리뼈 앞부분) 9개가 발굴되었다. 바다코끼리 상아가 운송되어 판매된 방법을 확실하게 보여준 증거였다. 아마도 이렇게 해야 상아가 더 인상적으로 보이고 바다코끼리 상아라는 것을 확실히 알릴 수 있었기 때문일 것이다. 노르웨이 과학기술대학에서 동위원소와 DNA 검사를 해보니 로스트라 7개는 서부 그린란드에서 살았던 바다코끼리의 것으로 밝혀졌다. 이 지역은 당시 바다코끼리 상아의 산지로 추정되는 곳이다. 다른 유럽 중세기 바다코끼리 로스트라를 연구한 결과, 도살된 바다코끼리의 크기와 성은 10세기에서 11세기까지는 대형 수컷이었으나 13세기에서 14세기에는 덩치가 더 작은 암컷으로 변했는데 후자는 서부 그린란드 최북단과 동부 캐나다 극지대에서 가장 흔한 유전적 특질을 보였다.

그린란드의 고대 북유럽인 정착지는 985년에 아이슬란드에서 온 붉은 머리 에이리크(Eirik the Red)가 세운 정착촌에서 시작되었다. 그는 정착자들을 유인하기 위해 이곳을 그린란드(Grœnland)로 불렀고, 이후 그린란드에는 '동부'와 '서부'로 나뉜 정착촌 수백 개가 생겼다. 이 정착촌에는 나무와 이끼로 만든 튼튼한 집과 교회 몇 채까지 들어섰는데 일부는 석조 건물이었다. 당시 이곳의 기후는 지금보다는 온화했으며 남부 그린란드의 계곡은 여름에는 방목에 적당했지만, 정착민들은 곡식과 다른 식량, 재목 같은 원자재와 완제품, 특히 금속 제품을 얻기 위해 해양 무역에 의지했다. 그리고 이에 대한 반대급부로 이들은 모피와 바다코끼리 상아와 가죽을 수출했다. 바이킹선의 삭구[배에서 쓰는 로프나 쇠사슬 따위-옮긴이]로 사용된 바다코끼리 가죽 로프는 질기다는 호평을 받았다. 여름 동안 바다코끼리는 연안의 얕은 곳에 대규모로 올라왔고 고대 북유럽인 및 이들과 접촉이 있던 현지인 사냥꾼들에게는 손쉬운 사냥감이었다. 하지만 11세기에는 풍족하게 잡을 수 있던 바다코끼리가 시간이 흐르며 남획됨에 따라 점점 더 잡기 어려워졌던 탓에 사냥꾼들은 더 북쪽의 배핀만과 캐나다의 고위도 극지방의 군도로 갔다.

2004년에 나는 그린란드 북서 연안의 킹기토르수악섬을 방문한 적이 있었다. 1824년에 탐험가들이 가장 북쪽에 있는 룬문자 비문을 발견한 이 섬은 가장 가까운 고대 북유럽인 정착지에서 북쪽으로 1000킬로미터 떨어진 곳이다. 아야 소피아 성당과 다른 곳의 룬문자 낙서처럼, 이 비문은 친근하게 느껴지면서도 수수께끼 같다. "시그바르(Sigvar)의 아들 에를링구르(Erlingur), 토르다르(Þorðar)의 아들 뱌르니(Bjarni), 오드르(Oddr)의 아들 아인디디(Eindiði)가 공도일[가톨릭에서 예수승천일 전주 월요일부터 수요일까지 작물의 성장과 자연재해에서의 가호를 기원하는 날-옮긴이] 전 씻는 날(토요일)에 이 언덕을 쌓은 다음 타고 갔다. (…)" 놀랍게도 이 룬문자 비석보다 더 북쪽에서 고대 북유럽 유물이 발견되었다. 이 섬에서 1000킬로미터 북쪽으로 거의 1년 내내 얼음으로 둘러싸인 엘즈미어섬의 한 유적지에서 캐나다 고고학자들이 또 다른 유물을 발견했다. 이들은 현지 주민이 이끼와 고래 뼈로 만든 집을 발굴하고 있었는데 그곳에서 사슬갑옷 고리, 단검 날, 철제 보트 리벳, 양모로 된 천 조각이 발견되었다. 이 물건은 교역이나 강탈을 통해 얻은 것일 수도 있고 난파선에서 건진 물건일 수도 있다. 고유한 금속가공 전통을 발전시키지 못했던 현지 주민들은 철을 아주 가치가 높은 물건으로 여겼을 것이다. 이 유적지와 룬문자 비석의 연대는 모두 13세기로 추정되는데 그 시기는 그린란드의 고대 북유럽인 정착지의 말기 무렵이다. 엘즈미어섬에서 발견된 이 유물들은 남쪽 정착지에서 생존하기 어려운 시절이 다가오면서 더 큰 위험을 무릅쓰고서라도 바다코끼리를 사냥하려던 이들에게 닥친 위험을 반영한 것일지도 모른다.

  종말을 맞이한 그린란드의 고대 북유럽인 정착지에서는 무시무시한 면마저 보인다. 폐허가 된 집과 교회는 전성기의 번영과 종말의 비참함을 모두 증언한다. 콜럼버스가 카리브해의 한 섬에 상륙한 바로 그해인 1492년에 교황이 보낸 한 편지에는 이 정착지에 대한 마지막 언급이 등장한다.

그린란드는 세계의 끝 근처에 있는 섬이라고들 한다. (…) 이 섬을 둘러싼 얼음 때문에 항해는 드물고 얼음이 후퇴한 8월에나 상륙할 수 있다. 이러한 이유로 지난 80년간 그곳에 항해한 배는 없었을 것으로 보인다. 주교도, 사제도 그곳에는 없었다.

이른바 소빙하기의 시작은 13세기 후반의 그린란드에서 피부에 와닿는 이야기가 아니었을 수도 있다. 빙하는 더 넓은 지역을 뒤덮었고 바다에 얼음이 늘어나며 여름의 생장기는 짧아졌다. 늘어난 바다 얼음 때문에 사냥꾼들은 바다코끼리가 올라온 곳까지 가기가 더 어려웠을 것이다. 바다코끼리 군집이 줄어들어 사냥꾼들이 어쩔 수 없이 얼음이 더 많은 북쪽 바다로 내몰린 상황이라면 더욱 그렇다. 그린란드의 바다코끼리 상아 이야기는 전 세계가 생태적으로 연결되어 있다는 깨달음을 주는 초기의 사례일 수 있다. 콘스탄티노플, 바그다드와 같은 소비 중심지와 그린란드, 캐나다와 같은 수렵채집 사회는 지리적으로 멀리 떨어졌으나 긴밀하게 연결되어 있었다. 이 나라들 사이의 연결성은 기후변화의 영향을 받아 점점 변화하게 된다. 콜럼버스와 바스쿠 다가마의 항해로 인해 유럽이 착취하는 또 다른 세상이 열리게 되고, 이 패턴은 앞으로도 끊임없이 다른 곳에서 반복된다.

### 온화한 땅을 찾아서

고대 북유럽인이 북서 대서양을 어떻게 항해했는지는 덴마크 예술가 칼 라스무센(Carl Rasmussen)이 1875년에 그린 〈1000년경 그린란드 연안의 여름밤(Sommernat under den Grønlandske Kyst circa Aar 1000)〉이라는 제목의 회화에서 아름답게 묘사되었다. 그는 1870년에 그린란드를 방문한 경험에 기초해 이 그림을 완성했다. 작품의 전경에는 거친 바다를 뚫고 전진하는 바이킹선이 보인다. 배후에는 빙산이 어른거리며 솟아 있고 멀리 떨어진 해안은 바다 안개와 구름으로 가려졌다. 그림에 표현된 장소는 그린란드 최남단의 페어웰곶일지도 모른다.

차가운 그린란드 해류가 더 따뜻한 멕시코만 해류와 만나 생겨나는 안개와 거친 바다는 항해자들을 엉뚱한 곳으로 인도한다. 빙산은 일루리삿 빙하 피오르에서 떨어져 나와 대서양으로 흘러갈 것이다. 나는 이 현상을 직접 목격한 적도 있는데 1912년에 타이태닉호를 가라앉힌 빙하도 여기서 왔을 것이다. 실제 보았던 사람만이 표현할 수 있는 바로 그 차가움이 그림에서 전해진다. 그림 속 작은 배에 사람들이 가득 타고 있다. 이들은 광대한 바다 앞에서는 나약해 보이지만, 결의에 찬 모습이다. 이 작품 속에서 고대 북유럽인은 해적으로 표현되지 않았다. 대신 위험한 모험에 나서 먼 곳의 해안이 눈에 들어오기를 갈망하는 탐험가와 식민지 개척자로 그려진다. 라스무센은 고크스타드선과 오세베리선이 발견되기 여러 해 전에 그림을 그렸으나 그가 그린 용머리 선수와 붉은색과 흰색 띠가 있는 돛을 갖춘 선박은 롱십이라기보다 더 많은 화물을 싣기 위해 선창(船倉)이 깊고 거친 바다를 견디기 위해 건현(乾舷: 선체가 물에 침하하지 않는 부분의 높이)이 높은, 그린란드 근해에서 활동했던 선박에 더 가깝다. 라스무센 본인이 1893년에 그린란드에서 돌아오는 길에 갑판에서 그림을 그리다가 바다로 떨어져 실종되었기 때문에 이 그림은 더 강력한 느낌으로 다가온다.

그린란드에 도착한 고대 북유럽인의 이야기는 〈그린란드인의 사가(Grœnlendinga Saga)〉와 〈붉은 머리 에이리크의 사가(Eirik Saga Rauða)〉라는 두 아이슬란드 사가[12~13세기에 북유럽에서 성행한 산문체 이야기 – 옮긴이]를 통해 전해진다. 두 사가는 모두 13세기에서 14세기 사이에 쓰였으나 그 전 2세기 동안 구전으로 전해진 전승에 바탕을 두었다. 북유럽인의 그린란드 정착이 실제 일어난 사건이라는 게 밝혀지면서 역사상 가장 인상적인 해양 모험을 다룬 사가 속의 가장 수수께끼 같은 부분도 신뢰를 얻게 되었다. 바로 북아메리카 해안에서 이들이 '빈란드'라고 부른 땅을 발견했다는 이야기다.

붉은 머리 에이리크가 그린란드를 식민지로 만든 지 약 15년 뒤, 그의 아들 레이프 에릭손은 남서쪽으로 항해해 포도와 풍부한 목재, 연어와 밀이 있는 온화한 기후의 땅을 발견했다. "풀에는 이슬이 맺혔고 그들은 맨 먼저 이 이슬을 손에 담아 입술을 적셨다. 이렇게 달콤한 것을 맛본 적은 없었다." 〈그린란드인의 사가〉에 따르면 이들은 레이프부디르('레이프의 집'이라는 뜻)에 '큰 집들'을 짓고 그곳에서 겨울을 났다. 〈붉은 머리 에이리크의 사가〉에 이 장소는 언급되지 않았으나 대신 이들은 스트라움피오르('두 개울의 피오르'라는 뜻)에 본거지를 두고 홉('해안 석호'라는 뜻)에 상륙했다. 여기에서 이들은 포도를 수확하고 나무를 벌목했다. 레이프의 형제[레이프가 형제 중 장남이었는지는 알 수 없다 - 옮긴이] 토르발트(Thorvald)와 토르스테인(Thorstein), 그리고 여자 형제 프레이디스(Freydis)와 그의 처제 구드리드(Gudrid)도 레이프의 뒤를 따라 항해했으나 레이프가 빈란드를 발견한 지 몇 년도 안 되어 항해는 중단되었고 사가에서 묘사된 초기 모습 이후 빈란드의 고대 북유럽인 정착지가 존속했다는 증거도 없다.

노르웨이 고고학자 안네 스티네 잉스타드(Anne Stine Ingstad)와 남편 헬게(Helge)는 빈란드 이야기가 사실에 근거했다고 믿고 뉴펀들랜드섬 북단 오지에 있는 랑스 오 메도스(L'Anse aux Meadows)라고 불리던 집 모양의 둔덕에 대한 보고서를 근거로 추적에 들어갔다. 이곳에서는 한 개울이 이탄과 이끼가 풍성한 습지를 돌며 흐르다가 밖에서 잘 안 보이는 작은 만으로 유입된다. 1960년대부터 이들은 일곱 차례에 걸쳐 4개 집단으로 구성된 건물 여덟 채를 발굴했다. 그중 세 채는 큰 홀에 초점이 맞춰진 주거

용이었고 한 채는 진흙과 돌로 만든 제철용 소형 용광로와 숯 생산용 가마가 있는 철 생산 건물이었다. 여기서 나온 철은 개울에서 모은 이탄철로 배 수리에 쓸 못을 만드는 데 사용되었다. 유적지에서는 100개 이상의 못과 나무못이 박힌 판재가 발견되었다. 건물 중 한 채는 선박 건조용 선소(船所)였을 수 있다. 집들은 고대 북유럽 양식으로 목재 뼈대에 이끼로 된 지붕을 얹어 만들어졌고 벽쪽으로는 침상이, 가운데에는 불을 피우는 공간이 있었으며 70명에서 90명 정도를 수용할 수 있었다. 수가 많지는 않지만 청동제 편, 유리구슬, 물레 추, 작은 맷돌, 뼈바늘을 비롯해 유일한 개인 장신구이자 신세계에서 발견된 첫 유럽산 제품인 도금 반지 파편이 발견되었다. 이 작은 유물들은 이곳 주민이 고대 북유럽인임을 확인해 준다.

랑스 오 메도스 유적지는 처음으로 지정된 유네스코 세계유산 유적지가 되었고 지금도 유일하게 확인된 고대 북유럽인의 북아메리카 상륙지다. 개인 소지품이 적게 발굴된 것은 주민들이 서두르지 않고 질서정연하게 이곳에서 철수했다는 것을 알려준다. 이곳에서는 동시대 그린란드와 아이슬란드 유적지에서 찾아볼 수 있는 목축 흔적이 발견되지 않는다. 낚시와 사냥 외에 다른 식량 조달 활동의 증거가 없는 것은 일시적 혹은 특정 계절에만 머무는 정착지에서 발견되는 특징이다. 아마도 사가에 나오는 레이프스부디르나 스트라움피오르가 이곳이었을 것이다. '홉'이 캐나다 동부

뉴브런즈윅의 세인트 로렌스만 남해안에 있었을 것이라는 강력한 증거도 발견되었다. 이곳의 조간대는 '석호'라는 묘사와 일치하며 포도와 목재도 풍부하게 발견된다. 게다가 랑스 오 메도스 유적지에서 발견된 유기물 중 버터넛이 있는데 이 열매는 북쪽 뉴펀들랜드에서는 자라지 않고 뉴브런즈윅에서만 발견된다. 버터넛 나무는 호두나무처럼 좋은 경질 목재였다. 먹는 버터넛 열매와 버터넛 나무 목재는 홉으로 실려와 그린란드로 보내졌을 것이다.

2021년《네이처》에 발표된 한 논문에서 연구자들은 정밀 질량 분석법과 특정 나이테에는 993년에 일어난 것으로 알려진 우주 방사선[초신성 폭발 등의 원인으로 지구에 날아오는 고에너지 방사선 – 옮긴이] 사건이 반영된다는 데 기반해 유적지에서 발굴된 목재 파편의 연대를 측정했다. 그리고 이 목재가 1021년에 벌목되었다는 것을 밝혀냈다. 이것이 이 유적지에서 측정할 수 있는 가장 정확한 거주 연대다. 사가는 레이프 에릭손이 1000년경 빈란드에 도착했다고 증언한다. 이는 새롭게 알아낸 연대가 고대 북유럽인이 북아메리카에 존재했던 마지막 해였을지도 모른다는 뜻이다. 이 연대는 로스킬레선의 추정 건조 연대와 가깝다. 이제 우리는 이 유적지를 1021년에 일어난 다른 사건들과 나란히 놓고 볼 수 있다. 그해 2월에는 파티마 왕조의 제6대 칼리프였던 알 하킴 비아므르 알라(Al-Hakim bi-Amr Allah)가 카이로 교외에서 밤에 말을 타다가 사라졌는데 아마 암살당했을 것이다. 11월에는 신성 로마제국 황제

하인리히 2세(Heinrich Ⅱ)가 6만 병력을 거느리고 브렌네르 고개를 넘어 크리스마스를 라벤나에서 보냈다. 동쪽에서는 바실리오스 2세(Basil Ⅱ)의 비잔틴 군대가 10년 전에 하랄 하르드라다가 입대했던 바랑기아 친위대의 도움으로 조지아군을 격파했다. 그리고 인도에서는 라젠드라 촐라 1세(Rajendra Chola I)가 갠지스 강변까지 세력을 확대하고 벵골을 침공했다[동양에서는 고려 현종(顯宗) 12년, 북송 진종(眞宗) 천희(天禧) 4년, 요나라 성종(聖宗) 태평(太平) 원년에 해당한다. 세 나라 모두 전성기 군주의 치세다 – 옮긴이].

## 인류, 지구 한 바퀴를 연결하다

2006년에 나는 랑스 오 메도스 유적을 무대로 한 새 소설 『크루세이더 골드(Crusader Gold)』의 한 장을 집필할 계획으로 이곳에 얼마 동안 머물렀다. 작품에 현장감을 담고 싶었기 때문이다. 유적지는 고대 북유럽인이 있었을 때부터 바뀐 것이 별로 없는 자연 그대로의 장소였다. 여기에 도착한 이들 또한 고향에서 보았던 것과 비슷해 친숙하게 느꼈을 것이다. 연안에 좌초해 있는 빙산, 바다로 흘러가는 물이끼와 이탄 습지, 하늘을 반사하는 검은 웅덩이는 사가에 등장한 장소들에 얽힌 이야기를 생생하게 들려준다. 이곳은 신화와 허구에 어울리는 장소지만 사가는 나중에 유럽에서 벌어진 대항해시대와 콜럼버스의 신대륙 발견과 맞먹는 엄청난 역사적 진실을 품고 있었다. 이곳에서 발견된 유물과 새로운 방사 탄소 연대측정으로 알아낸 연대 덕분에 우리는 이 유적지가 역사에서 차지하는 의미와 1021년에 고대 북유럽인들이 건조한 배의 진실을 분명하게 알게 되었다. 1021년은 아마도 마지막으로 배를 건조한 해였을 것이다.

사가에는 신세계에 대한 몇 가지 첫 번째 기록이 있다. 그중 하나가 기록으로 남은 첫 번째 유럽 난파선이다. 사가는 레이프의 형제 토르발드가 배를 수리해야 했을 때 이 난파선의 부러진 용골을 남겨 곶을 표시했다고 전한다. 또 다른 사건은 신세계에서 처음으로 태어난 아이인 구드리드의 아들 스노리(Snorri)다. 치명상을 입은 후 땅에 묻힌 토르발드의 발 아래 세워진 십자가는 첫 기독교적 흔적이다. 토르발드를 죽음으로 이끈 현지 주민과의 만남은 북아메리카 원주민에 관한 첫 묘사다. 이 사건으로 인류는 처음으로 지구를 빙 둘러싸게 되었고 빈란드는 기록이 남겨진 첫 접촉 지점이 되었다. 초기 인류는 아프리카를 떠나 동쪽으로 아시아, 북쪽으로 유럽으로 향했다. 아시아로 간 무리는 빙하기 말에 베링해협을 건너 아메리카로 갔다. 유럽으로 간 무리는 항해 기술을 개발해 그들의 후예인 고대 북유럽인이 북대서양을 건넜다. 두 무리는 조상들이 헤어진 지 수십만 년 뒤에, 서로 다른 방향으로 향했던 무리와 만났다. 그린란드에 정착한 고대 북유럽인들이 어떻게 극지로

스며들었는지 알지 못하는 것과 마찬가지로, 고대 북유럽인이 어떻게 북대서양을 건넜고 얼마나 오래 있었는지는 밝혀지지 않을 수도 있다. 그러나 우리는 로스킬레선을 비롯해 피오르에 침몰한 상선과 짐배 같은 배를 건조할 능력이 없었더라면 모두 불가능한 일이었음을 안다. 칼 라스무센의 그림에서처럼 강인하고 유연하게 미지의 바다로 향했던 배 말이다.

### 바다를 지배할 수 있었던 이유

1066년 9월, 노르웨이 왕 하랄 하르드라다는 노르웨이군을 이끌고 잉글랜드의 앵글로색슨 왕 해럴드 고드윈슨과 맞섰다. 『앵글로색슨 연대기』에 따르면, 노스멘(Northmen)이라 불린 노르웨이인은 300척의 함대를 몰고 쳐들어왔다. 의문의 여지 없이 그중에는 로스킬레선과 비슷한 롱십도 많았을 것이다. 이 원정은 바이킹이 마지막으로 감행한 대규모 잉글랜드 '습격'이었다. 요크셔의 스탬퍼드 브리지 전투에서 하르드라다가 패한 것은 바이킹 시대의 종말이었다. 거의 3세기 전, 첫 바이킹 습격이라 할 수 있는 린디스판섬 사건이 아주 옛날이야기는 아니었을 때였다. 그러나 한 달도 되지 않아 해럴드 고드윈슨의 군대를 잉글랜드 남쪽 해안의 헤이스팅스에서 격파한 군대도 바이킹이었다. 정복왕 윌리엄과 그의 노르만군도 '노스멘'이었던 것이다. 이들은 10세기에 북프랑스에 정착한 고대 북유럽 전사 집단의 후예였다. 그리고 상륙 선단을 보여주는 〈바이유 태피스트리(Bayeux tapestry)〉에 묘사된 선박은 현존하는 최고의 바이킹식 선박 그림이다. 유연하면서 강인한 모습의 '용 모양 배'는 11세기 이후 전설 속에나 등장하는 배가 되었다가 현대 들어 고고학 발굴 결과에 근거해 복제품이 만들어지면서 되살아났다. 바이킹선은 또다시 스칸디나비아적 정체성의 중심이 되었다. 여기서 우리가 더 주목해야 할 지점은 바이킹 전사들의 용맹함이 아니라, 멀리 떨어진 대륙을 탐험하고 정착할 수 있었던 바이킹의 뛰어난 선박 설계 능력이다.

유럽수역에서 롱십은 코그선(Cog)으로 대체되었다. 이 배는 바이킹선처럼 돛이 하나였지만 건현이 높고 화물을 많이 실었으며 바닥이 평평해 조간대에서 똑바로 서 있을 수 있었다. 이런 특징은 농산물을 대량으로 수송해 급격하게 성장하던 중세의 해상교역에 적합한 형태였다. 코그선은 영불해협을 건너 군대를 수송하거나 다른 전장으로 보내는 데 사용되었다. 화약의 등장과 더불어 선박 그 자체가 무기가 되기 시작했던 이 현상은 헨리 8세의 거대한 기함 메리 로즈호의 발굴과 복원에서 가장 잘 살펴볼 수 있다.

1545년(대항해시대)

# 절대왕정의 시대를 열다

# 왕을 대신해 든 깃발

 메리 로즈호

저녁이 되어갈 무렵, 불운과 부주의로 인해 조지 커루(George Carew) 제독의 전함이 선원 전원과 함께 침몰했다. 탈출한 25명, 혹은 30명의 하인과 선원을 제외하고 500명에 달하는 선원이 익사했다. 나는 플레밍(Flemming)이라는 사람에게 어떻게 배가 사라졌는지를 물었다. 그는 한쪽 현 가장 아랫줄 포문을 닫지 않아서 이 재앙이 벌어졌다고 답했다. 한쪽 대포를 발사하고 다른 쪽에서 발포하기 위해 선회하는 동안, 강력한 바람이 부는 바람에 배가 옆으로 넘어갔다. 열린 포문이 바다 밑으로 들어가 물이 들이닥쳤고 곧이어 배는 침몰했다.

1545년에 포츠머스 근해에서 잉글랜드 해군 전함 메리 로즈호가 침몰했다. 신성 로마제국의 황제 카를로스 5세가 보낸 프랑수아 판 데어 델프트(François van der Delft) 대사가 묘사한 이 사건은 헨리 8세 본인도 직접 목격했다. 이 배의 침몰은 그에게 크나큰 손실이었다. 1971년에 재발견되고 1982년에 인양되어 포츠머스 역사 조선소(Portsmouth Historic Dockyard) 내의 최첨단 시설을 갖춘 박물관에서 2013년부터 전시 중인 메리 로즈호는 고고학 분야 최고의 업적일 뿐 아니라 튜더 왕조 시대 잉글랜드를 들여다볼 독특한 기회이기도 하다.

메리 로즈호는 헨리 8세의 해군이 처음부터 전함으로 사용하기 위해 만든 함선 중 하나였으며 전함이 적함을 파괴하거나 무력화하기 충분한 전력을 갖춘 해상 포대(砲臺)로 활약하기 시작한 시대를 대변한다. 메리 로즈호를 통해 우리는 프랑스군의 영국 상륙을 막은 솔렌트 해전에서 이 배의 역할, 더 넓은 역사적 맥락에서 본 16세기의 선박 설계, 전투 장비의 발전 및 헨리 8세와 영국 종교개혁을 포함한 여러 층위에서 역사를 조명해 볼 수 있다. 이뿐 아니라 메리 로즈호는 당시 개인들의 삶에 접근할 드문 기회도 선사한다. 대포와 소화기(小火器), 장궁과 도검, 천문관측 장비와 항해용 도구, 식료품과 조리도구, 목공도구, 의료도구와 악기를 비롯해 메리 로즈호에서 발견된 유물들은 여러 방면에서 튜더 왕조기 전함에서의 삶을 대변한다.

메리 로즈호의 난파 사건에서 생존한 두 사람의 이름이 알려져 있다. 커루 제독과 로저 그렌빌(Roger Grenville)이라는 장교다. 그러나 난파선에서 발견된 소지품과 유해 연구를 통해 다른 이들의 삶도 상당 부분 확실하게 재구성되었다. 연구 결과를 보면 헨리 8세의 함선에는 다양한 민족이 복무했다. 이 사실은 그 전까지는 논쟁이 되지 못했던 문제였는데, 이 연구 덕에 우리는 생동감 있게 움직이는 이들의 세계에 들어갈 수 있게 되었다. 메리 로즈호는 바로 과거의 평범한 선원의 삶을 가장 생생하게 들여다볼 현창[배의 선체에 난 둥근 창-옮긴이]을 우리에게 제공한다. 이 현창을 통해 우리는 발견되지 않았더라면 역사에 묻혀 사라졌을 개인들의 삶을 엿볼 수 있다. 그리고 그들의 삶은 우리네 삶과 크게 다르지 않았다는 데 공감할 수 있을 것이다.

## 스캔들과 영광의 시대를 연 튜더 왕조

헨리 8세는 재위한 지 갓 2년이 지난 1511년에 메리 로즈호의 진수를 지켜보았고 이 배가 침몰한 지 2년도 되지 않아 세상을 떠났다. 궁정화가로 활동했던 한스 홀바인(Hans Holbein)이 1537년에 그린 헨리 8세의 유명한 초상화에서는 만년의 허세 왕 할(Bluff King Hal)이라 불린 헨리 8세의 신체적 존재감만이 강조되어 있다. 1545년 7월 18~19일, 솔렌트만 해전을 관전했을 때 그의 몸집은 더 불어나 있었다. 메리 로즈호의 함생(艦生) 동안 그는 여러 아내를 둔 일로 역사에 큰 파장을 일으켰다. 헨리 8세는 아라곤의 캐서린(Katherine of Aragon)에서 시작해 메리 로즈호 침몰 당시 왕비인 캐서린 파(Katherine Parr)로 끝날 때까지 계속 왕비를 갈아치웠다. 교황 클레멘스 7세(Clement VII)가 헨리와 캐서린의 이혼을 허락하지 않자, 그는 로마 교회와 결별했다. 그리고 1534년에 헨리는 국왕지상법(Act of Supremacy)을 제정해 영국 성공회의 수장이 되었다.

더 넓은 역사의 흐름 속에서 바라보면 당시 유럽을 휩쓸던 종교개혁에 영향을 받은 행보라고 평가할 수도 있겠지만, 보다 직접적 이유는 앤 불린(Anne Boleyn)과 결혼하려는 헨리의 욕망 때문이었다. 캐서린과 이혼하기로 한 결정은 메리 로즈호 이야기에도 직접 영향을 미친다. 교황은 프랑스의 프랑수아 1세(Francis I)와 캐서린의 조카인 스페인의 카를로스 5세(Charles V)에게 잉글랜드를 침공해 다시 가톨릭으로 개종시키라고 요구했고, 결국 1545년에 프랑스는 함대를 보내 영국을 침공하기에 이른다. 프랑수아의 의도는 "헨리 8세가 강요한 프로테스탄트 폭정에서 잉글랜드인을 해방하는 것"이었다.

남성 권력이 만들어낸, 이 공격적이고 지배적인 세상에서 메리 로즈호 이야기에 아라곤의 캐서린이 등장한다는 사실은 여성이 권세를 휘두를 수 있었던 당시의 시대상을 보여준다. 그리고 이것은 헨리와 앤 불린의 딸 엘리자베스라는 인물을 통해 궁극적으로 표현되었다. 그때 열한 살이던 엘리자베스는 메리 로즈호 침몰 사건 당시에는 언젠가 여왕이 되리라는 것은 꿈에도 모른 채 라틴어와 그리스어를 배우고 있었다. 캐서린 본인도 당시 최고 여성 권력자인 카스티야의 이사벨라(Isabella of Castille) 여왕의 딸이었다. 이사벨라는 아라곤의 페르디난드(Ferdinand of Aragon)와 결혼해 스페인을 통일했고, 남편과 함께 재정복[Reconquista: 가톨릭 왕국에서 이슬람 세력을 축출하기 위해 벌인 활동－옮긴이]의 마지막 단계를 지휘했으며, 크리스토퍼 콜럼버스의 아메리카 발견 항해를 후원했다. 1513년에 헨리가 프랑스로 원정을 떠난 틈을 타 스코틀랜드의 제임스 4세((James IV)가 노섬벌랜드를 침공했을 때 섭정을 했던 캐서린은 플로든 필드 전투에서 잉글랜드군을 승리로 이끌었다. 이 전투에서 메리 로즈호도 병력 수송함으로 활약했다.

  캐서린은 갑옷을 입고 직접 북쪽 전장으로 가서 병사의 사기를 북돋는 연설을 했다고 전해진다. 메리 로즈호 잔해에서도 캐서린과 관련된 흥미로운 유물이 발견되었다. 바로 헨리 왕의 문장과 더불어 그라나다의 석류 문장과 카스티야의 삼중 요새탑이 새겨진 궁수 손목 보호대다. 이 보호대는 아마 아직 캐서린이 총애를 받고 스페인 왕실과의 연합이 축복을 받던 헨리의 치세 초기에 궁수부대에 지급되었을 것이다.

## 신대륙을 향한 모험의 시작

캐서린은 고등교육을 받은 여성이었고 지적 호기심도 높았다. 그녀는 자신에게 『기독교도 여성의 교육에 관하여(De Institutione Feminae Christianae)』라는 저서를 바친 스페인 인문학자 후안 루이스 비베스(Juan Luis Vives), 철학자 에라스무스(Erasmus), 법률가 토머스 모어(Thomas More) 경의 후원자였다. 에라스무스는 메리 로즈호가 침몰했을 때 케임브리지대학 퀸스칼리지에서 연구자로 있었다. 모어는 영국 왕을 영국 교회 수장으로 선언한 1532년의 '국왕지상법'을 거부했다는 이유로 처형되기 전까지 대법관을 지냈다. 두 사람 모두 르네상스 인문주의자였고, 고대 그리스-로마 작가 부흥 운동에 참여해 그들의 철학적 통찰로 중세의 편협한 신학에서 벗어나려 했다.

메리 로즈호가 침몰했을 때 전성기를 맞은 이탈리아 르네상스 정신은 미켈란젤로의 조각 작품과 당시 공사 중이던 성 베드로 대성당의 설계에 구현되어 있다. 인본주의는 그리스 철학자 프로타고라스(Protagoras)의 "인간은 만물의 척도다"라는 명제를 반영해 인간의 가치와 중요성을 더 강조하는 방향으로 발전했다. 이와 같은 정신은 종교개혁으로 이어진 사상적 독립을 위한 열망뿐 아니라 헨리 8세 및 그의 조정을 그린 홀바인의 초상화나 당대 최고로 유명한 레오나르도 다빈치의 〈모나리자〉에서 보이는 사실주의 속에서도 엿보인다. 〈모나리자〉는 1503년에서 1504년 사이에 작업이 시작되었으나 1516년에야 완성되었으므로 메리 로즈호가 첫 항해에 나선 동안 그려진 셈이다.

항해할 때마다 새로운 곳이 발견되던 이 시대에 지적·문화적 각성은 더욱 폭발적으로 일어났다. 이에 따라 중세의 세계지도에서는 신비로운 괴물이 사는 곳이라 여겨지던 세상의 외연이 확장되었고, 세계를 보는 유럽인의 관점도 활짝 열렸다. 특히 포르투갈의 탐험가들이 이 분야에서 선구자 역할을 했다. 1488년에 바르톨로메우 디아스(Bartolomeu Dias)가 희망봉을 돌았고 1489년에는 바스쿠 다가마가 인도에 도착했다. 메리 로즈호 시대에 포르투갈은 아프리카, 중동, 인도와 동남아시아 해안을 따라 무역거점을 설치했다. 포르투갈 선장 페르디난드 마젤란(Ferdinand Magellan)과 스페인 사람 후안 세바스티안 엘 카노(Juan Sebastián el Cano)는 1519~1522년에 걸쳐 최초로 배를 타고 세계를 일주했다. 마젤란은 태평양이라는 이름을 만든 사람이기도 하다. 서쪽에서 콜럼버스가 아메리카에 상륙하면서 스페인은 아스텍과 잉카제국을 정복해 나갔다. 잉카제국 정복은 메리 로즈호가 침몰했을 때 아직 진행 중이었고, 원주민에게 엄청난 타격을 안겼다. 반면 스페인은 이곳에서 개발한 은광 덕에 유럽에서 가장 부유한 나라가 되었다. 1542년에는 페루에 부왕령[본국의 국왕을 대신하는 직책인 부왕에 의해 통치되는 식민지―옮긴이]이 성립되었다. 메리 로즈호가 가라앉던 해에는 볼리비아 포토시(Potosi)에 '부의 산'이라는 뜻의 전설적 세로 리코 광산이 열렸다.

북쪽에서는 프랑스의 탐험가 브르통 자크 카르티에(Breton Jaques Cartier)가 1534년부터 1542년까지 세인트 로렌스강을 탐사해 지금 퀘벡시가 된 첫 프랑스령 공동체를 세우고, 이곳을 이로쿼이어로 '정착지'라는 뜻의 캐나다국(Country of Canadas)으로 불렀다. 여전히 중세의 흔적이 남아 있었던 1545년의 솔렌트 해전에서는 마상창시합처럼 화려한 볼거리이자 대결로서의 전투가 펼쳐졌다. 그러나 새롭게 열린 지평선은 앞으로 여러 유럽 국가가 전 세계를 무대로 싸울 것임을 예고했다. 메리 로즈호의 설계와 무장 또한 엘리자베스 1세 치세에 영국의 세력 확장 도구가 될 함선과 큰 차이가 없었다.

## 배가 장식적이고 화려했던 이유

케임브리지대학 매그덜린 칼리지의 페피스 도서관에는 메리 로즈호를 묘사한 유일한 동시대 기록이 소장되어 있다. 헨리 8세의 무기 감독관이 준비해 왕에게 1546년에 보고한 이른바 앤서니 롤(Anthony Roll)의 일부다. 이 문서에는 이름, 무게, 선원 규모와 무장, 화포, 탄약과 기타 전쟁용 도구를 포함해 영국 해군 소속 전함 58척 전부에 관한 설명이 들어 있다. 해군의 자랑으로 그레이트 해리(Great Harry)로 불린 헨리 그레이스 아 디우(Henry Grace à Dieu)호가 가장 먼저 등장하고 그다음으로 메리 로즈호, 그리고 자매함 피터 포메그래네이트가 등장하는데 모두 헨리 치세 초기에 만들어졌다. 이들은 카락선(Carrack)이었는데 영국에서는 이들을 대선(Great Ship)으로 불렀다. 카락선은 중세 화물선인 코그선에서 발전된 형태로 돛대 4개에 높은 선수루(Forecastle)와 선미루(Rearcastle)를 세운 것이 특징이다.

    카락선은 얼핏 보기에 다루기 힘들어 보인다. 이 배의 선수루와 선미루는 뒤에서 포탄을 장전하는 선회식 대포나 소형 핸드건[대포를 줄인 모양의 원시적인 개인 화기 - 옮긴이]을 다루는 사수와 궁수에게는 안정적으로 전투할 수 있는 받침대가 되었으나 상당한 공기 저항을 일으켰다. 그럼에도 이 배들은 유럽인이 처음 신대륙을 발견하기 위한 항해에 사용되었으며 16세기 초반에는 가장 큰 전투함이었다. 잉글랜드에서 선체에 포구를 뚫은 첫 선박인 카락선은 처음부터 전함으로 설계되었다. 메리 로즈호가 침몰하던 시기에는 선체가 더 길쭉하고 선수루가 더 낮아 속도가 빠르고 기동성이 더 좋은 갤리언선으로 대체되고 있었다. 갤리언선은 1588년에 스페인 무적함대에 대항한 영국 함대로, 군인 프랜시스 드레이크(Francis Drake) 경, 정치인 월터 롤리(Walter Raleigh) 경이 대서양과 더 멀리 있는 대양을 횡단했을 때 사용한 배이기도 하다.

메리 로즈호의 잔해는 앤서니 롤에 나오는 묘사와 대략 일치한다. 그 덕에 우리는 물속에서 살아남은 선수루, 돛대, 삭구 외의 나머지 부분을 유추해 볼 수 있게 되었다. 문서에 나오는 묘사와 일치하는 매우 흥미로운 부분 중 하나는 바로 돛대 망루다. 19세기 용어로 '까마귀 둥지'라 불리는 이 망루는 선창에서 분해된 상태로 발견되었다. 문서를 살펴보면 당시의 함선에 장식적 요소가 꽤 많았다는 걸 알 수 있다. 당시 함선에는 난간을 따라 문장이 그려진 기다란 깃발이 줄지어 걸렸고, 돛대에는 성 조지 십자가[잉글랜드의 상징. 흰 직사각 바탕에 가로가 긴 붉은 십자가로 표현되어 있다-옮긴이] 깃발, 그리고 튜더 가문의 상징색인 흰색과 녹색 꼬리가 달린 대형 깃발이 달렸다.

여러 아내와의 스캔들 외에 헨리 8세와 관련된 또 다른 유명한 일화는 1520년에 프랑스의 프랑수아 1세와 만났을 때 열린 '금색 천의 들판'이라는 장엄한 행사일 것이다. 25년 전에 솔렌트에서 함대로 대치했던 프랑수아와 헨리는 이번 행사에서는 경쟁적으로 부를 과시했다. 당시에는 왕들의 전투나 전쟁을 벌이겠다는 으름장에는 힘을 과시하는 요소가 강했고 의식처럼 즐기는 행사였다. 메리 로즈호와 운명을 같이한 조지 커루 제독은 능숙한 마상창시합 선수였다. 그는 1540년에 영국 북동부의 더럼에서 열린 마상창시합 토너먼트의 도전자로 나섰고 이 경기에는 국왕도 참석해 경기를 지켜보았다. 이와 같은 시합은 16세기에도 여전히 중세의 흔적이 남아 있어서 잠재적인 분쟁이 의례화된 전투와 경쟁적 쇼맨십으로 대체될 수 있었다는 걸 우리에게 알려준다. 해전에서도 비슷한 현상이 보였다. 많은 깃발을 나부끼며 함대의 선두에서 항해하는 메리 로즈호 같은 배는 전투에 돌입하는 기마 기사나 왕을 드높이는 문장을 착용하고 토너먼트 시합에 나가는 기사의 역할과 비슷했다.

### 왕의 분신이었던 메리 로즈호

헨리 8세가 즉위한 지 1년이 채 되지 않았던 1511년에 메리 로즈호가 건조되기 시작했다. 따라서 잉글랜드 해군의 새로운 기함이었던 메리 로즈호에 걸었던 헨리의 기대는 그의 치세 전반과 떼려야 뗄 수 없는 사이가 되었다. 이 배가 건조된 포츠머스에서는 아마 침몰 장소도 보였을 것이다. 600톤을 실어야 하는 메리 로즈호를 건조하는 데 거대한 참나무 600그루가 필요했다. 이는 면적 16헥타르의 숲에 자라는 나무의 수량에 해당한다. 메리 로즈호는 피터 포메그래네이트호와 같이 주문되었는데 두 척의 이름은 왕과 그의 부인 아라곤의 캐서린의 결혼(튜더의 장미와 그라나다 왕국의 석류)을 상징한다. 2003년~2005년에 침몰 현장이 다시 발굴되었을 때 튜더 장미를 아름답게 조각한 목제 선수상[범선의 뱃머리에 붙이는 장식 상 – 옮긴이])이 발견되면서 이 배의 이름이 튜더 가문의 장미와 결부되었다는 사실이 아름다운 실물로서 세상에 드러났다.

1512년에 메리 로즈호는 잉글랜드 해군 총사령관 에드워드 하워드(Edward Howard) 경의 기함이 되었다. 하워드는 바다에서 튜더 가문을 위해 봉사한 여러 뛰어난 인재들 중 첫 주자였다. 그해 8월 10일에 프랑스 함대와 벌인 생 마티외 해전에서 메리 로즈호는 프랑스군 기함 그랑 루이즈호의 주 돛대를 포격으로 파괴했다. 이 해전은 덮개 있는 포구를 갖춘 함선이 원거리에서 처음으로 벌인 해전이었다. 하워드는 1513년 4월에 프랑스 함대와의 다른 전투에서 전사했으며 그의 동생 토머스 하워드(Thomas Howard)가 뒤를 이어 해군 총사령관이 되었다. 미래에 노퍽 공작(Duke of Nofolk)이 되는 토머스 하워드는 헨리의 부인들 중 앤 불린의 외삼촌이자 캐서린 하워드(Catherine Howard)의 큰아버지였다. 그해 하반기에 토머스는 메리 로즈호를 지휘해 영국 북동쪽에 위치한 뉴캐슬어폰타인으로 가서 잉글랜드를 침공한 스코틀랜드의 제임스 4세에 대항해 싸웠다. 제임스 4세는 그해 9월에 플로든 필드 전투에서 전사했다. 메리 로즈호는 그 전쟁 이후 한동안 참전하지 않았다. 프랑스와의 전쟁은 1514년 10월에 헨리 7세와 요크의 엘리자베스(Elizabeth of York)의 딸인 메리 로즈와 루이 12세가 혼인하면서 끝났다.

그 뒤로 2년 동안 메리 로즈호의 함생에서 두 가지 중요한 사건이 일어났다. 첫 번째는 1520년 7월에 헨리를 금색 천의 들판 행사로 데려가는 함대의 일원으로서 항해한 것이었다. 이 장엄한 행사에서는 화려한 텐트와 이동식 궁전을 배경으로 마상창시합 토너먼트와 연회가 열렸다. 메리 로즈호도 그 나름의 임무를 수행했다. 아마도 이런 종류의 행사 중에서 가장 비용을 많이 들인 어마어마한 장관이 연출되었을 것이다. 두 번째는 헨리와 연관된 좀 더 내밀한 일이었다. 겨우 2년간 지속된 평화가 끝나고 프랑스와의 관계가 단절되자, 헨리는 스페인 왕이자 신성 로마제국 황제인 카를로스 5세를 1522년 5월에 잉글랜드로 초청해 양국의 동맹을 굳건히 하고자 했다. 5월 30일 오후 2시, 두 왕은 도버에 도착해 헨리의 가장 웅장한 전함인 헨리 그레이스 아 디우호와 메리 로즈호를 시찰했다. 헨리는 그 전에도 메리 로즈호에 탑승했던 적이 있었겠지만, 기록에 남은 이 방문은 고고학적인 유물에 특별한 감흥을 더한다. 최고 권력자인 잉글랜드 왕부터 사회 최하층이었던 선원과 소년들까지, 겨우 45미터 길이인 이 배의 갑판을 튜더 왕조기의 모든 사회 구성원이 밟고 다님으로써 메리 로즈호는 본의 아니게 한 국가의 축소판이 된 것이다.

  1536년부터 1537년까지 메리 로즈호는 추가로 포문을 설치하고 선체 구조를 개선하는 개장 작업을 받았다. 이는 로마교회와 결별한 후 프랑스와 스페인의 공격을 예상한 헨리가 해군 전력을 전반적으로 강화하기 위해 벌인 사업의 일부였다. 메리 로즈호는 헨리의 지휘하에 1544년에 칼레를 침공한 함대의 일원이었을 것이며, 그해 9월 불로뉴를 함락했을 때도 그곳에 있었을 것이다. 이 사건으로 인해 프랑스는 다음 해 영국 침공계획을 세웠다. 1545년 7월에 솔렌트에서 전투 준비가 끝났을 무렵, 메리 로즈호는 이미 구형함이 되어 있었지만 여전히 사랑받는 배였다. 1513년에 영국 함대 총사령관인 에드워드 하워드에 따르면 "전하의 훌륭한 배, 제가 믿기에 이 배는 지금까지 항해에 나선 배 중에 가장 좋은 배"였다. 그리고 그날 메리 로즈호를 지켜보던 헨리도 그의 치세에 가장 먼저 만든 이 '대선'에 특별한 애착을 느꼈을 것이다. 메리 로즈호의 나이는 그때까지 왕의 통치 기간과 거의 같았다.

메리 로즈호에 대한 주목할 만한 이미지는 앤서니 롤뿐 아니라 〈코드리 동판화(Cowdray Engravings)〉에도 남아 있다. 이 동판화는 헨리 8세의 생애에 일어난 일을 파노라마식으로 보여준다. 그중 〈포츠머스 근처 잉글랜드군 숙영지〉라는 제목의 그림에서는 1545년 7월 18일의 솔렌트 해전의 한 장면이 펼쳐진다. 그 장면은 와이트섬에서 포츠머스 내항까지를 전경이 넓은 시야로 담고 있으며 수채물감으로 채색되었다. 프랑스와 영국 함대, 그리고 전면의 사우스시성(Southsea Castle)과 헨리 8세의 모습도 보인다. 화려한 배경 위에 그려진 백마를 탄 헨리의 모습은 금색 천의 들판으로 말을 달리는 모습을 그린 동시대 왕실 수집 예술품 가운데

한 그림과 비슷하다. 배에서 휘날리는 깃발, 반복적으로 보이는 성 조지의 십자가, 토너먼트 행사에 참여한 기사들의 것으로 보이는 숙영지의 화려한 텐트로 인해 행사처럼 진행된 전쟁의 속성이 더 강해진다. 솔렌트해협은 토너먼트 경기가 열리는 마상창시합장처럼 보인다. 역사가와 고고학자들에게 이 동판화는 전투의 경과뿐 아니라 배의 세부 모습, 무장, 축성술과 왕 옆의 전경에 있는 많은 병사와 종자까지 보여주는 풍부한 정보원이다.

　전쟁보다는 축제처럼 펼쳐지던 동판화는 중앙에 다다르면 반전되고 만다. 사우스시성 너머로 보이는 솔렌트해협을 담고 있는 그 장면에서 무시무시한 광경이 펼쳐진다. 바로 메리 로즈호의 침몰 직후 모습이다. 사우스시성에서 발포하는 긴 청동 대포들, 솔렌트해협에서 교전하는 프랑스군 갤리선과 영국군 카락선 사이로 메리 로즈호의 잔해가 보인다. 돛대 2개가 수면으로 삐죽 나와 있고 두 돛대 모두에 잔해에서 발견된 것과 비슷한 돛대 망루가 달려 있다. 한 돛대에서는 성 조지 십자가 깃발이 휘날리고 있고 다른 망루에는 믿을 수 없다는 듯 팔을 든 채 서 있는 생존자가 보인다. 돛대에는 두 사람이 더 매달려 있다. 바다에는 아홉 명이 떠다니고 있지만 대부분 사망자다. 그중 한 사람은 다가오는 보트에 구조되고 있다. 해변에 있는 사람들 다수가 아직 참사 사실을 모르고 있는데 이를 통해 침몰이 눈 깜짝할 새 일어났음을 알 수 있다. 헨리 본인도 다른 쪽을 바라보고 있다.　충격과 분노를 표현하는 것은 고사하고 무슨 일이 일어났는지조차 파악할 시간이 없었던 것이다.

메리 로즈호의 침몰에 대한 가장 믿을 만한 이야기는 판 데어 델프트 대사의 기록에 남아 있다. 7월 28일에 포츠머스에서 보낸 편지에서 대사는 헨리 그레이스 아 디우호에서 열린 만찬과 그곳에서 왕을 만난 이야기를 하며 프랑스군이 도착해 와이트섬에 상륙해 최종적으로 철수하기까지의 전투 경과를 보고한다. 프랑스 함대는 "셀 수없이 많은 범선과 갤리선 27척을 보유했다." 반면 영국 함대는 "80척 미만의 함대를 보유했으나 그중 40척은 대형이고 아름다웠다." 17일에 왕은 헨리 그레이스 아 디우호에서 해군 중장으로 임명된 조지 커루를 포함한 여러 장교와 식사했다. 그리고 그날 저녁, 프랑스군이 도착했다는 소식이 들어오자 왕은 서둘러 배를 떠나 해안으로 갔고 장교들은 각자의 배로 돌아갔다.

> 영국 함대는 즉시 프랑스 함대를 맞으려 돛을 올렸다. 접근하면서 이들은 프랑스군 갤리선에 연이어 포격했다. 영국 함대가 바람 때문에 출항할 수 없어 적에 대항하지 못하는 동안 프랑스군 갤리선 중 이미 다섯 척이 항구에 들어와 있었다.

잔해로 남은 고고학적 증거로 미루어 볼 때 메리 로즈호는 포문을 연 채로 우현으로 전복해 침몰했다. 이것은 판 데어 델프트 대사의 이야기와 들어맞는다. 이렇게 많은 사람이 익사했는데도 동판화에 묘사된 난파 장면에서 시체가 거의 보이지 않는 까닭은 도선 전투 방지용 그물 때문이다. 앤서니 롤에 묘사된 메리 로즈호 그림을 보면, 그물이 상갑판 전체를 덮고 있다. 이 그물은 잔해에서도 일부 발견되었다. 하갑판에 있던 사람들은 물이 들어차는 동안 통로로 빠져나오려 애쓰다가 그물 아래 갇혀버렸을 것이다. 이것은 중세 해전이 남긴 비극적인 잔재다. 근접전을 위해 바짝 붙은 적선에 대항하는 데 그물은 좋은 수단이었을 테지만, 장거리 포격전에는 적합하지 않았다. 메리 로즈호가 빠르게 침몰하면서 선원들의 시체도 함께 해저에 묻혔고, 이로 인해 우리는 생존자보다 사망자에 대해 더 많은 정보를 알게 되었다.

## 손에 닿을 듯 잡히지 않는

메리 로즈호가 침몰한 지 9일이 지난 후 반 데어 델프트는 카를로스 5세에게 보낸 편지에서 이렇게 썼다. "그런데 영국인들은 배와 대포를 회수할 수 있다고 말합니다." 메리 로즈호는 간조일 때 수심이 11미터인 곳에 가라앉아 있었고 침몰 뒤에도 얼마간은 일부가 보였을 것이다. 해군 총사령관은 선체 밑으로 케이블을 끼워 간조일 때 양쪽에서 줄을 팽팽하게 당겨서 끌어올린 다음 만조일 때 띄운다는 계획을 세우고 사우샘프턴에서 영업하던 베네치아 출신의 인양 전문 잠수사들을 고용했다. 이들의 잠수 기법은 알려지지 않았지만 아마 잠수종을 이용했던 것 같다. 메리 로즈호가 침몰되기 몇 년 전인 1536년에 로마 근처의 네미 호수에서 로마제국의 제3대 황제 칼리굴라(Caligula)의 유흥용 바지선을 인양하는 데 잠수종이 처음으로 사용되었다는 기록이 있다. 거의 2000년 전에 그리스 철학자 아리스토텔레스도 잠수종을 묘사한 적이 있었다. 메리 로즈호의 돛과 가로 돛대를 8월 5일에 해변으로 끌어올렸지만, 인양은 얼마 안 가서 그만두었다. 선체가 한쪽으로 누워 있었는데 이는 케이블을 넣기 위해 파야 할 구멍이 너무 길었다는 뜻이다. 게다가 침몰 장소가 단단한 해저가 아니라 부드러운 진흙 바닥이라서 시간이 흐를수록 배는 점점 더 가라앉기 시작했다. 하지만 다른 한편으로는 인양을 포기하게 된 그 진흙 바닥 덕분에 목재와 유물이 오래 보존될 수 있었다.

다음 해에 헨리 8세에게 제출된 앤서니 롤에는 메리 로즈호가 아직 남아 있었다. 이는 그때까지 이 배를 인양할 수 있으리라는 희망의 끈을 놓지 않았다는 점을 시사한다. 그러나 다음 인양 작업은 선체가 아니라 닻과 대포에 집중되었다. 1547년에 실시한 이 작업에는 피에로 파올라 코르시(Piero Paola Corsi)라는 또 다른 베네치아 사람이 고용되었다. 그의 인양팀에는 서아프리카 출신의 자크 프랜시스(Jaques Francis)라는 잠수부가 있었다. 흥미롭게도

1548년에 해사 고등법원에 그가 제출한 진술서가 남아 있어서 우리는 그 사람에 대해 더 자세히 알 수 있다.

진술서에서 그는 코르시가 다른 난파선에서 인양한 물품을 훔쳤다는 몇몇 이탈리아 상인들의 주장을 반박하며 코르시를 변호한다. 자크 프랜시스는 라틴어로 이렇게 묘사되고 있다. "그는 자신이 페트리 파올로(Petri Paolo)의 하인이라고 주장한다. 그는 주인과 2년 정도 같이 살았으며 원래 기니섬 출신이다. 그의 말에 따르면 20년을 자유롭게 산 다음 (…)" 이 섬은 아마도 모리타니 근해의 아르긴섬일 것이다. 포르투갈인들은 1445년에 이곳에 교역 거점을 세웠다. 진술서에 쓰인 라틴어 Famulus는 하인이지만 이것은 프랜시스 본인이 포르투갈어로 말했을 진술을 법정 서기가 번역한 것이기에 그가 자유인인지 노예인지는 불명확하다. 원고 이탈리아 상인 중 한 명은 그가 "피고 페투르 파올로(Petur Paolo)의 노예이자 하인"이라고 말했다.

아무튼 여기서 특히 흥미를 끄는 것은 자크 프랜시스가 어떻게 잠수해서 발견 물품을 다뤘는지에 관한 이야기다. "본 증인과 다른 일곱 명은 지난 부활절에 니들스 CC(Needles CC)에서 주석 덩어리 10개와 종, 그리고 약간의 납을 찾았다. 물품을 본 증인은 이를 원래 주인이 바다에서 분실해 포기한 것으로 보았다. (…)" 당시 서아프리카 해안 주민들은 뛰어난 수영과 잠수 실력으로 유럽인의 찬사를 받았다. 그리고 장비 없이 잠수하는 실력 좋은 잠수부였을 자크는 메리 로즈호가 가라앉은 곳까지 도달해 해저에 있는 대포에 인양용 케이블을 손쉽게 두를 수 있었을 것이다.

엘리자베스 1세 때 남은 기록에 따르면 메리 로즈호는 간조일 때 아직 수면에서 보였다고 한다. 그러나 1836년에 한 어부의 그물이 솔렌트해협에서 목재에 걸렸다는 이야기가 등장할 때까지 메리 로즈호에 대한 언급은 없다. 아마도 거친 바다에서 조류가 뒤바뀌며 드러난 목재였을 것이다. 그 후에 발견한 기록은 잠수 분야의 선구자인 존 딘(John Deane)과 윌리엄 에드워즈(William Edwards)의 기록이다.

이들은 메리 로즈호 침몰 장소에서 1킬로미터도 안 떨어진 곳에서 900명의 인명 피해를 내고 1782년에 침몰한 HMS 로열 조지호의 잔해 근처에서 작업하고 있었다. 이들은 존 딘과 그의 형제 찰스가 발명하고 어거스트 시브(August Siebe)가 제작한, 펌프로 공기를 공급하는 잠수 헬멧을 사용해 잠수했다. 1836년 여름, 새로운 현장에 도착한 지 얼마 안 되어 이들은 헨리 8세의 명문과 1542년이라는 연대가 새겨진 청동 대포를 발견해 그곳을 메리 로즈호의 침몰지로 확인했다. 그해 몇몇 유물을 더 회수하고 돌아간 이들은 1840년에는 메리 로즈호에 들어갈 길을 뚫기 위해 화약을 채운 철제 폭탄을 이용했다. 이들이 찾은 유물은 대부분 선체 내부에 봉해졌던 단단한 상부층에서 나왔다. 그리고 찾을 수 있는 것을 모두 회수한 다음 이들은 작업을 포기했다. 메리 로즈호에서 발견된 청동 대포를 그린 그림은 골동품에 대한 당시 사람들의 호기심을 채워주었지만, 배가 침몰한 위치는 곧 잊혔고 탐사 작업은 한 세기가 더 지나야 재개되었다.

## 해군을 먹여살린 북아메리카산 대구

현대의 메리 로즈호 재발견은 애퀄렁이 발명되고 1950년대부터 영국 잠수클럽(British Sub-Auqa club)이 영국 남해안에서 난파선을 탐사하면서 실현되었다. 1965년에 잠수클럽 사우스시(Southsea) 지부와 알렉산더 매키(Alexander McKee)라는 역사가는 솔렌트해협에서 난파선을 찾기 위해 팀을 결성했다. 코드리 동판화는 사우스시성에서 남쪽으로 1.5킬로미터 떨어진 메리 로즈호의 침몰 위치를 어느 정도 정확하게 표시한 것으로 입증되었으나 1971년 5월에 이뤄진 이들의 탐사에서는 딘 형제가 작성한 지도가 결정적 역할을 했다.

1978년에 현장에 판 참호를 통해 갑판 대부분이 무사히 보존되었음이 알려지자 전면적인 발굴 착수 결정이 내려졌고, 1979년에는 지금의 찰스 3세(Charles Ⅲ)가 된 당시의 왕세자를 이사장으로 한 메리 로즈호 재단이 결성되었다. 이로써 왕실은 다시 한번 메리 로즈호에 관여하게 되었다. 3년에 걸쳐 전문가팀과 500명

이상의 자원봉사 잠수사들이 침몰지에서 수천 번을 잠수했다. 그 결과 1만 9000점 이상의 유물이 발견되었고 선체 인양과 더불어 작업이 완결되었다. 1982년 10월 11일, 특수 제작된 프레임을 이용해 인양된 메리 로즈호는 드라이독[선박이 들어올 때 물을 채웠다가 선박이 들어온 뒤에는 물을 뺄 수 있는 시설 - 옮긴이]으로 옮겨져 그 주변에 지어진 메리로즈호박물관에서 현재까지도 전시 중이다.

이 프로젝트가 성공한 주요 원인은 피시번 로마 궁전[영국 웨스트 서식스에 있는 로마 시대 거주지로, 알프스 이북에 남은 가장 큰 로마 시대 가옥 유적 - 옮긴이]의 학예사를 지낸 고고학자 마거릿 룰(Margaret Rule)을 발굴 감독으로 임명한 데 있었다. 룰은 육상고고학자의 관점을 가져와 난파선 발굴에 적용했다. 또한 2장에서 다룬 청동기 시대 겔리도냐곶 난파선 발굴을 위해 조지 배스가 그랬던 것처럼, 작업을 감독하기 위해 본인이 직접 잠수를 배웠다. 선체를 보존 처리하는 경험은 1627년부터 스웨덴 왕 구스타프 아돌푸스(Gustav Adolphus)의 기함이었다가 스톡홀름항에서 1962년에 인양된 바사호의 보존 처리를 통해 많은 교훈을 배웠다. 바사호는 1545년에 세웠던 메리 로즈호 인양 계획과 똑같은 기법을 이용해 인양되었고 지금은 멋진 박물관에 전시되어 있다. 목재는 모두 폴리에틸렌 글리콜에 푹 담가 안쪽의 수분을 대체하여 말랐을 때 수축 현상이 일어나는 것을 막았다. 메리 로즈호 선체에 물을 뿌리는 작업은 새 박물관 개장 직전인 2013년에 중단되었고 2016년부터 선체는 건조된 상태로 전시되고 있다. 이 박물관은 세계에서 가장 뛰어난 고고학 유물을 전시하는 박물관 중 하나다. 방문객은 전시된 메리 로즈호의 선체를 관람할 뿐 아니라 다시 만든 좌현을 따라 걸어볼 수도 있다. 이곳에서 발견 유물들은 그대로의 환경에서 전시되어 있다.

발굴 작업에서 나온 가장 큰 유물은 선체인데 약 40퍼센트 정도가 남았다. 배가 전복된 상태로 누워 있었기 때문에 좌현은 부식되었다. 살아남은 우현은 단면으로 자른 듯 남아 내부를 볼 수 있는데 선창, 3층으로 된 갑판, 낮은 선미루가 보인다. 선수루는 사라졌지만 2003년부터 2005년 사이에 탐사를 재개해 보니 튜더 장미 상징이 새겨진 선수상을 포함한 선수 부분 목재들이 발견되었다. 발굴이 진행되는 동안 모든 것은 그 자리에서 꼼꼼하게 기록되었다. 그 덕분에 우현 선실에 남아 있던 내용물이 있는 그대로 보존될 수 있었다. 그 선실에는 선원들이 소지품과 작업 도구를 보관했던 사물함이 있었다. 선박에 관한 일반적인 사항부터 각 선원의 사적인 공간과 물질적인 유물까지 다양한 맥락에서 메리 로즈호의 잔해를 살펴봄으로써 우리는 헨리 8세 시대 전함에서의 삶이 어땠는지를 놀라울 정도로 자세하게 알 수 있다.

소형 발견품은 피복류인 가죽신 250개부터 탑승원 일부의 사회적 위상과 문화적 환경을 반영하는 개인 소지품까지 다양했다. 가장 흥미진진한 물품 중에 휴대용 해시계 9개가 있다. 원래는 접을 수 있는 지시침(그림자가 지는 부분)이 모두 달려 있었다. 뚜껑에 거울이 달린 작은 삽입식 나침반도 발견되었다. 나침반은 독일 뉘른베르크의 위도인 북위 49에서 50도로 맞춰져 있었고 지금의 손목시계 역할을 했다. 독일과 다른 저지대 국가에서 온 유리와 도자기 그릇도 있었다. 국가들끼리는 전쟁을 벌일지라도 뉘른베르크처럼 정밀기기 생산에 특화된 곳에서 생산된 물건은 해양 교역을 통해 더 넓은 시장으로 확산하고 있었음을 일깨우는 발견이다.

메리로즈호박물관에 전시된 가장 큰 유물 중에는 360리터 용량의 조리용 대형 솥 2개가 있다. 오븐의 벽돌에 둘러싸인 채 발견된 솥 하나는 당시 상태 그대로 전시되어 있고, 다른 하나는 복원된 상태로 전시되어 있다. 1514년의 해군 적재품 목록에는 "석회로 안을 대고 뚜껑을 납으로 밀봉한 후 가마에 넣은 대형 구리솥 여러 개"가 있다. 이 솥은 선창 벽돌 바닥에 놓인 부싯돌 밸러스트 위에 나란히 놓였는데 이는 배가 움직일 때 흔들림을 방지하고 요리하는 불에서 나온 불똥이 목재로 튀는 것을 막는 역할을 했다. 묘사에 나온 '납'은 납으로 두른 테인데 메리 로즈호에서 발견된 솥에 남아 있다. 이 정도 크기의 솥으로 승무원 전원에게 배식할 양의 식사를 조리할 수 있었을 것이다. 음식물도 일부 남아 있었다. 2000개 이상의 소뼈가 담긴 나무통 8개는 삶은 염장 쇠고기가 주요 단백질 공급원이었음을 보여준다. 발견된 사슴 뼈 몇 개는 배에서 사슴고기도 먹었다는 것을 알려주는데 아마 벽난로에서 구워 장교들이 먹었을 것이다. 채소의 경우 콩을 비롯해 입수할 수 있는 모든 것을 먹었을 것이다. 음료로 하루에 도수가 낮은 맥주 1.9리터가 지급되었다. 잔해에서 목제 맥주잔과 맥주 통이 다수 발견된 사실이 보여주듯, 당시에 맥주는 물보다 안전했다. 접시와 사발 수백 개, 조리도구는 선상 생활에서 요리와 식사가 핵심적 역할을 했다는 증언이다.

대구 및 다른 물고기 뼈가 발견된 것은 물고기가 선원들의 식단 일부였음을 보여준다. 발견된 물고기 표본 8종의 동위원소와 DNA 분석 결과, 대구 일부는 북해와 아이슬란드 근처에서 잡혔으나 한 표본은 대구가 뉴펀들랜드섬 근해산임이 밝혀졌다. 이것은 튜더 가문이 가장 열정적으로 후원했던 해양 탐험과 메리 로즈호를 이어주는 흥미진진한 연결고리다. 다만 그 주인공은 헨리 8세가 아닌 그의 아버지 헨리 7세인데 그는 베네치아인 존 캐벗(John Cabot)에게 "우리의 깃발 아래 동서남북의 모든 부분과 해안, 지역을 항해하는" 임무를 맡겼다. 그 결과 잉글랜드는 앞 장에서 다룬 고대 북유럽인의 북아메리카 탐험 이후 북아메리카 대륙에 상륙한 첫 유럽 국가가 되었다. 캐벗의 부하들은 "그물뿐 아니라 바구니로 건져야 할 정도로 물고기로 가득한" 바다를 묘사했다. 메리 로즈호 시대에는 계절 어업을 통해 대서양을 가로질러 가져오는 대구 어획량이 계속 늘어나는 추세였다. 그리고 이 어획량은 급격하게 수가 늘어가던 헨리 8세의 해군 장병을 먹여 살리는 데 도움이 되었다. 잔해에서 발견된 식단 관련 증거를 통해 우리는 어떤 점에서는 가장 기본적인 일상생활의 면면을 보면서도 다른 한편으로 영국의 세력이 지리적으로 점점 확대되는 모습도 엿볼 수 있다. 이 시기는 다음 세기의 식민지 개척과 제국 건설로 이어지는 전환점에 해당한다.

### 왕을 위해 목숨을 바치다

메리 로즈호에서 발견된 유물 가운데 청동제 대포 10문에 헨리 8세와 연관된 증거가 가장 뚜렷하게 남아 있다. 모두 주조 장인의 솜씨를 보여주는 뛰어난 작품이며 포신 위쪽에 있는 왕의 소유 표시와 같이 주조되었다. 가장 빼어나게 장식된 대포에는 사자머리를 본뜬 손잡이와 박부조로 새긴 아칸서스 나무 기둥 모양 장식에 "사악한 생각을 하는 자여, 부끄러움을 알라"라는 문구가 튜더 장미로 둘러싸인 장식이 남아 있다.

HENRYCVUS OCTAVVS DEI GRACIAL ANGLIE ET FRANCIE REX FIDEI DEFENSOR DNS HIBERNIE ET IN TERRA SVPREMV CAPVT ECCLESIE ANCLICANE (하나님의 은총으로, 잉글랜드와 프랑스의 왕 헨리 8세, 신앙의 수호자, 아일랜드의

군주와 잉글랜드 교회 지상 최고 수장)
ROBERT AND JOHN OWYN BRETHERYN BORNE IN THE CYTE OF LONDON THE SONNES OF AN INGLISSH MADE THYS BASTARD ANNO DNI 1537 (영국 런던에서 태어난 로버트와 존 오언이 1537년에 이 바스타드 포를 만들다)

두 번째 명문에 적힌 1537년이라는 명문이 특별히 흥미롭다. 로마교회와 갈라선 지 3년밖에 되지 않았던 이 중요한 시기에 헨리는 대포에 명문을 새겨 주조하는 것을 포함해 모든 수단을 사용하여 새로운 종교적 권위를 내세우고자 했다. 이 대포는 4.5킬로그램짜리 연철 포탄을 발사하는 데미 컬버린 포인데 명문 속에서 "바스타드(Bastard)"라고 불린 포는 그보다 구경이 더 크고 포신은 더 짧았다. 런던과 칼레에 주물공장을 가지고 있던 로버트와 존 오언은 대포를 주조해 납품했다. 아칸서스 나무 모양의 머리가 있는 양쪽의 장식 기둥은 로마 시대 건축에서 영감을 받은 것인데 이때 잉글랜드에서 헨리 8세를 위해 대포를 주조하던 이탈리아 제작자들의 영향을 반영한 것일 수도 있다.

잔해에서 발견된 다른 청동 대포 중에는 컬버린, 데미 컬버린, 데미 캐논, 캐논 로열이 있다. 크기는 뒤로 갈수록 더 커지는데 캐논 로열의 무게는 2.4톤에 달하며 앤서니 롤에 등재된 모든 함선용 청동 대포의 2/3를 차지한다. 바퀴가 달린 포차를 갖춘 이 대포들은 그 뒤로도 해군의 표준형 대포로 남았으며 250년 뒤의 전함 HMS 빅토리호에 탑재된 대포와도 전반적으로 모양이 비슷했다.

메리 로즈호는 배의 양쪽 측면에 갖춰진 포문으로 대포를 발사하는 첫 함선 중 하나였다. 적함의 선체를 관통하거나 돛대를 꺾을 정도로 강력한 위력을 발휘하는 전장식 청동 대포가 설치되었다는 것은 이제 적선과 몇백 미터 거리를 두고 해전을 벌이게 되었다는 뜻이었다. 배가 병사들을 적선에 건너갈 수 있을 정도로 가까이 실어 나르거나 해변에 상륙시키는 수단으로 활약한 중세의 근거리 난전과는 전투의 양상이 달라졌다.

메리 로즈호는 거대한 대포가 발사한 포탄이 선체를 관통하며 갑판에 흩뿌린 나무 파편으로 적을 죽이거나 다치게 하는 데 더해 다양한 대인용 무기도 갖추었다. 이런 무기에는 주철로 만든 후장식 대포 여러 종이 있었는데 바퀴가 8개 달린 포차에서 발사하는 '현측 사격용 함포'로부터 배의 난간에서 발사하는 소형 대포까지 다양했다. 후장식 대포는 화약을 채운 별도의 약실을 끼워서 맞추는 방식으로 장전되었고 그 덕에 발사 속도는 전장식 대포보다 빨랐지만, 약실과 포신 사이에서 새는 가스가 발사 위력을 줄였다. 그렇지만 이 대포도 가까운 거리에서 적을 죽이거나 불구로 만들기에는 위력이 충분했다. 이 작은 대포들은 앤서니 롤에서는 '우박탄 포'라고 불리는데, 이는 이 대포의 기능이 '살상용' 포격으로 발사한 부싯돌과 금속 파편으로 적함의 갑판을 쓸어버리는 것이었다는 암시다. 발견된 화기 중 구경이 더 작은 화기도 있었는데 초기의 화승식 머스킷 총으로 앤서니 롤에 등재된 50정 중 한 정이다. 다음 3세기 동안에는 이렇게 갖춰진 대함용, 대인용 무기를 이용해 해전이 벌어졌고, 이 모습은 강선식 포신을 갖춘 강력한 후장식 대포가 등장해 거의 보이지 않는 곳에 있는 적과 싸우게 될 때까지 유지된다.

이 무기의 핵심은 화약이었다. 숯, 유황과 질산칼륨의 혼합물인 화약은 벨리퉁 난파선의 시대인 9세기경 중국에서 기원했다. 서구에서는 영국 철학자 로저 베이컨(Roger Bacon)이 13세기에 처음으로 기록했다. 15세기 후반에 이르러 제조 기법이 개선되며 화약은 강력한 추진제가 되었고, 연철과 청동 주조 기술의 발달로 폭발력을 견딜 수 있는 대포가 제작되었다. 하지만 메리 로즈호는 전환기를 대변하기도 한다. 이 배가 가장 자주 찬사를 받는 이유이기도 한, 중세 영국의 전쟁과 가장 자주 연관되는 무기가 잔해에서 발견되기 때문이다. 바로 주목으로 만든 장궁이다.

메리 로즈호의 발굴 과정에서 장궁 137자루가 발견되었는데 모두 거의 2미터 길이다. 장궁과 함께 뾰족한 강철제 촉과 백조나 거위 깃을 단 화살 3500개도 발견되었다. 장궁은 유럽대륙산 나무로 만들어졌다. 건조한 기후에도 견딜 수 있도록 결이 곧은 이탈리아산과 스페인산 주목이 장궁 재료로 선호되었다. 장궁을 만들 때면 나무의 안쪽인 심재와 바깥쪽인 변재가 모두 사용되었다. 심재는 활의 앞쪽에서 강도를 담당하며 변재는 활의 뒤쪽에서 유연성을 담당한다.

머스킷 총은 당시에는 사용이 불편하고 부정확했으며 화승식 발사 구조는 습기 찬 배 위에서 쓰기에 적당하지 않았으므로 수발총[Flintlock: 부싯돌로 격발되는 총 – 옮긴이] 역할을 궁수가 했다. 이 궁수들은 크레시나 아쟁쿠르 전투에서 높은 궤적으로 화살을 발사해 '화살의 비'를 뿌린 궁수들과 달리, 가까운 거리에서 일발필중으로 목표물을 맞히는 훈련을 받았다. 궁술은 특별히 영국적 기술로 여겨져 소년들은 어릴 때부터 궁술을 배웠다. 그러나 메리 로즈호에 탑승한 궁수 중 최소한 한 명은 외국인이었다. 한 포수와 더불어 유해를 남긴 이 궁수 덕에 우리는 이 무기를 사용한 사람들과 그들의 일상생활까지 살펴볼 수 있다.

## 아프리카 궁수가 영국까지 온 까닭은

원저성의 왕실 컬렉션에 소장된 홀바인의 〈조지 커루 제독의 초상화〉는 홀바인이 그린 최고의 초상화 가운데 하나다. 작품은 거의 사진처럼 명징하게 대상의 모습을 드러낸다. 침몰 당시 40대 초였을 커루는 화려한 인생을 살았다. 그는 젊었을 때 프랑스군에 복무하려 탈주했다가 헨리 8세로부터 사면받았으며, 전투 전날 밤에 왕과 식사하거나 해군 중장으로 임명되기도 했으니 말이다. 헨리의 군함을 지휘한 많은 제독과 함장처럼 그도 직업 해군은 아니었다. 이는 해전을 육전의 연장선상에서 보았던 중세적 시각의 잔재라 할 수 있다. 실제 항해 임무는 조타장과 선원들이 맡았다. 커루는 그 직전에 리스반 요새의 지휘관을 지냈다. 리스반 요새는 1346년의 크레시 전투 이후 탈취해 1558년까지 잉글랜드가 지배한, 프랑스 영토인 잉글랜드령 칼레에 있는 요새였다. 1537년에 그는 영불해협에서 해적 토벌 임무를 맡았고, 이것이 그의 유일한 해상 복무 경험이었다. 의회 의원이자 데번주 장관을 지낸 커루가 살아남아 계속 왕의 총애를 받았다면 아마도 더 높은 자리까지 올라갈 수 있었을 것이다. 변덕스러운 왕의 기질이나 이전의 고위 관리 및 고문이 맞이한 운명을 생각해 보면 그건 좋을 수도, 나쁠 수도 있는 일이었다.

조지 커루는 메리 로즈호에 탑승했던 사람 중 초상이 남은 유일한 인물일 것이다. 그러나 오늘날에는 고고학과 법의학 지식으로 안면을 복원해 궁수, 포수, 요리사, 목수로 밝혀진 사람들과 쥐를 잡기 위해 태운 소형견까지, 침몰 당시에 사망한 이들의 생김새를 밝혀낼 수 있다. 몇몇 사례에서는 유골 옆에서 발견된 소지품을 통해 직업이나 삶을 풍부하게 묘사할 수 있게 되었다. 예를 들어 목수의 선실에서는 아름다운 백개먼 보드게임판과 돋을새김을 한 가죽 책 표지가 발견되었다.

가장 수수께끼 같은 인물은 왕실 궁수다. 그는 주갑판의 청동 대포 밑에서 깔아뭉개진 채 발견되었다. 그의 머리뼈는 포탄 때문에 부분적으로 부서졌고 옆에는 장궁이 있었다. 장식된 칼집에 든 칼을 휴대하고 다닌 이 궁수의 사회적 지위는 그의 옷자락을 장식한 비단 잔해와 헨리 8세와 아라곤의 캐서린의 문장이 돋을새김된 가죽제 팔목보호대로 간접적으로 파악할 수 있다. 이 보호대는 헨리가 캐서린과 결혼 관계를 유지하던 치세 초기에 기원을 둔 특별 궁수대의 일원이었음을 보여주는 것일지도 모른다. 그는 조지 커루 경이 젠틀먼 펜셔너스(Gentlemen Pensioners), 즉 국왕 경호부대의 장교가 되어 "왕이 명령하는 모든 일을 수행하기 위해 좋은 궁수 두 명을 써야 할" 의무가 생기면서 승선했을 수도 있다.

그의 직업은 궁수에게 흔히 발견되는 뒤틀린 척추뼈와 활을 당기며 오른쪽 손가락뼈에 생긴 홈으로 알 수 있다. 그의 치아 중 하나를 동위원소 분석해 본 결과 그는 영국에서 성장하지 않았다는 게 밝혀졌다. 또한 산소값을 통해 그가 더 따뜻한 기후에서 성장했다는 것, 그리고 또 다른 기록을 통해 그가 내륙의 석회암 지대에서 살았다는 사실도 밝혀졌다. 한 가지 추측은 그가 남부 스페인, 혹은 모로코의 아틀라스 산맥 지역 출신이라는 것이다. 당시 이슬람 이베리아가 다시 기독교도들에게 정복된 직후에 많은 무슬림이 전 그라나다 칼리프국에서 모로코로 도망쳤다. 잔해에서 발견된 다른 사람들의 화학적 특성을 분석해 보니 대부분 서부 잉글랜드에서 성장했다. 그러나 이 궁수의 존재는 헨리 8세의 군대에 먼 곳에서 온 용병도 포함되어 있었고, 아프리카 계통의 사람이 튜더 시대 잉글랜드에 도착하고 있었음을 일깨워준다. 1548년에 해사 고등법원에 제출된 진술서를 통해 알게 된 자크 프랜시스도 여기에 포함된다. 그는 용병 궁수가 메리 로즈호 침몰로 죽은 지 겨우 2년 뒤에 인양 작업을 하고 있었다.

## 의사의 호두나무 상자에 들어 있는 것

메리 로즈호에서 발견된 독특한 물품으로는 이발사 겸 외과 의사의 도구와 약이 든 호두나무 상자도 있다. 이 상자는 그의 소지품으로 보이는 물건 다수와 다른 장비들과 함께 발견되었다. 이 발견 물품들은 고고학적으로 발견된, 최고로 많은 튜더 시대 의학 관련 유물이며 어느 한 시점에 사용되던 대표적 의료도구라는 점에서 중요하다. 이들은 당시의 일반적 의료 관행뿐 아니라 군함에 어떤 의료 설비가 있었는지, 그리고 의사의 위상이 어땠는지를 말해준다. 수술 도구는 쇠로 되어 있어 나무로 된 손잡이만 살아남았다. 그러나 이들은 메스, 뼈 절단용 톱, 끌, 스쿠프, 탐침, 머리뼈에 구멍을 뚫는 도구, 화로에 달궈서 지혈을 위해 상처를 불로 지지는 철제 도구 등이었던 것으로 보인다. 거대한 요도 주입기는 수은을 주입해 성병을 치료할 목적으로 사용되었을 것이다. 그리고 사혈(瀉血) 치료를 위한 뾰족한 창과 주석 잔도 있었다. 이발사이자 의사인 그는 약도 처방했다. 그리고 발견품 중에는 목제 연고 용기와 도자기 약 항아리가 있었는데 일부는 독일산이었다. 그뿐만 아니라 약을 빻기 위한 청동제 절구와 연고를 섞고 바르기 위한 약숟가락도 있었다. 일부는 고운 붕대 롤에 발라져 있었는데 전투가 전개됨에 따라 그가 앞으로 해야 할 임무에 대비하고 있었음을 보여준다.

한 통에는 말린 후추 열매가 들어 있었다. 열병 및 다른 질병의 치료제로 사용된 후추는 배의 다른 곳에서도 발견되는데 그건 아마 양념으로 비치되었을 것이다. 다른 유물로는 한 장교의 사물함에서 발견된 나무로 된 후추 그라인더가 있었다. 알려진 것으로는 가장 오래된 것이며 발굴되었을 때 아직도 후추 냄새가 났다. 그리스-로마 시대에 후추가 인도의 말라바르 해안에서 이집트의 홍해 항구로 운송되어 육로를 통해 나일강으로 수송된 다음 유럽에 처음 도입되었을 때와 연관 지어 생각하면 매우 흥미롭다. 알렉산드리아는 15세기 후반까지 후추 수입의 주요 통로였고 제노바와 베네치아가 거래 대부분을 통제했다. 그러나 바스쿠 다가마가 희망봉을 돌아 인도로 가는 항로를 발견하면서 유럽 국가들이 처음으로 향신료 무역에 대규모로 뛰어들 기회가 열렸다. 영국 동인도회사가 인도로 첫 배를 보낸 1601년이 오려면 50년이 더 흘러야겠지만 16세기 중반에 포르투갈 상인들은 이미 연간 수 톤의 후추를 유럽으로 보내고 있었고, 아마 메리 로즈호에서 발견된 후추도 그렇게 도달했을 것이다.

헨리 8세 치세에는 의료 행위가 크게 체계화되었다. 1518년에는 의사 협회가 설립되었으며 1540년에는 외과의 길드와 이발사 조합이 이발사-외과의 조합으로 통합되었다. 이 업적은 헨리 8세 본인이 궁정의 유명한 의사를 통해 추진한 바가 컸다. 그 가운데는 토머스 리나크레(Thomas Linacre)가 있었다. 그는 이탈리아에서 그리스어를 공부했다고 알려진 첫 영국인이며 당시의 의학적 사고의 기반이 된 고대 그리스 의사 갈레노스의 저서를 라틴어로 번역한 인물이다. 해군 군의관은 이발사-의사 조합이 임명하게 되었고 나중에는 그 후계조직인 왕립 외과 의사 협회가 이를 맡았다. 그러나 해군의 의료 서비스에 대해서는 헨리의 해군 형성기에 처음으로 언급된다. 1512~1513년의 문서에는 수석 외과의, 전문 외과의, 그리고 하급 외과의로 계급이 나뉘어 있다. 메리 로즈호에 있던 외과의의 지위는 사물함 옆에서 발견된 비단 벨벳 모자가 밝혀줄지도 모른다. 이 모자는 헨리 8세가 이발사-외과의 조합을 새 조합장에게 소개하는 모습을 그린 홀바인의 작품에 나오는 선임 외과의가 쓴 모자와 아주 비슷하다.

당시 의사들 사이의 논쟁은 과학적이라기보다 철학적이었다. 신체가 네 가지 체액으로 만들어졌다는 개념(기원전 4세기의 히포크라테스와 갈레노스가 발전시켰다)으로 의사들은 '균형'을 맞추는 방법으로 사혈 요법을 활용했다. 요도에 주입기를 넣어 약물을 투여하거나 머리뼈에 구멍을 뚫는 것을 비롯해 어떤 치료법은 현대 기준으로는 조잡해 보일 수도 있다. 그러나 튜더 시대 외과의들은 윌리엄 클로우스(William Clowes)가 1588년에 쓴 선상 수술 교과서에 묘사된 대로 사지 절단 및 머리 부상, 골절, 탈구, 화상 치료 기술을 갖춘 유능한 사람들이었다. 직격탄과 파편 부상을 통해 의사들은 해상에서 화약 병기가 인체에 미치는 치명적 영향에 점점 익숙해졌을 것이다. 메리 로즈호의 이발사-외과의는 준비를 잘 마쳤고 260년 뒤의 HMS 빅토리호에서도 이 도구로 충분히 임무를 수행할 수 있었을 것이다.

메리 로즈호에는 더 크고 다루기 어려운 살인자가 있었을지도 모른다. 침몰 2주일 뒤, 해군 총사령관 존 더들리(John Dudley)는 헨리에게 편지를 써서 함선에 갑자기 이질이 돌기 시작해 함대 전체가 병으로 크게 고통받았으며 그 원인은 '이례적으로 더운 여름의 고온과 식량의 부패' 때문이라고 보고했다. 아마 선창의 이발사-외과의와 그의 조수는 그 때문에 바빴을지도 모른다. 이곳에서는 병자이거나 회복 중이었을 것으로 보이는 사람들의 유골이 많이 발견되었다.

### 음악과 함께하는 항해

플라톤과 아리스토텔레스는 모두 치유를 위해 음악을 사용하는 것이 좋다고 말했다. 갈레노스도 독사에 물린 사람에게 음악을 추천했고 16세기 전반의 가장 영향력 있는 내과의 중 한 명이던 파라켈수스(Paracelsus)는 플루트가 간질을 치료할 수 있다고 믿었다. 이발사-외과의의 선실 옆에서는 초기 형태의 오보에인 두세인(Douçaine)이 발견되었는데 아마 이것도 의료 장비의 일부였을지 모른다. 16세기에는 실제 이발사-외과의들이 환자를 진정시키기 위해 악기를 연주했다는 언급이 있다. 하지만 더 그럴듯한 이야기는 함상에서 여흥을 위해 악단이 바이올린과 활 2개, 피리 3개, 일종의 소형 드럼인 타보르 드럼을 연주했을 거라는 설명이다. 타보르 드럼 연주자는 한 손으로 피리를 불면서 다른 손으로는 리듬에 맞춰 드럼을 쳤다. 배에서 연주한 음악은 댄스곡이나 잘 알려진 발라드부터 장교나 다른 신분이 높은 사람이 식사할 때의 배경음악까지 범위가 넓었을 것이며 전자의 경우 노래를 맡은 단원과 선원들이 함께 노래했을 것이다.

당시의 이런 악기가 현존하는 경우는 대단히 드물다. 두세인은 이 발견이 아니었더라면 기록으로만 알려졌을 것이다. 16세기 바이올린은 단 한 대밖에 남아 있지 않으며 타보르 드럼과 피리의 조합은 그림에서만 볼 수 있을 뿐이다. 리드가 2개 있는 관악기로 길이가 거의 1미터에 달한 두세인은 아마 고대 그리스의 아울로스 같은 동지중해 지역 관악기에서 유래해 십자군원정 시대에 북유럽에 도입되었을 것이다. 두세인은 더 잘 알려진 관악기인 숌과 비슷하지만 안 구멍이 원뿔형이 아닌 원통형이며 현대의 클라리넷과 더 비슷한 조용한 소리를 낸다. 회양목으로 만든 이 관악기 중 하나에는 베네치아의 음악가이자 악기제조업자인 바사노(Basanno) 가족의 상징이 그려져 있다.

바사노 가족은 원래 스페인계 유대인으로 베네치아 국가원수를 위해 연주하는 사람들이었다. 한 베네치아 주재관은 헨리 8세의 재무장관 토머스 크롬웰(Thomas Cromwell)에게 보낸 편지에서 바사노 일족이 "모두 재주가 뛰어나며 실력으로는 이 도시에서 가장 선망의 대상이다"라고 묘사하며 "전하께서 다른 어떤 군주와도 비교할 수 있는 다양하고 뛰어난 음악을 보유한다면 이는 지극한 영광이 될 것입니다"라고 썼다. 1558년에 이 가족의 일원인 안토니 바사노(Anthony Bassano)가 헨리 8세의 궁정에서 '다양한 악기 제조 책임자'로 임명되었다. 바사노 가족은 숌을 만들었다고 알려졌는데 메리 로즈호에서 발견된 두세인도 바사노 가족의 작품이었을 수 있다.

헨리 8세가 잉글랜드 음악에 남긴 가장 큰 영향은 로마교회와 결별하며 탄생했다. 수도원이 해산되면서 수 세기 동안 내려온 음악적 전통에 마침표를 찍었으나 종교개혁으로 창의력의 일부가 깨어나며 작곡가들에게는 새로운 분야에서 혁신적 음악을 쓸 기회가 왔다. 메리 로즈호의 시대에 가장 잘 알려진 영국 작곡가는 토머스 탈리스(Thomas Tallis)였다. 그는 베네딕도 수도원 성가대원으로 일하기 시작했으나 1542년에는 햄프턴 코트 궁전의 '궁정 합창단원'이 되어 모시는 주군들의 가톨릭, 혹은 개신교적 요구에 맞춰 음악을 가다듬었다.

탈리스의 작품 중 가장 유명한 2개의 곡은 메리 로즈호가 침몰하기 겨우 1년 전에 작곡되었다. 5부로 된 〈연도(連禱, litany)〉[일련의 탄원으로 된 기도 형식. 사제가 짧게 선창하면, 신자들이 응답하는 형태 – 옮긴이]와 〈가우데 글로리오사 데이 마테르(Gaude Gloriosa Dei Mater)〉가 그 작품이다. 〈연도〉는 라틴어가 아닌 영어로 된 첫 공식 기도문인 크랜머(Cranmer) 대주교의 〈탄원과 연도(Exhortation and Litany)〉에 바탕을 둔 작품으로, 1544년 5월 23일에 세인트 폴 대성당에서 처음으로 공연되었다. 〈가우데 글로리오사 데이 마테르〉는 성모마리아를 위한 봉헌 안티폰[Votive Antiphon: 특정한 은총이나 축복을 구하기 위해 기도하는 성가로 일반적으로 성찬 예식의 시작이나 끝, 또는 다른 기도 시간에 부름 – 옮긴이]인데 화음과 대위법, 독창과 합창을 이용해 편곡되었으며 오늘날에도 가장 사랑받는 영국 음악 작품 중 하나다.

이 두 작품 모두 임박한 프랑스 원정에 대한 헨리의 '전쟁 준비'로 볼 수 있었으므로 메리 로즈호와 밀접한 관련이 있다. 〈연도〉는 전쟁에 대한 신의 도움을 호소하는 행렬에서 사용하기 위해 작곡되었고, 가사가 영어로 되어 있어 접근과 이해가 더 쉬웠다. 옥스퍼드대학 코퍼스 크리스티 칼리지에서 1978년에 〈가우데 글로리오사 데이 마테르〉 악보 원고의 일부가 발견되었는데, 최근에 헨리의 마지막 부인 캐서린 파가 라틴어에서 번역한 구약성서 시편의 단어들에 맞춰졌음이 밝혀졌다. 여기에는 왕을 위한 기도와 '전투에 나가는 사람들을 위한 조언'이 들어 있다.

〈연도〉와 〈가우데 글로리오사 데이 마테르〉 외에 메리 로즈호의 또 다른 음악적 배경은 배에서 불렀을 법한 민요인데 헨리 8세와 연관된 이야기가 여기서 다시 등장한다. 젊은 시절의 헨리는 매일 "리코더, 플루트, 버지널을 연습하고 노래를 만들었으며 발라드를 작곡했다." 1518년부터 그가 작곡한 작품 모음집이 영국 국립도서관 소장 헨리 8세 필사본집에 전하는데 작가가 '왕 H'로 표시된 노래 20곡, 기악곡 14곡이 수록되었다. 그중 가장 잘 알려진 〈좋은 동반자와 시간을 보내다(Pastyme with good companye)〉는 아라곤의 캐서린을 위해 작곡했다고 알려졌다. "내가 사랑하고 죽을 때까지 사랑할 좋은 동반자와 시간을 보내다"라는 매력적인 메시지의 이 노래는 궁정에서뿐 아니라 전국적으로 유명해졌다. 헨리가 메리 로즈호에 승선했을 때 잔해에서 발견된 악기로 연주되는 이 노래와 자신의 다른 작품들을 들었다고 생각하면 숙연해진다. 헨리는 1522년에는 분명 승선한 적이 있었고 메리 로즈호가 최후를 맞기 며칠 전에도 승선했을 것이다.

## 고고학이 말해주는 것

1967년에 세워진 메리 로즈호 위원회의 목적은 "메리 로즈호에 남겨진 모든 역사적, 고고학적 관심 대상을 발견하고 발굴하며 보존하는 것"이었다. 메리 로즈호는 1973년에 통과된 난파선 보호법의 첫 적용 대상이 되었다. 1982년에 전 세계인 6000만 명이 시청한 인양 과정 중계와 새 박물관의 건립에 이르기까지, 메리 로즈호는 대중의 상상력을 사로잡았다. 이 배를 직접 관람한 방문객은 1000만 명에 이른다.

메리 로즈호는 튜더 시대뿐 아니라 과거에 살았던 개인의 정체와 이들의 일상생활을 밝힐 수 있는 고고학의 힘을 이해하게 한다. 메리로즈호박물관에 들어서는 것은, 홀바인의 눈으로 당시 모든 생활상을 지켜보는 일이자 코드리 동판화가 살아 움직이는 디오라마가 된 것이나 마찬가지다. 이 모든 것은 엄밀한 고고학적 기록을 통해 가능해졌고 우리는 이를 통해 개별적 유물을 통해서는 불가능한 역사를 경험할 수 있다.

발견된 유물이 원래 배에 있던 장소에 배치되어 더 넓은 역사적 맥락을 이해할 수 있게 된 덕에 메리 로즈호의 이야기는 더 실감나게 다가온다. 잠수사, 고고학자, 역사가들이 참여한 가장 위대한 난파선 관련 프로젝트의 성공은 이 배를 눈부시게 되살려 냈다.

**1667년(황금 시대)**

# 세계 경제를 재편한 네덜란드 동인도회사

# 평범한 사람들의 야심을 싣고 떠나다

 산토 크리스토 디 카스텔로호

잉글랜드 남서단 근처 콘월 연안의 멀리언 핀(Mullion Pin) 난파선을 처음 보았을 때 나는 바닷속이 금으로 번쩍이고 있다고 생각했다. 2017년에 이 난파선에 대해 처음 들었을 때, 잠수할 가치가 없는 난파선이라는 말을 들었다. 보물 사냥꾼들이 해저에 단단히 묻힌 대포를 꺼내기 위해 폭발물을 사용했는데 그 폭발 때문에 근처 절벽에서 수 톤의 바위가 현장에 쏟아져 배가 깊이 묻혀버렸다는 것이다. 2018년 초여름에 나는 현장을 직접 보기로 했다. 그리고 1969년에 이 난파선을 발견한 피터 맥브라이드(Peter McBride) 잠수사와 같은 경로로 스노클링했다. 몇 주간 폭풍이 분 다음 파도 높이가 60센티미터로 잔잔해졌고, 위쪽 절벽 길에서 연안의 바위가 보일 정도로 수중 시야가 좋아졌다. 나는 장비를 챙겨 리저드반도 서쪽 면에 있는 폴루리안만에서 출발했다. 절벽 아래로 바싹 붙어 가며 두려움의 대상인 메레스 암반의 산호초를 통과했다. 가는 길에 1863년에 수마트라에서 설탕을 싣고 오다 암반에 좌초해 거의 모든 승무원과 함께 침몰한 바크선[Barque: 3개의 돛대 갖춘 범선의 일종 - 옮긴이] 보인(Boyne)호의 잔해 위를 수영했다. 내가 찾는 배의 운명 역시 별반 다르지 않았다. 폭풍에 휘말린 배가 절벽에 부딪혀 가라앉으며 승선 인원 중 최소 25명이 사라졌다. 난파 현장에는 언제나 죽음이 남긴 유산이 남아 있다. 그 현장을 볼 때면 삶의 마지막 순간을 맞은 이들의 감정이 해저에 새겨지기라도 한 것처럼 느껴진다. 산호초를 돌아 폴 글라스만으로 들어갔을 때 나는 떨림뿐 아니라 전율까지 느꼈다.

내 앞 어디쯤 배가 있다는 것은 알았지만, 절벽이 드리운 그림자 때문에 해저가 바로 시야에 들어오지 않았다. 거대한 수중동굴 입구처럼 약간 으스스한 장소였다. 나는 파도에 몸을 맡기고 천천히 앞으로 갔다. 바위 더미가 어른거리며 보이기 시작했는데 나는 그 더미가 몇십 년 전 폭발물로 만들어진 무너진 절벽이라는 것을 깨달았다. 그 뒤의 해저는 조금 더 얕았다. 양쪽의 기반암이 이룬 평평한 지층 위에는 모래가 깔려 있었다. 바위가 무너지며 만에 쌓였던 자갈이 겨울에 해안을 덮친 폭풍으로 인해 움직이면서 아래 난파선이 드러난 것이었다. 분명히 바위는 아닌데, 이상해 보이는 형태가 모래 속에서 보이자 나는 깊이 숨을 들이쉬고 잠수하며 귀의 압력을 코의 압력과 같이 맞추려 코를 풀었다. 난파선에 도달하기 전에 녹 같은 오렌지색을 띤 물체가 보였는데, 이 물체가 폭풍이 부는 동안 해저 골짜기에서 자갈과 이리저리 부딪히며 닳는 바람에 형태를 거의 알아볼 수 없을 정도로 마모된 대포의 잔해라는 걸 알 수 있었다.

　나는 한 손을 대포 위에 얹고 손바닥에 묻은 녹을 본 다음 앞을 바라보았다. 모래 속에 눈에 띄는 다른 유물은 없었다. 그러나 내 시야 가장자리의 어두운 곳에서 바위가 보였다. 그리고 왼쪽으로는 옆으로 난 해저 골짜기 입구가 보였다. 나는 오리발을 수면을 향해 움직이며 남은 숨을 최대한 많이 사용하려 했다. 바위 위를 지나가는 동안 놓치려야 놓칠 수 없는 대포 형상이 더 눈에 들어왔다. 그리고 모래처럼 반짝이는 것이 보였는데 나는 이것이 뭔가 다른 것임을 깨달았다. 대포를 둘러싼 응결물에서 금 같은 것이 반짝이고 있었다. 나는 수면으로 올라가 숨을 몇 번 쉬고 다시 아래로 내려가 해저에 도달해 내가 본 것에 손을 얹었다. 수천 개의 반짝이는 청동 옷핀. 그것이 바로 이 난파선에 '멀리언 핀'이라는 별명이 붙은 이유였다. 이 핀들은 1667년 가을에 암스테르담에서 선적되어 스페인과 이탈리아로 향하던 어마어마한 화물 중 일부였다. 나는 산토 크리스토 디 카스텔로호를 제대로 찾아왔다는 걸 깨달았다. 그리고 제대로 된 잠수 장비를 갖추고 다시 돌아와야 한다는 것도.

절벽 길에 주차된 차로 돌아가 장비를 정리한 다음 나와 여러 차례 난파선 잠수 탐사를 함께한 친구 마크 밀번(Mark Milburn)에게 바로 전화했다. 몇 년 전에 우리는 콘월 수중고고학회를 설립했고, 역사 유적지를 보호하는 공공단체 히스토릭 잉글랜드의 후원을 받으며 리저드반도 연안의 여러 난파선 유적지에서 작업했다.

멀리언 핀 난파선은 법의 보호를 받지 않은 난파선이었다. 보고에 따르면 이 배는 자갈에 묻혀 있었고, 이는 일부러 보호 조치를 취할 필요가 거의 없다는 것을 뜻했다. 하지만 보물 사냥꾼이 약탈할 위험이 있는 몇 개 유물이 노출되어 있어서 우리는 이 배를 우선적으로 조사해야 했다. 마크는 멀리언항으로 고무보트를 가져오기로 했고 우리는 거기서 출발해 20분 안에 현장에 도착할 수 있었다. 며칠 뒤에는 내 딸 몰리(Molly)도 합류했다. 몰리는 나와 함께 캐나다 오대호에서 난파선에 잠수한 적이 있으나 영국 수역의 난파선에 잠수하는 것은 이번이 처음이었다.

우리는 현장에 도착해 만 입구 가까운 곳에 정박했다. 도중에 우리는 그 배가 파괴되며 떠밀려 갔을 것으로 보이는 경로를 따라갔다. 그 경로는 멀리언섬의 비교적 안전한 지점에서 시작되어, 바다를 900미터 정도 건너 폴 글라스만까지 이어졌다. 마크가 배를 정박하는 동안 나와 몰리는 잠수 장비를 입고 배의 옆쪽에서 뒤로 떨어지며 바다로 입수했다. 우리는 난파선이 있는 10미터 깊이의 바다에서 한 시간 정도 작업하기에 충분한 12리터짜리 공기통을 메고 있었다. 그리고 일분일초를 아껴 기록할 수 있는 모든 것을 남길 생각이었다. 우리는 그 현장을 담은 이전의 지도를 봤을 때 옆쪽 해저 골짜기에 대량으로 쌓인 유물이 지금껏 발굴되거나 노출된 적이 없었다는 점을 확신했다. 점점 더 많은 것들이 분명하게 보이기 시작했다. 곧이어 스노클링을 하며 해저 골짜기로 다가간 우리 아래로 난파선 잔해가 펼쳐졌다.

  나는 처음으로 핀을 본 곳에 발을 내리고 주변 해저를 탐사하기 시작했다. 몰리는 조심스럽게 모래를 걷어내다가 아름다운 촛대를 발견했다. 나중에 이 촛대는 15세기의 것이라는 게 밝혀졌다. 잠수한 지 몇 분도 안 되어 콘월 근해의 난파선에서 발견한 것들 중 가장 오래된 유물을 찾았다는 뜻이었다. 합류한 마크도 뭔가를 발견하고 나를 손짓으로 불렀다. 100킬로그램, 혹은 그 이상 나가는 거대한 납덩이였다. 그리고 그 너머에는 대포 2개가 더 있었다. 그는 응결물 속에서 포착한 유물을 손가락으로 가리켰다. 더 많은 촛대와 핀, 구리 덩어리 조각과 다른 정체를 알 수 없는 물품들이었다. 잠수를 끝낼 때쯤 우리는 수백 장의 사진을 찍고 해저 골짜기의 기초 평면도를 작성했으며 몇몇 취약한 유물을 회수 대상으로 선정했다. 수년간 폭풍우 때문에 생긴 큰 파도가 현장을 휩쓸면서 유물의 상당량이 주변 곳곳으로 옮겨져 있었다.

  회수한 발견품을 난파선 관리청에 보고했다. 영국 수역에서 발견되는 모든 난파선 유물은 중세부터 내려오는 이 관청에 신고해야 한다. 그런 다음 보존과 기록, 그리고 연구가 시작되었다. 그 뒤로 몇 주일 동안 보트와 육지에서 작업이 계속되었다. 그리고 나는 가능한 한 많은 문헌 증거를 찾는 작업에 착수했다. 우리는 이 배가 아주 흥미로운 연구 대상이며 17세기의 교역과 항해를 들여다볼 창문이라는 것을 알았다. 그러다가 전혀 예상치 못했던 것을 발견하게 되었다. 이 배에 실렸던 화물 목록에는 '네덜란드 황금시대'의 위대한 걸작이자 역사상 가장 위대한 화가 가운데 한 명의 작품이 있었다.

1668년 3월 17일, 선박 산토 크리스토 디 카스텔로호에 대해.

콘월군의 신사 윌리엄 페인터(William Paynter)는 다음을 맹세한다. 1667년 10월, 특히 그달 15번째 날에 산토 크리스토 디 카스텔로호가 산산조각이 나 멀리언 근처에서 리저드반도 서쪽으로 표류했으며 많은 선원이 목숨을 잃었다. 그러나 배의 선장 혹은 마스터인 로렌초 비비아노(Master Lorenzo Viviano)와 배에 속한 몇 사람은 해안에 도착했고 건질 수 있는 것을 건져서 가져가거나 처분했다. 그러나 이들은 그곳에 오래 머물지 않았다. 선장은 2~3일 정도 후에 바로 현장을 떠났고 선원 대부분은 일주일 뒤에 떠났으며 가장 오래 머문 사람도 최대 한 달가량을 머물렀다. 이들은 머무는 동안 배에서 건진 시나몬 정향과 산호 일부를 처분하고 나머지는 모두 버렸다. 그리고 이들이 떠난 다음 상당한 양의 철과 납, 그리고 대포 몇 개와 케이블, 닻 1개가 바다에서 회수되었다. 그리고 계피 약간, 러시아산 가죽 약간, 돛대와 가로대 같은 배의 일부, 배에 있었던 가구가 회수되다. 그 회수물은 신사 프랜시스 고돌핀(Francis Godolphin), 혹은 그가 이 물품들의 보존을 의뢰한 사람들의 손에 (-)달간 있었다고 한다. 일부는 아직 해군 중장에 전달되지 않았고 다른 사람에게 있다. 이 물품을 창고에 보관하고 관리하는 비용은 매일 늘어나며 (-)을 제거하지 않은 채 방치되었던 계피와 가죽은 상태가 나빠지고 변질되었다.

윌리엄 페인터는 서부 콘월의 부유한 지주였다. 프랜시스 고돌핀은 남콘월의 해군 중장이었고 실리제도의 이른바 '해적 왕'으로 지사를 지낸 윌리엄 고돌핀(William Godolphin) 경의 조카손자였으며 마드리드 주재 영국대사를 역임한 윌리엄의 형제다. 일기작가 새뮤얼 페피스(Samuel Pepys)에 따르면 프랜시스 고돌핀은 "매우 잘생기고 유능한 사람"이었다고 한다. 윌리엄 페인터는 콘월의 난파 현장에 먼저 도착해 가져갈 수 있는 모든 것을 가져간 난파선 약탈자에 대항해 왕을 대리해 싸웠다. 문제의 선박은 "값진 화물을 많이 실었고 (…) 화물의 가치는 10만 파운드였다." 오늘날의 물가로 따지면 160만 파운드[한화로 약 30억 상당-옮긴이] 이상이다. 이 배의 선장 조반니 로렌초 비비아노는 1666년 8월에 잉글랜드왕 찰스 2세(Charles Ⅱ)에 탄원서를 낸 잉글랜드가 네덜란드와 전쟁을 벌이고 있던 그때 영불해협의 안전한 통항을 간청했다. 이 배가 비록 암스테르담에서 출항하기는 했지만, 제노바의 선박이지 네덜란드 선박이 아니라는 이유에서였다.

> 가장 고귀하신 국왕 전하께 (…) 가장 겸손하게 이 탄원을 제출합니다. (…) 이 배 산토 크리스토 디 카스텔로호는 암스테르담에서 건조되었으며 제노바국 출신 제노바 거류민들의 자금으로 만들어졌습니다. (…) 포수 48명과 선원 120명을 갖춘 이 배는 앞서 언급된 제노바인들의 주문으로 암스테르담에서 여러 상품을 선적하고 그곳에서부터 교역을 위해 런던, 카디스와 스페인 해안의 다른 항구로 향할 것이며 그곳에서부터 레그혼 항구와 제노바로 갈 것입니다. (…) 부디 국왕 전하께서 관대함을 베푸시어 배와 화물이 암스테르담에서부터 위에 언급된 여러 장소를 방해받지 않고 통과할 수 있게 허가해 주소서.

영국-네덜란드 전쟁은 이 배가 1667년 가을에 암스테르담에서 출항했을 때 끝났다. 그리고 이 배가 침몰한 원인은 격침이 아닌 날씨였다. 비비아노 선장은 항해에 적합한 계절이 지나가고서야 늦게 출항했다. 이때 대서양에서 부는 남풍(편서풍)은 더 위험했다. 그리고 배는 리저드반도의 한 점을 선회하려 시도하다가 뒤로 밀려났다.

멀리언 핀 난파선이 산토 크리스토 디 카스텔로호로 밝혀지자 이 이야기에 풍부한 고고학적 차원이 더해졌다. 1970년대부터 이곳에서는 수백 개의 유물이 발견되었고, 내가 지휘해 진행한 조사에서도 많은 유물이 수습되었다. 런던, 암스테르담, 스페인과 제노바에서 진행한 고문서 연구는 전체 그림을 파악하는 데 큰 도움이 되었다. 이 연구를 통해 배에 실렸던 화물이 당시 세상에 알려진 전 세계 각지를 망라하며, 1667년에 비비아노 선장이 전혀 뜻밖의 이유로 암스테르담에서 출항을 늦췄다는 사실도 밝혀졌다. 그 이유는 선장이 제노바의 선주가 주문한 예술품 2점의 완성을 기다렸기 때문이며, 그림을 그린 화가는 다름 아닌 렘브란트 판레인(Rembrandt van Rijn)이었다. 이 예술 작품으로 인해 산토 크리스토 디 카스텔로호는 네덜란드 황금기를 대표하는 가장 흥미로운 난파선이 되었다.

## 청동 핀에 깃든 산업혁명의 의미

폴 글라스만에 난파선이 있다는 것은 1969년에 근처 컬도즈 해군 항공기지에 근무하던 해군 장교 피터 맥브라이드의 보고로 세상에 처음 알려졌다. 그는 멀리언항 근처 절벽 아래에서 스노클링 잠수를 하다가 자갈 사이로 삐죽 나온 대포를 발견해 보고했다. 그 뒤로 몇 년에 걸쳐 맥브라이드와 소규모 팀이 난파선 일부를 발굴했다. 이들은 응결물을 떼어내고 유물에 접근하기 위해 폭발물을 사용했다. 연구 첫 단계에서 이 난파선의 가장 유력한 정체가 떠올랐다. 찰스 2세 치세에 작성된 《국가문서 캘린더(The Calender of State Papers)》는 1667년 10월 5일에 "암스테르담에서 새로 건조되어 천과 향신료를 실은 배 산토 크리스토 디 카스텔로호가 (…) 리저드 근해에서 난파해 남녀 25명이 익사했다. 선장과 선원은 보트를 타고 해안으로 탈출했다"라고 기록했다. 이는 앞서 인용된 통항권 청원과 윌리엄 페인터의 묘사를 보충해 주는 증거다. 그런데도 나는 이 난파선이 산토 크리스토 디 카스텔로호가 확실하다는 증거를 난파선 잔해에서 찾고 싶었다. 첫 조사를 시작한 지 몇 주 만에 암스테르담에서 제작되어 도량형 당국이 1662년, 1663년, 1665년에 확인 스탬프를 찍은 상업용 무게 추를 발견했다. 1665년의 무게 추는 1665년에서 1666년까지 건조되어 그해 첫 항해가 예정되었던 이 배에서 찾을 수 있는 가장 늦은 시기의 유물이었다. 그제야 나는 이 배의 정체가 산토 크리스토 디 카스텔로호라는 것을 비로소 확신했다.

발굴 현장에서 발견된 철제 대포 15개는 원래 이 배에 실렸던 전체 무장의 1/3에 못 미치는 개수였지만, 당시 네덜란드에서 건조된 상선에 실린 대포가 어떻게 생겼는지를 살펴볼 독특한 기회가 되었다. 당시에는 교전국에 나포되거나 북아프리카의 바르바리 해적에게 인질로 잡히지 않으려면 상선 선원들도 자신을 지킬 수 있어야 했다. 배에 올라탄 적을 쫓아내기 위해 사용되었던 청동제 선회포(旋回砲)가 이 배에 실렸을 거라 생각했던 우리는 이 대포에 쓰였을 약실[총포에서 탄약을 재어 넣는 부분-옮긴이]을 발견했을 때 흥분을 감출 수 없었다. 다양한 구경의 머스킷 총 탄환 수백 개도 발견되었는데 그중에는 탄환 한 쌍을 청동 와이어로 연결해서 사격할 경우 펼쳐지면서 최대한의 피해를 입히는 연결탄도 있었다. 소화기 탄약의 양은 어마어마했다. 이는 당시 상선들이 바다에서 근접전에 휘말릴 위험이 실제로 매우 컸음을 보여준다. 몇몇 머스킷 총 탄환은 납작하게 찌그러진 채로 발견되었다. 난파 때문에 찌그러진 것이 아니라 발사 후 목표를 타격하면서 그렇게 된 것 같다. 18세기 머스킷 총에 납탄으로 단단한 표면을 사격해 보니 같은 효과가 나타났다. 이 시험 사격을 통해 나는 이 납작해진 탄환이 사격장이나 전장에서 회수된 사용탄이며 다시 녹여 재활용될 예정이라는 걸 알게 되었다.

화물 중량에서 가장 큰 비중을 차지한 금속 덩어리에는 무게가 각 100킬로그램이 넘는 거대한 납 주괴가 있었다. 동위원소 분석 결과 영국산으로 밝혀졌다. 당시 영국은 유럽에서 사용되던 납의 최대 산지였다. 지붕, 파이프, 창살(유리를 제자리에 잡아두기 위한 금속 띠)을 제작하는 데 사용되었는데 상당량이 더비셔의 피크 디스트릭트에서 채굴되었다. 영국 국립문서 보관소의 「나포선 문서」를 연구해 보니, 이 금속 덩어리들은 원래 영국 선박에 실렸던 것들이었으나 네덜란드 함선이 영국 선박을 나포했고 이 화물은 암스테르담에서 경매에 부쳐졌다. 당시 영국과 네덜란드는 전쟁 중이었으므로 이런 행위는 합법적이었다. 이와 대조적으로 난파선에서 발견된 구리 덩어리 2종은 스칸디나비아반도나 동유럽산임이 밝혀졌다. 17세기 암스테르담에서는 이곳에서 생산된 구리 상당량이 출하되었다. 당시 네덜란드 동인도회사는 일본에서 구리를 입수하고 있었는데 다른 구리 덩어리는 멀리 일본에서 왔을지도 모른다. 앞으로 더 살펴보겠지만 산토 크리스토 디 카스텔로호에는 암스테르담의 동인도회사에서 사들인 고가의 향신료와 직물 외에도 이런 여러 가지 것들이 실려 있었다.

잠수할 때마다 흥미진진한 새 유물들이 연달아 발견되었다. 이 가운데는 청동제 포마개, 장식용 모형 대포와 청동 핀 수백 개가 있었다. 수작업으로 만들어진 다양한 크기의 핀은 17세기 사회의 필수품으로 옷과 가발을 고정하거나 의상을 제작하는 데 사용되었다. 1660년경의 이 핀들은 대부분 네덜란드산 청동 와이어를 사용해 북부 프랑스에서 생산되었고, 네덜란드 상인이 이를 사들여 수출했다. 핀 생산을 둘러싼 이야기는 18세기 경제학자 애덤 스미스(Adam Smith)가 그의 저서 『국부론』에서 분업을 묘사하며 예시로 든 것으로도 유명하다.

한 사람이 와이어를 당기고 다른 사람이 이 와이어를 펴고 세 번째 사람이 이를 절단한다. 네 번째 사람은 끝을 날카롭게 다듬고 다섯 번째 사람은 핀의 맨 윗부분을 끼워 넣기 위해 끝을 갈아낸다. 머리를 만드는 데는 두세 가지의 구분되는 작업이 필요하다. (…) 그리고 핀 제작에서 중요한 것은 이렇게 18가지 과정으로 작업을 나누는 것이다. 어떤 공장에서는 이것을 모두 다른 사람이 수행한다.

최근 연구에 따르면 스미스는 모든 핀 제작 과정을 정확히 이해하지는 못했던 것 같다. 일반 작업장에서는 개별 노동자가 이 작업 중 절반 이하만을 수행했으며 작업장의 노동자 또한 남성이 아닌 여성이었다. 당시 여성은 노동력의 절반 정도를 차지했지만, 봉급은 상당히 적게 받았다. 그러나 스미스가 핀 생산 과정을 예시로 든 것은 그의 경제이론과 산업혁명의 기초를 이해하는 데 핀이 핵심적 위치를 차지했다는 것을 의미한다. 그리고 핀은 이 난파선에서 발견된 유물을 이해하는 중요한 단서가 되어준다.

### 종교개혁이 바꿔놓은 예수의 얼굴

르네상스이자 네덜란드 황금시대에 그려진 회화 작품은 난파선에서 발견된 유물을 식별하거나 연대를 밝히는 데 중요한 역할을 한다. 당시에는 사실주의적인 묘사로 정물화나 일상화가 주로 그려졌기 때문이다. 배에 실린 여러 청동제 물품은 분명 고철로 운반되고 있었다. 사용되다가 닳았거나 부서진 물품도 있고 쉽게 재활용하려고 일부러 절단한 물품도 있었다. 그런데 이 물건의 상당수가 촛대와 초 받침, 정교하게 제작된 샹들리에와 예배 집기 등 교회에서 사용되었던 고급품이었다. 이 물건들의 연대를 파악하기 위한 가장 좋은 방법은 플랑드르와 네덜란드 거장이 집 혹은 교회 내부를 그린 그림 속에서 이 유물들이 어떻게 표현되었는지를 살펴보는 것이다. 예를 들어 샹들리에는 에마누엘 데 비테(Emanuel de Witte)의 그림, 특히 1650년경의 〈델프트의 아우데 케르크 교회 내부(Interior of Oude Kerk, Delft)〉에 그려진 것과 상당히 닮았다. 그림은 배가 난파한 연대와 비슷하지만, 샹들리에 유물은 그보다 상당히 이른 16세기 후반 물건으로 보인다. 종교혁명이 일어난 이 시기에는 성당들이 파괴되었고 성당에서 사용되던 조명이나 다른 집기들이 교체되었다.

단순한 형태의 밸로스터[기둥 모양의 장식적 지지대 – 옮긴이]를 갖춘 아름다운 중세 촛대와 교회 입구에 걸어두고 성수로 손을 씻는 데 사용된 세면대(Lavabo)와 같은 일부 유물은 이보다 더 오래전에 사용된 15세기 물건이었다. 이 세면대는 메트로폴리탄미술관이 소장한 트립티크[Triptych: 연속된 이야기를 패널 3개에 표현한 세 폭 제단화 – 옮긴이]에 묘사된 것과 아주 비슷하다. 1427~1432년에 로베르 캄팽(Robert Campin)의 공방에서 그려진 이 트립티크는 수태고지를 보여주는데 천사 가브리엘의 머리 뒤에 세면대가 보인다. 종교개혁을 일으킨 칼뱅파는 성수의 개념을 인정하지 않았으므로 네덜란드에서 제작된 손 씻기 대야는 모두 16세기 중반 이전에 만들어진 것들이다. 당시 베엘덴스트롬, 즉 가톨릭 성당의 미사 도구와 예술품 다수를 파괴한 성상파괴운동이 일어나 이런 대야들은 대부분 성당에서 치워졌다. 그래서 난파선에서 발견된 이 유물들은 종교적 격변기를 견디고 살아남은 보기 드문 유산이다. 이러한 시대를 대변하는 난파선의 유물은 렘브란트 및 그의 작품과 직접적인 관련이 있다. 개신교 네덜란드에서는 종교화가 사라졌기에 네덜란드 황금시대에는 장르화, 초상화, 정물화 같은 일상적이고 세속적인 그림이 유행하게 되었다. 렘브란트와 동시대 화가들은 이런 그림을 그리며 기량을 연마했으나 남부 가톨릭 국가에서는 종교를 주제로 한 회화 시장이 여전히 활황이었다.

2020년에는 자갈에 묻혀 있다가 겨울 폭풍으로 드러난 새로운 지역을 집중적으로 발굴했다. 그때 나는 레이던의 상징인, 교차한 열쇠가 새겨진 납 인장과 IHS라는 문자가 새겨진 청동 절구 파편을 발견했다. 레이던은 화물 가운데 최고급품 직물의 산지이자 렘브란트의 고향이기도 했다. IHS는 그리스어로 예수 이름의 머리글자를 축약한 것이다. 이들 바로 밑에는 편지에서 왁스 봉인을 떼어내는 데 쓰인 끌이 있었다. 필수품이지만 드물게 발견되는 이런 물품은 선장이 소지했을 가능성이 크다. 배가 선창 주변에서 건조되고 있었을 때, 비비아노 선장이 바로 이 끌로 제노바의 화주로부터 받은 편지를 열어보지는 않았을까? 그 옆에는 지도에서 거리를 잴 때 쓰는 정교한 항해용 디바이더 한 쌍이 있었는데 청동에는 도금 흔적이 여전히 남아 있었다. 아마 비비아노 선장은 이 디바이더로 암스테르담의 도서 판매인과 지도 제작자가 공급한 해도에서 거리를 측정하고 있었을 것이다.

가장 인상적 발견품은 십자가에 매달린 청동 예수상, 코퍼스 크리스티(Corpus Christi)였다. 바다에 거의 350년을 잠겨 있었지만 뛰어난 조각 솜씨는 선명하게 남아 있었다. 얼굴과 머리카락, 접힌 천을 표현한 끌 자국이 아직도 생생하다. 근육 구조와 수척해진 신체, 이목구비의 해부학적 표현도 훌륭하다. 가톨릭의 반종교개혁 신념에 따라 만들어진 이 예수상에서는 예수가 겪는 고통이나 통증이 표현되지 않았다. 오른쪽 가슴에 상처 표현도 남아 있는데 이는 예수가 죽임을 당한 후 창에 찔렸다는 복음서의 이야기에 따라 남겨진 것이다. 이 예수상은 이탈리아 예술가 굴리엘모 델라 포르타(Guglielmo della Porta)가 남긴 작품의 모방작이다. 델라 포르타는 미켈란젤로의 〈대속자 그리스도(Christ the Redeemer)〉와 로마에서 볼 수 있던 고전기 조각품에서 영감을 받았다. 로마 가톨릭교회는 트렌트 공의회를 열어 종교개혁의 요구에 응답했는데, 그때 종교적 도상도 결정되었다. 개인의 헌신과 영적인 교감을 강조하는 16세기 후반의 예수상은 개신교로 개종을 고려하던 사람들을 붙잡기 위한 가톨릭교회의 노력이 반영된 결과라고 할 수 있다.

## 개인이 부를 쌓을 기회가 열리다

일기작가 새뮤얼 페피스가 생생하게 전하듯, 이 시기는 런던의 페스트 대유행과 대화재가 일어났던 때라서 역사적 관심이 대부분 잉글랜드에 집중되었다. 그러나 예술이 가장 발전하고 걸작이 탄생했던 곳은 유럽의 다른 곳이었다. 암스테르담은 세계 최대의 교역망이 조직된 네덜란드 동인도회사의 본거지였고, 이 도시의 세력과 자본은 다른 여러 나라를 능가했다. 동방과의 무역은 항해 기술, 지도 제작술, 조선업 발전을 이끌었고 향신료와 다른 이국적 상품들이 암스테르담으로 쏟아져 들어오며 개인이 부를 쌓을 기회가 활짝 열렸다. 외국인 중 제노바 사람이 이 무역에서 특히 많은 이익을 거뒀다. 제노바의 유서 깊은 상인 가문들은 암스테르담에서 배를 건조했는데 그중 한 척이 산토 크리스토 디 카스텔로호였다. 동인도회사의 무역선을 본떠 만들어졌을 이 배는 동방에서 온 물품을 싣고 제노바뿐 아니라 이탈리아와 스페인의 다른 여러 항구와 오스만제국 콘스탄티노플까지 들를 예정이었다. 제노바도 해양 강국으로서 풍부한 역사를 가진 나라였다. 크리스토퍼 콜럼버스와 존 캐벗이 이곳 출신이다. 또한 제노바의 은행가들은 스페인의 신세계 무역에서 중요한 임무를 수행했다. 암스테르담과 제노바는 모두 공화국이었고, 다음 세기에 일어날 미국 독립 혁명과 프랑스 혁명의 앞길을 닦았다.

16세기 유럽은 끝날 것 같지 않은 전쟁, 종교분쟁과 비참함으로 규정되곤 한다. 그러나 암스테르담은 교역을 통해 부를 쌓은 사람들의 자금이 흘러들어 와 창의성을 꽃피우는 터전이 되었다. 그 시대의 단적인 예시가 바로 산토 크리스토 디 카스텔로호다. 제노바 무역상을 위해 암스테르담에서 건조된 이 배에는 이국적인 동방의 산물에서부터 가장 비싼 서적과 당대 최고의 걸작에 이르는 방대한 종류의 화물이 실렸다.

계피, 정향, 산호, 철, 납, 러시아산 가죽 등 윌리엄 페인터의 진술서에 나오는 상품들에 더해 암스테르담의 국립문서보관소에는 산토 크리스토 디 카스텔로호에 실렸던 화물을 들여다볼 수 있는 흥미로운 문서가 있다. 바로 이 배에 화물을 맡긴 많은 상인 중 한 명인 파울루스 클루츠(Paulus Cloots)의 화물 목록이다. 그는 산토 크리스토 디 카스텔로호가 난파한 다음 40톤에 달하는 철 막대, 구리 2558킬로그램이 든 큰 통, 생강 1953킬로그램을 담은 통 10개, 1632킬로그램의 러시아산 가죽 4묶음, 리넨 묶음, 레이던산 직물, 소모사로 만든 긴 양말을 포함한 의복들을 잃어버렸다고 신고했다. 금속의 무게 때문에 이 상인이 선적을 의뢰한 화물은 배에 실린 전체 화물 무게의 1/4에 해당했을 것이나, 선착장에서는 계피, 정향, 다른 향신료를 담은 통이 더 큰 부피를 차지했을 것이다. 향신료는 화물에서 가장 값어치가 높고 가장 먼 곳에서 실어 나른 상품이었다. 정향은 암스테르담에서 2만 2000킬로미터 떨어져 있고 동인도회사 무역선이 이용하는 항로로 1년이 걸리는 인도네시아 몰루카에서 왔다.

산토 크리스토 디 카스텔로호가 난파하고 두 달 뒤인 1667년 12월 4일에는 잉글랜드 수역에서 나포된 또 다른 제노바 배인 사크리피시오 다브라모호의 선장 안토니오 바소(Antonio Basso)가 찰스 2세에게 화물을 되찾게 해달라고 탄원한 기록이 남아 있다. 요크 공작이 발급한 통행권으로 항해하고 있던 그의 화물은 모두 이탈리아인과 스페인인의 소유였다. 6월 15일에 "왕의 배들에 의해 나포된" 이 배는 아일랜드로 끌려갔고 배에 실린 화물은 전리품으로 판정되어 원래 가치의 1/5 가격에 팔렸다. 왕은 이 사건 재심에 동의했다. 그러나 이미 입은 피해를 복구하기에는 불가능했고, 바소 선장이나 이 배에 화물을 위탁한 많은 상인에 대한 피해보상은 없었다. 그러나 오늘날의 관점에서 보면, 배에 실렸던 가장 큰 보물은 구조되었다. 바로 선장실에 있던 문서들이다. 이 문서는 해사 고등 법원으로 보내져 국립문서보관소에 남았다. 이 문서에는 당시 암스테르담에서 출발해 스페인과 이탈리아로 가는 배에 실린 화물이 매우 상세하게 기록되었다. 나는 운 좋게도 독일

괴팅겐에 있는 과학 인문학 아카데미의 주도로 발족한 '나포선 문서 프로젝트'의 후원을 받아 이 문서를 직접 살펴볼 기회를 얻었다. 이전에 거의 연구되지 않은 문서들이 대부분이었다.

사크리피시오 다브라모호의 출항 날짜와 화물은 산토 크리스토 디 카스텔로호와 매우 비슷했다. 사크리피시오 다브라모호는 산토 크리스토 디 카스텔로호보다 겨우 몇 달 먼저 암스테르담에서 출항했는데, 그때 영국과 네덜란드가 전쟁 중이었으므로 위험을 안고 항해해야 했다. 이 배의 문서를 살펴보니 두 척이 선하증권을 공유했을 뿐 아니라 암스테르담에서 같은 대리인 및 상인과 함께 교섭했다는 것을 발견했다. 이를 알게 되었을 때 나는 떨 듯이 기뻤다. 비비아노 선장과 바소 선장은 암스테르담과 스페인 항구에서 활동하던 제노바인 화주와 상인으로 이루어진 광범위한 네트워크 구성원이었다. 이들은 당시 해양 교역에서 중요한 역할을 하고 있었다. 문서에는 선원들에 대한 매우 흥미로운 정보가 담겨 있었다. 문서를 살펴보니 일부 선원은 나포되어 암스테르담으로 끌려온 영국 선박 출신의 영국인 포로들이었다. 배가 항해 중에 목적지가 아닌 항구에 잠시 들를 경우 '전염병 통행권'이 발급된 예시처럼 국제교역에 필요한 서류들도 찾아볼 수 있었다. 내게 가장 흥미로웠던 건 선하증권 118장이었다. 이 증권에는 네덜란드와 독일에서 입수된 물건뿐 아니라 동인도제도와 아메리카대륙에서 수입된 물품들, 예를 들어 후추, 계피, 정향, 인디고, 설탕, 흑단목, 인

## 사크리피시오 다브라모호 선하증권의 화물 목록, 1667년

후추
계피
정향
장뇌

스웨덴산 철
영국산 납덩어리
구리 덩어리
주석, 담배 파이프
청동
흑단목
일본산 목재
브라질산 목재
노란색 목재
필기용 펜
브루게산 스코티 천
하를럼산 의류
서지천
플랑드르산 리넨
함부르크산 천
모자
쥐덫
시리아산 기름
포도주
아몬드 잼
완두콩

약품

백랍 접시

러시아산 가죽
불가리아산 가죽
고래 뼈(고래수염)
정제 설탕
타르
풀
담배

사향기름
꼭두서니(적색 염료)

연필용 흑연

못
핀
촛대
등
칼과 칼집
자물쇠

지구본
지도
세계지도
책
그림

도산 직물과 비단, 러시아산 소가죽, 천과 저지대 국가산 각종 직물류, 납과 구리 덩어리, 고철, 책과 지도, 그림 등 많은 것들이 목록으로 정리되어 있었다. 화물의 상당 부분이 산토 크리스토 디 카스텔로호의 화물과 겹치기 때문에 사크리피시오 다브라모호 관련 나포선 서류를 통해 우리는 당시 선박과 그 화물에 대한 풍부한 정보를 얻을 수 있다.

사크리피시오 다브라모호의 적하목록 중 위탁화물 6개는 산토 크리스토 디 카스텔로호와 똑같다. 두 척이 같이 암스테르담 근처의 텍셀 정박지에 머물렀을 때 이 화물이 실렸고, 여러 다른 상인에게서 온 화물도 이때 배에 실렸다. 카디스와 제노바로 갈 예정이던 산토 크리스토 디 카스텔로호에 실린 위탁화물은 계피 1.5톤, 무게 908킬로그램인 후추통 5개, 무게 222킬로그램인 정향 통 1개였고 총 가격은 3000 금 두카트였다. 이것은 화물의 작은 일부에 불과했으나 오늘날 가격으로는 50만 파운드[한화로 약 9억 3000만 원-옮긴이]에 달한다. 17세기 향신료에 엄청난 가격이 붙었으며 이 향신료 무역에서 엄청난 이익을 거둘 수 있었음을 알 수 있다.

전설의 '향료 섬'인 몰루카제도에서 온 정향과 후추, 계피는 각각 남인도와 스리랑카가 주산지였다. 1602년부터 암스테르담에 수입되는 향신료는 네덜란드 동인도회사, 페어에니그데 오스트인디셰 콤파니(Vereenigde Oostindische Compagnie, VOC)의 손에 있었다. 이 회사는 자바섬의 주요 항구도시 바타비아[지금의 자카르타-옮긴이]에서 무역을 관리했다. 산토 크리스토 디 카스텔로호가 침몰했을 무렵, 이 회사는 상선 150척과 직원 5만 명을 거느렸으며 지금의 인도네시아 상당 부분을 지배했다.

1660년대는 이 회사의 전성기였다. 동인도회사는 1640년에 포르투갈로부터 스리랑카의 갈레를 탈취해 계피 무역의 통제력을 강화했고 1652년에는 아프리카 남단에 보급기지를 설치했는데 이것이 나중에 남아프리카 케이프 식민지가 된다. 영국 동인도회사가 발전하기 전까지 일본, 중국과의 무역을 통제하는 유럽 세력이 네덜란드 동인도회사였으므로 네덜란드는 은, 비단과 직물부터 이국적 목재와 다이아몬드까지, 광범위한 상품을 암스테르담으로 가져올 수 있었다.

적하목록은 산토 크리스토 디 카스텔로호에 실렸던 후추와 정향이 텍셀 정박지에서 멀지 않은 자위더르해(海)[네덜란드 북쪽 해안의 얕은 만, 지금은 둑으로 바다와 차단됨-옮긴이]에 있는 항구도시 엥크하위전에서 사들인 물품임을 보여준다. 동인도회사는 극동뿐 아니라 네덜란드 어디에나 있었다. 회사 첫머리 글자 약어인 VOC를 넣은, 아마 세계 최초로 인정받은 상업 로고일 동인도회사 상호는 동전, 대포, 깃발에 새겨졌다. 이 회사의 사무실 건물과 창고는 해안지구를 지배했으며 조선소에서는 회사 선박뿐 아니라 국가 소유 전함, 개인이 주문한 상선까지 건조되었는데 산토 크리스토 디 카스텔로호도 여기에 포함된다. 동인도회사의 상인이 사들인 향신료와 기타 상품을 유럽 각지의 소비자들에게 실어 나르며 수요를 더 키웠던 산토 크리스토 디 카스텔로호와 사크리피시오 다브라모호 같은 선박은 동인도회사의 성공에 필수불가결한 존재였다. 적하목록이 보여주듯, 다양한 원자재와 저지대 국가, 독일과 북서 유럽의 다른 나라에서 만든 완제품을 수송할 공간을 보유한 이 선박들은 상품들의 생산과 소비를 동시에 자극했다. 동인도회사가 만들어낸 이 시너지로 인해, 17세기는 그때까지 역사상 가장 풍요한 해양 교역이 이루어진 시기가 되었다.

### 배가 출항하지 못한 이유

비비아노 선장은 유구한 전통을 가진 뱃사람 가문 출신으로 동시대인 대부분이 뱃사람이거나 상인이었다. 이전에 선장을 맡았던 배로 이단 심문에서 도망치는 유대인들을 스페인에서 제노바로 실어 날랐다는 것을 제외하면, 산토 크리스토 디 카스텔로호의 선장이 되기 전에 그가 어떤 삶을 살았는지는 거의 알려져 있지 않다. 그러나 그는 경험이 많은 뱃사람이었고 암스테르담에서 산토 크리스토 디 카스텔로호의 건조를 감독하고 첫 항해에서 선장을 맡을 정도로 선주들의 신임을 받은 사람이었던 건 분명하다. 이런 점을 고려하면 대서양의 상황이 불확실한 가을에 암스테르담에서 출항하지 말고 다음 해까지 기다렸어야 했는데 배가 바로 출항했다는 점은 의아하다. 비비아노 선장이 보험증서에 서명한 날은 1667년 9월 2일과 9월 16일이었다. 그래서 그는 9월 16일 이전에는 출항할 수 없었다. 그때부터 난파일까지는 3주도 남지 않았다. 적하목록에 나온 증거로 판단하건대, 화물은 이미 초여름에 실렸다. 크리스토 디 카스텔로호는 사크리피시오 다브라모호가 그랬던 것처럼 5월이나 6월에 출항할 수 있었다. 혹시 비비아노 선장은 바소 선장보다 안전 통행권을 더 믿지 못해서 전쟁 중에 출항하는 걸 꺼렸던 것일까? 하지만 영국-네덜란드 전쟁은 그해 7월 31일에 끝났고 그 뒤로는 영불해협 통항에 전혀 지장이 없을 터였다. 그렇다면 산토 크리스토 디 카스텔로호가 암스테르담에서 이렇게 오래 발이 묶여 있던 이유는 무엇이었을까?

2006년에 제노바에서 가장 부유한 가문 중 하나인 제노바의 사울리(Sauli) 가문의 문서를 정리하는 과정에서 이 가문이 개인 예배당으로 사용한 산타 마리아 아순타 예배당과 연관된 편지들이 발견되었다. 1660년대에 이 가문의 프란체스코 마리아 사울리(Francesco Maria Sauli)는 이 예배당을 조각과 그림으로 꾸미려 했다. 제단 뒤에 아름다운 제단화를 새로 걸기 위해 그는 암스테르담에서 가장 유명한 화가, 렘브란트 판레인에게 작품을 의뢰하기로 했다. 사울리는 암스테르담에서 건조 중인 상선의 지분 일부를 보유하고 있었고 배가 아직 완성되지 않았을 때 암스테르담 주재 대리인들과 배의 선장에게 렘브란트와 협상을 시작하라고 지시했다. 대리인들의 이름은 벤지(Benzi)와 보에트(Voet)였고, 선장은 다름 아닌 조반니 로렌초 비비아노 선장이었다. 이 이름을 보았을 때 나는 이 편지들이 잃어버린 렘브란트의 작품뿐 아니라, 이 작품을 실어 나르던 배에 대한 놀라운 사실을 밝히고 있음을 깨달았다. 비비아노 선장, 산토 크리스토 디 카스텔로호, 그리고 멀리언 핀 난파선은 그렇게 연결되었다.

이 편지가 들려주는 이야기는 매우 흥미롭다. 1666년 6월에 벤지와 보에트는 비비아노에게 '렘브란트라는 화가'와 접촉하라고 요청했음을 사울리에게 보고했다. 그리고 그들은 첫 만남 후 '렘브란트가 의뢰인이 원하는 그림의 습작품 2점을 제작해 그달 말에 보내기로 약속'했으며 '화가는 많은 금액을 요구했으나, 자신이 회화 예술에 대해 정통한 사람이라며 금액 관련 입장을 굽히지 않았다'라고도 말했다. 제단화는 매우 큰 대작이었다. 사울리에게 최종 주문 승인을 받기 위해 화가는 더 작은 습작품을 그렸다. 놀라운 일은 아니지만 렘브란트는 시간을 더 달라고 했다. 물론 사과하는 태도였고 그림의 중요성을 잘 알기에 부담을 느끼고 있었다. 비비아노는 "화가에게는 흔히 있는 일이고 그는 좀 예측하기 어려운 사람인 데다 하는 말을 다 믿기 어렵습니다"라고 말하며 이렇게 덧붙였다. "렘브란트 씨는 혼신을 다해 그림을 그렸습니다. (…) 그는 이 그림을 발주한 우리가 그 가치를 바로 알아볼 수 있을 거라고 합니다."

8월 무렵에 비비아노 선장은 사울리에게 작업이 지연되고 있어서 비용이 늘어난다고 걱정하는 편지를 쓰며 그림 하나의 주제를 밝혔는데 바로 〈성모마리아 승천(l'Assunta di Nostra Signora)〉이었다. 사울리의 예배당이 성모마리아에게 바쳐진 교회였으므로, 렘브란트가 의뢰받은 이 작품이 예배당을 꾸밀 작품 중 중요한 것이었음을 짐작할 수 있다.

작업이 진행되는 동안 세계 무대에서는 대사건들이 일어나고 있었다. 1665~1667년의 영국-네덜란드 전쟁, 영국의 뉴 암스테르담 탈취와 뉴욕으로의 개명, 1666년 9월의 런던 대화재가 일어났다. 그리고 1666~1667년의 소빙하기에는 암스테르담 항구에서 배들이 얼음에 갇힌 일도 있었다. 1667년 여름, 그림이 완성되자 사울리는 대금을 냈다. 그는 벤지와 보에트에게 보낸 편지에 거래를 이렇게 기록했다. "나는 그대들이 조반니 로렌초 비비아노 선장을 통해 암스테르담의 렘브란트에게 의뢰한 그림 2점과 부대 비용으로 조반니 로렌초 비비아노 선장에게 1049.30길더를 지급했다. 그는 이 그림을 암스테르담에서 선적해 제노바로 운송할 것이다." 그다음에는 그림에 대한 아무런 소식도 들리지 않다가 1667년 12월 2일 자 편지에서 벤지와 보에트가 '잉글랜드 연안에서 비비아노 선장의 배가 난파한 소식'을 알린다. 암스테르담 출항이 지체된 이유는 여러 가지였다. 만들어진 배가 항해에 적당하지 않았던 것도 그중 하나였고, 비비아노 선장의 건강도 좋지 못했다. 그러나 이 편지는 출항의 가장 큰 지체 원인이 렘브란트가 의뢰받은 작업을 완성하는 데 시간이 더 필요했기 때문이라는 것과 1667년 10월 5일에 콘월 해안에서 난파한 산토 크리스토 디 카스텔로호에 렘브란트의 이 그림 2점이 실렸음을 명시하고 있다.

## 지식은 사치품

암스테르담과 제노바를 오간 편지를 통해 사울리는 비비아노 선장에게 11권으로 된 빌럼 블라우(Willem Blaeu)의 『대지도(Atlas Major)』를 입수하라고 지시했다. 이 책은 그때까지 출판된 가장 화려하고 비싼 책이었다. 사크리피시오 다브라모호의 적하목록을 보면 이 배에 블라우의 지구본도 실려 있었다. 벤지와 보에트에 따르면 이 지구본은 제노바로 갈 예정이었다. 『대지도』는 비비아노가 렘브란트를 방문할 무렵에 완결되었다. 배에 실린 지도 590장 중 마지막 지도는 1665년에 완성되었는데 모두 손으로 채색되었고 섬세하게 공들인 걸작이었다. 한 질의 가격인 450굴덴은 렘브란트에게 의뢰한 작품 가격의 거의 절반에 달했다. 이런 종류의 지도책은 사울리 같은 부유한 사람들만 살 수 있었다.

당시에 개인 도서관에 비치할 지구본과 지도책을 소장하려 한 이유는 교양을 쌓기 위해서였을 뿐 아니라 부를 과시하기 위해서였다. 블라우와 그의 아들 요한(Johann)은 17세기의 가장 영향력 있는 출판업자 중 하나였고 동인도회사의 지도 제작자로 활동하며 지리학적 지식을 확산하는 데 밀접하게 관련되었다. 선박들은 항해용으로 이들이 만든 지도를 싣고 다녔으며 새로운 지식을 얻고 귀항한 선장들의 도움으로 지리에 대한 지식이 늘 수정되고 보완되었다. 블라우는 지도와 지구본을 만들었을 뿐 아니라 도서도 판매했다. 그는 저작권 대리인, 출판자, 출판 유통업자의 역할을 겸했으며 스페인과 이탈리아의 고객에게 책을 전달하기 위해 비비아노나 바소 같은 상인 겸 선장들에게 의지했다. 당시 이탈리아와 스페인에서는 지도와 지구본뿐 아니라 회화 작품 시장도 형성되고 있었다.

도서 무역은 사크리피시오 다브라모호의 선하증권을 통해 더 자세히 살펴볼 수 있다. 그 목록은 당시 책의 해상교역뿐 아니라 17세기의 문학과 과학계를 들여다볼 독특한 기회다. 선하증권에 따르면 바소 선장은 블라우로부터 사들인, 당시 가장 영향력 있는 사상가 세 명의 책 11권을 배에 실었다. 의뢰품 중 가장 저렴한 책은 가격이 2길더였던 수학자 요하네스 케플러(Johannes Kepler)의 『코페르니쿠스 천문학 요약(Epitome Astronomiae Copernicae)』인데 이 책은 태양 중심적 우주관을 확산하고 뉴턴에게 영감을 주었으며 현대물리학의 기반을 제공했다. 또 다른 저렴한 책으로 안드레아 아르골리(Andrea Argoli)의 『판도시움 스페리쿰(Pandosion Sphaericum)』이 있다. 옛날의 지구중심적 우주관을 다룬 이 책에는 네덜란드의 내과의 요한네스 발레우스의 저작에 기반한 혈액순환에 대한 설명이 담겨 있다.

다재다능한 예수회 수사로 많은 저술을 남긴 아타나시우스 키르허(Athanasius Kircher)의 책들도 있다. 이집트 상형문자 해독을 시도한 『이집트의 오이디푸스(Oedipus Aegyptiacus)』, 매직랜턴을 이용해 스크린에 이미지를 투영하는 법을 보인 『빛과 그림자의 위대한 예술(Ars Magna Lucis et Umbrae)』, 음악의 화음이 우주의 균형을 반영한다는 견해를 대변한 『보편 음악학(Musurgia Universalis)』, 자기 치료법에 관한 『자석, 혹은 자석 요법(Magnes sive de arte Magnetica)』, 로마 나보나 광장의 이집트 오벨리스크에 관한 『팜필리우스 오벨리스크(Obelicsus Pamphilius)』, 아틀란티스 유적지의 위치를 밝혀내려는 시도를 포함한 지구의 지하 구조에 관한 연구인 『지하 세계(Mundus Subterraneus)』, 천문학에 관한 『천상까지의 황홀한 여행(Iter Extaticum Coeleste)』, 나폴리에 나타난 수수께끼의 십자가를 논한 『놀라운 십자가에 대한 논문(Diatribe de Prodigiosis Crucibus)』, 페스트 사망자의 피를 현미경으로 연구한 『전염병인 페스트에 대한 물리학적-의학적 조사(Scrutinium Physico-Medicum Contagiosae Luis)』를 비롯한 그의 대표작이 있다. 1667년에 키르허는 아직 활동 중이었고 『이집트의 오이디푸스』와 『지하 세계』는 그때 막 출간된 신작이었다.

이 목록은 특정 시점에 어떤 도서가 많이 읽혔는지를 알려준다. 지금까지 남아 있는 당시 도서 목록이 그때 그대로의 모습으로 남아 있는 것은 드물다. 출판 연대만 가지고 당시 어떤 책이 홍보되었는지를 재구성하기란 불가능하다. 왜냐면 당시 '신간 도서'라는 말의 유효 기간은 지금보다 더 길었기 때문이다. 사울리가 렘브란트에게 제작을 의뢰한 회화 작품과 수출품을 대부분을 차지한 '소소한 싸구려' 그림 사이에 분명한 차이가 있었던 것처럼, 『대지도』 같은 고가의 고급 도서와 다른 대부분의 책 사이에도 차이가 있었다. 하지만 값싼 예술작품과 달리, 케플러의 『코페르니쿠스 천문학 요약』처럼 저렴한 도서라도 그 내용에는 거대한 문화적·지적 가치를 지닌 경우가 많았다. 의뢰품 목록의 도서를 보면 코페르니쿠스적 우주 모형과 병존하는 지구 중심적 우주 모형, 키르허의 오컬트적 신비주의와 관찰적 과학의 혼합 등 이 책들의 주제는 중세와 근세에 걸쳐 있으며 계몽주의 여명기에 사람들이 어떻게 세상을 알아가고 있었는지를 생생하게 보여준다.

## 예술 분야로 범람하는 자본

산토 크리스토 디 카스텔로호는 1667년에 예술 작품을 싣고 암스테르담을 출항했다가 난파했고 그렇게 작품은 사라졌다. 그런데 그런 배가 또 있다. 사크리피시오 다브라모호의 적하목록을 보면 바소 선장이 개인적으로 사들인 물건 중 '수호천사를 그린 거대한 그림이 담긴 상자'가 있었다. 다른 곳에서 현존하는 편지에 따르면 이 그림은 안트베르펜 화가 피터 반 린트(Pieter van Lint)의 작품이다. 그리고 바소 선장은 안트베르펜에서 최소 35점의 그림을 주문했다. 대부분은 그다지 비싸지 않은 범작이었다. 그중에 시빌을 그린 그림 24점과 사도를 그린 연작이 있었는데 가격은 점당 6길더에 불과했다. 바소 선장은 안트베르펜에서 주문한 이 수호천사를 바로 스페인의 대리인에게 발송하도록 지시했다. 그러나 증권에는 이것이 암스테르담으로 실려 와 자기 배에 실렸다고 나와 있다. 이 그림은 사울리가 렘브란트에게 주문한 그림과 마찬가지로 역사에서 사라졌으나, 사크리피시오 다브라모호가 잉글랜드 해군에 나포된 다음부터 기록이 없으므로 어떻게 되었는지는 알 수 없다. 바소가 적은 이 그림의 가격 40길더는 그 자체로는 상당한 금액이지만 렘브란트가 자기 작품 2점에 매긴 1000길더라는 가격에 비하면 아무것도 아니다. 이 가격은 렘브란트가 자기 작품을 얼마나 높이 평가했는지를 보여주며 렘브란트 작품 수준의 고가 예술품과 바소가 대량으로 위탁받아 실어 나른 예술품 거래 사이에 큰 차이가 있었음을 잘 보여준다.

편지에 따르면 바소는 다음 행선지였던 카나리아제도와 아메리카대륙의 스페인 식민지로 항해할 때 이 그림을 팔 생각이었던 것 같다. 피터 반 린트와 동시대 안트베르펜 화가들의 봉헌용 종교화는 대개 피터 폴 루벤스(Peter Paul Rubens)의 모작품이었는데 스페인과 아메리카대륙에서 수요가 많았다. 특히 구리에 새긴 작은 그림은 내구성이 강하고 반짝이게 마감되어 많은 사람이 선호했다. 암스테르담과 안트베르펜산 그림은 페루의 티티카카 호수에 있는 산 페드로 순교성당에까지 진출했다. 티티카카 호수는 유럽의 경제력이 영향을 미치는 끝자락이었으나 그 핵심에 있는 곳이기도 했다. 그 근처에 전설적인 '은으로 된 산'이 있었기 때문이다. 스페인과 유럽은 이 광산에서 나온 은에 힘입어 부유해졌다. 그 결과 산토 크리스토 디 카스텔로호와 사크리피시오 다브라모호의 선하증권 가치는 페제 데 오토[Peze de Otto: 은 8조각이라는 뜻 – 옮긴이] 단위로 평가되었고 그 덕분에 렘브란트 같은 화가에게 대작을 주문할 정도의 부를 쌓은 후원자들도 생겨났다.

17세기 네덜란드 예술의 황금기를 낳은 원동력은 해상교역이었다. 동인도회사가 암스테르담으로 가져온 동방 산물에 이끌렸던 상인들은 예술품 거래로 큰 이윤을 남길 수 있다는 것을 알아보고 예술진흥에 적극적으로 참여하게 되었다. 암스테르담과 안트베르펜에서 걸작을 사들였다는 건 이 시장이 유연하게 돌아갔다는 증거다. 해외에서의 높은 수요, 전쟁과 전염병이 빈번하게 발생하는 환경, 금융적 과열 때문에 예술가들과 딜러는 자주 파산했고 급하게 소장품을 처분하곤 했다. 예술품 상인들은 후원자들에게 작품을 공급했을 뿐 아니라 직접 후원자로도 활동했다. 그들은 거래를 위해, 때로는 즐거움을 위해 예술품을 사들였다. 비비아노 같은 상인 겸 선장도 그렇게 되기 직전이었다고 상상해 볼 수 있다. 비비아노는 아직 사울리의 피고용인이었으나 렘브란트 작품을 포함해 이번 화물을 성공적으로 운반하면 수집가이자 후원자가 될 수 있겠다고 기대했을 것이다.

## 한 작품 속에 숨은 서로 다른 야심

사울리가 주문한 렘브란트 작품은 어떤 작품이었을까? 더 큰 작품을 위한 습작이었음에도 제작에 상당한 시간이 필요했고 "혼신의 힘을 다해 이 그림을 그렸다"라는 렘브란트의 말을 생각해 보면, 그 자체로 상당한 작품이었음에 틀림없다. 크기는 아마도 렘브란트가 같은 시기에 그린 〈유대인 신부(Jewish Bride)〉와 비슷할 것이다. 17세기 당시 가장 유명한 성모승천화는 안트베르펜의 성모대성당을 위해 루벤스가 1626년에 그린 그림이었다. 성모승천의 표준 도상이 된 이 그림에서, 성모는 무덤을 둘러싼 십이사도를 뒤로하고 천사들로 이루어진 합창단에 둘러싸여 위에서 밝게 비치는 광휘 쪽으로 올라가고 있다. 사울리가 렘브란트에게 의뢰한 것과 같이 이 작품은 거대한 제단화를 제작하기 위한 습작이었다. 완성된 그 제단화는 지금 헤이그의 마우리츠하위스박물관에 소장되어 있다.

루벤스의 습작화와 완성작, 두 작품의 관계를 통해 렘브란트의 작품을 추측해 보자. 제단화의 높이는 5미터에 달한 반면 습작은 완성작의 1/5 크기에 불과했다. 다만 뛰어난 작품성, 신비로운 느낌과 힘찬 붓질 때문에 습작도 높은 평가를 받는다.

제노바의 17세기 성모승천교회는 지금 교회 평면도의 배치와 비슷하다. 루벤스가 남긴 1622년의 《플라지 델 제노바》['제노바의 궁전들'이라는 뜻으로 루벤스가 1604년부터 1607년까지 머물며 깊은 인상을 받았던 주요 건물을 그린 도면 모음-옮긴이]에 수록된 도면에 성모승천교회 평면도가 남아 있어서 이를 확인할 수 있다. 이를 통해 사울리가 렘브란트 제단화를 어떻게 전시했을지도 상상해 볼 수 있다. 16세기에 만든 이 교회의 모형은 그때 막 완성되었던 로마의 성 베드로 대성당을 모방하고 있다. 제노바에서 떠오르는 유망한 가문이었던 사울리로서는 이보다 더 웅장한 것을 상상하기란 어려웠을 것이다. 멀리 바다에서도 보였던 이 성당의 돔은 항구를 내다볼 수 있는 전망대 역할을 했으며, 사울리 가문의 번영과 제노바 해상교역의 관계를 더 강화했다. 사울리가 이 성당을 위대한 예술품으로 장식하고 일족인 16세기의 성직자 알레산드로 사울리(Alessandro Sauli)를 위한 미사를 올리기 위해 사용하겠다고 마음먹었을 때, 그의 마음에는 분명 이러한 웅대한 구상이 있었을 것이다. 사울리 가문은 알레산드로 사울리를 성인(聖人)의 전 단계인 복자(福者)로 선포하기를 바랐다.

사울리는 프랑스 조각가 피에르 푸제(Pierre Puget)에게 중앙 돔을 지탱하는 돌기둥 4개를 발주했고 그중 2개는 1668년경에 설치되었다. 이 기둥에는 하늘을 바라보는 성 세바스티안과 빛이 들어오는 방향으로 몸을 뒤튼 알레산드로 사울리의 인상적인 이미지가 조각되었다. 그림 8점 중 오늘날 벽감에서 볼 수 있는 5점은 프로카치니(Giulio Cesare Procaccini)의 〈성모상〉, 캄비아소(Luca Cambiaso)의 〈피에타상〉, 반니(Francesco Vanni)의 〈마달레나상〉, 게르치노(Guercino)가 만든 〈아시시의 성 프란체스코 상〉, 피아셀로(Fiasello)의 〈알레산드로 사울리 상〉으로 모두 이탈리아 최고 작가들의 작품이다. 성모승천상을 비롯한 다른 렘브란트의 작품은 돔에서 쏟아지는 빛을 받는 높은 제단에 전시될 예정이었다. 작품 주변은 온통 사울리가 사들일 수 있던 최고의 작품으로 둘러싸였을 것이다.

1667년 12월, 토스카나 대공 코시모 데 메디치(Cosimo de' Medici)가 "유명한 그림"을 보러 암스테르담의 렘브란트 저택을 방문했다. 렘브란트는 대공의 방문에 맞춰 제노바에 산토 크리스토 디 카스텔로호가 도착하면 이탈리아에서도 계속 작품 의뢰가 이어지리라 기대했을 것이다[렘브란트는 1656년에 파산선고를 받은 이후 계속 경제적으로 어려운 상황이었다 – 옮긴이]. 그런 그에게 이 배의 난파 소식은 큰 타격을 줬겠지만 그럼에도 예술가로서 그의 자부심은 영향을 받지 않았을 것이다.

렘브란트의 만년 걸작이자 그가 1669년에 사망하기 얼마 전에 완성한 〈2개의 원이 있는 자화상(Self-Portrait with Two Circles)〉이 있다. 이 작품이 '미완성'으로 남겨진 것의 의미에 대해 수많은 추측이 이어졌다. "예술가의 마지막 작품과 그림은 이들이 미완성으로 남을 때, 완성되었을 때보다 더 큰 찬사를 받는다"라는 로마 시대의 대 플리니우스의 말까지 거슬러 올라갈 수 있을 것이다. 16세기의 이탈리아 미술사가 바사리(Vasari)는 이런 말을 남겼다. "많은 화가는 일종의 불타오르는 영감에 인도받기라도 한 것처럼, 상당한 대담함을 발휘하며 자신의 첫 스케치를 훌륭하게 완성한다. 그러나 마무리 과정에서 이 대담함은 사라진다."

이 말은 습작품이 어느 정도로 훌륭한 작품이었는지를 짐작케 한다. 루벤스의 습작 같은 스케치에서는 즉흥성과 찬란함이 비친다. 렘브란트의 자화상 제목이 된, 뒤에 있는 수수께끼 같은 2개의 원마저도 아름답다. 어떤 사람은 렘브란트의 원이 14세기 예술가 조토(Giotto)가 완벽한 예술품을 그려달라는 요청에 완벽한 원을 그린 일화를 가리킨다고 해석한다. 이 주장에 따르면 렘브란트는 조토의 원을 자화상에 넣어서 자기 작품에 완벽함이 부족하다고 헐뜯는 사람들에게 자신도 정밀한 그림을 그릴 수 있다는 것을 보여준 것이라 해석한다. 또 어떤 사람은 이 원이 렘브란트가 잃어버린 작품 2점을 표현한다고 주장한다. 작품 속에서 이 원형은 빈 액자처럼 배경에 걸려 있다. 그리고 그 앞에는 붓과 팔레트를 들고 선 렘브란트가 새로운 작품을 그리기 위해 서 있다. 마치 이 원형에서 그의 작품에 존재하는 위대함을 보라고 요청하는 듯하다. 산토 크리스토 디 카스텔로호가 1667년 10월에 콘월 해안에서 난파하지 않았더라면 그리지 않았을 이 걸작에서 그는 잃어버린 습작품을 기억하고 있는지도 모른다.

### 난파가 뒤바꾼 운명

워싱턴 D.C.의 국립미술관에는 루돌프 바쿠이젠(Rudolf Bakhuizen)의 〈바위투성이 해안에서 조난당한 선박들(Ships in Distress off a Rocky Coast)〉이라는 그림이 있다. 이 그림에서는 폭풍 속을 항해하는 네덜란드 상선 세 척이 보이는데 이미 한 척은 난파했고 두 척은 돛대를 잃었다. 17세기 최고의 해양 화가 중 하나인 바쿠이젠은 이 그림을 1667년에 암스테르담에서 완성했다. 바로 산토 크리스토 디 카스텔로호가 난파했던 그해다. 이런 표현법은 시간의 흐름에 따라 달라지는 위태로운 모습을 한 화면에 단계별로 풀어가는 흔한 방법이었다. 1660년대에 얀 블란케르호프(Jan Blanckerhoff)가 그린 비슷한 그림이 그리니치의 국립해양박물관에 소장되어 있다. 이들은 인간에 대한 비유로 폭풍에 굴복하는 배 작품을 남겼다. 이들은 무시무시한 폭풍을 겪은 사람들의 경험담이나 화가 자신이 직접 겪은 일을 화폭에 남겼다. 탈출해 목숨을 건졌으니 이들은 운이 좋았던 사람들이다.

그림에서처럼 산토 크리스토 디 카스텔로호가 최후를 맞은 곳은 바위투성이 바닷가였다. 배는 아마도 매우 빨리 난파했을 것이다. 다른 생존자와 함께 바닷가로 올라오면서 비비아노 선장은 모든 상인이 서명한 선하증권의 약관을 곰곰이 생각하고 있었을지 모른다. 그 약관에는 "이 물품들의 안전한 통항은 하나님께 의지한다"라고 써 있었다. 여러 배에 화물을 나눠 실어 위험을 분산한 대부분의 상인은 이 손실을 감당할 수 있었고 난파 이후로도 계속 사업을 번창시켰다. 그러나 비비아노와 바소 선장은 그렇지 않았던 것 같다. 이들은 가지고 있던 부의 대부분을 배 한 척의 운명과 한데 묶었고 개인적인 상품을 전부 배의 선창에 실었다.

다음 해에 비비아노 선장은 다른 제노바 상선 산타 로사호의 선장이 되었으나 이 배도 불운했다. 카디스의 모래톱에 좌초해 버린 것이다. 그래도 그는 1668년에 런던에서 전염병에 걸려 사망한 바소 선장보다는 운이 좋았다. 이들의 고용주 사울리는 거의 30년이 지나 만년에 제노바의 국가원수가 되었다. 그는 성모승천성당을 렘브란트의 작품 위주로 완성하지는 못했다. 그러나 다른 걸작으로 가득한 이 성당은 오늘까지 살아남았다.

제노바에 있는 성모승천성당과 성당 안에 남아 있는 작품의 맥락은 나에게 난파선에 대한 새로운 관점을 열어주었다. 나는 마음의 눈으로 성당 내부를 폴 글라스만의 난파 현장으로 옮겨 오는 상상을 해보았다. 만의 바다 밑으로 헤엄쳐 처음 난파선을 보았을 때, 그리고 몰리와 마크와 같이 잠수했을 때는 마치 성당으로 들어가는 기분이었다. 머리 위로 솟은 절벽은 중앙복도의 양쪽 벽 같았고 돔과 닮은 머리 위의 태양은 성당의 예술품처럼 난파선 잔해를 비췄다. 이곳에 존재했던 렘브란트의 작품 2점은 폭풍을 만나 완전히 파괴되었다. 이처럼 모든 유물은 그 존재에 영향을 받는다. 산토 크리스토 디 카스텔로호는 내가 조사한 난파선 중 가장 매력적인 난파선 중 한 척이 되었다.

1721년(계몽주의)

10장

# 합리성의 그림자

# 황금, 해적, 노예무역

 로열 앤 갤리호

수중고고학자로 일하며 가장 어려웠던 탐사 중 하나는 로열 앤 갤리(Royal Anne Galley)호로 들어간 잠수였다. 이 난파선은 영국 최남단에 위치한 리저드 포인트 근해에 가라앉아 있었다. 그곳은 범선시대[The Age of Sail: 범선이 교역과 해전을 지배한 시대 – 옮긴이]에 대서양을 오가던 많은 선박의 배 바닥을 찢은 암초와 산호로 가득했다. 벨란 드랑(Vellan Drang), 멀빈(Mulvin), 마엔헤레(Maenheere), 에나크(Ennach), 크렌발(Crenval), 브로게(Vrogue) 등 고대 콘월어로 된 암초의 이름은 이 지점을 빙 돌아가려는 이들의 마음에 두려움을 심어주었다. 얕은 곳을 따라 5노트 속도로 빠르게 흐르는 조류는 하루에 두 번씩 암초를 감추고 위험한 소용돌이와 역류를 형성한다. 전 세계적으로 이곳은 항해자와 잠수사에게 가장 접근하기 어렵고 위험한 곳 가운데 하나다.

나는 가장 매혹적인 난파선의 잔해를 찾아 이 수역에 왔다. 바로 1708년에 진수된 로열 앤 갤리호다. 로열 앤 갤리호는 영국 해군의 전투함으로, 노를 이용해 북아프리카 바버리(Barbary) 해적을 추적했다. 당시 많은 사람을 잡아다 노예로 삼았던 바버리 해적은 유럽 선원과 해안 도시에서 공포의 대상이었다. 1721년의 마지막 항해에서 로열 앤 갤리호는 당시 영국의 식민지였던 바베이도스에 새 총독을 데려다주고 현지 해적을 소탕하라는 명령을 받았다. 이 해적 가운데 가장 악명 높은 해적, 바살러뮤 로버츠(Bartholomew Roberts)가 있었다.

블랙 바트(Black Bart)로도 불린 그는 당시 도주 중이었다. 로열 앤 갤리호는 항해에 나선 지 며칠 되지 않아 맨오워 암초 근해에서 난파했고, 선원 210명 가운데 겨우 세 명만이 목숨을 건졌다. 잃어버린 보물에 관한 이야기가 판을 쳤다. 한 선원의 시체에서 1000파운드가 발견되었다는 이야기도 전해졌다. 소용돌이치는 조류와 뾰족하게 솟은 해안 바위가 펼쳐진 바다, 돌을 던지면 닿을 듯한 거리에 가라앉은 난파선은 사람들에게 공포심을 불러일으켰다. 그렇게 이 이야기는 민담이 되었다. 1848년에 로버트 찰스 존스(Robert Charles Johns)는 저서 『리저드에서 보낸 한 주(A Week at the Lizard)』에서 동네 개들이 바닷가로 밀려온 시체를 뜯어먹으려 들었기 때문에 '큰 혐오감을 억누르고' 잡아두어야 했고, 현지 주민들은 시체를 매장한 초원을 지나가기를 두려워한다고 적었다.

겨울에 리저드 포인트에 도착한 나는 폭풍우 치는 바다가 해안을 때리며 바위보다 20미터나 더 높게 물보라를 뿌리는 모습을 지켜보았다. 수면 위로 솟은 암초 때문에 리저드 포인트는 바다 위로 이빨이 삐죽 튀어나온 거대한 짐승의 주둥이처럼 보였다. 나는 남서풍을 거슬러 소용돌이를 일으키고 바다를 철썩거리게 만드는 썰물의 힘을 실감하며 서 있었다. 그때는 거기에 잠수하는 것은 말도 안 되는 일 같았다. 하지만 초봄이 되고 믿기지 않을 정도로 고요한 날이 며칠 동안 계속되자 잠수를 시도해 보자는 생각이 들었다. 나는 맨오워 암초의 상황에 대해 가능한 한 모든 것을 알아내기 위해 어선 선장들, 경력이 오래된 잠수사들과 이야기해 보았고 물 위에서는 알려고 해도 알 수 없고, 몰랐더라면 큰일 났을 사실을 듣게 되었다.

산호초는 부분마다 위험이 달랐다. 대개 나는 조수가 바뀌며 물의 흐름이 거의 멈추고 수심이 6미터까지 얕아지는 간조기에 잠수하곤 했다. 그런데 맨오워 암초에서는 간조일 때 조류가 양방향으로 흐르며 그때는 이미 서쪽에서 큰 물결이 닥친다. 설상가상으로 바위에 부딪친 물결이 쪼개지며 더 큰 흐름을 형성해 해안을 향해 동쪽으로 계속 흘러오는 반면, 다른 흐름은 암초 사이의 물길을 따라 바다로 다시 돌아간다. 난파선은 물결이 나뉘는 정점에 있었다. 길을 잘못 들어 물길에 몇 미터만 더 가까워져도 목숨이 위험할 수 있었다. 잠수 시간을 잘 측정해서 물결이 닥치기 전에 반드시 돌아와야만 했다.

리저드 포인트 밑의 해변에서 잠수복과 스쿠버 장비를 잘 챙겨 입고 오래 수영한 끝에 현장에 도착했다. 내 오른쪽에는 절벽이, 왼쪽에는 먼바다가 있었다. 수온은 겨우 섭씨 9도였으나 솟구치는 아드레날린과 몸의 움직임으로 체온은 유지되었다. 조수가 빠지며 벨란 드랑 산호초의 크게 튀어나온 부분이 물 밖으로 드러났고 군데군데 끊어진 썰물이 보였다. 조수는 튀어나온 바위의 바깥쪽 끝을 감싸고 돌며 대서양을 향해 흘러갈 것이다. 수면 아래 10미터 앞까지 보일 정도로 시야가 아주 좋았다. 해조로 가득한 해저를 헤치고 수영하는 동안 회색 물개 두 마리가 다가와 내 수영용 지느러미를 당기다가 내 눈을 빤히 들여다보았다. 물개가 재빠르게 헤엄치는 몸짓을 보니 아무리 잠수 기술이 좋고 장비를 잘 갖췄다고 해도 수중은 우리에게 자연스러운 환경이 아니라는 사실이 새삼 다가왔다.

데드 풀(Dead Pool)로 알려진 곳에 도착하자 처음으로 온 신경이 곤두섰다. 200미터 정면에 맨오워 암초가 삐죽삐죽한 검은 옆모습을 드러내고 있었다. 데드 풀이라는 이름은 바닷물이 빠질 때 이 수역의 수면이 잠잠해지고, 썰물이 밀려올 때 벨란 드랑 암초가 이 수역을 보호하기 때문에 붙은 이름이다[데드(dead)는 '잔잔한'과

'죽은'이라는 뜻이 있다 - 옮긴이]. 그렇다고 해도 그다지 유쾌한 이름은 아니다. 이곳에서는 로열 앤 갤리호 희생자뿐 아니라 다른 수많은 난파선 조난자들이 익사했고, 이들이 남긴 유물이 해저 곳곳에 있었다.

입수하기 전 조석표를 꼼꼼하게, 반복적으로 확인한 터였다. 그리고 난파 당시 생존자들의 이야기에 근거해 그려진 브로드사이드 발라드[Broadside Ballad: 16세기에서 20세기 초까지 유행했던 신문 형식의 미디어로, 거리에서 판매되거나 공공장소에 부착된 형태로 대중에게 종이 한 면에 당시의 사회·정치적 사건 등을 전달하는 수단이었다 - 옮긴이]를 떠올리는 데 온 신경을 집중했다. 이 그림에서는 3단계로 침몰하는 배와 함께 오른쪽에 절벽이, 왼쪽에 암초가 그려져 있었다. 정확히 내가 보는 그대로였다. 그림의 왼쪽에서 오른쪽으로 가며 이야기가 전개됨에 따라 배가 암초에 부딪히는 모습, 데드 풀에 떠다니는 모습, 그리고 해변으로 떠밀려 가는 모습이 차례로 나왔다. 하늘과 바다, 암초의 극명한 묘사는 이 장소에 닥친 공포감을 정확히 표현하고 있다. 이곳의 바다는 강한 조류, 대서양의 파도, 바람에 의해 무시무시한 무쇠 솥으로 변할 수 있었다. 그림 속 장면은 밝음에서 어둠으로, 산 자의 세계에서 죽은 자의 세계로 이동한다.

마치 그 그림 속으로 수영해서 들어가는 것 같았다. 고된 작업이 되겠다는 생각이 들었다. 이 상태를 극복하려면 상당한 의지가 필요할 터였다. 10분이 흐른 뒤 나는 맨오워 암초에 도달했다. 물결이 갈라지는 물길이 고작 20미터 앞에 있었고 잔해는 그 앞 어딘가에 있을 것이다. 해안 근처의 해초는 더 무성하게 자라는 대형 해조류, 켈프에 자리를 내주었다. 아래 수심 8미터 깊이 바다에 빽빽하게 자란 켈프 덩어리가 아래쪽의 바위투성이 바다를 가리고 있었다. 수심이 얕아지며 수면으로 나온 켈프가 장비에 칭칭 감겼다. 내 몸을 감은 켈프를 풀어내며, 입수 전에 들은 정보의 정확성에 놀라 신경이 또다시 곤두섰다. 나를 끌어당기는 조류가 느껴질 때를 대비해 바위가 손에 닿는 곳에 머물렀다. 물길 10미터 앞에 이르자 위험을 직감하고 더 가지 않기로 했다. 오른쪽 아래로는 암반이 아래로 내려가며 군데군데 생긴 해저 골짜기와 갈라진 틈이 보였다. 난파선을 가린 켈프도 아직 그곳에 있을 것이었다.

나는 스노클을 벗고 호흡 조절기를 입에 문 다음 부력 보정 장치를 비웠다. 예상하지 못했던 거친 파도가 바위 쪽으로 나를 밀었다가 경사면 쪽으로 당겼고 나는 파도의 힘에 아래로 빨려 들어갔다. 잠잠해질 때까지 두꺼운 켈프 줄기를 꼭 붙들고 있다가 파도가 아래로 내려가는 틈을 따라갔다. 최대 2미터까지 자란 켈프를 헤치고 밑으로 내려가기는 어려웠다. 나는 켈프가 몸에 엉키고 산소 마스크가 벗겨지는 것을 막으려 노력하며 몸을 이끌고 이동했다.

처음에 본 것은 거미게로 덮인 부서진 바위였다. 바위는 양방향으로 뻗어 있었다. 이렇게 생명력이 넘치는 환경에서는 그 시대의 난파선 잔해를 발견하기 어려운데, 이번에는 평소보다 더 어려웠다. 나는 몸을 끌고 더 움직이다가 오렌지색 구체를 발견했다. 녹슨 포탄이었다. 포탄은 바위 사이에 홀로 놓였으나 그 바로 뒤의 해저에는 응결된 상태의 포탄 무더기가 보였다.

입수 전날 저녁, 나는 현장을 방문한 첫 잠수사의 상세 보고를 읽었다. 그 보고서를 쓴 사람은 잠수 분야의 선구자인 윌리엄 에번스(William Evans) 선장이었다. 그는 로열 앤 갤리호가 침몰하고 몇 년 되지 않았을 때 보트를 몰고 이곳에 와서 조류를 거슬러 정박한 다음, 원시적인 잠수통을 이용해 인양 작업을 시도했다. 그는 난파선 잔해에서 9파운드포[무게 4킬로그램의 포탄을 발사하는 대포: 영국은 대포의 포탄 무게에 따라 파운드로 표기되며 단위 변환 없이 관용적으로 그대로 사용된다 - 옮긴이]를 많이 인양했는데 문헌 증거에 따르면 그 포탄은 이 배에서 주로 사용되었던 대포의 크기와 일치한다. 나는 저울을 꺼내 내 앞의 포탄 무게를 재고 크기를 확인했다. 오싹한 경험을 거친 끝에 맞은 짜릿한 순간이었다. 내 발밑에 로열 앤 갤리호의 잔해가 있었다.

1732년에 에번스 선장이 발견한 또 다른 유물로는 모이도르(Moidores)가 있다. 포르투갈 금화인 모이도르는 당시에 일반적으로 사용되던 통화였다. 난파선 유적지를 1991년에 다시 발견한 잠수사 롭 셰러트(Rob Sherratt)가 금을 발견했다고 보고했는데 그 이후 포르투갈 금화, 영국 금화, 회중시계 일부, 보석류와 같은 금이 발견되었다. 그렇게 로열 앤 갤리호는 영국 연안에서 가장 풍부한 유물이 발견된 난파선이 되었다. 이 배와 선원, 탑승객에 대한 문서, 문헌증거와 더불어 이 유물을 통해 우리는 18세기 초 역사적 사건의 일부였던 한 선박에 관해 생생하고 상세한 지식을 얻을 수 있다. 로열 앤 갤리호는 세계사의 굵직굵직한 사건 현장을 누볐다. 세계 무역에서 영국이 주도권을 쥐게 된 계기가 되었던 프랑스와의 분쟁, 명예혁명으로 폐위된 제임스 2세의 복위를 노리고 1715년 스코틀랜드에서 일어난 자코바이트의 반란, 해적 소탕전, 신세계 경제 발전에서 중요한 역할을 한 대서양 횡단 노예무역 현장에도 가담했다.

## 신비주의와 계몽주의가 뒤섞인 세계

1721년부터 1722년 초, 런던의 브로드사이드 발라드에는 "슬프고도 비참한 이야기"가 실렸다. 암초에 난파하는 선박을 보여주는 목판화 아래에는 다음과 같은 제호가 실렸다.

불운한 항해: 프랜시스 윌리스(Francis Willis) 함장의 로열 앤 갤리호가 1721년 11월 10일에 리저드의 스태그 암초에서 좌초했다는 소식이 들어왔다. 탑승객 중에는 바베이도스 총독에 부임한 벨헤이븐(Lord Belhaven)을 비롯한 명사 여러 명이 있었다. 탑

승원은 총 210명이었으며 이 중 세 명만 구조되었다. 구조된 사람의 이름은 조지 하인(George Hain), 윌리엄 고드프리(William Godfrey)와 토머스 로런스(Thomas Lawrence)라는 소년이다.

그 밑으로는 곡조에 맞춰 쓰인 200줄의 운문이 비극의 전모를 전한다.

얼마나 비참한 공포로 가득한 광경인가.
끝나고 나서야 보였다네.
바다에 둥둥 떠다니는 시신들은
파도에 쓸려 해변에 밀려오고
시골 사람들은 뛰어다니며
누가 가장 많이 뺏을지를 경쟁하고
누군지에 상관없이 시신을 벗긴다네.
이것이 해변의 관습이라네.
해변에 떠밀려 온 한 신사의 몸에서
1000파운드를 찾았다네
그 사람의 이름은 크로지어(Crosier)였다지.
주머니에 있던 문서로
벨헤이븐이라는 사람이었다고 한다네.
그는 다이아몬드 반지를 끼고

B라고 쓰인 셔츠를 입은 시체로 바다를 떠돌아다니다
해변으로 밀려왔다네.

로열 앤 갤리호의 이야기는 대중을 매료시켰다. 항해사가 배의 운명을 걸고 벌이는 도박, 바람의 방향과 함께 변하는 변덕스러운 운명, 지위고하를 가리지 않고 찾아온 죽음…. 질병 때문에 사랑하는 사람을 하루아침에 잃고 운명의 장난이 변덕스럽고 잔인하게 느껴지던 그 시절, 언론은 이 난파 사고를 몇 년 동안 열심히 보도했다. 로열 앤 갤리호가 난파되기 겨우 2년 전에 출간된 대니얼 디포(Daniel Defoe)의 소설 『로빈슨 크루소』의 주요 사건도 바로 난파였다. 이야기 속에서 난파는 인간의 최고와 최악의 모습을 모두 볼 수 있는, 도덕성이 시험대에 오르는 무대였다. 난파는 초자연적 이야기에 둘러싸이기도 했다. 1724년 어느 스코틀랜드 목사 겸 역사가 로버트 워드로(Robert Wodrow)는 로열 앤 갤리호가 출항하기 전인 이른 아침에, 외투와 후드 차림의 수수께끼 같은 여성이 벨헤이븐을 찾아 그의 방으로 들어갔다고 썼다.

벨헤이븐은 이 여성이 신이거나 악마라고 믿었다. 왜냐하면 그녀가 이 배를 타지 말라고 그에게 경고했기 때문이었다. 이 배를 타고 가면 돌아오지 못할 것이라는 말의 증거로 그녀는 벨헤이븐의 인생에서 일어난 많은 비밀스러운 이야기를 읊었다. 자신만 알고 있다고 확신했던 사건들이 그녀의 입에서 흘러나왔다.

사람들은 물었다. "그럼 어떻게 해야 할까요?" 벨헤이븐은 계획대로 할 것이라고 말했다. 그리고 그날 낮에 배에 올랐다. 얼마 뒤, 배는 사라졌고 벨헤이븐도 실종되었다.

생존자 세 명이 해군성에 보고한 내용은 《런던 가제트(London Gazette)》에 기사로 출간되었다. 기사에서는 브로드사이드 발라드 내용의 기초가 된 이 이야기를 상세하고 냉철하게 전한다. 롭 세리트는 이 기사를 단서로 1991년에 맨오워 암초 근처 해저에서 대포를 보았을 때 자신이 로열 앤 갤리호를 발견했다고 확신했다. 그리고 그 뒤에도 이 배가 로열 앤 갤리호일 수밖에 없는 여러 물건이 발견되었다. 바로 벨헤이븐의 가문 문장이 새겨진 은제 날붙이류다. 세러트가 지휘하는 소규모 발굴팀이 10년간 발굴한 결과 600개가 넘는 유물이 발견되었고, 2021년부터 나와 벤 더스턴(Ben Dustan)이 추가로 유물을 발굴했다.

발견된 품목은 당시 영국 전함에서 발견된 유물로는 독특한데 상당수가 포도주잔 파편과 디캔터, 황금을 비롯해 벨헤이븐 및 바베이도스로 가던 다른 명사들이 소유한 고가품이었다. 산토 크리스토 디 카스텔로호가 난파한 지 거의 반세기 뒤에 난파한 로열 앤 갤리호는 계몽주의의 시대로 접어든 세계를 흥미롭게 조명한다. 이 기간에 영국 해군은 17세기와 18세기에 유럽 지역에 한정되었던 분쟁에서 벗어나 세계의 대양을 주름잡는 세력으로 부상하고 있었다.

## 모든 대양의 지배자, 영국

1708년에 런던의 울위치에서 진수된 로열 앤 갤리호는 길이 39미터에 폭 6.4미터, 배수량 511톤이며 6파운드포[무게 2.7킬로그램의 포탄을 발사하는 대포 - 옮긴이]와 9파운드포[무게 4킬로그램의 포탄을 발사하는 대포 - 옮긴이] 42문을 갖췄으며 명목상 승무원은 182명이었다. 멀리서 보면 이 배는 일렬로 난 포문 밑에 노 혹은 스위프(sweep, 큰 노)용으로 양쪽 측면에 뚫린 50개의 작은 구멍을 제외하면 전형적인 돛대 3개짜리 프리깃함[기동성을 키워 정찰 및 속도전에 유용한 범선 - 옮긴이]으로 보였다. 고대 그리스 시대의 삼단노선에서부터 그 뿌리를 찾을 수 있는 갤리선의 이러한 특징은 지중해의 잔잔한 해상 조건에 기인한 것이다. 로열 앤 갤리호는 북아프리카의 바버리 해적을 상대하기 위해 영국 해군이 만든 다수의 갤리형 프리깃함 중 한 척이었다. 북아프리카 해적은 모로코 해안에 근거지를 두고 상선을 포획해 선원과 승객을 노예로 만들었다. 이들이 탄 갤리선은 비슷한 기동성과 속력을 갖춘 배로만 추격할 수 있었다.

로열 앤 갤리호는 1712년 11월에 모로코 살레항을 근거지로 활동한 살레의 방랑자(Rovers of Sallee)라는 해적으로부터 선박을 보호하라는 첫 명령을 받았다. 다음 해에 로열 앤 갤리호는 앤 여왕의 선물을 모로코 황제에게 전했고, 영국은 그 대가로 포로 석방과 지브롤터에 새로 획득한 영토의 안전을 보장받았다. 지브롤터는 스페인 왕위계승 전쟁에 마침표를 찍은 위트레흐트 조약(Treaty of Utrecht)에 따라 영국령으로 넘어갔다. 10여 년에 걸친 전쟁 끝에 유럽에 평화를 가져다준 이 조약으로 영국 해군은 사실상 모든 대양의 지배자가 되었다.

로열 앤 갤리호가 현역으로 활동하던 시절은 앤 여왕의 치세 말기와 하노버 왕조 조지 1세(George I) 치세 초기에 해당한다. 조지 왕은 앤 여왕의 먼 친척인데, 늙은 참칭자(Old Pretender)라 불린 앤의 가톨릭교도 이복동생 제임스 스튜어트(James Stuart)가 즉위하는 사태를 막고 개신교도로 왕위를 계승하기 위해 후계자로 지명되었다. 로열 앤 갤리호는 제임스 스튜어트가 왕위를 차지하려고 일으킨 1715년의 자코바이트의 반란을 진압했다. 이때 가톨릭 국가이자 영국의 적대국이었던 프랑스가 반란군을 지원하기 위해 증원군을 상륙시키려 했고, 그 시도를 막기 위해 로열 앤 갤리호가 스코틀랜드 동해안을 봉쇄했다. 그리고 1716년 1월에는 10척으로 된 연합 함대의 일원으로 해안과 포스만을 순항하며 반란군을 진압했다. 그러고는 일정 기간 활동하지 않다가 1720년에 아프리카 기니 해안으로 파견되어 영국 해적을 추격하고 노예 무역상을 보호했다. 이 에피소드에 관련된 배의 항해 기록은 지금까지도 남아 있다.

돌아온 로열 앤 갤리호는 벨헤이븐을 태우고 카리브해 지역으로 가라는 명령을 받았다. 1721년 5월 9일 자 신문 보도에 따르면 벨헤이븐은 "바베이도스 총독직 수행에 나서기 위해 국왕 전하의 손에 키스했다." 당시 바베이도스의 사탕수수 플랜테이션은 영국에 가장 큰 이익을 안기던 사업 중 하나였다. 처음에는 고용계약을 맺은 노동자와 죄수가 일했지만, 나중에는 수천 명의 아프리카 노예가 그곳에서 일했다. 로열 앤 갤리호 선원들은 여름과 초가을 동안 포츠머스에서 항해를 준비하며 보급품과 탄약을 싣고 새 선원을 훈련시키며 승객을 태울 준비를 했다. 승객 상당수는 바베이도스로 돌아가는 현지 거류민이었다.

가을에 점점 더 강해지는 남서풍과 변덕스러운 날씨로 인해 윌리스 함장은 6주에서 8주 걸리는 항해를 계획했을 것이며 하루 160킬로미터에서 240킬로미터를 달려 잉글랜드와 바베이도스의 브리지타운까지 6760킬로미터의 거리를 항해할 생각이었다. 동인도제도에서 오는 선박들에 비하면 먼 거리가 아니었지만, 바다에 처음 나온 사람에게는 까마득하게 먼 거리다. 국립문서보관소에 있는 이 배의 마지막 점호명부에는 프랜시스 윌리스 함장과 참모 세 명을 포함해 그해 11월에 바다에서 사라진 사람들의 이름이 남아 있다. 윌리스 함장은 25년을 해군에서 복무한 베테랑으로 1696년에 해군 자원병으로 경력을 시작했다.

당시 포츠머스에는 출항하는 선원들을 위한 유언장 작성업이 성행했고 선원 상당수는 포츠머스를 떠나기 전에 유언장을 작성해 두었다. 얼마 전 서아프리카 해안에서 힘든 항해를 마친 로열 앤 갤리호의 선원 다수도 질병과 굶주림에 시달리거나 사망할 위험을 충분히 잘 알았다. 그리고 이들은 아메리카로 가는 항해에서 무엇이 기다리고 있을지도 알았다. 바다로 떠나는 선원 대부분은 '무슨 일이 일어날지 모르는 바다의 위험'과 '이승의 삶에 도사리는 또 다른 위험'에 대비해 유언장을 작성했다. 난파 얼마 뒤 무기 관리사와 조리사, 그리고 항해사의 유언장이 검인되었다. 벨헤이븐과 같이 탑승한 두 사람은 모두 해밀턴(Hamilton)이라는 성이었지만 친척은 아니었다. 18세의 윌리엄 해밀턴(William Hamilton)은 애버콘 백작(Earl of Abercorn)의 아들이며 해군 자원병이었고 26세의 토머스 해밀턴(Thomas Hamilton)은 옥스퍼드대학 오리엘 칼리지의 전 학생으로 일기작가인 데이비드 해밀턴(David Hamilton) 경의 아들이다. 데이비드 해밀턴은 한림회 회원이자 앤 여왕의 주치의이며 여왕이 1714년에 사망하고 조지 1세가 왕위를 이어받을 때까지 마지막 5년에 대한 생생한 기록을 남겼다. 역사적·고고학적 증거를 통해 이들의 삶의 모습은 어렴풋이 드러난다. 10월 29일, 포츠머스에서 출항해 메리 로즈호가 침몰한 주변을 빠져나온 윌리스 함장은 해군성에서 받은 명령서를 열고 꼼꼼히 읽었을 것이다. 그의 심경에는 의심할 나위 없이 흥분과 전율이 교차했을 것이다.

> 벨헤이븐과 그의 하인, 가재도구를 바베이도스에 내린 다음, 귀함은 자메이카의 리워드섬으로 가서 바베이도스 주변의 해적선을 포획, 격침하거나 불태우고 리워드섬의 해적을 처리할 것. 그런 다음 자메이카로 가서 그곳 함선 함장의 지휘 아래 들어간 다음 바람이 부는 항로를 따라 선박들을 호위할 것. 그리고 노스캐롤라이나에서 뉴펀들랜드까지 북아메리카 해안을 따라 해적을 소탕하고 다음 해 늦여름까지 잉글랜드로 귀환할 것.

롭 셰러트와 그의 팀은 로열 앤 갤리호에 잠수한 첫 번째 사람은 아니었다. 난파 몇 주일 뒤인 1721년 12월 초에 신문들은 "크리스마스 얼마 뒤에 로열 앤 갤리호에서 대포와 기타 물건들, 구리로 된 선체 윗부분을 인양하기 위해 기술자 몇 명과 엔진을 팔머스로 보내라는 명령이 내려졌다"라고 보도했다. 그리고 그달 말에 신문은 "새로 발명된 엔진을 실은 졸리 배첼러호와 헨리에타 야트호가 리저드로 가서 로열 앤 갤리호의 잔해에서 인양 작업을 수행할 예정이다"라고 보도했다. '기술자들'은 선구적 잠수사 제이컵 로우(Jacob Rowe)와 존 레스브리지(John Lethbriedge)였고, 이들은 1722년 1월 초부터 3월 말까지 리저드에 있었다. 이것은 다이빙 벨 안에서 수영하는 대신, 원시적이지만 잠수복을 착용한 잠수사를 이용한 첫 인양 시도였다. 이 사건은 난파선 탐사 분야에서 지금까지 이어진 획기적 기술의 진보를 알렸다.

다이빙 '엔진'의 발명은 계몽시대의 과학적, 기술적 혁명의 일부였다. 무게 추를 단 통에서 공기를 공급받아 잉글랜드 남해안에 침몰한 난파선 탐사에 사용된 다이빙 벨을 발명한 인물은 다름 아닌 천문학자 에드먼드 핼리(Edmund Halley)였다. 그는 보물 사냥꾼 윌리엄 핍스(WIlliam Pips) 경의 성공에서 영감을 얻었는데 당대 최고의 지성도 보물의 유혹에서 벗어날 수 없었음을 보여주는 사건이다. 핍스는 히스파니올라 근해에 침몰한 누에스트라 세뇨라 델라 콘세프치온호에서 다이빙 벨을 이용해 34톤 이상의 은을 인양한 공로로 1686년에 기사 작위를 받았다. 이 시기가 다이빙 역사에서 그토록 중요해진 이유는 새로운 유형의 기계가 발명되었기 때문이었다. 1749년의 《젠틀맨스 매거진(Gentleman's Magazine)》에서 존 레스브리지는 자신이 걸어온 길을 반추하며 이렇게 썼다. "필요는 발명과 존재의 어머니입니다. 1715년에 나는 상당히 궁핍했고, 먹여 살릴 대가족이 있었기 때문에 내 불운을 만회할 뭔가 비범한 방법을 찾아야겠다는 생각이 들었습니다. 그리고 바다에서 난파선을 회수하는 기계를 고안하는 게 현실적으로 가능하겠다는 생각을 하게 되었습니다."

1720년에 그는 런던 템스강에서 동인도회사 관계자들을 대상으로 기계를 시연했다. 이곳에서 그는 동향인 제이컵 로우를 만났다. 로우도 독자적으로 비슷한 기계를 만들었는데 아마도 레스브리지의 설계를 상당히 모방했을 것이다. 이들은 동업하기로 하고 카보베르데제도에서 침몰한 영국 동인도회사 상선 밴시타트호에서 은 3톤 이상을 회수하는 대성공을 거뒀다. 돌아오는 길에 계몽시대의 또 다른 거인 아이작 뉴턴(Isaac Newton)이 이 이야기에 등장한다. 왕립 조폐청장이던 뉴턴은 로우의 참석하에 난파선에서 발견한 보물에서 왕의 몫인 1/10을 측정하고 이것을 녹여 은화로 주조할 책임자였다.

제이컵 로우와 존 레스브리지가 결별한 다음 레스브리지가 더 크게 성공했기 때문에 오늘날에는 레스브리지가 더 많이 알려져 있다. 1736년의 한 비문에서 그는 자신의 업적을 이렇게 적었다.

> 신의 축복으로 그는 20년 동안 영국 해군 전함 네 척과 동인도회사 상선 한 척, 네덜란드 전함 두 척, 네덜란드 동인도회사 상선 다섯 척, 스페인 갤리온선 두 척, 런던 갤리선 두 척에 잠수하여 탐험했고, 이 중 다수에서 좋은 성과를 거두었다. 그러나 그는 엔진 안에서 다섯 번이나 익사할 뻔했다.

로우의 이름은 2000년에 그의 『다이빙 엔진의 시연: 그 발명과 다양한 용도(A Demonstration of the Diving Engine: Its Invention and various Uses)』가 처음으로 출간되면서 대중의 관심을 끌었다. 이것은 영어로 된 가장 오래된 잠수 관련 논문이다. 이 책은 그와 레스브리지가 발명한 장비가 근본적으로 같았음을 보여준다. 일종의 잠수통인 이 장비는 발명자들에게는 언제나 '엔진'으로 불렸는데 끝으로 가면서 좁아지는 쇠로 묶은 참나무 원통이었다. 그러나 로우의 논문에 따르면 청동이나 구리로도 묶을 수 있었다. 통에는 유리로 된 창이 있었고 바닥에는 배수를 위해 뚜껑으로 막은 구멍이, 표면에는 공기 공급을 위한 풀무가 달린 구멍이 있었다. 그리고 잠수부의 팔이 들어가는 구멍에는 기름칠한 가죽으로 된 소매가 있었다. 이 잠수통은 도르래대에서 내려지며 안으로 물이 들어와도 관측 창을 수면 위에 계속 두기 위해 약간 기울인 상태를 유지했다. 잠수통은 사용하기에 불편하고 위험한 기구였다. 공기는 곧 탁해졌고 통에는 물이 샜으며 내부의 대기압과 밖의 수압 차이는 잠수사의 팔을 쥐어짜다시피 했다.

레스브리지는 한 편지에서 "엔진에서 내내 엎어진 채 수차례 최대 6시간을 머물렀다. 수면으로 올라가서 풀무 한 쌍을 이용해 환기했다"라고 썼다. 그는 해저에 "34분까지 머물렀다", "100번 이상 18미터 정도의 수심까지 잠수했다"라는 말도 자주 썼다. 이런 수치들은 그가 혈액에 축적된 질소 때문에 생기는 잠수병에 걸릴 위험이 상당히 컸음을 시사한다. 당시에는 그 이유를 알지 못했겠지만, 사상 최초로 관절통이나 다른 증상과 비슷한 잠수병을 겪은 사람이었을지 모른다. 팔이 조이는 느낌은 더 큰 문제였다. 뉴턴의 실험 조수이자, 핼리나 뉴턴처럼 왕립학회 회원이었던 존 데사글리어스(John Theophilus Desaguliers)의 『실험철학 강의(A Course of Experimental Philosophy)』에는 스코틀랜드의 토버모리 근해에 가라앉은 스페인 무적함대 난파선 탐사를 떠난 일화가 담겨 있다. 이 이야기의 주인공은 원정에 참가한 로우의 잠수사 어바인 선장(Captain Irvine)이었다.

20미터 깊이에서 그는 수압 때문에 팔에 강한 압박을 느꼈다. 그리고 한데 뭉친 스페인 은화가 섞인 진흙 덩어리를 잡기 위해 3.6미터를 더 내려가자 혈액 순환이 멈췄다. 엄청난 고통이 엄습했다. 그는 6주 동안 앓아누웠다. 나는 25미터까지 잠수했던 다른 잠수사가 3일 만에 죽었다는 이야기를 들은 적이 있다.

1722년 8월 말, 신문들은 로열 앤 갤리호에서 대포 21문, 닻 여러 개, 케이블과 배의 보급품이 인양되었다고 보도했다. 그 대부분은 갈고리, 집게, 끌개라는 전통적 장비를 사용한 다른 선박들이 인양했다. 그리고 토버모리 난파선 작업에서 어바인 선장이 묘사한 대로 로우와 레스브리지는 더 작은 귀중품 회수에 집중했을 것이다. 이들은 벨헤이븐이 상당량의 금을 소지하고 바베이도스로

가고 있었다고 추정했을 것이다.

리저드에서 이들과 함께 있던 왕실 대리인은 반시타트호의 인양품을 나눌 때도 뉴턴과 같이 있었다. 그는 자신이 '보물 인양'을 감독하고 있었다고 말했다. 이들이 얼마나 큰 성공을 거두었을지는 불분명하다. 연초 몇 달 동안 사고 수역은 매우 위험했을 것이며, 이때 최악의 폭풍이 자주 불었다. 《런던 저널(London Journal)》은 로우 선장이 '날씨가 좋아져 작업에 적당해지면' 헨리에타 야트호를 타고 리저드로 갈 것이라고 보도했다. 암초는 연중 어느 때든 보트를 가져오기에 위험한 곳이었고, 로우가 사용한 선박 두 척은 오늘날에도 현장에 투입하기에는 너무 컸다. 졸리 베첼러호는 포 20문을 갖춘 슬루프선이었고 전 해군함정인 헨리에타 야트호는 선원 30명이 탈 수 있는 배였다. 따라서 잠수 작업은 더 작은 배에서 해야 할 터였다.

파도가 잔잔한 날씨에도 리저드 근해의 조류는 위험했다. 로우가 논문에서 화살표로 조류 방향을 표시한 정밀 삽화를 포함해 이 위험을 기록하는 데 상당한 분량을 할애한 데에는 자신의 경험이 반영되었는지도 모른다. 수많은 제약과 불편, 위험에도 초창기 잠수사들에게는 끈기와 열정이 있었다.

## 포르투갈 금화가 말해주는 것

런던 남서쪽 큐 지역의 국립문서보관소에서 연구하는 것은 고고학적 발굴만큼 흥미진진하다. 열람 신청을 한 문서들은 현대적 판지 상자에 담겨 전달된다. 그러나 서류 뭉치와 책으로 묶인 문서들은 어떤 때는 몇 세기 동안 열어본 사람이 없다. 이런 문서를 열어보면 문자 그대로 고이 간직되었던 과거의 먼지와 냄새가 확 퍼진다.

나는 유일하게 성공적이었다고 알려진 18세기의 로열 앤 갤리호 잠수 작업 기록을 찾고 있었다. 이 조사는 로우와 레스브리지가 잠수하고 10년 뒤에 수행되었다. 먼저 1738년 해사 법원의 '사건 서류'를 살펴보았다. 그해 해상 문제와 연관된 여러 소송 절차에 관한 문서였다. 나는 1738년에 선원 여러 명이 임금 미지급을 이유로 윌리엄 에번스라는 사람을 고소한 사건 기록을 찾고 있었다. 윌리엄 에번스는 잠수사라는 직업을 증명하기 위해 1732년 기록이 포함된 잠수 기록지를 제출했다. 그해 그는 자기가 만든 레스브리지와 로우의 '엔진'을 가지고 리저드로 갔다.

사건 서류 상자를 연 다음 철해진 서류를 펼치고 조사를 시작했다. 30분 정도 지났는데도 아무것도 발견하지 못하자 나는 슬슬 기대를 내려놓고 내가 찾는 것이 아예 없을 수도 있다는 마음의 준비를 하기 시작했다. 그러다가 상자 바닥에서 대리석 문양이 인쇄된 표지에 모서리가 해진 공책을 발견했다. 그리고 이 공책을 열자 내가 찾으려는 것이 나왔다. 「이글(Eagle)호에 탑승한 윌리엄 에번스가 1732년 8월 1일부터 작성한 일지」였다. 에번스는 런던 남동부 데퍼드 출신의 목수로 배에 탑승했고 1727년에 로우와 함께 셰틀랜드제도의 엘 그란 그리폰에 가라앉은 무적함대 난파선 탐사와 바라섬 근해에 침몰한 네덜란드 동인도회사 난파선 아델라르호 탐사에 나섰다. 두 사람은 재정적 분쟁 끝에 갈라섰고 에번스는 획득한 금은으로 자신의 슬루프선인 이글호의 건조 비용을 조달할 수 있었다. 마침내 이글호는 1732년 5월에 리저드로 떠났는데, 계절만 보아도 10년 전의 로우와 레스브리지보다 그의 성공 가능성이 더 컸다.

그의 아들 윌리엄은 로열 앤 갤리호에서 잠수 작업을 하며 보낸 3일과 조류, 해류, 바람과 마주쳐 겪은 어려움을 일기에 아주 생생하게 기록했다. 이 수역에서 오늘날 잠수하는 사람이라면 이런 어려운 환경에 익숙할 것이다. 심지어 이들은 오직 돛과 노밖에 없는 선박에서 작업했다. 6월 1일 토요일, 이날은 "맑고 안정적인 날씨에 바다도 고요했다. 그러나 동남쪽에서 큰 파도가 밀려왔다."

아침 8시쯤 우리는 야울레로 가서 난파선을 향해 노를 저었다. 우리는 묶었던 줄을 풀고 배를 로열 앤 갤리호가 있는 스태그 암초로 예인했다. 아버지는 엔진을 타고 잠수하셨는데 처음에는 수중에 두 시간 정도 있었다. 그는 5파운드 포탄 3개와 작은 포탄 여러 개, 그리고 포르투갈 금화를 가지고 올라왔다. 우리는 그를 끌어올리고 포탄 몇 발이 있다고 생각되는 다른 곳으로 배를 옮겼다. 우리는 그가 탄 엔진을 다시 내렸고 그는 여러 번 포탄을 가지고 올라왔다. 그러나 물결이 몰려오는 바람에 더는 발견할 수 없어서 엔진을 회수했다.

다음 날은 일요일이었으므로 이들은 일하지 않았다. 그리고 그 다음 날 "야울레의 로열 앤 갤리호 잔해로 갔다. 우리는 해초를 모두 잘라내 현장을 청소했다. 해초가 너무 빽빽하게 자라 물속을 들여다볼 수 없었기 때문이다." 그다음 이들은 두 번째 잠수를 위해 로열 앤 갤리호로 돌아왔다.

6월 3일 수요일: 온종일 맑고 잔잔한 날씨. 북-북북서와 북서쪽에서 미풍. 오후 1시에 우리는 로열 앤 갤리호 잔해로 큰 배를 끌고 갔다. 3시 30분에 아버지는 엔진을 타고 곳곳에서 여러 번 잠수해 받침이 없는 청동 촛대 하나와 9파운드 포탄 17개를 회수했다. 제임스 라던트(James Lardant)도 아버지가 찾은 장소에서 유물을 모두 회수하기 위해 아버지를 따라 잠수했다. 그는 이곳에서 9파운드 포탄 86개와 망가진 주석 합금 접시, 은제 티스푼을 찾았다. 밤이 다 가오자 우리는 배를 묶었던 줄을 풀고 큰 배를 더 적합한 계류 장소로 끌고 갔다. 그리고 9시쯤 우리는 야울레에 있는 집에 도착했다.

난파 현장에 처음으로 잠수했을 때 나는 이 이야기를 떠올렸다. 그때 나는 에번스가 그랬던 것처럼 켈프와 싸우다가 9파운드 포탄을 보고 이 난파선의 정체를 확인했다. 에번스 이후로 250년 동안 이곳에 잠수한 사람은 없었다. 하지만 난파선에 대한 그의 묘사, 특히 포르투갈 금화에 대한 묘사 때문에 그의 탐사 기록은 매우 생생하게 느껴진다. 최근에도 이 배 주변에서 비슷한 금화가 발견되었는데 그건 이 배가 18세기 초의 무역 및 경제와 여러모로 연관되었음을 뜻한다.

## 문제는 경도다

이 배에서는 금화와 반지뿐 아니라 회중시계 부속도 발견되었다. 이 회중시계는 현존하는 18세기 유물로는 최상급 금 세공품 중 하나다. 발견된 부속으로는 문자판과 제작자 이름이 새겨진 미려한 원형 장식 3개가 있다. 모두 당시 런던 최고 수준의 장인인 조지프 윈드밀스(Joseph Windmills)나 그의 아들 토머스(Thomas), 데이비드 휴버트(David Hubert), 리처드 콜스턴(Richard Colston)이 만든 것이다. 조지프 윈드밀스는 1702년에 세워진 워

시풀 시계 제작 회사의 장인이었고 그의 아들 토머스는 1718년에 장인이 되었다. 부자는 당대 최고의 시계 제작자로 인정받았다. 데이비드 휴버트는 루앙 출신의 위그노 난민으로 1685년에 프랑스의 개신교도를 보호하던 낭트 칙령이 폐지되자 프랑스에서 도망쳐 왔다. 이 가족의 일원인 시계 장인 로버트 휴버트(Robert Hubert)는 1666년의 런던 대화재를 일으킨 '외국인'으로 억울하게 지목되어 분노한 대중에게 사지가 찢겨 죽었다. 당시 일어난 끔찍한 역사적 사건 중 하나였다.

시계 회사는 1631년에 사업허가증을 받았다. 잉글랜드에서는 17세기 초가 되어서야 시계 제작업이 특화된 수공업 분야로 발전했기 때문이다. 조지프 윈드밀스는 '영국 시계 제작의 아버지'라 불리는 토머스 톰피언(Thomas Tompion)과 왕립학회 회원으로 영국 과학 계몽기의 핵심 인물인 로버트 훅(Robert Hooke)의 발명을 받아들여 밸런스 스프링이 장착된 시계를 처음으로 만든 업자 중 하나였다. 이 발전으로 17세기 후반에 회중시계가 장식품에서 정확한 시간 측정용 도구가 되었다. 그 이후 회중시계에는 고정용 금 사슬이 더해져 부유한 신사의 필수품이 되었고, 이 금 사슬도 난파선에서 발견되었다.

회중시계가 난파선에서 발견되는 이유는 항해를 위해 시급히 해결해야 했던 문제, 즉 경도를 결정하는 문제와 관련이 있다. 로열 앤 갤리호가 진수되기 겨우 2년 전인 1707년에 이 배가 난파한 곳에서 고작 48킬로미터 떨어진 실리제도 근해에서 영국 해군은 전함 네 척과 수병 2000명을 잃었다. 이것은 평시에 일어난 최악의 재앙이었다. 이 끔찍한 사고의 원인은 경도를 잘못 계산한 데에서 비롯되었다.

1714년에 영국 정부는 이 문제를 해결하는 사람에게 경도 상(Longitude Prize)을 주겠다고 발표했다. 스페인 왕위계승 전쟁이 끝나고 영국은 전 세계로 세력을 확장하고 있었고, 항해 횟수도 더 늘어나고 있었다. 로열 앤 갤리호처럼 대서양을 횡단하는 항해에서는 정확한 위치 확정이 필수였다. 그러나 북극성으로 바로 파악이 가능한 위도와 비교하자면, 당시의 과학기술로는 1시간에 15도씩 회전하는 지구 위에서 경도를 파악하기란 불가능에 가까웠다. 뱃사람들은 그리니치 표준시를 정확하게 측정하는 시계의 발명이 경도 문제를 해결해 준다는 걸 알고 있었다. 경도를 측정하기 위해서는 '무엇이 보이느냐'가 아니라 '언제 보이느냐'를 알아야 했다. 바다에서 기준점(런던 그리니치)이 되는 시간을 알고 있다면 천체 관측을 통해 지금 현재 위치의 시간을 확정하고 두 지점의 시차에 따라 경도를 알 수 있었다.

18세기까지는 온도, 습도, 압력, 풍랑 등이 극심하게 변하는 배 위에서 항해 기간 동안 시간이 틀어지지 않는 정교한 시계를 누구도 제작하지 못했다. 로열 앤 갤리호 시대의 회중시계도 마찬가지로 이 작업에 맞는 정확도를 갖추지 못했다. 하지만 스프링식 작동 구조와 배의 움직임의 영향을 덜 받는 작은 크기로 인해 1761년에 존 해리슨(John Harrison)이 항해용 정밀시계인 해상 크로노미터(Marine Chronometer)를 완성하게 된 기반이 되었다. 해리슨은 이 발명으로 경도 상을 받고 항해에 혁명적 변화를 불러왔다.

난파선에서는 애도 반지[Mourning Ring: 사랑하는 사람을 잃어버린 슬픔을 기억하기 위한 반지 - 옮긴이]가 3개 발견되었다. 이 반지는 당시 금세공사의 정교한 솜씨를 보여주는 대표적 유물이다. 이 중 2개는 포츠머스의 조지프 콜리어(Joseph Collier)가 만든 것으로 밝혀졌다. 세 반지 모두 바깥쪽에 해골이 조각되었다. 두 반지에는 제트 석[Stones of Jet: 화석화된 나무에서 발견되는 유기 보석 - 옮긴이]이 박혀 있었고 한 반지에는 흰색과 검은색으로 해골 모양이 그려져 있었다. 이 이미지는 애도 반지가 원래 메멘토 모리(Memento Mori), 즉 죽음을 잊지 않고 기억하기 위한 수단이었다는 것을 알려준다. 18세기 초 사람들은 이 반지의 안쪽에 망자의 이름이나 첫머리 글자와 사망일을 새겼다. 이 반지는 유언장에 별도 항목으로 언급되어 장례일이나 상중에 분배되는 것이 일반적이었다. 예를 들어 일기작가 새뮤얼 페피스는 100파운드 가치가 있는 반지 128개를 준비해 그의 장례식 때 분배하도록 했다. 이런 금반지는 부자들만의 전유물은 아니었다. 로열 앤 갤리호의 항해장인 존 디그러스티는 유언장에서 아들 대니얼과 존에게 '1파운드 가치가 있는' 금반지를 남겼다.

로열 앤 갤리호에서 발견된, 메멘토 모리가 새겨진 반지 중 하나는 어린아이를 기억하기 위한 반지였다. 반지의 주인공인 J. 트레벨(J. Trebell)은 로열 앤 갤리호가 난파하기 고작 몇 달 전인 1721년 7월 11일에 4세 나이로 사망했다. 또 다른 반지에는 D. 윌리엄스, D.D.(D. Williams D.D.)라는 이름이 새겨졌다. 이 인물은 1716년 1월 12일에 72세를 일기로 사망했다. 신학 박사인 다니엘 윌리엄스는 비국교인[국교에 따르지 않는 기독교인 - 옮긴이]에 대한 연구 센터인 윌리엄스 박사 도서관을 포함하여 상당한 유산을 남긴 저명한 장로교 신학자였다. 로열 앤 갤리호의 누군가가 윌리엄스 박사와 관계가 있었다는 것은 흥미로운 사실이다. 실제로 이 반지를 착용했건 보관만 했건, 반지를 갖고 탑승한 사람 모두가 이 난파선에서 죽었다는 걸 생각하면, 이 반지는 인간이 언젠가는 죽을 수밖에 없는 존재라는 걸 무섭게 상기시킨다.

### 충성심을 증명하다

난파 당시 40세 혹은 45세였을 존 해밀턴(John Hamilton)은 벨헤이븐과 스텐턴의 3대 영주였으며, 이미 정치가이자 궁정 인사로 두각을 나타내었다. 그의 아버지인 2대 벨헤이븐은 파나마 지협에 스코틀랜드 식민지를 건설하려는 계획인 다리엔 계획(Darien

Scheme)에 거액을 투자했고, 이것이 비극으로 끝나자 잉글랜드와 스코틀랜드의 통합을 격렬하고 장황하게 반대하는 연설을 했다. 소설가 대니얼 디포는 그 연설에 풍자적으로 반응했다. 그러나 디포는 잉글랜드 왕국과 스코틀랜드 왕국의 양 의회에서 각각 '스코틀랜드와의 통합법'과 '잉글랜드와의 통합법'이 통과되면서 그레이트브리튼 왕국이 성립된 다음 해인 1708년에 프랑스 침공을 지지했다고 부당하게 고발된 벨헤이븐을 변호하기도 했다. 잉글랜드와의 통합에 반대한 스코틀랜드 귀족 중 다수는 제임스 스튜어트의 왕위 계승을 지지한 자코바이트였고, 벨헤이븐 역시 자신의 연설로 그러한 의심을 사게 되었다. 결국 투옥된 그는 스트레스로 건강을 잃었고 이것이 원인이었는지 1708년에 이른 나이로 사망한다.

따라서 3대 벨헤이븐은 왕에게 충성을 보여야 할 특별한 이유가 있었고 여기에 성공했다. 1715년 3월 3일, 에든버러의 홀리루드하우스 궁전에서 그는 스코틀랜드 의회 의원 65명에 의해 스코틀랜드를 대표할 의원 16명 중 한 명으로 선출되었다. 6월 21일에 그는 앤 여왕 사후 영국 왕위에 오른 조지 1세를 따라 1714년 말에 하노버에서 온, 후일 조지 2세에 오른 조지 왕세자의 침실 신사(Gentleman of the Bedchamber)가 되었다. 이 별난 칭호 밑에는 중요한 진실이 숨어 있다. 이 '신사'는 큰 영향력을 행사할 수 있는 심복이었다. 벨헤이븐은 왕세자를 위한 역할과 의회에서의 역할에서 모두 적극적이었고 상원 회의록에 따르면 그는 취임 후 몇 년 동안 많은 회의의 토론에 참석해 법안을 통과시켰다. 그는 1715년의 자코바이트 반란에서 충성심을 다시 증명하며 11월 13일의 셰리프무어 전투에 참전했다. 이 전투에서 그는 벨헤이븐과 스탠튼에 있는 자신의 영지인 이스트 로티언의 기병 부대를 지휘했다. 그때 로열 앤 갤리호는 스코틀랜드 연안을 순찰하며 찰스 스튜어트와 프랑스군의 상륙 시도를 봉쇄하고 있었다.

벨헤이븐은 1721년 4월에 바베이도스 총독으로 임명되었다. '바베이도스, 세인트 루시아, 도미니코, 세인트 빈센츠, 토바고와 아메리카대륙의 과달루페의 바람 부는 쪽에 있는 모든 섬의 총대장 겸 총독'이 된 벨헤이븐은 그해 연말에 로열 앤 갤리호에 도착해 총독을 맡을 예정이었다. 총독 연봉이었던 2000파운드는 현재 금액으로 30만 파운드[한화로 약 5억 6000만 원-옮긴이]에 해당한다. 그 외에 그는 "섬의 자치회가 적절하다고 판단한 금액"도 받을 수 있었다. 그는 불법행위를 저지른 바베이도스 자치회 의장을 체포하라는 명령을 받았고 토바고섬을 평정하라는 지시도 받았다. 카리브해의 주요 설탕 수출국이 되고 있던 바베이도스에는 고용계약을 맺고 일했던 아일랜드 노동자의 자손들로 구성된 유럽인 1만 8000명과 아프리카인 노예 5만 5000명이 있었다. 플랜테이션 지주들을 관리하고 영국 정부의 이익을 수호하며 해적에게 대응하려면 강력한 권력자가 필요했다. 국왕에 충성하는 스코틀랜드인이었던 벨헤이븐이 만약 무사히 부임했더라면, 해적들과 날카롭게 대립했을 것이다. 해적 중에는 진정한 확신 때문인지, 고집 때문인지는 모르지만 바살러뮤 로버츠를 비롯한 자코바이트 동조자들이 있었기 때문이었다. 로버츠는 참칭자 제임스 스튜어트의 이름을 딴 '로열 제임스호'라는 배를 가지고 있었다. 로열 앤 갤리호가 난파하지 않았더라면 벨헤이븐과 로버츠는 카리브해에서 일대 결전을 벌였을 것이며 로열 앤 갤리호는 이 전투에서 핵심 역할을 했을 것이다. 이미 해적 소탕 명령을 받았던 로열 앤 갤리호의 기동성은 당시 어떤 해적선보다 뛰어났다.

벨헤이븐은 결혼해 아들 네 명을 두었고 그중 한 명이 그의 작위를 물려받았다. 당시 최고의 스코틀랜드 화가로 많은 귀족 남녀의 초상을 그린 윌리엄 에이크먼(William Aikman)의 작품 중에 갑옷을 입은 벨헤이븐의 초상화가 있다. 로열 앤 갤리호 난파 사건 사망자 중 유일하게 알려진 인물의 초상이다. 가문의 문장(紋章)이 새겨진 날붙이를 제외하고 그의 소유물로 알려진 물건은 명판이다. '계속 말을 달려라'라는 신조와 가문 문장이 함께 새겨진 이 명판은 1711년과 1715년에 출간된 패트릭 애버크롬비(Patrick Abercromby)의 『스코틀랜드 민족의 군사적 성취(The Martial Achievements of the Scots Nation)』라는 2권짜리 책에 붙어 있었다. 윌리엄 월레스(William Wallace)와 로버트 브루스(Robert Bruce)의 삶을 주제로 다룬 이 책은 자코바이트든 왕당파든 스코틀랜드 역사에 대한 흥미가 얼마나 깊었는지를 보여준다. 그리고 우리는 출판과 독서가 크게 인기를 얻고 있던 시대에 벨헤이븐과 그의 관심 분야를 엿볼 수 있다.

## 노예무역 위에 세워진 세계

나는 국립문서보관소에서 월리스 함장이 작성한 로열 앤 갤리호의 직전 항해 기록도 살펴보았다. 그 기간은 1719년 8월 25일부터 1721년 5월 12일까지인데, 플리머스에서 리저드 암초까지의 마지막 항해 기록은 난파 사고로 인해 사라졌다. 이 기록을 열어 그 시기의 특징이었던 아름다운 필체로 쓴 월리스의 기록을 읽고, 끝에 있는 그의 서명을 조심스럽게 만져보았다. 이 서명은 그가 실종되기 겨우 몇 달 전에 남긴 것이다. 로열 앤 갤리호는 바로 이 항해에서 아프리카의 기니 해안을 몇 달간 순찰하다가 카리브해로 갔다.

기록의 전반부를 훑어보던 나의 시선은 항해 목적을 밝힌 어떤 날의 기록에 고정됐다. 1720년 3월 10일에 카보베르데제도를 따라 항해하던 로열 앤 갤리호는 시에라리온곶을 발견하고 해안을 따라 계속 항해했다. 4월 26일에 현지인이 탄 카누가 다가와 지금의 아이보리코스트인 그랜드 바산에서 '서로 사격하는 배들에 관한 이야기'를 전했다. 로열 앤 갤리호는 닻을 올리고 머물러 있다가 다음 날 "그랜드 바삼 앞에서 돛을 보았다. 우리가 들은 이야기로 미루어 볼 때 (…) 해적선이 의심되어 상갑판을 치우고" 전투 준비를 했다. 막상 이들은 서로에게 예포[경의, 환영, 조의 따위를 나타내기 위하여 쏘는 공포(空砲) - 옮긴이]를 발사하던 상선 두 척으로 밝혀졌다. 하지만 월리스 함장의 임무는 확고했다. 기니 해안의 해적에게 대응하는 것이다.

로열 앤 갤리호의 활동 중 해적 활동 진압이나 아메리카로 수송된 아프리카 노예무역에 관해서는 잘 알려지지 않았다. 하지만 이 활동은 배의 중요한 임무였다. 노예무역은 해양사에서 가장 끔찍한 역사다. 난파선으로 남은 흔적에 따르면 노예무역은 수백 년간 지속되었다. 1720년 초에 해군성은 "해적으로부터 무역을 보호하기 위해 서아프리카를 순항하도록 전함 두 척을 파견해 달라"라는 영국 노예 무역상의 청원에 따라 비슷한 크기의 다른 함선인 HMS 린(Lynn)호를 파견했다. 1719년은 서아프리카 해안의 영국 무역상들에게는 운수 사나운 해였다. 그해에 30척 이상의 상선이 나포되어 약탈당하거나 불살라졌다. 카리브해의 해적은 영국 해군의 경찰 활동 때문에 본거지 수역으로 활동 영역이 제한되었던 반면, 서아프리카 해안의 해적은 영국에서 출발해 노예가 된 아프리카인을 태우고 '중간 항로'를 따라 아메리카대륙으로 가던 무역선을 쉽게 표적으로 삼았다. 해적들은 '탄약과 모든 종류의 보급품을 갖추고 장거리 항해에 적합한 상태가 좋은 범선을 구하기 위해' 아프리카로 갔다.

서아프리카에서 해군성에 보낸 편지에서 월리스 함장은 노예선 선원들이 "언제든 해적질할 준비가 되어 있다"라고 보고하며, "선장이 강요하거나 그냥 기분이 내킬 때" 해적질을 한다고 말했다. 이것은 노예선 선원들이 형편없는 환경에서 살았다는 것을 뜻한다. 아프리카 해안에 본거지를 둔 노예 사냥꾼들은 해적들에게는 또 다른 유혹이었다. 이곳에서는 해적들이 훔친 물건을 파는 시장이 열렸는데 무역상들이 해군성에 보낸 다른 보고에서 이 사실이 밝혀진다. "해변에 있는 악한들은 (…) 보트와 카누로 해적을 도우며 이들의 물건을 해안으로 실어 나르고, 다양한 악행을 저지르도록 고무하며 (…) 배에 상품과 술을 싣고 돌아온다." 누구의 제지도 받지 않던 해적들은 아프리카에 본거지를 세우고, 인도양으로 가거나 인도양에서 오는 배를 먹잇감으로 삼았다. 이들은 아메리카 대륙의 노예경제뿐 아니라 유럽 경제가 점점 더 의지하던 동인도제도의 무역도 교란했다.

1713~1715년에 유럽 열강들이 대거 참전했던 스페인 왕위계승 전쟁이 위트레흐트 조약으로 끝나자, 전반적으로 해상교역이 늘어났고 영국 해군 함정들도 해적 퇴치 순찰에 나설 여력이 생겼다. 영국은 주로 왕립 아프리카 회사가 소유한 선박으로 북아메리카 식민지의 체서피크만의 담배 플랜테이션과 카리브해 섬에 있

는 사탕수수 플랜테이션에 노예를 공급했으나 1720년이 되자 노예무역은 개별 무역상의 수중으로 대부분 넘어갔으며, 1698년에는 독점권도 잃었고, 1712년에는 10퍼센트의 부과금을 걷는 것도 폐지되었다. 하지만 왕립 아프리카 회사는 기니 해안에 기지를 운영하고 있어 아직 상당한 존재감을 유지했다. 로열 앤 갤리호 잔해에서도 여러 개가 발견된 영국 기니 금화에는 상아 문양이 새겨져 있는데 이것은 이 금화를 만든 금의 원산지가 서아프리카임을 반영하고 있다. 그때쯤 노예무역은 거의 규제가 없는 자유업에 가까웠다. 위트레흐트 조약을 통해 스페인으로부터 대서양 노예무역의 독점권(Asiento)을 얻어낸 영국의 노예시장은 활기가 넘쳤다. 1719년 10월, 휴 홀(Hugh Hall)이라는 바베이도스 상인은 "우리 섬으로 와야 할 노예를 기니 해안에서 해적들이 다 빼앗아 가는 바람에 아프리카 노예가 귀해졌다"라고 불만을 토로했다는 기록도 있다.

로열 앤 갤리호 선장의 항해일지와 윌리스가 해군성에 보낸 편지는 이 항해의 내용을 더 자세히 밝힌다. 그는 지금의 라이베리아에 있는 마운트곶과 팔마스곶 사이 약 500킬로미터 거리를 순항하라는 명령을 받았다. 린호는 더 동쪽으로 가서 지금의 가나 해안을 순찰했다. 노예무역선 선원들은 노예화의 야만성, 노예 무역상들의 비인간성, 노예무역선의 끔찍한 환경 등 노예무역의 면면을 보았지만, 런던에 있는 투자자들은 그렇지 않았다. 영국 사회 최상

층은 이런 현실에 무지하거나 관심을 기울이지 않았고 본인의 이름이 로열 앤 갤리호에 붙은 앤 여왕도 왕립 아프리카 회사에 거액을 투자했다. 18세기 말이 되어서야 노예선의 진실이 폐지론자들 사이에서 알려지기 시작해 마침내 대중까지 폐지론을 지지하게 되었지만 그때는 이미 노예무역과 이 노예들이 일하는 플랜테이션으로 막대한 이익을 거둔 다음이었다. 노예 무역상과 해적은 인간이 보일 수 있는 최악의 모습을 보였을 것이고, 린호와 로열 앤 갤리호의 장병은 자신들이 성장하는 배경이 되어준 기독교적 가치에 반하는 무역을 보호하고 있다는 데 환멸감을 느꼈을 것이다.

1719년에 이 해안을 따라 활동하던 해적 가운데 에드워드 잉글랜드(Edward England)가 있었다. 노예선 와이더호를 지휘하던 로렌스 프린스(Lawrence Prince) 선장은 그의 배를 추격하는 이 해적을 저지하기 위해 왕립 아프리카 회사의 케이프 코스트 성에 보호를 요청했다. 이곳에서 프린스 선장은 전에 이 회사가 사들였던 남자 333명, 여자 102명, 소년 39명, 소녀 세 명과 상아 1.8톤을 로열 앤 갤리호에서 발견된 포르투갈 금화 620개에 해당하는 금 233온스, 8애키, 5타코를 내고 사들였다. 당시에는 이런 종류의 거래가 이루어졌다.

윌리스는 해적에게 쫓기던 프랑스 선박에 대해 이렇게 보고했다. "해적이 이 사건에 연루되었다는 정보가 없으며 해적이 목격되었다는 보고도 상당히 오랜 기간 없었다." 8개월간 세 번의 순항 항해에서 해안을 오르락내리락한 그의 배는 더는 "이 용서할 수 없는 악당들을 귀찮게 하거나 이들의 사악한 계획을 방해할" 상태가 아니었다. 선체는 바위도 뚫어버리는 배좀벌레조개 때문에 많이 손상되었고 "뜨거운 기후와 해충으로 인해" 식량은 고갈되었다. 질병과 기후 때문에 선원은 큰 피해를 보았다. 대체 함선으로 파견된 두 척은 각각 첫 항해가 끝날 무렵까지 최소 50명의 선원을 잃었다. 로열 앤 갤리호는 카리브해를 통해 잉글랜드로 돌아왔고 대서양을 가로질러 바베이도스로 가서 수리와 보급을 받은 다음 1721년 4월 23일에 팔머스에 도착했다. 로열 앤 갤리호는 그해 11월 운명적인 날에 리저드를 향해 마지막 대항해에 나섰다. 로열 앤 갤리호가 바베이도스에서 데려온 한 남자는 7월에 해군성에서 "무어인에게 기독교인 11명을 팔아넘기고 이들 대부분을 살해한" 죄목으로 재판받았다. 동시다발적으로 일어나는 바버리 해적과 그들의 노예가 된 지중해 여러 나라 출신의 포로 문제를 해결해야 한다는 것을 상기시키는 사건이었다. 로열 앤 갤리호가 1712년에 아프리카 해안에 처음으로 파견된 것도 바버리 해적 때문이었다.

윌리스의 명령에서 보았듯, 로열 앤 갤리호가 난파하지 않고 벨헤이븐을 무사히 바베이도스에 데려다주었더라면 이 배의 다음 임무는 카리브해와 미국 대서양 연안 지역의 해적 소탕이었을 것이다. 다용도로 사용될 수 있는 갤리선인 로열 앤 갤리호는 해적이 거점으로 선호한 곳의 강어귀와 물길에서도 운항하기에 적합했을 것이다. 이 배의 주목표는 웨일스 출신 반역자 바살러뮤 로버츠였다. 블랙 바트 로버츠는 로열 앤 갤리호가 바베이도스에서 잉글랜드로 돌아갈 준비를 하던 1721년 초에 카리브해에서 아프리카 해안으로 항해했다. 로열 앤 갤리호의 뒤를 이어 서아프리카에 파견되었던 HMS 스왈로호가 성공적으로 대처해 1722년 2월, 지금의 가봉에 있는 로페즈곶에서 현측 일제사격으로 로버츠를 죽이고 그의 기함 로열 포천호를 나포했다. 스왈로호의 챌로머 오글(Chalomer Ogle) 함장은 이 공적으로 '바스 기사단 기사'가 되었다. 대해적 활동으로 이 작위를 얻은 함장은 오글이 유일했다. 로버츠의 모든 부하는 서아프리카의 왕립 아프리카 회사 본거지인 케이프 코스트성으로 압송되어 52명은 교수형에 처해졌고 흑인 75명은 재판 없이 노예로 팔렸다.

이 사건을 비롯해 1720년부터 1722년까지 카리브해와 서아프리카 해안에서 이뤄진 로열 앤 갤리호 및 다른 영국 해군 함정들의 활약은 해적들의 활동을 억제하며 해적 황금기에 마침표를 찍었다. 이 해역에 파견된 함정이 성공적으로 활동했다는 것은 아프리카에서 아메리카로 보내진 노예의 수가 늘어난 것으로도 알 수 있다. 1711년부터 1720년까지 15만 명이었던 노예의 수가 1721년부터 1730년까지는 20만 명으로 대폭 늘어났다. 영국 해군은 18세기 초 서아프리카 해안에서 해적 행위를 끝장내 노예무역이 방해받지 않고 번창하도록 앞길을 활짝 열어주었다. 그 뒤로 한 세기가 지나야 영국 해군은 노예무역 '보호'에서 '진압'으로 역할을 바꾸게 된다. 1807년부터 1861년까지 영국 해군 서아프리카 함대는 노예선 1500척을 나포하고 노예 15만 명을 석방했다. 그때쯤 이미 노예가 된 아프리카인 수백만 명이 대서양을 건너갔고 도중에 수많은 사람이 사망했다. 1807년에 노예무역 금지법으로 영국제국 내부에서 노예무역이 불법화될 때까지, 이 상상할 수 없는 야만적 무역은 공식적으로 인정받았다.

## 욕망이 낳은 비극

로열 앤 갤리호의 잔해에서는 당시 가장 가치 있는 동전인 포르투갈 금화가 발견되었다. 그 금화는 이 배가 난파하기 2년 전에 출간된 대니얼 디포의 『로빈슨 크루소』와 5년 전에 출간된 조너선 스위프트(Jonathan Swift)의 『걸리버 여행기』에서도 언급된다. 포르투갈 금화는 액면가 4000헤이스(réis)의 대형 금화로, 영국에서는 포르투갈어로 금화인 '모에다 도로'를 잘못 발음한 '모이도르'라는 이름으로 알려졌다. 동전 앞면에는 위쪽에 왕관이 있고 안에 7개의 작은 성이 그려진 방패가 있는 포르투갈국 문장이, 뒷면에는 그리스도 기사단의 십자가가 새겨져 있다. 이것은 14세기에 포르투갈에서 해산되었다가 그리스도 기사단으로 재건된 성전기사단의 상징이다. 두 이미지 모두 15세기 후반 항해공 엔히크(Prince Henry the Navigator)의 시대부터 시작된 포르투갈의 발견 시대를 상기시킨다. 서해안으로 항로를 개척했던 포르투갈은 대서양, 아프리카, 아시아를 탐험하고 식민지를 건설했다. 금화의 방패는 포르투갈 제국 전역에서 사용된 대포에 새겨졌고, 십자가는 18세기까지 맹위를 떨친 포르투갈 이단심문을 상징한다. 이 금화의 품질은 타의 추종을 불허했다. 고도로 숙련된 장인들이 금형을 조각했는데 이들은 아주 세밀한 부분까지 잘 보이도록 살짝만 녹인 금을 금형에 넣어 강한 힘으로 쳐서 동전을 만들었다. 포르투갈 금화도 스페인 은화처럼 현대세계의 경제적 기초를 설명하는 데 도움이 되는 식민지 착취와 교역에 관한 이야기를 전한다.

이들의 이야기는 로열 앤 갤리호의 난파 30년 전에 브라질 남동부 미나스제라이스의 외딴 산지에서 시작된다. 이곳에서 '반데이란테스'로 알려진 노예 사냥꾼들은 시골 지역을 돌아다니며 노예로 잡을 원주민을 찾고 있었다. 1680년대 후반 혹은 1690년대 초반에 이들은 리우데자네이루에서 내륙으로 320킬로미터 들어간 곳에서 대규모 사금 광산을 발견했다. 16세기 이래 포르투갈 식민지던 브라질은 북동부의 사탕수수 플랜테이션에 기반한 노예 경제체제를 유지했다. 그런데 금이 발견되며 대규모 인구이동이 일어났고 이것은 역사상 최초의 골드러시였다. 그 결과 18세기 초에는 브라질 인구의 절반이 광산지대에 살게 되었다. 볼리비아와 멕시코에 있었던 스페인 은광에서처럼 고용계약을 맺은 현지인들이 노동력 대부분을 차지했다. 하지만 19세기 말에 브라질에서 노예제가 폐지될 때까지 약 50만 명의 아프리카 노예가 금광 노동에 투입되었다고 추정된다. 브라질은 아메리카대륙에서 마지막으로 노예제를 폐지한 나라였다.

브라질산 설탕과 담배 재수출에 의지하던 포르투갈의 경제는 금을 발견하면서 크게 발전했다. 브라질 식민지 주민들은 리스본과 포르투산 제품을 구매할 경제적 수단이 생겼고, 잉글랜드에서 포르투갈을 통해 온 면직물의 대가도 이 금으로 치렀다. 1715년과 1733년에 플로리다 근해에서 스페인이 '은 함대'로 대서양을 가로질러 은을 유럽으로 실어 날랐던 것처럼, 포르투갈도 브라질산 금을 유럽으로 수송했다. 스페인 왕위계승 전쟁 기간에는 두 나라가 합의하여 영국 해군 함정들이 이 배들을 호위했다. 양모 무역의 결과로 잉글랜드에 흘러든 금은 18세기에 폭발적으로 이뤄진 잉글랜드의 상업적·산업적 발전에 크게 이바지했다.

18세기 초 잉글랜드에 도착한 다수의 금화는 로열 앤 갤리호 같은 잉글랜드 해군 함정에 실려 있었다. 안전하게 금화를 잉글랜드로 보낼 방법을 찾던 상인들은 리스본이나 포르투에 입항한 잉글랜드 해군 함선에 금화 수송을 위탁하거나 일주일에 한 번 리스본에서 팔머스로 가는 소포로 보냈다. 1720년 늦여름, 로열 앤 갤리호가 기니 해안을 따라 순찰 활동을 하고 있을 때 리스본에서 출항한 해군 금화 운반선 HMS 윈체스터호는 한 번의 항해로 금화를 6000개까지 실어 날랐다고 한다. 이 금화는 잉글랜드 법정통화였고 포르투갈 금화는 영국 기니 금화보다 몇 실링 더 가치가 있었다. 로열 앤 갤리호가 난파했을 무렵 포르투갈 금화가 잉글랜드에서 친숙했다는 사실은 대니얼 디포의 『로빈슨 크루소』에서도 엿보인다. 이 소설에서 주인공은 브라질에 남아 농장을 계속 경영했더라면 "포르투갈 금화 100개 정도의 가치는 되었을 것"이라고 한탄한다. 잉글랜드에서 유통되던 포르투갈 금화 외에 런던 조폐국은 1710년부터 1714년까지만 해도 100만 파운드 이상의 가치가 있는 포르투갈 금화를 제작했다고 한다. 그리고 브라질의 연간 금 생산량 25~50퍼센트가 잉글랜드에 도착하고 있었다. 산업혁명이 막 시작한 1776년에도 경제학자 애덤 스미스는 "우리가 가진 금 대부분은 포르투갈에서 온다"라고 말했다.

로마 교황청에서는 정통 기독교 신학에 반하는 가르침(이단)을 전파하는 사람을 가려내기 위한 이단심문을 꾸준히 실시했다. 그리고 이단심문을 계기로 사상 최대의 해상 이동이 발생하게 된다. 바로 히브리어로 이베리아반도를 가리키는 이름에서 온 세파르딕 유대인(Sephardic Jew)이 전 세계로 흩어진 사건이다.

내 조상 가운데는 브라질 무역에서 이익을 남긴 프란시스코 로드리게스 브란다웅(Francisco Rodrigues Brandão)이라는 포르투갈 유대인이 있다. 그는 로열 앤 갤리호의 첫 항해 무렵에 포르투를 기반으로 사업하고 있었다. 많은 포르투갈 유대인처럼 그의 조상은 로마 시대 유대 땅에서 도망쳐 스페인에서 살다가 1492년에 스페인에서 추방당했다. 이것을 시작으로 포르투갈 출신 유대인들은 지중해 전역, 북서유럽과 자메이카에 흩어져 살게 되었다. 자메이카 유대인들은 해적시대 황금기에 해적들을 위한 브로커로 일했다. 포르투갈 본토에서 이들은 포르투갈 이름을 받아들이고 '콘베르소', 이른바 '신 기독교인'으로 살도록 강요받았으나 비밀리에 유대교 신앙을 유지했고 박해를 당하거나 당하리라는 공포 속에서 살았다. 출국 금지도 박해의 일부였다. 1690년대에 프란시스코가 성인이 되었을 무렵, 이단심문에 넘겨진 포르투갈 유대인 수백 명이 말뚝에 묶여 화형에 처해졌고 수천 명이 '아우토 다 페', 즉 회개행위를 통해 유대교 신앙을 부정하도록 강요당했다. 이들 상당수는 그 전에 수년간 투옥되기도 했다. 프란시스코의 할아버지도 교도소 생활을 했고 그 때문에 그의 아들은 프랑스로 도망쳤다. 프란시스코와 그의 자녀들도 똑같은 일을 겪었고 결국 그의 아들 조앙(João)은 18세기 중반에 가족과 함께 런던에 정착해 히브리 이름을 되찾고 공개적으로 종교 활동을 했다.

포르투갈의 항구도시 포르투는 브라질뿐 아니라 잉글랜드와의 무역을 위한 관문이기도 했다. 이곳에서 프란시스코 같은 유대인 상인은 포르투갈의 기존 해상교역에 힘입어 번창할 수 있었을 뿐 아니라, 해외로 피신한 가족과 새로운 교역을 할 수 있었다. 이렇게 쌓은 부 때문에 그는 박해받을 위험이 더욱 커졌고 결국 포르투갈 중부에 있는 도시 코임브라에서 이단심문에 넘겨졌다.

이단심문 과정은 상세히 기록되었고 그 기록 대부분이 남아 있어서 역자학자들에게는 귀중한 자료다. 프란시스코의 경우를 보면 그는 포르투를 기점과 종점으로 삼는 교역에 종사해 브라질에 브랜디, 포도주와 완제품을 수출하고 단단한 목재와 담배를 수입했으며 잉글랜드에서는 직물을 수입했다. 일부 잉글랜드산 직물은 브라질에서 팔렸고, 포르투갈에서 판매된 것도 있었다. 포르투갈에서 열린 한 시장에서 그는 100만 헤이스 어치 직물을 팔았는데 이는 로열 앤 갤리호에서 발견된 포르투갈 금화 120개에 해당한다. 이 직물을 사들이기 위해 그는 1690년대 후반에는 브라질의 새 광산에서 온 새 금화를 사용했을 것이다. 매우 흥미롭게도 문서에 따르면 그는 압수를 피하려 포르투갈 금화 80개에 해당하는 금 250두카트를 잉글랜드에 있는 친척에게 보내고 있었다. 한 신부가 그의 집에 와서 프란시스코 자신이 도망치려 했다는 증거가 되는 선적 기록을 발견했고, 하녀가 프란시스코에게 이 사실을 말했다. 프란시스코는 '문서를 찢어 창밖으로 던져'버렸지만 이제 엎질러진 물이었다. 1698년 12월 8일에 이단 심문관이 그를 찾아왔다.

노예무역과 이단심문의 공포를 보면서 우리는 계몽시대가 철학적·창조적 꽃이 피어난 시대였지만 극단적 인종차별과 종교적 편견의 시대이기도 했다는 점을 다시 깨닫는다. 프란시스코 가족 같은 포르투갈 유대인도 이단심문의 마수에서 벗어나 살 수 있던 해양 세계는 고향인 유럽대륙보다 포용적이며 관대했다. 심지어 자메이카의 포트로열[Port Royal: 현재 자메이카의 수도 킹스턴 - 옮긴이]처럼 도덕성이라고는 눈을 씻고 봐도 찾기 어려운 곳일지라도 이들을 환영했다. 하지만 이 이야기에 등장하는 해적 겸 노예 무역상 반데이란테들은 경제적 합리성과 진보가 언제나 이 세계의 주류가 아니었음을 보여준다. 이 세계에서는 언제나 수평선 너머 어딘가 있는 것 같은 즐거움과 자유에 쉽게 넘어갈 수 있었다. 영국인이 인도와 극동 무역거점에 있다고 생각하기 시작했던 이런 유혹은 본토와 훨씬 가까운 곳에 이미 존재하고 있었다. 리스본 주재 영국대사 트롤리(Trawly)는 1729년에 포르투갈의 가장 큰 영국 상인 공동체인 리스본 팩토리(Lisbon Factory)가 "쭉정이, 겉멋만 잔뜩 든 사람, 술주정뱅이, 도박꾼, 그리고 심지어 자기 사업 분야에서도 어이없을 정도로 무식한 사람들로 된, 내가 만났던 가장 형편없는 얼간이들 모임"이었다고 말했다. 그 몇 년 전만 해도 타락과 기회 낭비의 대명사는 남쪽으로 몇 킬로미터 떨어진 곳에 있는 영국 북아프리카 식민지 탕헤르였다. 일기작가 새뮤얼 페피스는 그곳을 "저 사악한 장소"라고 불렀다.

규율과 국왕에 대한 충성심, 그리고 강한 목적의식이 있던 로열 앤 갤리호의 잉글랜드 해군 장병들도 이런 유혹에는 마음을 단단히 먹고 대처해야 했다. 악명 높은 해적, 껃다리 벤(Long Ben) 에버리(Avery)는 해군 장교로 바다 생활을 시작한 이였다. 이것이 바로 로열 앤 갤리호가 기니 해안으로 항해할 때 들어갔던 세계였고, 1721년 11월에 맞이한 운명의 마지막 밤에 리자드반도를 지나 카리브해를 향해 돌아가고 있던 세계였다.

## 역사는 위대한 개인의 투쟁이다

신문 보급이 급증하고 뉴스 전파도 빨라졌던 시대였기 때문에 로열 앤 갤리호 난파 소식은 빠르게 퍼졌다. 사고 며칠 뒤에 잉글랜드 전역에 걸쳐 신문에서는 다음과 같은 보도가 나왔다.

> 매일 사망자 시체가 해안으로 밀려온다. 일부는 한 장소에, 일부는 서쪽으로 폴리번(Porleaven)까지 밀려온다. 시골 사람들은 매일 해변으로 달려가 찾을 수 있는 것은 모두 훔친다. 그리고 보석이나 돈을 가진 사람이 해변으로 밀려오면 이들은 그를 매장하지만 그렇지 않은 사람은 파도에 띄워 보낸다.

> 신원이 확인되지 않은 난파선 선원을 교회 마당에 매장해야 한

다는 규정은 1808년이 돼서야 익사자 매장법이라는 이름으로 마련되었다. 이 법은 한 현지 변호사에 의해 제정되었는데, 1807년에 리저드반도 근해에서 난파한 또 다른 해군 함정 HMS 앤슨호에서 나온 시신들이 해안으로 많이 떠밀려 왔지만 며칠이 지나도 방치된 데 경악해 마련한 것이었다. 그 전에는 사망자를 관에 넣지 않고 묻거나 발견된 곳 근처에 매장하는 것이 관습이었다. 그 결과 해변과 절벽 꼭대기를 따라 많은 무덤이 생겼다. 대다수 무덤에는 표시가 없어 이들의 흔적이 역사 속으로 사라졌으나, 어떤 무덤은 리저드 해안이 침식되면서 가끔 발견되곤 한다.

절벽에 있는 유해를 보거나 로열 앤 갤리호를 그린 목판화에 나오는 해변에 밀려온 시체 이미지를 보다 보면 난파 사고가 자주 일어나는 지역에 사는 사람들에게는 죽음이 얼마나 가까이서 일어나는 일이었을지 다시 깨닫는다. 현지 주민들은 난파선이 아니었더라면 경험하지 못했을 역사적 사건들을 보았고, 부와 놀라움이 존재하는 이국적 땅에서 나온 물건들을 난파선 잔해에서 가져가 재사용했다. 그러나 가장 오래간 인상은 아마 자연의 힘과 악의적 섭리에 대항해 싸우는 개인의 생존을 위한 투쟁이었을 것이다. 이런 사건에 대한 기억은 가족 대대로 전해지기도 한다. 해군 함정 HMS 앤슨호의 난파 사건은 오늘날까지도 현장에 있었던 사람들의 자손이 회상하고 있으며 더 오래된 이야기는 민담으로 남아 전해진다.

19세기 중반에 들어 콘월 지방 도보 관광이 유행하게 되면서 영국 최남단으로 떠나는 사람이 많아졌다. 방문객들은 먼 곳으로 가는 총독을 실은 배가 난파했고 근처 피스틸 메도에 희생자들을 묻었다는 이야기를 들었을 것이며 소설가 윌키 콜린스(Wilkie Collins)는 1850년에 "현지 주민들이 밤에 익사한 사람들의 무덤 근처를 지나갈 때는 두려움과 공포, 무서움을 느낀다"라는 글도 남겼다. 스트레스를 견디며 난파 희생자를 직접 수습했던 이들은 망자의 이름조차 알지 못했다. 그러나 고고학적, 문헌적 증거 덕에 우리는 이들의 이야기 일부를 조명해 볼 수 있게 되었다. 아이의 추모 반지를 끼고 있던 사람이 아이를 얼마나 각별하게 아꼈을지 생각하면 가슴이 저려온다. "런던시 출신의 고인으로 바베이도스로 가던 길"이던 로열 앤 갤리호의 다른 승객 토머스 웨일리(Thomas Whayley)는 유언장에서 "내가 가장 많이 사랑하고 그녀가 진심으로 비할 데 없는 가치가 있다고 느꼈으며, 돌아오면 결혼하기로 약정한 미망인인 해튼 가든스(Hatton Gardens)의 콘스탄스 무어(Constance Moor) 부인"에게 모든 것을 남긴다고 적었다. 중도에 꺾여버린 인생과 이루지 못한 꿈이 전하는 감성의 힘은 아직도 난파 현장을 맴도는 듯하다. 이런 충격적인 사건을 맞을 준비를 했던 사람은 거의 없었을 것이며 아마 운명을 받아들일 수 있게 허락된 시간도 길지는 않았을 것이다.

난파 이후의 일도 난파 사건의 일부다. 아마 로열 앤 갤리호의 조지프 웰드(Joseph Weld) 해군대위의 미망인 유니카(Eunica)보다 더 심한 일을 겪은 사람은 없을 것이다. 유니카는 남편뿐 아니라 해군 자원병인 아들 존까지 "리저드 암초에서 익사"로 잃었다. 해군성에 낸 청원에 따르면 "생계 수단이 전혀 없는 상태에서 가장 불행한 환경에 처하게 된" 유니카는 국왕에게 연금을 신청했지만 각하 당했다. 적과의 전투에서 전사한 사람의 유족만 연금을 받을 수 있었기 때문이었다. 유니카의 운명은 알려진 바 없고 그녀에 대한 그 후 기록은 존재하지 않는다. 이러한 개인적 경험은 근대로 올수록 더 많이 기록되어 남았고 이 책에서 다룰 다음 난파선의 이야기를 만들어낸 원정대가 떠난 즈음에는 집단적 역사 기억의 일부가 되었다. 바로 탐사선 테러호 이야기다.

**1845년(산업혁명)**

## 11장

# 운명을 건 모험

# 지구 끝을 탐험하다

 HMS 테러호

1847년 5월 28일, HMS 에레버스(Erebus)호와 테러(Terror)호는 북위 70도 5분, 서경 98도 23분에서 얼음에 갇힌 채 겨울을 보냈다. 우리는 1846~1847년의 겨울을 북위 74도 43분 28초, 서경 91도 39분 15초의 비치섬에서 보낸 다음, 북위 77도의 웰링턴수로를 지나 콘월리스섬 서쪽 면으로 돌아왔다. 원정대 지휘관은 존 프랭클린(John Franklin) 경이다. 생존한 장교 두 명, 사병 여섯 명은 모두 1847년 5월 24일에 배를 떠났다.
— Gm. 고어(Gore) 대위, 샤스 F, 디스보(Chas F. Desvoeux) 항해사 및 탑승원.

1848년 4월 25일 이 지점에서 북북서로 24킬로미터 떨어진 곳에서 1846년 9월 12일부터 얼음에 갇혀 있던 에레버스와 테러호는 4월 22일에 버려졌다. 원정대 장병 총원은 F.R.M. 크로지어(F.R.M. Crozier) 대령이 지휘하는 105명이다. 위도 69도 37분 42초, 경도 98도 41분에 크로지어 대령이 상륙했다. 이 문서는 제임스 로스(James Ross)가 북쪽으로 6.4킬로미터 떨어진 곳에서 1831년에 쌓은 것으로 추정되는 돌무더기 밑에서 어빙(Irving) 대위가 발견했다. 문서는 사망한 고어(Gore) 중령이 1847년 5월에 남긴 것이다. 제임스 로스의 묘비는 발견되지 않았고 문서는 로스의 묘비가 세워진 이곳으로 옮겨졌다. 존 프랭클린은 1847년 6월 11일에 사망했다. 원정대원 중 지금까지 사망한 사람은 모두 장교 아홉 명과 사병 15명이다. 에레버스호 함장 제임스 피츠제임스(James Fitzjames), F.R.M. 크로지어 대령 및 선임 장교들은 내일 26일에 백스 피시강으로 (…)

— 1859년에 캐나다 북극권 킹윌리엄섬의 돌무더기 밑에서 발견된 노트(철자와 구두점은 원문 그대로)[뜻을 알 수 없거나 모순되는 문장이 있음에 유의 - 옮긴이]

프랭클린 원정대가 떠난 다음 겨울이 네 번 지나고 봄(1850년 봄)이 왔을 때, 42명의 '백인' 무리가 보트를 끌며 얼음 위를 걸어 남쪽으로 가는 모습을 에스키모가 목격했다. 에스키모는 킹 윌리엄스 랜드라는 큰 섬에서 물개 사냥을 하고 있었다. 백인들 중 에스키모어로 의사소통을 할 수 있는 사람은 아무도 없었으나 몸짓으로 원정대의 배, 혹은 배들은 얼음에 의해 부서졌고 지금 사슴 사냥을 할 수 있는 곳으로 간다는 뜻을 전할 수 있었다. 한 사람만 제외하고 나머지는 홀쭉하게 말라 있었고 먹을 것이 부족해 보였다. 이들은 원주민에게 작은 물개 한 마리를 샀다. 얼마 뒤 같은 계절, 얼음이 부서지기 전에 시신 30구가 대륙에서, 5구가 근처 섬에서 발견되었다. 큰 개울에서 북서쪽으로 하루 정도 가면 있는 곳이었다. 이 개울이 백스 그레이트 피시강이었음이 틀림없다[에스키모 이름은 두트-호-키-칼리크(Doot-ko-hi-calik)]. 이 강에 대한 묘사뿐 아니라 포인트 오글과 몬트리올섬에 이웃한 저지 해안의 묘사가 조지 백(George Back) 경의 묘사와 일치하기 때문이다. 어떤 시신은 매장되었고(아마 첫 기아 희생자였을 것이다) 일부는 텐트, 혹은 텐트 밑에 있었으며 또 다른 일부는 비바람으로부터 몸을 가리기 위해 뒤집은 보트 밑에 있었다. 그리고 몇몇은 서로 다른 방향으로 흩어져 있었다. 섬에서 발견한 시신 중 어깨에 망원경을 메고 그 밑에 쌍열총이 놓여 있던 한 명은 장교로 추정된다.

— 존 레이(John Rae) 박사가 1854년에 허드슨만 회사에 보낸 편지 요약

어렸을 때 나는 할아버지께 가죽 표지로 제본된 1854년의 《일러스트레이티드 런던 뉴스》 신문 모음을 받았다. 이 신문은 스케

치와 사진을 옮겨 그린 목판화로 유명했다. 그해 뉴스는 1815년에 나폴레옹이 패한 다음 유럽 강대국들이 벌인 첫 주요 전쟁인 크리미아 전쟁, 특히 경기병대의 돌격으로 장식되었다. 발라클라바 전투에서 영국 경기병대는 반격하는 러시아 포대에게 돌격해 상처뿐인 승리를 거뒀다. 6주 뒤에 영국 시인 앨프리드 로드 테니슨(Alfred Lord Tennyson)은 이를 찬양하는 시를 썼다. "그들은 왜냐고 묻지 않았다. 하지만 행동했고, 그리고 죽었다. 600명이 죽음의 계곡으로 달려갔다." 경기병대가 러시아 포대에 돌격한 날짜는 1854년 10월 25일이었고 이 이야기를 그린 그림이 등장한 날짜는 11월 18일이었다. 그러나 내 상상력을 가장 크게 자극한 것은 2주 전인 11월 4일에 '프랭클린 유물'이라는 제목으로 간행된, 신문의 양면 전체에 걸쳐 그려진 그림이었다. 그림은 영웅적 용어로 덧칠된 또 다른 실패를 담은 물질적 증거였고 빅토리아시대 감수성을 지닌 이들을 겁에 질리게 만든 어두운 역사였다.

여러 해 동안 영국 대중은 1845년에 캐나다 북극권을 통과해 북서 항로를 찾으러 떠난 존 프랭클린과 그의 대원 128명의 운명에 깊은 관심을 가졌다. 1895년에 프랜시스 레오폴드 매클린톡(Francis Leopold McClintock)이 이끈 원정대는 프랭클린 원정대가 남긴 가장 광범위한 증거를 발견했다. 이 원정은 해군성이 이들의 생존을 확인해 줄 것이라는 희망을 포기한 프랭클린의 아내 레이디 제인(Lady Jane)의 개인적 재정 지원으로 이루어졌다. 매클린톡 원정대는 앞에서 언급한 돌무더기에서 발견한 메시지를 포함해 썰매에 얹은 8.5미터 길이의 보트와 그 안에 있는 유골 2구, 그리고 다량의 개인 소지품을 발견했다. 이 메시지는 프랭클린 원정대가 배를 버리고 육로로 남쪽을 향해 떠났으며 그들 중 대다수는 이미 사망했다는 사실을 전해준다. 그러나 이 참극의 전모를 일깨운 것은 1854년 5월에 허드슨만 회사의 존 레이 박사가 현지 이누이트인에게서 입수한 물건들이었다. 입수품 중에는 프랭클린의 이름이 새겨진 은쟁반이 있었고, 이누이트인은 육로로 출발한 이들의 시신을 발견했다는 이야기도 전했다. 《일러스트레이티드 런던 뉴스》 기사에 포함되지 않았으나 해군성이 언론에 전했던 소식 중에 레이 박사의 끔찍한 결론이 있었다. "상상할 수 있는 최악의 운명이다. (…) 시신의 훼손 상태와 솥의 내용물로 미루어 보아 가엾은 우리 동포들은 생존 연장을 위한 마지막 수단, 식인으로 내몰렸던 것이 분명하다."

할아버지로부터 받은 신문 모음 1권을 열심히 읽은 지 30년 뒤, 나는 운 좋게도 캐나다 북극권을 여행할 기회가 생겨 비치섬 해안에 섰다. 그곳은 프랭클린이 첫 겨울을 보냈고 대원 세 명을 묻은 황량한 장소였다. 1984년에 연구를 위해 시신이 발굴되면서, 눈과 얼음으로 덮여 있는 곳에 보존되었던 이들의 얼굴이 공개되었고, 그 이미지는 곧 대중의 상상력을 사로잡았다. 탐험대가 그해 겨울에 버린 깡통 수백 개가 아직도 현장에 있었다. 이 깡통을 봉하는 데 쓰인 땜납이 납중독을 일으켜 대원들의 명을 재촉했다는 것을 알고 있던 터라, 무수한 깡통은 나에게 강렬한 인상으로 다가왔다. 존 레이의 보고서가 제출된 지 거의 150년 뒤에 킹윌리엄섬에 흩어진 대원들의 유골을 분석한 결과 확실한 식인 증거가 드러났고, 레이와 이누이트인의 이야기가 사실이었음이 밝혀졌다. 그뿐만 아니라 평년보다 더 넓게 얼음이 퍼진 혹독한 겨울에 이들이 갇혀버렸다는 것, 괴혈병으로 인해 기력을 빼앗겼다는 것, 극지대에서는 잘 통하지 않는 생존 전략에 과도하게 의존했다는 것을 포함해 우리는 후속 연구를 통해 이 재난의 원인을 더 잘 이해할 수 있게 되었다. 이들이 마지막으로 육상을 횡단하며 남긴 '쓰레기의 흔적'을 통해 이뤄진 고고학적 연구는 HMS 에레버스호와 HMS 테러호가 발견되면서 더욱 크게 확장되었다. 난파선에 남은 이들의 흔적은 지적 탐구와 미지의 세계에 대한 발견을 목표로 인내력의 한계를 시험한 탐험가들의 실제 모습을 보여준다.

### 극한 항로로 눈을 돌리다

북극권에서 발견된 유물을 마치 빅토리아시대의 '신기한 물품 진열장'에 전시된 물건처럼 정리한 1854년 기사의 침울한 분위기와 달리 1845년에 프랭클린 탐험대가 출발할 때의 《일러스트레이티드 런던 뉴스》 기사는 보급품과 기술력까지 자세하고 열정적으로 설명하는 논조의 기사를 실었다. 에레버스호와 테러호에 설치된 가장 흥미로운 장비로는 증기기관이 구동하는 "널리 인정받은 아르키메데스식 스크루 프로펠러"가 있었다. "템스강에서 이루어진 시험에서 테러호는 예인선의 줄을 풀고 다른 보조 수단 없이 강을 따라 순조롭게 항해했다." 탐험 전에 시행된 광범위한 개장 작업 중 한 가지는 보조 기관(機關)을 장착하는 것이었다. 이를 위해 철판으로 선체를 강화하고 갑판 위에 판자를 교차 방향으로 배치했다. 기관은 수도에 처음으로 부설된 철도인 런던-그리니치 철도에서 사용된 로버트 스티븐슨(Robert Stephenson)의 '플래닛' 기관차의 설계를, 스크루 프로펠러는 1843년에 진수된 사상 최초의 철제 스크루 증기 여객선인 SS 그레이트브리튼호를 설계한 뛰어난 공학자 이삼바드 킹덤 브루넬(Isambard Kingdom Brunel)의 설계를 따랐다. 따라서 에레버스호와 테러호의 설계는 이 시기에 일어난 눈부신 기술의 발전을 반영한다. 이 시기에 철도는 영국과 북아메리카, 그리고 전 세계에 걸쳐 큰 영향력을 행사하기 직전이었고 증기기관은 해운과 해양 수송을 혁명적으로 바꿀 참이었다. 무엇보다도 증기선은 바람에 덜 의존했고 난파할 가능성도 적었다.

그러나 외관상 에레버스호와 테러호는 40년 전의 나폴레옹 전쟁에서 온 범선 설계를 따르고 있었다. 두 척 모두 대구경 구포[臼砲: 구경에 비해 포신이 짧은 공성용 포 - 옮긴이]를 갑판 가운데에 배치하고 포의 발사 반동을 버틸 수 있게 튼튼한 뼈대를 갖춘 포격선으로 건조되었다. 이런 설계가 바다의 얼음에도 잘 버틸 것이라는 이유로 두 척은 1830년대에 북극 탐사선으로 개조되었다. 1813년에 영국 잉글랜드 남서부 데번주 톱섬에서 '베수비우스'급 세 척 중 한 척으로 진수된 배수량 334톤에 포 갑판 길이 31미터, 선원 67명에 구포 2문으로 무장한 테러호는 에레버스호보다 13년 먼저 건조되었다. 테러호에 대한 가장 처음의 묘사는 극지탐험선으로서가 아닌 전함으로서였다. 이 배가 1812년의 미영전쟁에서 볼티모어의 맥헨리 요새를 포격하는 모습은 동판화로도 남아 있다. 다음 해, 다른 전역에서였지만 존 프랭클린은 이 전쟁에서 중요한 역할을 했다. 테러호는 다른 포격선 볼케이노, 미티어, 데바스테이션, 에트나호와 함께 1813년 9월 13일에 맥헨리 요새에 수백 발의 포탄을 퍼부었다. 당시 맥헨리 요새에 있었던 프랜시스 스콧 키(Francis Scott Key)가 이 전투에 영감을 받아 훗날 미국 국가가 된 시 〈성조기여 영원하여라(Star Spangled Banner)〉를 쓴 것으로도 유명하다.

영국의 화가 존 윌슨 카마이클(John Wilson Carmichael)이 1839~1842년에 탐험가 제임스 클라크 로스(James Clark Ross) 경이 지휘한 남극 탐험을 그린 그림에 뜻밖에도 테러호와 에레버스호가 나온다. 두 척은 얼음 바다가 아닌 뉴질랜드 근해에 있는 것으로 묘사되었는데 야자나무가 울창한 해변을 배경으로 마오리카누와 뗏목이 접근하고 있다. 어딘가 불안하고 어울리지 않는 광경이다. 그림의 장면은 평온하기 그지없는 데 반해 로스의 기록에 따르면 마오리인은 "유럽인을 몰아내고 땅을 되찾을 기회만 호시탐탐 노리고" 있었기 때문이다. 로스는 남극에 있는 두 화산의 이름을 테러산과 에러버스산이라고 지었다. 북극에서는 잔해가 발견된 킹윌리엄섬의 한 작은 만에 테러호의 이름이 붙었다. 이로써 테러호는 북극과 남극에 모두 이름을 남기게 되었다. 테러호의 모습은 1836년부터 1837년까지 북극 원정 기간의 모습을 그린 조지 백의 그림에도 등장한다. 여기에서 테러호는 배핀만의 산처럼 솟은 빙산 옆에 정박해 있다. 전경에는 바다코끼리가 있고 수평선은 태양 빛에 분홍색으로 물들었다. 이것은 10년 뒤에 프랭클린 원정대의 소식을 초조하게 기다리던 이들의 마음에 있었을 법한 장대한 극지의 이미지다. 그러나 이 평탄하고 황량한 지형에서 서쪽으로 수백 킬로미터 떨어진 곳에서 생존자들은 최후의 시간을 맞이하고 있었다.

그리니치의 국립해양박물관에 소장된 테러호의 아름다운 기술 도면은 테러호가 1837년에 북극에서 돌아온 다음 수리를 받을 때 작성되었다. 이 원정에서 테러호는 얼음에 심하게 파손되어 하마터면 침몰할 뻔했고 1845년의 개장 작업 중 비슷한 일을 다시 당할 뻔했다. 이 도면은 배의 모습과 그 구조를 상세하게 파악하는 데 도움이 된다. 돌무더기에 남겨진 메시지에 따르면 대원들은 거의 2년을 얼음에 갇혀 보낸 다음, 1848년에 테러호와 에레버스호를 버리고 떠났다. 2014년과 2016년에 이누이트인의 증언을 단서로 삼아 다시 배를 찾아나서 킹윌리엄섬 남쪽 얕은 바다에서 잔해가 발견될 때까지, 두 배의 위치는 수수께끼였다. 에레버스호는 본토 연안 수심 12미터 해저에, 테러호는 섬 연안 수심 24미터 바닷속에 있었다. 나무를 갉아 먹는 벌레가 창궐하기에는 수온이 낮은 수역에 있던 두 난파선의 잔해 모두 훌륭하게 보존되어 있었다. 대원들의 유품은 아직 그 안에 있다. 캐나다 정부는 1992년에 이 지역을 역사적으로 중요한 사건이나 시설이 남아 있는 사적지로 선포했으며 잔해는 2014년에 캐나다 국립공원관리청의 수중고고학 팀이 발굴했다. 본격적 유물 회수 작업은 2019년에 시작되었고 조사팀은 잔해 모두에 수중음파탐지기와 3D 사진 모델링 기법을 사용해 상세 도면을 작성했다.

캐나다 국립공원관리청 소속 수중고고학자들과 무인잠수정이 2019년에 촬영한 영상 속의 테러호와 그 내부를 담은 동영상을 보면 놀랍기 그지없다. 테러호는 해저에 똑바로 가라앉았고 얼음 때문에 파손된 부분은 예상보다 적었다. 뱃머리 돛대는 온전한 상태로 쭉 뻗어 있으며 배의 키를 움직이는 데 쓰는 타륜도 아직 제자리에 있었다. 스크루를 돌린 증기기관, 그리고 그 증기기관과 연결된 흡배기 장치가 남아 있어 이 잔해는 테러호로 판명되었다. 갑판에 있는 장비들도 기술 도면과 똑같았다. 보트 기둥에서 떨어져 나와 테러호 옆에 비스듬히 누운 보트는 아마 매클린톡이 킹윌리엄섬에서 발견한 보트와 비슷할 것이다. 대원들은 이 보트를 끌고 가다가 마지막 날에 포기했을 것이다. 갑판 아래, 선원 생활 구역으로 들어간 무인잠수정의 영상을 보다 보면 한 번도 발굴되지 않은 무덤에 발을 내딛는 고고학자와 비슷한 경험을 할 수 있다. 잠수정이 선수루에 들어가자, 선반에 그대로 놓인 항아리와 잔, 접시가 보였다. 접시에는 빅토리아시대 그릇의 특징인 청색과 백색 문양이 그려져 있었다. 내 조부모님과 그 동시대 사람들이 아직도 사용하고 있는 도자기였다. 잠수정은 배를 죽 훑어보며 사관 선실을 들여다보았다. 침구류와 선반 내용물은 아직 그대로였다. 창고를 보니 벽감에는 병이 있었고 벽에는 아직 화기류가 매달려 있었으며 뱃고물에 있는 크로지어 함장의 함장실에는 책상과 의자가 그가 떠난 1848년의 그 상태 그대로 남아 있었다. 닫힌 서랍 속에 나중에 올 구조대를 위해 남겨둔 기록이 있을지 모른다고 생각하니 열어보고 싶은 생각이 간절했다. 여기에는 아마 프랭클린의 죽음에 대한 상세한 기록이 있을지 모른다. 이누이트인은 알고 있는지 모르지만, 킹윌리엄섬 어딘가에 묻혔을 프랭클린의 무덤은 아직 발견되지 않았다.

테러호는 이 책에서 소개하는 난파선 중에서 침몰 전의 모습을 설명할 때 고고학적 증거보다 문헌 증거를 더 많이 이용하는 첫 번째 배이자 기술 도면 및 적재 목록이 남은 첫 번째 배이기도 하다. 테러호 잔해의 발견은 고고학이 새로운 사실을 찾는 근원으로서뿐 아니라 상상력과 감정 발현의 촉진제로도 기능한다는 것을 다시 생각하게 한다. 배가 얼음에 갇힌 다음부터 2014년까지, 발견된 프랭클린 원정대의 흔적은 돌무더기 속의 노트, 이누이트인에게서 입수한 유물, 19세기 수색원정대가 발견한 캠프장과 유물, 그리고 최근 섬을 샅샅이 뒤진 고고학자들이 찾은 증거뿐이었다. 난파선의 잔해는 대원의 모습을 생생하게 보여주는 차원이 다른 증거이자 이들의 삶과 밀착된 타임캡슐이다. 이를 통해 대원들이 북극으로 항해하는 첫 몇 주 동안 활기 넘치는 생활을 했으며 그들이 어떻게 기억되기를 바랐는지를 알 수 있다.

## 시한폭탄 같은 삼각무역

1845년은 빅토리아 여왕이 왕위에 오른 지 7년이 되는 해였다. 부군 앨버트 공(Prince Albert)은 아직 살아 있었으며 영국 제국은 빠르게 세력을 넓혀가고 있었다. 영국은 육지의 1/3과 전 세계 해양을 지배하려는 야심이 있었고 북서 항로를 발견하려는 시도는 그 야심의 일부였다. 인도는 아직 동인도회사가 다스리고 있었으나 점차 영국 정부의 개입이 늘어나고 있었다. 결국 1857~1858년에 이어진 동인도회사의 군대 반란 이후 1877년에 빅토리아 여왕이 인도 황제로 등극하면서 인도는 영국의 직할 식민지가 되었다.

프랭클린 원정대가 탐험에 나섰을 때 영국은 시크족과 연이어 전쟁을 벌인 끝에 펀자브주를 병합했고 영국령 인도의 국경을 아프가니스탄까지 확장했다. 아프가니스탄에서도 영국은 전쟁을 치렀고, 이 전쟁으로 인해 영국은 앞으로 장기간 이 지역 문제에 개입할 터였다. 이 전쟁은 1841년에 1만 6000명 이상의 영국-인도군이 산악지대를 거쳐 카불에서 인도로 후퇴하다가 전멸하는 것으로 끝났다. 이 전투의 유일한 생존자인 동인도회사 뱅골군 보조군의관 브라이든(Brydon)은 1879년에 영국 왕립학회에 전시된 레이디 버틀러(Lady Butler)의 유명한 그림에 등장한다. 이 그림은 역경과 영광스러운 실패에 맞서 생존하는 빅토리아시대의 핵심적 이미지가 되었다. 거침없는 진보와 더 큰 영국의 성공을 배경으로 하고 있기 때문에 이 그림은 찬사를 받았다. 프랭클린의 대원들도 살아남았더라면 비슷한 칭송을 받았을 것이다.

그즈음 영국은 인도산 아편의 수입을 금지하려는 청나라를 제지하기 위해 전쟁을 벌이는 중이었다. 이 전쟁도 파급력이 광범위했다. 아편은 동인도회사의 무역에서 가장 큰 이익을 남긴 단일 품목이었고 주주들에게는 엄청난 부의 원천이었다. 아편뿐 아니라 노예제를 계속 후원한 것 또한 이 시기 영국이 저지른 또 다른 부정행위였다. 1807년에 영국 의회가 제정한 법률로 영국 선박과 영국 국민이 노예무역에 관여하는 행위가 불법이 되었고 1833년에는 노예제 폐지법이 제정되어 영국 식민지에서 80만 명 이상의 노예가 해방되었다. 이들 대부분은 카리브해의 설탕 플랜테이션에서 일하고 있었다. 반면 면화 산업으로 노예제는 계속 영국 경제에서 핵심 역할을 했다. 1840년대의 면화 산업은 영국 전체 인구의 1/6을 고용한 최대의 산업이었다. 그리고 가공되지 않은 면화의 80퍼센트 이상이 미국의 플랜테이션에서 생산되고 있었다. 미국의 노예제는 남북전쟁이 끝난 1865년이 되어서야 폐지되었으니 프랭클린 원정대가 꾸려졌던 시대에 영국이 쌓은 상당 부분의 자본은 노예착취를 통한 것이었다. 영국 선박으로 아프리카에서 아메리카로 노예를 수송했던 18세기의 악명 높은 '삼각무역'에 점점 더 많은 사람이 생계를 의지하고 있었다.

인구와 실업률의 증가, 그리고 이촌향도 현상이 발생하며 영국은 농업 경제에서 도시 위주의 경제로 그 체질이 근본적으로 바뀌고 있었다. 이것과 결부된 것이 찰스 디킨스(Charles Dickens)가 소설에서 폭로한 끔찍한 노동 조건과 사법 체계다. 이 체계에서는 아이들을 포함해 가난한 대중은 사소한 범죄로도 사형에 처해지거나 먼 식민지로 유배되었다. 아일랜드에서는 두려움의 대상인 감자 잎마름병이 퍼지기 시작했다. 프랭클린의 대원들이 극지방에서 생존하기 위해 사투하는 몇 년 동안 아일랜드에서는 거의 50만 명이 굶주림으로 사망했다. 그리고 약 50만 명의 아일랜드인이 미국으로 이민을 떠나면서 북동부 옛 도시들의 인구 구성이 변했고, 다른 곳에서 벌어진 대규모 개발로 미국의 모습 또한 변해갔다. 1845년, 미국은 텍사스를 합병해 영토를 확장한 일로 1846~1848년에 걸쳐 미국-멕시코 전쟁을 치렀다. 그리고 1848년 1월에는 캘리포니아에서 금이 발견되어 골드러시가 시작됐다. 전 세계에서 수십만 명의 사람이 캘리포니아로 몰려왔고, 그렇게 서부의 정착과 개발이 활짝 열리기 시작했다.

### 해양패권을 걸고 벌인 전쟁

현재 유일하게 존재하는 존 프랭클린의 사진은 1845년 5월 16일에 영국을 떠나기 3일 전, 원정대 장교들과 같이 찍은 다게레오타이프 사진[프랑스의 루이 다게르가 발명한 은판을 이용한 초창기 사진 - 옮긴이]이다. 사진에 나온 프랭클린은 어딘가 불편하고 아파 보인다. 아마 감기 몸살이나 독감을 앓고 있었던 것으로 보인다. 프랭클린은 다게레오타이프 기술이 1839년에 영국에 도입된 다음부터 사진에 관심을 가졌고 각 함선의 장비로 사진기를 포함시켰다. 2019년에 테러호 내부를 탐사했을 때 크로지어 함장의 방 선반 위에 얹힌 삼각대와 상자가 아마 테러호에 실린 사진기일 것이다. 다게레오타이프 사진기는 마치 다른 시대에서 온 것 같은 최첨단 제품이었다. 사진은 1850년대에 들어서야 일반적으로 보급되었기 때문에 대원들은 그 전까지 초상사진을 찍기 위해 앉아본 경험이 전혀 없었을 것이다. 프랭클린이 어린 시절에 나폴레옹 전쟁을 직접 겪은 사람이라는 사실을 떠올려 보면 세상의 변화가 놀랍기만 하다. 이 시대의 전투 장면이나 함선은 스케치와 그림, 그리고 초상화만으로 기록될 수 있었기 때문이다.

존 프랭클린은 1786년에 잉글랜드 동해안에서 가까운 링컨셔 스필스비에서 대대로 농업에 종사하다가 마을에서 장사로 성공한 지주의 아들로 태어났다. 당시 해군 장교들은 귀족이 아닌 시골 지주 출신자가 흔했고 대부분 자기 힘으로 출세해야 했기 때문에 이들에게는 강력한 동기와 야망이 있었다. 이 경제적·사회적 계층에서 다수의 제국 경영자가 배출되었다. 프랭클린의 두 형도 인도의 동인도회사에서 근무했다. 한 명은 마드라스[지금의 첸나이. 인도가 독립한 후 이름을 변경했다 – 옮긴이]의 수석판사가 되었다가 기사로 봉해졌다. 그리고 다른 형인 제임스 프랭클린(James Franklin)은 동인도회사 벵골군 장교로 복무하며 왕립학회 회원이 되었고 측량사 겸 조류학자로도 유명했다.

1800년 10월에 영국 해군에 입대한 14세의 프랭클린은 대포 64문을 갖춘 HMS 폴리페무스호에 탑승해 1801년 4월 2일에 벌어진 코펜하겐 해전에 참전했다. 덴마크와 벌인 전투인 코펜하겐 해전에서 영국 해군은 덴마크와 러시아를 포함한 동맹과 프랑스 항구의 교역 재개를 차단하려 했다. 이는 영국이 루이 16세의 처형 이후 일어난 1793년에 프랑스 혁명 전쟁에 개입한 이래 막으려 노력해 온 사태였다. 차석 지휘관이던 넬슨 제독은 이 치열한 전투에서 퇴각하라는 신호기를 '안 보이는 눈으로 본' 것으로 유명해졌다. 넬슨은 1794년에 코르시카의 칼라비 해전에서 프랑스군과 싸우다가 한쪽 눈을 잃었기 때문이다. 폴리페무스호는 로스킬레 피오르 입구를 재빨리 지나쳤다. 덴마크 상선들은 이 책 앞에서 소개한 바이킹 롱십이 발굴된 곳에서 매우 가까운 곳에 정박해 있었다.

장교가 되고 싶었던 프랭클린은 다른 선원들처럼 줄을 잘 타는 법을 배워야 했다. 사관 후보생을 지나 소위로 승진하려면 일정 복무 기간을 거쳐 힘든 시험을 통과해야 했다. 하지만 가족 인맥이 있으면 젊은 장교의 짧은 복무 경력에 도움이 되어줄 함장 밑에서 근무할 수 있었다. 프랭클린도 사촌 매형 매슈 플린더스(Matthew Flinders) 함장 밑에서 일했다. 플린더스 함장은 1801년에 오스트레일리아 탐험에 나선 HMS 인베스티게이터호에 프랭클린을 사관후보생으로 들였다. 프랭클린은 사상 최초로 오스트레일리아를 일주 항해한 이 위대한 탐험에서 특별한 경험을 할 수 있었다. 인베스티게이터호에 탑승했던 프랭클린은 귀항 길에는 HMS 포포이스호로 갈아탔으며 그레이트 배리어 리프에서 난파해 두 달을 산호초 섬에서 보내다가 네덜란드 동인도회사 상선에 탑승해 풀로 아우라(Pulo Aura) 해전에서 프랑스군의 공격을 물리치는 활약을 벌이고 광저우를 거쳐 귀국했다. 따라서 테러호와 에레버스호는 프랭클린과 관련 있는 유일한 수중 유적이 아니다. 1973년에 서부 오스트레일리아 러세어세이군도 근해에서 인베스티게이터호가 떨어뜨린 닻 2개가 잠수사들에 의해 발견되었다.

프랭클린은 역사상 가장 중요한 해전 중 하나인 1805년 10월 21일의 트라팔가르 해전에도 참전했다. 대포 74문을 갖춘 전열함 HMS 벨레로폰호의 신호 담당 사관후보생이던 프랭클린은 넬슨의 유명한 "영국은 모든 장병이 의무를 수행할 것으로 기대함"이라는 신호를 보고 받아 적은 다음 제임스 쿡(James Cooke) 함장에게 전달했다. 함장은 대포 옆에서 대기하던 부하들에게 이 메시지를 읽어주었다. 벨레로폰호는 똑같은 74문 전열함 프랑스 함정 에글호와 근접 거리에서 교전했다. 두 배는 포신이 서로 맞닿을 정도로 접근했고, 병사들은 포문을 통해 칼이나 검으로 직접 몸으로 맞붙어 싸우는 백병전을 벌일 정도였다. 프랑스군이 던진 수류탄이 탄약고에서 폭발했지만, 다행히도 별다른 피해 없이 닫혔던 탄약고 문만 날리고 끝났다. 갑판의 주 돛대와 후미 돛대는 적의 포화에 날아갔고 에글호의 삭구 장치에 자리 잡은 저격수들은 노출된 갑판 위의 선원들을 정확히 저격하고 있었다. 벨레로폰호의 부장 윌리엄 컴비(William Cumby)는 장교들이 표적이 되고 있음을 알아차리고 쿡 함장에게 계급장을 떼어버리라고 재촉했다. 그러나 함장은 거부했다. "견장을 떼기에는 너무 늦었네. 지금 상황을 알지만 나는 남자답게 죽을 걸세." 그날 늦게 빅토리호의 넬슨처럼 쿡은 가슴에 치명상을 입고 갑판에 쓰러졌다. 프랭클린은 벨레로폰호으로 건너오려던 프랑스 선원들의 손이 난간에 매달린 모습을 보았고 이들은 격퇴되었다. 그는 선미루 갑판에 있던 죽거나 다치지 않은 47명 중 한 명이었다. 프랭클린은 이 전투 탓에 부분적 청각장애를 얻었고 청력을 완전히 회복하지 못했다. 그러나 그는 프랑스와 스페인 연합군을 격파하고 로열 앤 갤리호 시대 이후 100년 동안 영국이 누린 해양패권을 확립한 해전에서 자신의 역할을 수행했다.

1807년에 프랭클린은 다른 전열함 HMS 베드퍼드호로 자리를 옮겼다. 이 전열함은 1808년에 프랑스의 침공을 피해 도망친 포르투갈 왕가를 태우고 브라질로 가서 남아메리카에 2년간 머무르다가 1810년에 귀환해 4년간 프랑스 항구를 봉쇄했다. 1814년 5월 30일의 파리조약을 끝으로 영국 해군의 대프랑스 전쟁은 끝났다. 나폴레옹이 1815년에 귀환해 워털루 전투에서 정점을 맞은 사건은 순전히 육상에서만 벌어졌다. 그렇게 영국 해군은 당시 한창 진행 중이던 미영전쟁에 함선을 투입할 여유가 생겼다. 영국군은 캐나다 국경에 가해진 압박을 해소하기 위해 멕시코만을 가로질러 1803년에 미국이 나폴레옹에게 사들인 전 프랑스령 루이지애나를 공격할 계획을 세웠다.

1805년 1월 8일, 프랭클린은 뉴올리언스 전투에 참전해 그날 유일하게 성공한 공격에서 주역을 맡았다. 그는 베드퍼드호의 보트 한 척을 지휘해 미국 포함들을 공격했고, 가볍고 작은 총기로 무장한 부대를 이끌고 해군, 해병대와 보병의 연합 공격을 지휘해 미시시피강 서안에 있는 미군 포대를 탈취했다. 프랭클린은 이 포대로 강 건너편의 미군 주력부대를 포격할 생각이었다. 불행히도 공격이 지연되어 영국군은 프랭클린이 포대를 탈취하기 전에 강 건너편에 있던 미군 전열을 공격해야 했다. 프랭클린과 부하들은 30분도 안 되어 탁 트인 늪지대에서 영국군 2000명이 쓰러지는 모습을 속절없이 지켜봐야만 했다. 영국군 사상자 상당수는 켄터키와 테네시 개척자 자원병 부대의 손에 쓰러졌다. 이 부대는 높은 정확도를 자랑하는 긴 소총으로 영국군을 무찔렀다.

## 북서 항로 원정대

프랭클린 대위는 뉴올리언스에서 세운 무공으로 표창을 받고 진급 대상으로 추천되었다. 그는 "장성과 상관들은 해변에서 명령을 수행할 때 그가 보인 노력과 지혜에 거듭 감탄했다"라는 내용의 표창을 받은 해군 일선 지휘관 네 명 중 한 명이었다. 그러나 뉴올리언스 전투가 실패로 끝났고 유럽과 미국이 평화 관계를 맺었으므로 이런 진급은 없을 터였고 많은 해군 장교들은 봉급의 절반만 받게 되었다. 뉴올리언스 전투는 프랭클린의 마지막 실전이었다. 그의 경력은 그때부터 다른 방향으로 향하게 된다. 도전과 잠재적 영예를 원했던 장교들에게 평시에 열려 있던 다른 경로, 즉 측량과 탐험의 길을 따르기로 한 것이다.

오스트레일리아에 있을 때 플린더스 함장 밑에서 배운 측량과 작도법에 힘입어 그는 1818년에 브릭선[Brig: 쌍돛대 범선의 일종-옮긴이] HMS 트렌트호의 지휘를 맡아 베링해협으로 가서 북극을 통과하는 야심찬 원정에 참여하게 되었다. 이 원정은 실패로 끝났으나 다음 해에 그는 허드슨만에서 육로를 통해 코퍼마인강의 위치와 극지 지역 바다가 동쪽으로 편향되는 현상을 밝힌 공으로 대중적 명성을 얻게 되었다. 프랭클린은 이를 "길고 피곤하며 피해가 막심했다"라고 묘사했다. 원정은 1819년 4월부터 1822년 여름까지 이어졌는데, 그동안 20명 가운데 11명이 사망했다. 이 원정에 대해 프랭클린이 쓴 『1819~1822년의 북극해 해변까지의 여정(Narrative of a Journey to the Shores of the Polar Sea in the Years 1819~1822)』는 1823년에 출간되었고 프랭클린은 이 책에서 보인 열정과 인내로 널리 인정받았다.

이제 대령이 된 프랭클린이 1825년부터 1827년까지 북서 항로를 찾기 위해 비치(Beechey)와 페리(Perry) 대령과 협력해 얼어붙은 동토 지역으로 다시 원정대를 이끌면서 그의 명성은 확고부

동해졌다. 원정 뒤에 출간한 책은 각계에서 찬사를 받았고 파리 지리학회는 그에게 "전년도의 가장 중요한 지리적 지식 획득에 이바지한" 공로로 금메달을 수여했다. 그는 옥스퍼드대학에서 명예박사 학위를 받고 왕립학회 회원과 기사가 되었다. 이 기간에 그는 1830년대 초에 지중해 지역에 배치된 전함의 함장으로 7년을 복무한 것을 비롯해 당시 죄인이 유형살이를 하던 호주 남동부의 반디멘스 랜드[Van Diemen's Land: 유럽인들이 호주를 탐험하고 식민지화할 당시 태즈메이니아섬의 식민지 이름 - 옮긴이]의 총독 및 다른 평범한 보직에서 순환 근무했다. 그러나 해군성이 1845년에 그에게 원정을 위해 테러호와 에레버스호를 맡기기로 한 배경에는 앞서 수행한 두 번의 원정이 계기가 되었다. 59세가 된 프랭클린은 대다수 동년배 장교들과 달리 1815년 이후에도 해군에서 계속 복무할 수 있었다. 그리고 그는 이제 흥미진진하고 보상도 커 보이는 마지막 과제 수행을 눈앞에 두었다. 겉으로 보기에 장비는 전보다 훨씬 나았고 성공 가능성도 더 컸다.

모험과 전쟁을 겪으며 프랭클린은 지도자로 성장했다. 인베스티게이터호에서 1802년에 쓴 편지에서 그는 셰익스피어와 알렉산더 포프(Alexander Pope)[영국 고전파 시인 - 옮긴이]의 작품뿐 아니라 해군 전술, 항해, 지리, 프랑스어와 라틴어를 배우고 있다고 썼다. 나중에 그의 조카딸은 그가 "책이라면 종류를 가리지 않고 닥치는 대로 섭렵하는 사람"이었다고 회상했다. 트라팔가르 해전에서 그는 19세밖에 되지 않았지만, 그때도 그는 주변 사람들로부터 배우고 있었다. 쿡 함장이 전사하고 벨레로폰호의 지휘를 맡은 장교인 윌리엄 컴비는 그가 존경하는 사람이었다. 프랭클린은 나중에 컴비에게, 자기가 언제나 그를 본받으려 노력했다고 하면서 이렇게 썼다. "저는 제가 연이 닿았던 사람들과의 우정을 (…) 할 수 있는 모든 방법을 동원해 찾습니다. 부하들이 지휘관에게서 이런 느낌을 받는다면 이들은 언제나 최선의 노력을 다할 것입니다." 바다 밑에 있는 배를 찍은 영상 속에서, 창문을 통해 훌륭하게 보존된 함장실 내부를 들여다보면, 우리는 프랭클린과 부하 장교들이 식사하고 옛 모험담을 회상하는 장면으로 쉽게 그 빈 공간을 채울 수 있다. 다게레오타이프 사진으로 우리가 얼굴을 알게 된 이 사람들은 자신들의 역사적 위치뿐 아니라 자신들이 결정적 사건의 형성에 이바지하고 있으며 앞으로도 그러리라는 것을 알았다.

## 탐험이 가능케 한 찰스 다윈의 이론

후대 탐험가는 북극 항로를 통해 태평양과 인도를 잇는 상업 항로를 개척하는 일이 비실용적이라는 결론을 내렸다. 하지만 북서 항로의 발견만이 프랭클린 원정대의 유일한 목적은 아니었다. 북극권의 자기를 기록하는 과학 프로젝트도 탐험의 목적이었다. 전쟁에서 이기고 팍스 브리태니커(Pax Britannica)를 유지하는 것 말고도 18세기 말 캡틴 쿡(Captain Cook)[여기의 '캡틴'은 함장이나 해군 대령이 아닌 존칭-옮긴이] 시대 이래로 영국 해군은 탐험과 새로운 해안 지도 작성, 과학 진흥을 이루고자 했다. 북극과 남극 탐험 외에 프랭클린 원정대의 참사까지 가장 유명했던 측량 원정은 1831년부터 1836년까지 계속된 HMS 비글호의 항해였다. 피츠로이(Fitzroy) 함장이 지휘한 비글호에는 찰스 다윈이 박물학자로 탑승했다. 이 배의 주목적은 남아메리카 일부와 갈라파고스섬의 지도를 작성하는 것이었지만 다윈은 이 원정에서 생물학에 대한 혁명적인 아이디어를 얻어 1859년에 『종의 기원』을 출간하게 된다.

다윈은 지질학자 찰스 라이엘(Charles Lyell)에게 1846년 혹은 1847년에 빙하와 빙산을 주제로 편지를 쓰며 자신은 프랭클린의 책을 잘 알지 못한다고 했다. 그러나 1845년 9월에 그는 프랭클린의 1819~1822년 원정기를 읽었다고 적은 기록도 있다. 반대로 독서광이던 프랭클린은 1839년에 출간된 피츠로이 함장의 비글호 항해기 4권을 전부 혹은 대부분을 읽었을 것이다. 4권 중 1권은 다윈이 쓴 자연사 이야기다. 그리고 비글호 항해기는 아마도 에레버스호와 테러호에 실렸다고 알려진 탐험 및 조사 측량에 대한 방대한 도서 모음에 들어 있었을 것이다. 프랭클린 원정대가 1845년 5월에 출항했기에 프랭클린은 그해 6월과 9월 사이에 출간된 비글호 원정기에서 다윈이 집필한 부분의 제2판을 읽지는 못했을 것이다. 이 제2판을 통해 다윈은 갈라파고스제도의 핀치새 부리의 차이를 반영해 나중에 자연선택 이론이 된 것을 어렴풋하게나마 책에서 다루었다.

> 이 섬들의 자연사는 몹시 흥미로우며 주의를 기울일 만하다. 이곳의 유기적 산물은 이곳 고유의 것이며 다른 곳에서는 발견되지 않는다. 각 섬에 사는 동물 사이에도 편차가 있다. (…) 이 섬들의 크기가 작고 범위가 제한적이라는 걸 고려하면, 이 섬 고유종의 숫자는 놀라울 정도로 많다. (…) 우리가 엄청난 진실 근처에 온 것 같다. 바로 이 땅에 새로운 존재가 어떻게 처음 출현했느냐 하는 것이다. 이는 가장 어려운 수수께끼다.

자연선택에 대한 아이디어가 머릿속에서 익어가던 시절에 다윈의 관심을 독차지한 것은 따개비류(만각류)였다. 결국 1851년에 그는 다리 달린 따개비에 대한 책을, 1854년에는 부착성 따개비에 대한 책을 냈다. 본격적으로 작업이 시작된 1846년에 프랭클린 원정대에 표본 채집을 요청하기에는 너무 늦었다. 다윈은 1847년 12월 31일에 캡틴 존 로스(Captain John Ross) 경에게 쓴 편지에서 표본채집을 요청했다. 로스는 1839년부터 1843년까지 에레버스호와 테러호를 이끌고 남극 탐험을 한 적이 있었고 이제 북극에서 조난한 프랭클린을 찾기 위한 수색원정대를 이끌고 떠날 참이었다. 다윈은 이렇게 썼다. "탐험 원정을 떠나시게 되면 그 위도 이하에서 찾을 수 있는 북방 만각류 혹은 따개비류를 수집해 알코올에 보존해 주실 것을 요청합니다. 그곳의 바닷가 바위는 이 생물로 엄청나게 뒤덮여 있을 것입니다." 로스가 다윈의 요청에 응했는지에 관한 기록은 없다. 그러나 다윈은 프랭클린의 1819~1822년과 1826~1827년 원정에서 의사 겸 박물학자로 근무했으며 1847~1849년에는 프랭클린을 수색했던 외과의 존 라처드슨(John Richardson)과 1850년에 다른 원정대에 참가했던 의사 코맥 서덜랜드(Cormack Sutherland)로부터 따개비를 얻었다. 이렇게 간접적인 방법으로 프랭클린 원정대는 당대 최고의 과학자에게 생각거리를 제공했으며, 다윈은 이들이 벌인 수색 작업을 통해 북극의 지리와 자연에 대해 새로운 지식을 알게 되었다.

### 한계에 부딪히다

프랭클린 원정대 시대에 지금은 캐나다령 북극권 지역의 섬들을 명목상 영국 영토로 런던의 정부가 다스렸고, 잉글랜드 선원 마틴 프로비셔(Martin Frobisher)가 1576년에 배핀섬에 첫발을 디딘 때부터 영유권을 주장했다. 이 섬들 남쪽에 있는 캐나다 본토는 허드슨만 회사가 다스렸다. 이 회사는 1670년에 찰스 2세

(Charles Ⅱ)로부터 지금 캐나다 면적의 절반에 해당하는 허드슨만 유역의 루퍼츠 랜드의 법적 소유권을 부여받았고 1821년에는 노스웨스트 준주 나머지와 누나부트 대한 소유권도 획득했다. 그보다 남쪽에 있는 영국 식민지 캐나다주(Province of Canada)는 1841년에 이전의 저지 캐나다(Lower Canada)와 고지 캐나다(Upper Canada)가 합병하면서 성립되었고, 1867년에야 자치권을 가진 영국의 영지가 되었다. 허드슨만 회사는 1870년에 토지 소유권을 캐나다에 양도했고 1880년에는 영국 정부에 북극령을 양도했다.

이러한 소유권 이전은 작은 집단을 이루어 북극해 지역 군도와 인접한 본토 해안에 넓게 퍼져 사는 원주민인 이누이트인의 일상생활에는 아무 영향도 주지 않았다. 지금의 아누이트인은 그린란드에 고대 북유럽인이 정착한 것과 동시대인 1000년 전에 알래스카 지역에서 기존의 도싯(Dorset)인을 대체한 사람들의 후손으로 추정된다. 도싯은 이들의 정체를 처음으로 밝힌 유물이 발견된 누나부트에 있는 어떤 곳의 이름을 딴 것이다. 이 지역을 처음으로 탐사했던 사람들은 이집트에서 케옵스(Cheops) 왕이 피라미드를 짓던 시절인 약 5000년 전에 베링해협을 건너 시베리아에서 온 것으로 보인다. 이들은 오늘날까지 많이 사용되는 가죽 보트를 사용했을 것이다. 가죽 보트는 극지대 환경뿐 아니라 작살로 물개와 다른 해양생물을 사냥하기 위해 혼자 혹은 작은 집단으로 넓게 돌아다니는 사냥꾼이 사용하기에 아주 적합했다.

유럽인들은 한때 이들을 이누이트어로 '눈 덧신을 매는 사람'이라는 뜻인 에스키모로 불렀는데, 존 레이가 프랭클린 탐험대원들 사이의 식인 행위에 대해 보고했을 때 그가 의존한 이누이트인의 증언을 믿지 않으려 했던 일부 영국 평론가들은 에스키모를 멸시의 뜻을 담아 사용했다. 찰스 디킨스도 그중 하나였다. 디킨스는 영국의 빈곤층을 매우 동정했지만, 이누이트인을 두고는 야만인이라고 불렀다. 하지만 이누이트인과 북쪽의 아메리카 원주민을 직접 접한 사람들, 특히 허드슨만 회사 사람들은 이들의 지식을 존중하고 이들의 생존 기술을 배웠다. 존 레이는 그중 가장 존경받았고 프랭클린 사가에서 가장 두드러지는 인물 중 한 명이다. 1813년에 오크니군도에서 태어난 레이는 19세라는 어린 나이로 에든버러에서 의사 자격을 얻었으며 허드슨만 최남단의 제임스만에 있는 허드슨만 회사 무스팩토리 지점에서 외과의사로 일했다. 오크니에서도 야외 생활과 사냥에 능숙했던 레이는 캐나다의 겨울 생존 기법에 빠져들었고 최소 장비만 가지고 하는 장거리 여행 전문가가 되었다. 그로 인해 회사는 그를 측량가로 임명했다.

레이는 직접 제작한 눈 덧신을 신고 무스팩토리에서 토론토까지 2400킬로미터 이상을 걸어 측량 수업에 참석함으로써 이 신발의 가치를 입증한 적이 있었다. '눈집', 즉 이글루를 짓는 방법을 배우며 그는 단열이 더 잘될 것이라고 믿고 이글루 위에 물을 부어 이글루 표면을 얼려버리는 실수를 저질렀다고 회상한다. 이누이트인은 그렇게 하면 이글루는 냉장고가 될 뿐이며 온기를 보존하기 위해서는 눈 블록이 '숨을 쉴' 필요가 있다고 가르쳐주었다. 그는 대규모 집단이 아닌 작은 집단이나 동료 몇 명만 데리고 이동하는 것이 생존의 관건이라는 것을 알게 되었다. 이는 당시 대부분의 유럽인이 잘못 알고 있던 생존법이었다. 레이는 이누이트인이 보기에 프랭클린 원정대원 약 40명은 이 땅에서 살아남기 어렵고 이누이트인이 돕기에도 너무 큰 집단이라고 생각했을 것이라고 판단했다. 북부 캐나다에서 자란 사람이라면 모든 것을 휩쓰는 혹독한 추위에서 신체적·정신적으로 살아남는 방법을 터득했겠지만, 프랭클린 원정대의 다수 대원에게는 낯선 환경이었다. 이들은 몇 년에 걸친 장기간의 고된 항해에 익숙한 사람들이었고, 이것이 북극에서 5년 이상을 살아남은 비범한 인내력을 설명하는 데 도움이 될지도 모른다. 그러나 결국 이누이트인의 생존법을 채택하지 않고서는 한계를 보일 수밖에 없었다.

 레이가 킹윌리엄섬 반대편에 있는 부시아반도를 측량 탐사한 기록 『1846년과 1847년의 북극 해안 원정 이야기(Narrative of an Expedition to the Shores of the Artic Sea in 1846 and 1847)』에서 그는 이글루 만드는 법을 배운 이야기를 묘사하며 이글루가 텐트보다 따뜻하다고 말했다. 책이 출간되었을 때 멀지 않은 곳에서 얼음에 갇혀 있던 프랭클린과 부하들이 이 책을 읽을 수 있었더라면 많은 도움을 얻었을 것이다. 1854년에 허드슨만 회사에 보낸 편지에서 레이는 이누이트인이 대원들의 시체에서 엄청나게 많은 탄약을 발견했다고 보고했다. 화약과 탄환, 산탄으로 무더기를 쌓을 정도의 양이었다. 다른 말로 하면 만약 이들이 소집단으로 분산했더라면 사냥으로 생존하기에 충분한 정도의 탄약을 가지고 있었다는 말이다. 그는 자신의 원정을 다음 말로 짧게 마무리한다. "가진 총과 그물로 우리는 지난가을에 충분한 양의 식료품을 확보했으며 본인이 지휘하는 작은 집단은 비교적 편안하게 눈집에서 겨울을 났고 사냥으로 잡은 사슴 가죽으로 따듯한 옷과 침구류를 풍족하게 마련했다는 점을 추가해야 할 것 같습니다."

## 벼랑 끝에 선 이들의 마지막 선택

버려진 보트에서 발견된 가장 가슴 아픈 유물 중 하나로 올리버 골드스미스(Oliver Goldsmith)의 『웨이크필드의 목사』가 있다. 1766년에 첫 출간된 이 소설은 찰스 디킨스가 애독했고 빅토리아시대 수많은 독자로부터 큰 인기를 끌었다. 아직도 각 페이지를 읽을 수 있는 상태로 국립해양박물관에 아름답게 보존된 이 책은 낭만적 시골 풍경화로 알려진 아일랜드 화가 윌리엄 멀레디(William Mulready)의 삽화가 수록된 1843년판이다. 한 시골 목사의 목가적 생활과 재정적 불운, 부활을 그린 감상적 소설인 『웨이크필드의 목사』는 사람들 내면에 있는 선함에 대한 찬사로 여겨지는 작품이다. 상상할 수 있는 가장 혹독한 환경에 도전해야 한다는 것을 알았던 대원 누군가는 이 소설을 마지막 여정에 가지고 가기로 했다. 이상화된 영국 시골 마을과 이보다 동떨어진 곳은 없었을 것이다. 생존을 위해 무엇인가를 해야 할 가능성이 어른거리고 있었다. 바로 이누이트인의 이야기와 법의학적 증거가 밝힌 끔찍한 선택이다.

1859년에 매클린톡 원정대가 돌아온 지 얼마 안 되어 찍은 사진에는 보트에서 발견된 작은 책 20권이 담긴 전시용 상자가 보인다. 『웨이크필드의 목사』를 제외한 나머지는 모두 신앙 관련 서적이다. 그 가운데 역시 국립해양박물관에 있는 휴대용 찬송가집에는 G.G라는 머리글자가 있는데 이는 에레버스호의 그레이엄 고어(Graham Gore) 대위의 소유였다. 피츠제임스(Fitzjames) 함장은 그를 "아주 침착한 기질의 뛰어난 장교로 훌륭한 성품의 소유자"라고 평가했다. 고어는 배를 버리고 보트로 가자는 결단이 내려졌을 때 이미 죽었으므로 이 책은 그의 소지품 중에 누군가가 챙겼거나 아니면 모두가 같이 볼 수 있도록 누군가가 가져갔을 것이다. 장교들 뿐 아니라 일반 병사들도 신앙 서적을 가지고 있었는데 그중에는 기독교 지식 진흥협회가 모든 수병에게 나눠준 기도서도 있었다. 모든 영국 해군 함선에 설치된 선원 문고에는 주로 기독교 서적과 도덕적 교화를 주제로 한 서적이 실렸다. 1836년에 해군성이 승인한 목록에는 1813년 로버트 사우시(Robert Southey)가 쓴 전기를 요약 발췌한 『넬슨의 생애(A Life of Nelson)』, 비숍 깁슨(Bishop Gibson)의 『아팠던 적이 있는 이를 위한 진지한 권고(Serious advice to persons who have been sick)』, 스톤하우스(Stonhouse)의 『욕설, 안식일 어기기와 취함에 대한 경고(Admonitions against Swearing, Sabbath-breaking and Drunkenness)』, 우드워드(Woodward)의 『불경한 욕설을 하는 자에 대한 친절한 주의(A Kind Caution to Profane Swearers)』와 원정대원들의 가슴에 와서 닿았을 에셔튼(Assherton)의 『임종 시 회개에 대한 담론(A discourse concerning a death-bed repentance)』, 그리고 『늙은 목사가 선원에게 보내는 작별 편지(An Old Chaplain's Farewell Letter to Seaman)』가 있었다.

문고에 더 다양한 종류의 도서가 있었다는 것은 테러호와 에레버스호가 그린란드에 도착한 다음 이들과 동행했던 배가 우편물을 싣고 영국으로 되돌아갈 때 장교들이 집으로 보낸 편지로 밝혀졌다. 6월 18일 자 편지에서 에레버스호의 피츠제임스 함장은 이렇게 썼다. "오늘 우리는 일을 시작했고 우리 배에 실린 모든 책의 목록을 만들었다. 그러고 보니 우리는 꽤 훌륭한 책을 많이 가지고 있었다." 피츠제임스 함장에 따르면 에레버스호에 탑승했던 24세의 제임스 월터 페어홈(James Walter Fairholme) 대위는 "똑똑하고 붙임성 좋은 친구로 아는 것이 많았다." 그 페어홈이 아버지에게 보낸 편지에는 조금 더 상세한 내용이 담겼다.

> 공용 도서나 사적으로 소유한 책을 합쳐 배에 실린 모든 책의 목록을 만들었습니다. (테러호도 같은 작업을 하고 있습니다.) 그리고 나니 목록에 없어서 따로 신청해야 할 책이 생각나지 않을 정도네요. 우리는 이 목록을 서로 주고받을 예정이며 책이 필요하면 사서 역할을 하는 외과의사 해리 굿서(Harry Goodsir)가 어느 배 어느 선실에 그 책이 있는지를 알려줍니다.

출항 전에 각 배에 인도된 책은 선원 문고 비치용뿐 아니라 극지 탐험에 대한 책, '에스키모' 언어인 이누크티투(Inuktitut)어 회화집, 기타 기술과 과학 논문집 등 양이 꽤 많아서 프랭클린이 따로 책장을 설치해 달라고 요청할 정도였다. 난파선 잔해 어딘가에 다른 책들과 같이 있을지 모르지만 지금으로서는 피츠제임스가 작성한 목록이 현존하지 않기 때문에 책의 목록은 추정할 수밖에 없다. 이 목록에는 배마다 한 권씩 있었을 찰스 허튼 그레고리(Charles Hutton Gregory)의 『추진기관 관리 실무 규칙(Practical Rules for the Management of a Locomotive Engine)』이 있었을 것이다. 프랭클린처럼 독서광이던 페어홈은 지금 그린란드에서 윌리엄 휘웰(William Whewell)의 『창조자의 증거(Indications of the

Creator)』, 『창조의 자연사가 남긴 흔적(Vestiges of the Natural History of Creation)』과 폴 에드먼드 스트셸레츠키(Paul Edmund Strzelecki)의 『뉴사우스웨일스와 반 디멘스 랜드의 물리적 묘사(Physical descriptions of New South Wales and Van Diemen's Land)』를 읽고 있다고 썼다. 케임브리지대학 트리니티 칼리지에서 석사학위를 받은 휘웰은 다재다능한 사람으로 과학자(Scientist)와 물리학자(Physicist)라는 단어를 만들어내기도 했으나, 다윈의 진화론에는 반대했다. 1844년에 스코틀랜드 작가 로버트 체임버스(Robert Chambers)가 익명으로 출간해 자연과학과 창조의 역사를 통합하려고 시도한 『창조의 자연사가 남긴 흔적』은 휘웰이 반대한 책 중 하나였다. 세 번째 책인 스트셸레츠키의 『뉴사우스웨일스와 반 디멘스 랜드의 물리적 묘사』는 프랭클린이 반 디멘스 랜드 총독을 지냈기 때문에 배에 실렸다. 그리고 페어홈 대위는 프랭클린이 자기 시대에 관해 쓴 책도 읽었는데 이 책은 원고나 교정본 형태로 배에 실렸을 것이다.

9장에서 언급한, 암스테르담에서 출간되어 사크리피시오 다브라모호에 실렸던 책들처럼 에레버스호와 테러호에 실렸던 도서 모음도 역사상 한 시점에 다양한 사회적·교육적 배경을 가진 독자들이 어떤 책을 읽었는지 보여주는 귀중한 기록 자료다. 17세기의 도서 목록이 중세와 계몽시대의 경계를 표시하는 것처럼 프랭클린 원정대 문고는 거대한 지적·과학적 각성이 있기 직전의 세계를 대표한다. 앞에서 보았듯, 이 배에 탑승했던 사람들은 몇 주 차이로 다윈이 처음으로 출간한 자연선택에 관한 책을 놓쳤을지 모르나, 페어홈 대위의 독서 목록을 보면 두 척에는 입수할 수 있는 가장 최신 도서가 소장되어 있었다. 대원들이 과학 진흥을 목표 중 하나로 보았다는 증거는 충분하다. 그린란드의 디스코만에서 보낸 편지를 보면, 프랭클린은 일부러 시간을 들여 사서를 겸한 보조외과의 굿서 박사가 그린란드로 가는 길에 수집한 연체동물 표본을 보냈다. 박사는 그 뒤에도 이런 표본을 수집했던 것 같다. 그 수집품은 지금도 난파선 어딘가에 있을 것이다.

최후의 순간까지 책을 가지고 있었을 정도로 독서는 대원들에게 중요한 역할을 했다. 매클린톡 원정대와 이누이트인이 발견한 많은 책들은 본질적으로 경건한 내용이었다. 이는 대원들이 신앙에 의지하고 있었고, 그 믿음이 가장 극단적인 상황에서 이들에게 위로를 선사했다는 걸 알려준다. 존 레이가 1845년에 이누이트인에게서 입수한 한 가지 가슴 아픈 물건 중에는 이사야서의 한 대화 구절(43:2)이 보이도록 접힌 존 토드(John Todd) 목사의 『학생 길잡이: 학생의 지성과 도덕적 성격 및 습관 형성과 강화를 돕기 위한 특별 지침으로 설계된(The student's manual: designed by specific direction, to aid in forming and strengthening the intellectual & moral character & habits of students)』의 한 페이지가 있었다. 이누이트인은 이 페이지를 대원 전원이 굶어 죽은, 그리고 식인 흔적을 목격한 바로 그 캠프에서 가져왔다.

"너는 죽기를 두려워하지 않는가?"

"그렇다."

"다른 상태가 되는 불확실성에 대해 왜 걱정하지 않는가?"

"왜냐면 하나님께서 내게 이렇게 말씀하셨기 때문이다. '네가 물 가운데로 지날 때 내가 너와 함께할 것이라. 강을 건널 때 물이 너를 침몰하지 못할 것이며 네가 불 가운데로 지날 때 타지도 아니할 것이요 불꽃이 너를 사르지도 못하리니.'"

테러호와 에레버스호에 탑승했던 많은 대원들처럼, 아버지에게 배의 문고에 관해 썼던 독서가 제임스 페어홈 대위는 프랭클린 원정대에 참가하기 전에 상당히 많은 모험을 경험했다. 원정대의 사관 아홉 명 중 가장 젊었던 대위는 13세이던 1834년에 영국 해군에 입대해 카리브해에서 복무를 시작했다. 당시 카리브해의 영국 해군은 대서양 횡단 노예무역을 억제하고자 했다. 영국 제국은 1807년에 노예무역을 불법화했으나 다른 나라 배들은 여전히 노예를 미국으로 밀수하고 있었다. 1838년에 페어홈은 노획 노예무역선의 부장이 되었다가 아프리카 해안에 난파했다. 그와 그의 부하들은 무어인에게 포로로 잡혔는데 16일 뒤에 세네갈 강둑에서 프랑스인 장교가 지휘하는 아프리카인 부대에 석방되었다. 다음 해에 그는 HMS 갠지스호에 배치되었다. 갠지스호는 1821년에 뭄바이에서 티크 나무로 지은 대포 84문의 전열함이었다. 그리고 영국이 오스만튀르크에 반란을 일으킨 이집트 부왕 무함마드 알리(Muhammad Ali)의 분쟁에 개입하면서 갠지스호가 베이루트를 포격했을 때 페어홈도 거기 있었다. 영국의 개입은 오스만제국을 러시아에 대한 방파제로 삼으려는 계획의 일환이었고 이 문제는 결국 1853~1856년의 크림 전쟁으로 이어지게 된다.

1840년대가 후반에 접어들며 페어홈은 실패로 끝난 니제르강 원정대에 배치되었다. 이 원정대는 니제르강을 따라 이뤄지는 노예무역을 막고 새로운 농업기법을 소개하며 기독교를 진흥하고 상업을 장려할 의도로 조직되었다. 이것이 '아프리카의 노예무역 근절과 문명화 협회'의 계획이었다. 5년 뒤의 프랭클린 원정대와 마찬가지로 '아프리카 식민지화 원정대'는 그 전망과 결과 때문에 언론의 주목을 많이 받았다. 수단호, 앨버트호, 그리고 윌버포스호라는 증기선 세 척이 특별 주문되어 리버풀에서 건조되었다. 마지막 두 척은 앨버트 공과 노예제 폐지 운동의 지도자 윌리엄 윌버포스(William Wilberforce)의 이름을 따서 지은 것이다. 원정대는 1841년에 출발했고 페어홈은 대원으로 앨버트호에 탑승했다. 이들은 내륙으로 536킬로미터까지 진출해 지금의 나이지리아에 있는 에가까지 도착했다가 9월에 가나의 케이프 코스트 성으로 돌아왔다. 대원 150명 중 거의 1/3이 열병으로 죽었고 나머지 대부분도 환자였다. 페어홈은 『1841년에 영국 정부가 파견한 원정대의 니제르강 탐험기(Narrative of the Expedition sent by her Majesty's Government to the River Niger in 1841)』를 읽지는 못했다. 왜냐면 이 책은 프랭클린 원정대가 출발하고 3년 뒤인 1848년에야 출간되었기 때문이었다. 그런데 이 책을 읽은 찰스 디킨스는 《리터러리 이그재미너(Literary Examiner)》에 신랄한 서평을 기고하고 자기 소설 『황폐한 집』과 비교했다. 그는 이 원정의 동기를 잘못된 동기에 이끌린 외국에 대한 박애주의로 보고 비판했다. 그가 보기에 19세기 중반에 국민 10명 중 한 명이 극빈층이던 영국의 국내 문제 해결이 더 급했다.

대위로 승진한 페어홈은 아프리카에서 발병한 병 때문에 귀가했다가 포츠머스, 데번포트의 보직을 거쳐 갠지스호에서 같이 근무했던, 당시 중령인 피츠제임스 함장의 추천으로 1845년 3월에 에레버스호에 배치되었다. 아마 프랭클린 부인의 권유에 따라 출항 전 촬영했을 장교들의 다게레오타이프 사진에 나온 대위는 건장한 체구에 자신감이 넘쳐 보이며 실제보다 더 나이가 들어 보인다. 그는 스코틀랜드의 마지막 기항지에서 5월에 아버지에게 보낸 편지에서 이 점을 특기했다.

엘리자베스가 사진을 받았으면 합니다. 프랭클린 부인은 내가 너무 늙어 보인다고 하더군요. 코트를 가져오는 게 귀찮아서 피츠제임스 함장의 코트를 입고 사진을 찍었어요. 저는 중령이에요. 그리고 견장에 닻이 달렸으니 실제 필요한 상황이 닥치면 유용할 겁니다.

현존하는 그의 마지막 글은 7월에 디스코만에서 보낸 독서에 관해 쓴 편지다. 이 편지에는 아버지에게 전하는 마지막 말도 들어 있다. "지금 제 선실 주변에 있는 사람들은 진짜 뱃사람이라고 부를 만한 모습으로 토요일 밤을 보내고 있는 듯해요. 누군가 있는 힘껏 바이올린을 켜고 있고 선수루에서는 두세 가지 노랫소리가 들린답니다. 간단히 말해 모두 행복해 보입니다. (…)" 이 편지 이후 원정대가 보낸 소식은 이 장 첫머리에서 인용한 1859년에 돌무더기 밑에서 발견된 무미건조한 노트뿐이다. 페어홈이 남긴 유일한 증거는 가족 문장이 새겨진 수저와 포크로 이 역시 1859년 원정대가 이누이트인에게서 입수했다. 레이 박사는 1854년에 리펄스만에서 또 다른 수저를 발견했다. 문장에 적힌 좌우명은 "나는 더 나은 것을 희망한다"라는 것이었다. 그가 이 물건들이 발견된 곳 어딘가에서 사라졌을지, 아니면 돌무더기의 노트에서 말한 1848년 4월 28일경 사망한 장교 아홉 명 중 한 명이었을지는 알수 없다.

매클린톡 원정대 이후 160년이 지났지만 페어홈 대위의 흔적은 더는 발견되지 않았다. 그러다가 2015년에 캐나다 국립공원 관리청 소속 고고학자들이 그의 것으로 추정되는 에레버스호의 하갑판 선실을 처음으로 관찰했다. 으스스한 비디오 영상에는 완벽한 상태로 남은 책상 서랍과 침대가 보인다. 아마 이 침대에서 그는 선수루 대원들의 음악이 귀로 흘러드는 동안 아버지에게 편지를 쓰고 있었을 것이다. 그 선수루는 지금은 진흙에 파묻혀 있다. 고고학자들이 발견한 서랍 속 상자에는 아름답게 보존된 견장 한 쌍이 있었다. 사진에서 착용한 중령 견장이 아닌, 대위 견장이다. 그는 이 견장을 가지고 에레버스호에 탑승했고 이 견장은 얼음장 같은 북극해 바닷물에 오랜 세월 보존되었다.

## 위대한 실패

1854년에 존 레이가 발견한 사실은 당시로서는 믿기 어려워 보였다. 바로 북극에서 일부 대원들은 1845년에 비치섬에 도착한 때부터 이누이트인이 마지막 생존자를 목격한 1850년까지 거의 5년을 살아남았다는 사실이다. 프랭클린은 사실 제한급식으로 5년까지 버틸 수 있는 보급품을 마련해 두었다. 이를 가능하게 한 것은 통조림 식품이었다. 1811년에 특허를 받은 통조림은 아직은 완성되지 않은 기술이었다. 통조림으로 인해 생긴 문제는 첫 겨울에 비치섬에 매장된 세 명의 유해를 법의학적으로 분석한 결과 밝혀졌다. 세 사람은 모두 빅토리아시대 영국에서는 흔하고 치명적인 병이었던 결핵이나 폐렴으로 사망했다. 게다가 조직 표본을 분석해 보니 이들의 신체에는 당시 예상 수준보다 20배까지 높은 양의 납이 있었다. 범인은 통조림을 봉하는 데 사용된 땜납이었다. 땜납 때문에 통조림 안의 식품이 납으로 오염되었던 것이다. 납중독이 진행되면서 심신은 더 약해지고 무기력과 착란 및 여러 신체적 증상이 일어났을 것이다. 또 다른 문제는 선원의 오래된 숙적, 괴혈병이었다. 18세기 말에는 괴혈병의 원인이 신선한 과일과 채소 섭취가 부족하기 때문이라는 사실이 밝혀졌다. 프랭클린은 비타민 섭취 수준을 유지하기 위해 라임 주스를 대량으로 실었지만, 라임 주스에 있는 비타민의 효능은 시간이 지나며 줄어든다는 사실은 알지 못했다. 생존자들의 얼굴이 검게 변했다는 이누이트인의 목격담은 이들이 괴혈병의 마지막 단계를 겪고 있었음을 시사한다. 잇몸이 붓고 이가 빠지며 눈과 다른 곳에서 출혈이 발생하는 암울한 증상이 연이어 발생한 환자는 무력증에 빠지고 치명적일 정도로 쇠약해진다.

 이누이트인의 증언과 킹윌리엄섬에서 발견된 유골 증거는 이들이 통조림을 모두 소비한 다음 최후의 수단에 의지했다는 것을 보여준다. 바로 쓰러진 동료들의 시신이다. 2016년《국제 유골 고고학 저널(International Journal of Osteoarchaeology)》에 공개된 한 연구에 따르면, 유골에서는 3단계의 식인 증거가 보인다. 뼈에 남은 절단 흔적을 보니 우선 사지가 아직 멀쩡한 시신에서 살을 발라내고 그다음에는 사지를 절단하고 남은 살을 떼어냈으며 이른바 '최종 단계' 식인에서는 뼈를 부숴서 물에 끓여 골수와 지방을 추출했다. 마지막까지 이들은 해결할 수 없는 끔찍한 문제에 부닥쳤다. 살기 위해 먹는 음식이 그들을 죽이고 있었기 때문이었다. 통조림이 이들을 살려두면서도 죽이고 있었던 것처럼, 유독물질에 오염된 동료들의 시신은 이들의 운명을 끝장냈다. 이보다 더 나쁜 최후를 상상하기란 어렵다.

  1854년 3월 31일, 해군성은 프랭클린과 다른 대원들을 해군 급여 목록에서 삭제했다. 몇 달 뒤에 돌아온 레이의 보고로 존 프랭클린과 그의 부하들의 '비극적 운명'이 확인되었다. 《일러스트레이티드 런던 뉴스》의 표현에 따르면 "결정적으로 여겨지는 정보에 따르면 그렇다." 제임스 페어홈은 상속 문제 분쟁 결과, 1858년에 법적으로 사망한 것으로 간주되었다. 그러나 프랭클린 부인은 이 일을 그렇게 마무리할 수 없었다. 그녀는 남편이 북서 항로를 발견하지 못했으리라는 사실도 받아들일 수 없었다. 1866년에 런던 왕립학회 맞은편에 프랭클린 기념비가 건립되었다. 이 기념비에는 테러호와 에레버스호에 탑승했던 모든 대원의 이름이 새겨졌고 얼음 위에서 거행된 프랭클린의 장례식 모습이 새겨진 청동판이 부착되었다. 그의 동상은 기념비 꼭대기에 세워졌다. 명문은 다음과 같다. "북서 항로 발견 완성을 위해 목숨을 바친 용감한 항해자와 그의 동료들을 위해, AD 1847~1848." 노르웨이의 탐험가

로알 아문센(Roald Amundsen)이 1903년에 성공할 때까지 북서 항로를 항해한 유럽인은 없었다. 아문센은 에레버스호와 테러호 근처에서 레이가 발견한 해협을 통과한 다음 뷰포트해를 향해 서쪽으로 갔다. 그는 대원 여섯 명과 45톤급 어선만 가지고 이 일을 해냈다. 그리고 킹윌리엄섬에서 겨울을 나는 동안 이누이트인에게 썰매를 끄는 데 개를 이용하는 방법과 양모 대신 가죽으로 방한복을 만들어 입는 방법을 배웠다. 이 기술은 1911년의 남극 원정에서 성공하는 데 필수 요소가 되었다.

1875년에 프랭클린 부인이 사망하고 나서 런던에서는 또 다른 기념비가 세워졌다. 이번에는 웨스트민스터 성당에서였다. 얼음에 갇힌 테러호와 에레버스호를 보여주는 부조 조각이 있는 프랭클린의 흉상이다. 죽은 사령관을 추모하기 위해 두 척의 깃발은 내려진 상태다. 그리고 그 밑에는 시인 테니슨이 쓴 시가 새겨졌다. 테니슨의 부인 에밀리(Emily)가 프랭클린의 조카딸이었으므로 두 사람은 혼인으로 맺어진 친척이었다.

여기가 아니다! 하얀 북극은 그대의 뼈를 가졌다.
영웅적인 뱃사람의 혼이여,
그대는 이제 더 행복한 항해를 떠났노니
지상의 북극이 목적지는 아닐지어다.

왕과 수상, 시인과 과학자, 장군과 제독, 그리고 탐험가들과 어깨를 나란히 하며 세워진 프랭클린의 흉상은 그에 대한 최종적인 평가처럼 보였다. 위대한 업적과 간혹 있는 영웅적 실패를 기리는 영국 역사상 가장 신성한 전당에 그의 기억을 그렇게 안치해 버렸다. 이것은 2014년에 에레버스호가 발견되면서, 그리고 2년 뒤에 테러호가 발견되면서 변했다. 프랭클린 탐험대에 대한 가장 영속적인 이미지는 더 이상 석고와 청동으로 만들어진 낭만화된 조각상이 아니라 에레버스호의 유적 위를 비행한 드론이 촬영한 한 장의 사진이다. 그 사진에는 최첨단의 캐나다 국립공원관리청 지원선과 물속의 잠수부들 그리고 아래 북극해 해저에 놓인 유령 같은 난파선의 윤곽이 담겨 있다. 이것이 성당 안의 성소보다 프랭클린과 그의 대원들에게 더 어울리는 기념비다. 이 사진은 해양 탐험 역사상 가장 위대한 시도를 더 자세히 알려줄 난파선의 거대한 잠재력을 보여준다.

**1941년(제2차 세계대전)**

12장

# 압도적 열세를 뒤집은 힘

# 전쟁의 소용돌이 한 복판에서

 SS 게어소파호

배는 어뢰에 맞았고 구명보트 세 척도 상실했다. 31명을 태운 구명보트 한 척이 이등항해사의 지휘 아래 출발했다. 배에 탑승한 31명 중 여덟 명은 유럽인이고 23명은 인도인이었다. 이등항해사만이 배를 조종할 기술이 있었다. 밤바다는 어두웠고 파도는 거칠었다. 이들은 동이 틀 때까지 닻을 내리고 있다가 날이 밝아지자 돛을 올리고 동쪽을 향했다. 아이레스(Richard Hamilton Ayres) 이등항해사는 급수량을 하루 두 모금으로 제한하고 추위에 취약했던 인도인 선원들에게 캔버스 덮개가 있는 배 앞쪽 구역과 담요를 전부 제공했다. 7일이 지나자 일곱 명만 살아남았다. 나머지는 추위와 바닷물을 마셔서 사망했다. 8일째가 되자 물이 떨어졌고 생존자들의 손과 발은 심한 동상을 입었다.

13일이 지나자 육지가 시야에 들어왔다. 생존자들은 노를 사용하기에 너무 쇠약한 상태여서 돛을 짧게 내리고 삭막한 해안으로 향했다. 거센 파도가 닥쳐와 배가 뒤집혔고 전원이 바다에 빠졌다. 배는 다시 파도에 밀려 원래 상태로 돌아갔고 배 위로 다시 올라온 이등항해사는 다른 사람들을 물에서 끌어냈다. 배가 다시 뒤집혔다. 이 마지막 시련에서 살아남은 세 사람은 용골에 매달렸다. 한 사람이 잡은 손을 놓쳤으나 다른 두 사람도 그를 돕기에는 체력이 너무 떨어져 있었다. 이등항해사와 선원 한 사람이 이제 온 힘을 다해 해변을 향했다. 도와주려는 이들이 왔다. 다급하게 헤엄쳐서 해변 바위에 매달렸던 선원은 구조되기 전에 파도에 휩쓸려 다시 발견되지 않았다. 아이레스는 의식을 잃은 상태로 해변으로 끌어올려졌다. 그는 고통과 죽음 한가운데서도 마음을 강인하게 유지했으며 선원들을 안심시키며 안전한 곳으로 데려오기 위해 인간이 할 수 있는 최선을 다했다.

— SS 게어소파(Gairsoppa)호의 이등항해사인 리처드 해밀턴 아이레스가 M.B.E.(대영제국 훈장) 상을 받는다는 소식을 전하는 1941년 11월 18일 자 영국 정부 관보 《런던 가제트》에 실린 보충 내용.

이 비범한 인내력을 보여준 인물의 이야기는 제2차 세계대전의 난파에서 살아남은 수많은 이들 모두에게 해당하는 이야기일 것이다. 서로 다른 국적의 선원들은 5년 동안의 전쟁을 이어가는 데 필요한 식량, 원자재, 군수품을 영국에 공급하기 위해 대서양에서 사투를 벌이며 나치 독일과 대결했다. 1940년과 1941년 사이의 가장 어두운 기간에 하루 평균 상선 두 척이 격침당했는데 이 중 상당수는 유보트[독일어로 잠수함을 뜻하는 운터제보트(Unterseeboot)를 줄인 말-옮긴이]에 격침당했다. 이들은 단독으로 혹은 '늑대 떼'라는 집단으로 연합군 호송선단을 공격했다. 이 전쟁에 걸려 있는 것이 엄청났던 만큼, 침몰의 규모도 유례가 없었다. 전쟁이 끝날 때까지 3500척 이상의 영국 상선이 격침되었다. 윈스턴 처칠은 이렇게 썼다. "전쟁 중 내게 진짜 심각한 걱정거리는 유보트의 위험뿐이었다." 따라서 이 책에서 다룰 마지막 난파선을 통해 우리는 역사적으로 살펴본 항해를 관통하는 두 가지 큰 주제, 즉 교역과 전쟁을 같이 살펴볼 것이다. 이번 난파선을 침몰시킨 제2차 세계대전에서는 사상 최대의 해전이 벌어졌다. 이 전쟁은 그렇게 우리가 사는 세계를 만들었다.

    1941년 3월에 리처드 아이레스가 상륙한 곳은 카에틸리언만이었다. 그곳은 영국 최동남단 근처의 콘월에 있는 리저드반도의 바위투성이 좁은 만이다. 나는 그 해변에서 수없이 잠수했다. 이곳은 로열 앤 갤리호의 잔해가 만에서 보이는 맨오워 암초에서 불과 몇백 미터 떨어져 있었다. 만 바로 바깥의 조류가 얼마나 위험한지 익히 알았다. 나는 이 만의 돌출부에 서서 바위에 부딪치는 대서양의 파도를 보며 구명정에 탑승한 이들의 마지막 순간을 상상하곤 했다. 그날 마침 절벽을 따라 걷던 여학생 세 명이 이 구명정을 목격하고 해안경비대에 연락해 너무 늦지 않게 아이레스를 해변으로 끌어올렸던 것은 천만다행이었다. 이 이야기는 2011년에 아일랜드 해안에서 445킬로미터 떨어진, 깊이 4700미터 해저에서 은괴 17톤과 함께 게어소파호의 잔해가 발견되면서 새로운 의미를 가지게 되었다. 게어소파호는 가장 깊은 곳에서 발견된 가장 가치 있는 화물을 실은 난파선이 되었다.

인도에서 출발한 그 난파선에는 편지들도 있었다. 나중에 살펴보겠지만 이 편지들은 영국에 인도가 생명줄과 다름없었던 시대에 관해 상당히 중요한 시각을 우리에게 제공한다. 게어소파호 같은 많은 영국 상선에는 인도, 중국, 그리고 다른 국적의 선원들이 탑승했다. 국립문서보관소에 있는 게어소파호의 선원들과 이들의 마지막 항해에 관한 문서를 연구해 보니 이 배와 같은 비교적 최근의 난파선으로도 과거에 대한 우리의 지식이 얼마나 풍부해질 수 있는지를 알 수 있었다. 이 난파선은 독재자에 맞서 전쟁에서 이기고 오늘을 즐기는 자유를 얻기까지 인류가 얼마나 큰 노력과 희생을 치렀는지를 생생히 증언한다.

## 전쟁이 일상을 잠식하다

SS 게어소파호는 1919년에 잉글랜드 북동부 타인강에 면한 재로의 파머조선제절소에서 화물선으로 진수되었다. 제1차 세계대전에서 영국은 적의 적대행위 때문에 2500척의 상선을 잃었고 타인강과 스코틀랜드의 클라이드강, 그리고 북아일랜드의 벨파스트에 있는 조선소들은 상실한 상선의 대체 건조를 위해 건조 능력을 최대로 끌어올려 작업하고 있었다. 게어소파호는 1856년 이래 이 조선소에서 건조된 894번째 배였다. 이 조선소에서 가장 먼저 건조된 배는 다름 아닌 HMS 테러호였다. 일종의 물에 떠 있는 시설물(부유 포대)로서 건조된 이 배는 11장에서 설명한 프랭클린 원정대가 탑승했던 배의 후계함이었다.

테러호와 에레버스호의 실종 소식은 이 배의 용골이 놓인 해에 알려졌다. 만재배수량 5237톤에 길이 122미터, 서부 인도에 있는 한 마을과 폭포를 따서 이름 붙여진 게어소파호는 19세기 말부터 1940년대까지 비슷한 설계로 건조된 배 수천 척의 공통된 특징을 가지고 있었다. 해외 무역선의 주력이던 이 화물선은 양차 세계대전 동안 영국에 필요한 물자를 공급했다. 높이 솟은 선수와 넓은 선체에, 배 가운데에 선교[선장이 지휘하는 곳 - 옮긴이]와 연돌[연기가 밖으로 빠져나가는 구조물 - 옮긴이]이 있었던 이 화물선은 선수부터 선미까지 1번부터 4번이라는 번호가 매겨진 2개의 선창을 양쪽 측면에 두었다. SS라는 이름이 보여주듯, 게어소파호는 스크루 증기추진선박(Screw Steamer)이었고 19세기 이래 선박추진기관의 주력인, 석탄 연료 삼단 팽창 증기기관을 동력으로 삼았다.

1939년에 게어소파호는 브리티시 인디아 기선회사가 보유한 103척 중 한 척이었다. 이 회사는 인도 캘커타[지금의 콜카타(Kolkata)-옮긴이]와 버마의 랑군[지금의 미얀마 양곤-옮긴이] 사이의 우편물 수송을 목적으로 1856년에 세워졌다. 1914년에 브리티시 인디아는 페닌슐라 앤드 오리엔털 기선회사(Peninsula and Oriental Steam Navigation Company: 지금의 P&O)와 합병해 세계 최대의 선사가 되어 우편물뿐 아니라 화물과 승객도 수송하게 되었다. 이 회사의 런던 본사 주소인 리든홀가 122번지는 동인도회사의 향수를 진하게 풍기는 곳이다. 바로 동인도회사의 본사인 인디아 하우스가 이곳 맞은편에 있었다. 동인도회사 경영진은 리든홀가의 사무실에서 상품의 수송뿐 아니라 회사가 관리하는 토지의 행정도 감독했다. 이런 상황은 1858년에 영국 정부가 직접 인도 통치를 시작하면서 변했다. 그러나 동인도회사의 유산은 한때 이 회사가 독점했던 곳의 항로를 인수한 다른 회사에 남아 있다. 이 가운데 브리티시 인디아와 P&O뿐 아니라 글래스고에 본사를 둔 클랜 라인은 인도와 영국을 잇는 가장 큰 화물선 회사였는데 게어소파호 이야기에서도 중요한 역할을 한다.

18세기와 19세기 동인도회사의 전성기에는 이 회사가 소유하거나 임대한 이스트 인디아멘(East Indiamen, 동인도선) 선박의 '장거리 운송'과 아라비아해 연안, 실론 앞바다 및 벵골만 주변 등 자유 기업에 개방된 소위 '컨트리(Country) 무역'은 별도로 구분되었다. 상당수의 자사 선박이 인도양에서만 운항 중이던 브리티시 인디아는 20세기에도 계속된 이 컨트리 무역에서 상당한 역할을 했다. 이것이 게어소파호가 1940년에 징발될 때까지의 상황이었다. 전쟁 발발 이후 모든 상선이 기록해야 했던 '선박 이동 카드'에 따르면, 이 배는 1939년 9월부터 1940년 12월까지 봄베이[지금의 뭄바이 - 옮긴이], 코친, 콜롬보, 마드라스, 캘커타와 랑군 사이를 항해했다. 인도양은 아직 유보트 공격에서 안전했고 일본과의 전쟁도 1년 이상이 지나야 발생할 터였다. 게어소파호의 마지막 기항지는 캘커타였다. 여기에서 3개월을 보낸 게어소파호는 1940년 12월 6일에 마지막 항해에 나선다.

전쟁이 일어나자 모든 영국 상선은 나중에 전쟁수송부(Ministry of War Transports)로 개명된 해운부(Ministry of Shipping)의 통제를 받게 되었다. 관리는 계속 소유사가 담당했으나 이들은 특수화물수송선이나 군용 수송선으로 징발될 수 있었다. 한 세기 전의 동인도회사 깃발처럼 회사를 식별하기 위해 눈에 잘 띄게 도색되었던 굴뚝은 군함에 사용되는 칙칙한 회색으로 칠해졌고 무장이 장착되었다. 제1차 세계대전을 치르며 숙련된 포수는 상선에서 수상 항해하는 유보트를 명중시키곤 했다. 그리고 다시 전쟁이 벌어질 때를 대비해 대량의 10센티미터, 12센티미터 포가 예비 물자로 보관되었다. 1940년 말이 되자 많은 상선은 비행기를 사격할 수 있게 높은 각도로 포신을 올릴 수 있는 7.6센티미터 고각포도 갖추게 되었다. 제1차 세계대전기 비행기는 바다에서 위협이 되지 않았지만, 제2차 세계대전에서는 주요 요소가 되었다. 1941년에 게어소파호가 참가한 호송선단 기록을 보면 이 배는 10센티미터 포 1문과 아마도 제1차 세계대전기 무기인 루이스 혹은 호치키스 기관총이었을 기관총 2정으로 무장했다. 이 무장을 운용하기 위해 모든 상선에는 해병대원 혹은 해군 소속 조준수가 배치되었다. 이들은 포술 훈련과정을 마친 상선 선원 사수와 다른 선원들의 보조를 받았다. 포술 장교는 대개 상선의 이등항해사가 맡았다.

게어소파호는 1940년에 캘커타에서 선철과 차, 그리고 다른 화물 7000톤 및 이 배가 징발된 이유인 특별화물 은 200톤을 실었다. 12월 2일에 선원들이 소집됐다. 유럽인 16명, 인도인 71명, 그리고 중국인 목수 한 명이었다. 유럽인 중에는 40세이던 제럴드 하일랜드(Gerald Hyland) 선장, 49세이던 피터 유잉 파이프(Peter Ewing Fyfe) 기관장, 갑판사관 세 명, 기관 사관 네 명, 무전수 한 명, 사무장 한 명, 견습사관 한 명, 포수 두 명이 있었다. 인도인 선원은 기관실과 급양부로 근무처가 나뉘었다. 이들 상당수는 화물을 하나씩 싣고 석탄고에서 석탄을 옮겨 화로에 집어 넣어야 했다. 당시 해운과 선박을 관리하는 데는 24시간 내내 많은 사람의 노력이 필요했다. 당시의 인도인 선원들과 그들의 출신지를 밝혀줄 선원계약서도 남아 있다. 그중 상당수가 다른 배에서 근무했던 경험이 있으며, 상선사관은 브리티시 인디아 소속 상선을 비롯해 다른 선사 소유 상선 출신이다. 기관실의 인도인 선원 13명은 게어소파호의 이전 항해에 승선해 계속 배에 머물렀다.

선장과 기관장은 제1차 세계대전 경험자였다. 제럴드 하일랜드 선장은 그가 견습사관이었을 때 탑승했던 배가 지중해에서 어뢰를 맞았지만 살아남았다. 해병대 조준수인 55세의 예비역 윌리엄 조지 프라이스(William George Price)와 선원 사수인 20세의 노먼 해스켈 토머스(Norman Haskell Thomas)는 그 전에 SS 제이포어호에서 근무했다. 제이포어호는 1940년에 영국에서 출항하는 호송선단 일원으로 참가했다가 받은 최악의 공격에서 살아남았다. 영불해협을 떠난 선단은 독일군 융커스 Ju-87 슈투카 급강하폭격기와 어뢰정의 공격을 받아 다섯 척이 격침되고 12척이 손상되었다. 인도인 기관실 선원 상당수는 전에 대서양 횡단 호송선단에서 근무한 적이 있었으나 상선사관 전부를 포함한 선원 대부분은 이번에 처음으로 바다에서 전쟁을 맞이하게 되었다.

게어소파호는 1941년 1월 1일에 남아프리카의 테이블만에 도착한 다음, 시에라리온의 프리타운을 향해 속도를 높여 서아프리카 해안을 항해했다. 이 배가 항해하는 동안 영국을 오가는 상선은 하루 평균 세 척이 침몰했다. 1월 17일에 그때까지 단일 상선에서 일어난 최악의 인명 피해가 발생했다. U-96이 북대서양에서 SS 알메다 스타호를 격침해 선원과 승객 360명이 모두 사망한 것이다. 게어소파호가 테이블만을 떠나기 일주일 전이었던 1월 21일에는 프리타운에서 출항해 영국으로 가던 호송선단 SL61이 배 두 척을 잃었다. 게어소파호의 선원들은 유보트뿐 아니라 포케불프 Fw-200 폭격기도 위협적 존재라는 것을 알았다. 그리고 20센티미터 포를 장비한 독일 순양함[제2차 세계대전 당시 전함 다음으로 큰 수상 전투함으로, 중-대구경 화포를 장비하고 함대나 선단의 장거리 호위 임무에 주로 사용된 함종—옮긴이] 아드미랄 히퍼가 근해를 배회하고 있었다. 그 전해에 영국 국적 상선 약 800척이 격침되었고 네덜란드, 그리스, 노르웨이 선박도 거의 비슷한 정도로 격침되었다. 날씨는 점점 나빠지고 있었다. 프리타운에 접근하는 동안 선원들은 다음 구간인 스코틀랜드까지 서쪽으로 가는 5600킬로미터를 항해하는 동안에 자신들의 결의가 시험대에 오르리라는 것을 알았다. 그리고 이 항해는 게어소파호의 처음이자 유일한 호송선단 항해가 되었다.

### 승산 없는 전투

이곳은 18세기 초의 로열 앤 갤리호가 해적 행위를 저지하기 위해 서아프리카 해안을 순찰하던 곳이다. 이때 로열 앤 갤리호는 서아프리카에서 기니만을 따라 이어지는 기니 해안과 그곳에 있는 노예무역 거점을 지나쳐 갔다. 1488년에 바르톨로메우 디아스가 아프리카 남단을 돌아간 이래 인도양을 오가는 유럽 선박들은 이 항로를 따라 해안에 설치된 거점의 지원을 받으며 항해해 왔다. 이 거점 중에는 증기기관을 돌리는 데 필요한 석탄을 재보급하는 장소가 있었다. 프리타운은 서아프리카 해안을 따라 난 최상의 자연 항이자 영국제도의 서부 접근로와 희망봉 사이에 있는 기점이었다. 이 도시는 1792년에 해방 노예를 위한 정착지로 건설되었는데 19세기에는 노예무역을 규제한 영국 해군 서아프리카 전대의 모항이었으며, 제1차 세계대전 때는 작전기지였다. 1939년에 다시 전쟁이 발발하자, 이곳은 상선들이 독자적으로 항해할 수 있는 최북단 지점으로 간주되었다. 특히 1940년 중반 이후 프랑스가 함락되면서 독일의 유보트와 Fw-200 항공기가 프랑스 서부에 배치되어 이 해안까지 쉽게 접근할 수 있었기 때문이다.

1869년에 개통된 이후 수에즈 운하는 인도로 가는 지름길로 사용되었지만, 1940년에 이탈리아의 참전으로 지중해는 연합군 상선이 통과하기에 너무 위험해졌다. 서아프리카는 다시 한번 대서양과 인도양을 연결하는 주요 항로가 되었다. 이번에는 영국으로 가는 물품뿐 아니라 중동과 북아프리카로 가는 군수물자도 이 항로를 이용했다. 이 지역은 1940년부터 1941년까지 독일과 이탈리아에 대항하는 지상군 작전의 핵심 기지였다.

게어소파호가 프리타운에 도착했을 때 선원들이 상륙했을 것 같지는 않다. 프리타운은 건강에 해롭기로 악명이 높았고 심지어 영국 해군 사령부조차 근해에 정박한 개조된 여객선에 설치되었다. 게어소파호는 호송선단 SL64와 더 느린 '자매' 호송선단인 SLS64를 구성할 선박 50척 사이에 나란히 정박했다. 'SL'은 시에라리온에서 리버풀까지 간다는 것을 뜻했지만 스코틀랜드 서부의 오반이나 클라이드가 목적지인 배들도 많았다. 오반과 클라이드는 스코틀랜드를 돌아 동부 잉글랜드와 템스강 어귀로 가는 배들의 도약대였다. 그 항로는 위험했고 북해에서 자주 공격받았다. 전쟁이 시작되고 겨우 16개월밖에 지나지 않았는데 이것이 64번째 SL 호송선단이었다는 것은 이 항로로 얼마나 많은 양의 화물이 수송되고 있었는지를 보여준다.

국립문서보관소의 호송선단 문서에 따르면 SL64에는 31척의 선박이 있었는데 그중에는 브리티시 인디아 기선의 다른 배인 고그라호와 클랜 라인이 관리하는 두 척도 있었다. 문서를 통해 선단에 실린 물자가 얼마나 다양했는지를 알 수 있다. 여덟 척에는 철과 철광석이, 네 척에는 차가, 세 척에는 아마유가, 두 척에는 설탕이 실렸고 다른 배에는 옥수수, 곡물과 곡식, 강철, 구리, 망간, 고무, 면, 벤젠, 항공기용 고순도 알코올, 원유(선단에 있던 유조선에 실렸다), 땅콩, 기름을 짜내는 코코넛 과육인 코프라가 실렸다. 화물

목록은 평시라고 해도 좋은 정도이며 일부는 동인도회사 시대 꾸준히 운송되던 것들이었다. 그러나 이것은 본국 국민과 군대 사기 유지를 위한 필수품이었고 당시 영국인이 마시던 음료 대부분을 차지한 차를 포함해 모두 전쟁물자로 간주되었다.

　SL64에 앞서 떠난 두 호송선단은 이 선단이 출항했을 때 아직 바다에 있었다. 32척으로 구성된 SL62는 1월 10일에 프리타운을 떠났고 역시 인도에서 온 배들이 대다수를 차지했다. 이 호송선단에 있던 클랜 라인 소속 선박 네 척 중에는 게어소파호와 같은 해인 1919년에 건조된 5950톤급 증기선 SS 클랜 머독호가 있었다. 이 배도 선철을 수송하고 있었다. 게어소파호처럼 이 배의 상선사관들은 영국인이었고 선원들은 인도인이었으며 탑승 인원은 총 85명이었다. 이 배의 이등항해사 겸 포술장교가 나의 할아버지 로런스 윌프레드 기빈스(Lawrence Wilfred Gibbins)였다. 할아버지는 리처드 아이레스와 비슷한 나이였고 1925년에 클랜 라인 상선에 처음으로 탑승한 뒤로 한 회사에서만 일했다. 게어소파호와 달리 클랜 머독호는 1939~1940년 기간에 시에라리온에서 출발한 호송선단을 포함해 전적으로 대서양에서만 항해했다. 이 배는 게어소파호와 같은 때인 1940년 10월 하순에 캘커타에 있었다. 그리고 두 척 모두 5주 간격으로 같은 항로로 항해에 나섰다. 할아버지의 항해일지를 살펴보니 일지에는 엄청난 항해의 거리가 기록되었다. 캘커타에서 지금의 스리랑카 수도 콜롬보까지

2778킬로미터, 콜롬보에서 남아프리카 테이블만까지 9013킬로미터, 테이블만에서 프리타운까지 6109킬로미터, 그리고 SL 호송 선단의 항로이자 클랜 머독호는 완주했지만 게어소파호는 그렇지 못했던 프리타운에서 클라이드까지의 8010킬로미터가 기록되었다. 캘커타에서 클라이드까지 이동한 거리를 모두 합하면 거의 지구 둘레의 절반과 맞먹는다.

SL62는 그때까지 클랜 머독호가 참가한 호송선단 중 가장 위험한 상황에 부닥쳤다. 아일랜드 북서쪽에서 Fw-200 폭격기 때문에 세 척이 격침되었다. 노르웨이 상선 아우스트바르드는 SL64 출항일인 1941년 1월 30일에 격침되어 23명이 사망했다. 다음 날에는 벨기에 선적 올림피에호가 여덟 명의 인명 피해를 입으며 가라앉았고 같은 날 영국 선적 SS 로원뱅크호가 당했다. 영국인 12명과 인도인 49명으로 구성된 선원 중 생존자는 없었다. 게어소파호가 격침당한 2월 17일, 클랜 머독호도 항해 마지막 무렵에 험버강 어귀에서 항공기 공격으로 파손되었다. 할아버지가 지휘했던 12파운드포[무게 5.4킬로그램의 포탄을 발사하는 대포 - 옮긴이] 포반은 폭격과 기총소사를 받으며 싸웠다. 할아버지의 참전 이야기를 많이 들어서 그런지 게어소파호와 선원의 운명에 관한 이야기는 내게 특히 더 가깝고 실감나게 다가온다.

SL64를 구성한 배들은 1월 29일 저녁에 닻을 올리고 프리타운항 바로 너머에 4케이블(cable) 간격[약 740미터 - 옮긴이]으로

7열 종대를 편성했다. 게어소파호는 2열의 아래에서 두 번째 선박이었다. 호위는 전에 쇼, 사빌 앤드 알비온(Shaw, Savil & Albion)사 소속 여객선이었다가 15센티미터 포 7문을 갖춘 무장상선 순양함으로 개조된 HMS 아라와가 맡았다. 이때 시에라리온에서 출발하는 호송선단 호위는 한심할 정도로 부적절했다. 아라와 같은 배는 방어망을 구축하는 데 한계가 있었다. 구축함, 프리깃함, 코르벳함처럼 더 작고 특수한 선박이 수행할 수 있는 방식으로 유보트를 추적해 폭뢰 공격을 할 수 없었다. 항공 호위도 제한적이었다. 영국 공군 해안방어사령부 소속 블레넘기의 항속 거리로는 호송선단이 영국 근처까지 와야 호위할 수 있었다. 화물은 전쟁에서 어마어마하게 중요했는데도 1941년 초에 동아프리카에서 출발한 호송선단 선원들은 유보트, 항공, 수상함 공격을 물리칠 가망이 거의 없었다. 생존이 운에 달렸음을 이들도 알고 있었다.

호송선단은 회피 조타를 채택했다. 호송선단 문서에 보존된 그림에 따르면 지그재그를 그리며 항해하는 방법이었다. 날씨가 2월 9일부터 나빠졌다. 한 배의 선장은 자신의 배가 이미 거친 파도를 뚫고 항해하는 상황에서 북서쪽에서 악천후가 접근 중이며 12일 저녁 무렵에는 태풍급 강풍이 불 것이라고 보고했다. 그날 아침 이들은 259킬로미터 뒤에 있던 SLS64가 보낸 암호 전문을 해독했다. 그 전문에는 지금 독일 순양함 아드미랄 히퍼로부터 공격받고 있다는 두려운 소식이 담겨 있었다. 전쟁 전체를 통틀어 가장 큰 손실을 본 호송선단 중 하나가 된 SLS64는 이번에 19척 중 일곱 척을 잃었는데 그중 두 척은 탑승원 전원이 사망했다.

나는 국립문서보관소에서 이 공격에서 살아남은 사관들이 남긴 미공개 인터뷰를 찾아 살펴보았다. 이들은 아드미랄 히퍼가 호송선단의 한쪽 현으로 일제사격을 할 때의 끔찍한 이야기를 전했다. 선단을 분산시키려는 시도에도 불구하고 절반 이상의 배가 파괴되거나 피해를 보았다. 상선 중 최소 세 척은 4인치포[10센티미터 포-옮긴이]로 반격해 명중탄으로 히퍼의 후갑판에 화재를 일으켰다. 다른 배의 선장은 아마 같은 배였을 노르웨이 배가 "침입자에게 네 발을 발사했으며 본선도 적탄에 맞아 세 조각이 났다. 생존자는 없었다"라고 보고했다.

호송선단 SL64를 괴롭혔던 악천후로 인해 많은 배들은 구명보트도 잃어버렸다. 선단장은 나중에 이것 때문에 깊이 한탄하게 된다. 할아버지의 항해일지에 따르면 클랜 머독호는 SL62로 항해하다 두 척을, 그리고 항해 끝 무렵 북해에서 두 척을 더 잃었다. 상선 중 한 척에 탑승한 예비역 해군 중장인 SL64의 선단장은 이렇게 썼다. "악천후에 보트를 바깥에 두는 게 놀라운 일은 아니다. (…) 선단의 상선들은 파도가 조금만 쳐도 보트가 들어 올려졌다 풀리면서 바다로 떨어지는 것을 막을 장비가 없었다." 선장들에게 이는 난제였다. 구명보트를 보트 기둥에 고정한 채 계속 흔들리게 놓아두면 배가 어뢰를 맞았을 때 내리기가 더 쉬웠다. 화물을 많이 실은 배가 몇 분 만에 가라앉는다는 것은 이미 많은 선원이 목격해 알고 있었다. 보트 기둥을 바깥쪽으로 펼치기에는 시간이 부족했다. 하지만 잃어버릴 위험을 무릅쓰고 악천후에 구명보트를 방치하는 것은 생존 기회를 낮췄다. 구명보트 외에 배에 실린 칼리 구명벌[미국 발명가 호레이스 칼리(Horace Carley)가 설계한 구명뗏목 – 옮긴이]도 있었지만 이 구명벌은 구조되기 전까지 잠시 사용할 의도로 설계되었을 뿐 며칠 이상 바다에 떠다닐 때를 대비한 설비는 구명보트만 갖추고 있었다.

몇몇 선박은 항해에 충분한 양의 석탄을 싣지 않았다. 예상보다 날씨가 나쁜 날이 많아지자 연료 소비량이 늘어나면서 이 문제가 수면으로 드러났다. 2월 13일에 네덜란드 국적 시마로어호는 연료 부족으로 선단에서 분리되어 알제리의 팔랄항을 향했다. 다음 날에는 SS 하틀베리호가 아조레스군도로 갔다. 그리고 게어소파호도 이탈했다. 이 선박에 탄 선원은 자신들이 단독으로 항해하고 있으며 선단 '낙오자'는 유보트에게 더 쉬운 먹잇감이라는 것을 알고 있었다. 게어소파호에 대한 마지막 언급은 호위함 HMS 아라와의 보고다. "S.S. 게어소파호는 연료 부족 때문에 선단에서 분리되어 골웨이(Galway)로 향함. 마지막 목격 시간은 1030/14, 위치는 북위 45도 15분, 서경 22도 55분."

### 게어소파호의 은밀한 작전

　1941년 2월 16일 18시, 28세의 에른스트 멘데르센(Ernst Mendersen) 대위가 지휘하는 7B형 유보트 U-101이 훗날 게어소파호로 밝혀진 배를 포착했다. U-101은 1월 23일에 프랑스 로리앙 기지를 떠나 북대서양의 호송선단을 상대로 전투를 벌였다. 이 전투에서 호위구축함의 폭뢰 공격을 받은 U-101은 기지로 돌아오고 있었다. 7B형 유보트인 U-101은 장교 네 명, 사병과 부사관 55명이 탑승하고, 전방에 4개, 후방에 1개로 총 5개의 어뢰발사관과 8.8센티미터 함포와 함교 뒤에 배치된 대공용 2센티미터 기관포 및 필요시 꺼내 설치할 수 있는 MG34 기관총 여러 정을 갖췄다. 해당 잠수함의 통상적인 어뢰 탑재 수는 14개였고 G7a형과 G7e형을 갖추고 있었다. 모두 길이 7미터에 280킬로그램의 고성능 폭약이었는데 G7a형은 증기 추진식이고, G7e형은 전기식이었다. 멘데르센의 초계일지는 전쟁이 끝난 후 영국군이 압수해 영국 해군성이 보관하고 있다. 이등항해사 리처드 아이레스의 이야기와 멘데르센의 초계일지를 나란히 읽으면 게어소파호의 최후에 관한 모골이 송연해지는 현장 목격담을 얻을 수 있다.

　이틀 전에 U-101은 4517톤급 SS 벨크레스트호를 어뢰로 공격했다. 북대서양 호송선단으로 항해하다가 낙오한 이 배는 폭발로 쪼개져 50초 만에 침몰했다. 생존자는 없었다. 이제 이들은 또 다른 담퍼, 즉 증기선을 포착했다. 멘데르센은, 이 배의 갑판에 수직으로 세운 기둥인 마스트가 2개 있고, 연돌에서 "연기를 피우고 있었다"라고 묘사했다. 나중에 그는 "앞뒤가 높다"라는 묘사를 덧붙였는데 이는 게어소파호의 남은 사진과 일치하는 특징이다. 그는 독일 해군의 그리드 시스템을 이용해 위치를 기록했다. 이 시스템에서는 바다를 12킬로미터 폭의 사각형으로 나눴다. 이 경우는 2666BE였는데 그 중심부 위치는 북위 49도 33분, 서경 16도 25분이었다. 그는 14~16노트에 해당하는 3/4 속력으로 수상 항해하며 적선을 추적하다가 어두워진 다음 '긴급속력'으로 항해하라고 명령했다. 잔잔한 바다에서는 금방 목표를 따라잡을 수 있는 속도였으나 북서쪽에서 악천후가 다가오고 있었으므로 공격 위치를 잡기까지는 몇 시간이 걸렸다.

유보트는 야간 공격을 할 때 일반적으로 수상 공격을 했고, 잠수는 발각 위험이 있는 낮에만 했다. 멘데르센의 일지를 보면 U-101은 수면에서 게어소파호를 공격했다. 22시 28분, 1200미터 거리에서 그는 전기추진식 어뢰 2발을 발사했다. 어뢰 항주 수심은 공격좌표를 산출하기 위해 전자기 편향을 계산하는 포어할트레흐너(Vorhaltrechner)를 이용해 3미터로 설정되었다. 어뢰는 "거친 바다에서 엉뚱한 방향으로 가는 바람에" 빗나갔다. 멘데르센은 23시 22분에 다시 1발을 발사했으나 이번에도 실패했다. 아이레스는 이에 대해 언급한 적이 없었기 때문에 게어소파호의 견

시원들은 이 공격을 눈치채지 못했던 것 같다. 어둠 속에서 유보트와 어뢰의 항적은 보이지 않았을 것이다.

자정 8분 뒤, 멘데르센은 다시 공격 위치를 잡았다. 이번 좌표는 북위 49도 51분, 서경 14도 55분으로, 가장 가까운 육지인 남서 아일랜드와는 445킬로미터 떨어진 곳이었다. 이번에는 증기추진식 G7a 어뢰를 사용하고 항주 수심을 2미터로 설정한 다음 목표를 배의 선교 앞쪽으로 잡았다. 거리는 코앞이었다. 이번에 발사한 어뢰는 명중해 선교 밑에서 폭발하고 앞쪽 선창에 화재를 일으켰다. 00시 20분, 유보트는 함미가 목표를 바라보도록 선회했다. 그는 '최후의 일격'으로 함미 어뢰를 발사했으나 빗나갔다. 멘데르센은 이번에도 날씨를 탓했다. 그러나 마지막 어뢰의 명중 여부는 중요하지 않았다. "그 증기선은 선미를 수면 위로 삐죽 내민 채 환하게 불타고 있었다. 바다가 거칠었으니 격침으로 간주해도 무방할 것이다."

어뢰 명중을 기록하며 멘데르센은 "폭발 뒤 손전등 불빛이 많이 보였다. 특히 보트갑판과 옆갑판에서 그랬다"라고 적었다. 그런데 그는 게어소파호에 기총소사했다는 것은 기록하지 않았다. 아이레스의 증언에 따르면 U-101은 곧바로 불빛이 보이는 곳을 목표로 기관총을 발사했던 것으로 보인다. 그곳에서 선원들은 구명보트를 풀기 위해 노력하고 있었다. 게어소파호는 무장하고 있었기 때문에 반격하지 못하도록 멘데르센이 공격을 지시한 것일 수도 있다. 그러나 멘데르센의 목표는 상선 선원이었을 것이다. 배가 가라앉은 다음 최선임 사관을 포로로 잡거나 생존자 조력을 위해 접근하는 일은 간혹 일어났다. 하지만 그가 구명보트에 접근하려 시도했다는 정황은 없다. 01시 13분 자로 되어 있는 다음 기록에서 그는 '초계를 재개'해 동쪽으로 함수를 돌려 로리앙 기지를 향하고 있었다. 그것이 U-101이 적의 습격에 대비하는 초계 항해를 떠난 마지막 항해였다. 그 후 U-101은 훈련함으로 전환되어 대서양 전투에서 살아남은 몇 안 되는 유보트가 되었다.

멘데르센도, 게어소파호의 선원과 아마도 선단장을 제외한 SL64의 누구도 몰랐던 것은 게어소파호가 격침되면서 배에 실린 사상 최대량의 은괴가 바다 밑으로 가라앉았다는 사실이다. 그리고 그가 기록한 격침 상황과 위치는 70년 뒤에 발견되어 배가 난파한 곳의 실마리를 제공했다.

### 회복할 수 없는 손실

뱃사람에게 배가 공격받아 몇 분 만에 가라앉는 장면을 목격하는 것은 충격적 경험이다. 할아버지를 보며 나는 간접적으로나마 그 충격을 체험할 수 있었다. 할아버지는 집으로 휴가를 나왔을 때, 그리고 전쟁이 끝나고 오랜 세월이 지나고서도 신발을 신고

옷을 모두 입고서야 잠을 청할 수 있었다. 밤에 타고 있던 배가 어뢰를 맞을지도 모르는 상황에서 오랜 시간을 보내다 보니 그렇게 된 것이다. 격침된 배에 실제 탑승했던 사람들에게 이 충격이 어떻게 다가왔는지는 상상하기조차 어렵다. 게어소파호에서 견시 당직 [선박 사방을 계속 감시하는 임무 – 옮긴이]이 아니어서 깊은 잠을 청하던 선원들은 고작 몇 분 뒤에 얼음장처럼 차가운 물에 빠졌다. 귓가에는 계속 어뢰 폭발음이 맴돌고 있는데, 주변에는 동료들의 시신이 떠다니고 배는 거꾸로 선 채 바닷속으로 곤두박질치는 중이었을 것이다. 쏟아져 들어오는 물, 굴러다니는 화물, 붕괴한 내부의 격벽이 내는 귀를 찢는 듯한 소음은 듣는 이들에게 단말마처럼 들렸을지 모른다. 나는 수면에 있던 배가 찰나에 몇 킬로미터 아래 칠흑같이 어두운 해저에 가라앉았다는 점을 생각하면서 해저에 수직으로 선 게어소파호의 2011년 음파탐지기 이미지를 보고 마치 최면에 빠진 것처럼 빨려들었다. 이곳은 인간이 평소에 감각하고 느끼는 이미지 밖에 존재하는, 거의 상상조차 못 할 장소다. 게어소파호의 잔해에는 마지막 순간의 충격과 공포가 그대로 남아 있는 듯했으나 침몰까지 고작 몇 분 전의 모습이 사진처럼 생생히 보존되어서 격침되기 전의 모습을 떠올리는 데 상상력이 거의 필요하지 않았다.

에른스트 멘데르센 U-101 함장의 그리드 자료에 따르면 게어소파호가 격침된 장소는 포큐파인 심해평원 위 어딘가였다. 아일랜드 대륙붕 근처, 깊이 4000~4800미터의 거대한 해저 평원인 이 심해평원은 프랭클린 원정대가 북극으로 떠나기 1년 전인 1844년에 건조된 범선 겸 외륜선 HMS 포큐파인호의 이름을 따 명명되었다. 대륙붕 가장자리의 바다 깊이를 측정하는 임무를 수행한 포큐파인호는 해저 600미터 밑에서는 수압 때문에 생명체가 존재할 수 없다는 이론을 그 다섯 배가 넘는 깊이의 심해에서 해양생물을 건져 올림으로써 뒤집었다. 게어소파호의 잔해는 2011년에 대륙붕에서 90킬로미터 떨어진 수심 4700미터 해저에서 발견되었다. 몽블랑산의 높이와 거의 같고 타이태닉호가 가라앉은 곳보다 800미터 이상 더 깊다.

  1985년에 뉴펀들랜드에서 720킬로미터 떨어진 해저에서 타이태닉호가 발견된 건 유인잠수정뿐 아니라 극단적 압력을 견딜 수 있게 건조된 무인잠수정을 이용한 심해 탐사가 전 지구적으로 가능하다는 것을 입증한 사건이다. 게어소파호보다 먼저 진행된 심해 난파선의 발견 사례로는 독일 전함 비스마르크와 영국 순양전함 HMS 후드가 있다. 각각 1989년과 2001년에 발견된 이 두 함정은, 게어소파호가 침몰한 지 불과 3개월도 안 되어 침몰했으며, 이 사건은 트라팔가르 해전 이후 아마도 가장 위대한 해전이라고 할 수 있는 전투에서 벌어졌다. 비스마르크호 역시 게어소파호의 침몰 지점에서 남서쪽으로 불과 232킬로미터 떨어진 포큐파인 심해 평원에 위치하고 있다. 이것은 SL 호송선단이 하마터면 큰 피해를 볼 수도 있었다는 증거다. 폭발한 다음 3분도 안 되어 침몰해 선원 1418명 중 단 세 명만 살아남은 후드의 함수나 앞 갑판에 그린 거대한 나치의 상징, 하켄크로이츠가 아직도 선명하게 남은 비스마르크호를 보면, 난파선 잔해는 감정에 강력한 영향을 줄 뿐 아니라 중대한 역사적 순간을 재조명하는 데도 큰 도움이 된다는 것을 알 수 있다. 이 때문에 타이태닉호의 발견은 역대 가장 오래 영향력이 지속되는 난파선 발견이라 할 수 있다.

선수로 쏟아져 들어와 배를 똑바로 세웠던 물이 나머지 부분을 모두 침수시키면서 배 전체의 균형이 잡혀감에 따라 게어소파호는 심연으로 곤두박질치는 동안 자세를 바로잡았을 것이다. 해저에 충돌하면서 배 가운데의 구조물은 상당 부분 떨어져 나갔고, 그 때문에 선교와 연돌은 주 잔해에서 얼마간 떨어져 있었다. 하지만 무인잠수정이 포착한 이미지에 따르면 난간, 외부 계단과 장구류는 완벽하게 제자리에 있을 정도로 게어소파호의 보존 상태는 상당히 좋은 것 같다. 1918년제 비커스 BK 9형 4인치 함포를 촬영한 영상이 가장 인상적이다. 이 포는 포신이 고물을 향한 채 아직도 제자리에 있다. 포반원들은 이 포를 사용할 시간이 없었을 것이고, 시간이 있었다고 해도 잠수함은 어둠 속에서는 보이지 않았을 것이다. 어뢰 폭발로 찢긴 좌현에 난 삐죽삐죽한 구멍이 아직도 선명하게 보였다. 잔해 대부분은 '녹 고드름'으로 덮여 있었다. 타이태닉호를 발견한 사람들이 만들어낸 이 단어는 철을 소비하는 생명체들이 만들어내는 고드름 모양의 부산물이다. 이 과정을 거치며 이 시기 난파선 잔해 대부분은 무너져 해저로 사라진다.

2011년부터 2013년까지 현장을 탐사한 오디세이 익스플로러호의 팀은 값진 은괴뿐 아니라 가치 있는 역사적 유물도 상당히 많이 발견했다. 화물 중 가장 큰 무게를 차지한 철봉은 아직도 선창에 있었으며 차 상자도 마찬가지였다. 가장 가치 있는 역사적 보물은 캘커타에서 발송된 우편 위탁화물의 일부였던 편지 뭉치였다. 이 중에는 스코틀랜드, 남서 잉글랜드, 캘리포니아 주소로 배달될 예정이던 편지 묶음이 있었다. 이들은 산소가 결핍된 해저 환경 덕분에 무사히 살아남아 보존 처리 과정을 거쳐 분리해 읽을 수 있었다. 아래에서 보겠지만 이 편지들은 영국에서 독립하기 몇 년 전 인도에서 살던 사람들의 당시 세계관을 들여다볼 수 있는 흥미로운 자료다.

금전적 가치로 따졌을 때 가장 큰 보물은 170톤 이상의 은괴다. 이것은 인도에서 발송한 특별화물의 일부였는데, 사실상 게어소파호는 이 특별화물 수송 때문에 징발되었다. 총 중량 약 187톤 이상인 이 은은 게어소파호와 2월 초에 프리타운을 떠난 군함 HMS 소말리호에 나눠 실렸다. 1940년 말에 전쟁자금을 조달하기 위한 은이 극심하게 부족해진 영국 정부는 인도에 있던 비축 은에 의지하기로 했다. 게어소파호가 격침되면서 대량의 은을 상실한 사건은 전쟁에 결정적 영향을 끼쳤을 것이다. 그때 영국의 생존 능력은 칼날 위에 얹힌 듯 위태로웠고 유실된 은의 양은 회복할 수 없는 수준이었다. 런던은 폭격으로 폐허가 되었다. 독일군은 발칸반도에 전격전을 벌일 태세였으며 미국의 참전 여부는 불확실했다.

보존 처리를 거친 편지들은 런던의 우편박물관으로 옮겨져 숀 킹슬리(Sean Kingsley) 박사가 편집한 책으로 출간되었다. 게어소파호를 비롯해 전쟁 중 상실한 모든 선박의 소유권을 가진 영국 정부는 회수된 은의 20퍼센트를 재무성이 받기로 합의했다. 이 왕립조폐국은 이 은의 일부를 이용해 게어소파호 기념주화를 발행해 수집가들에게 팔았다. 이 주화들은 난파선, 제2차 세계대전, 영국 통치 말기의 인도뿐 아니라 전 세계와의 연결고리를 제공한다. 이 은 대부분은 아메리카대륙에서 채굴되었다. 은과 금을 찾아 유럽인들은 이 땅을 정복했고 그 유명한 피스 오브 에잇 은화(Pieces of Eight)가 전 세계의 난파선에서 발굴되었다. 그리고 아메리카대륙의 은광은 수 세기 동안 세계 경제와 전쟁의 연료가 된 은을 계속 생산했다.

## 희망은 눈에 보이지 않는 것

게어소파호에서 발견된 편지로 우리는 인도의 영국인 공동체가 본 1940년 말의 세계에 대한 흥미로운 그림을 그려볼 수 있다. 이 시기를 기억하는 사람은 지금 거의 살아 있지 않을 것이다. 하지만 최근까지 영국에는, 인도가 영국의 일부였을 때 인도에 거주했던 사람도 많고 가족 중 누군가가 인도에서 살거나 일한 경우도 많았다. 1600년대의 동인도회사 창설부터 1947년에 독립할 때까지, 영국인의 세계관에서 큰 비중을 차지한 인도는 처음에 동인도회사의 지배를 받다가 1858년부터 영국 정부의 직할통치를 받았다. 이 기간은 빅토리아 여왕이 1877년 인도 황제로 즉위한 후인 라지(Raj) 시기에 해당한다. 이 편지들은 세계 대다수 지역에서 유럽의 식민지 지배가 일반적이었던 시대, 지금은 상상할 수 없는 일들을 엿볼 수 있게 해준다. 이 시기는 지금 우리가 사는 세상의 많은 부분을 설명해 준다.

편지 상당수는 인도 북서 국경에 배치된 영국군 병사들이 영국에 있는 가족에게 보내는 것이었다. 동인도회사는 영국인 장교와 인도인 사병으로 된 회사 자체의 군대를 보유했다. 정부 직할령이 된 다음에도 영령 인도군은 똑같은 모병 구조를 유지했으나 점점 더 많은 인도인이 장교로 임관되고 있었다. 1940년의 인도 내 군대는 영령 인도군 13만 3000명, 인도에 배치된 영국군 부대 4만 4000명으로 이루어져 있었다. 편지의 발신자는 인도에 있던 거의 모든 부대에 걸쳐 있다. 영령 인도군에서는 아삼 소총병 부대, 제10 발루치 연대, 제9 구르카 소총병 연대, 빅토리아 여왕 친위 안내병 부대, 라지푼타나 소총병 부대, 그리고 영국군 부대에서는 국왕 친위 스코틀랜드 국경수비대, 우스터셔 연대, 데번셔 연대, 콘월 공작 경보병대가 있다. 마지막 두 부대는 회수된 편지 묶음의 수신 주소가 병사들의 출신지인 콘월의 펜전스, 팔머스 같은 잉글랜드 남서부라는 사실을 반영한다.

인도군이 메소포타미아에서 오스만튀르크군에 대항해 싸웠던 제1차 세계대전에서처럼, 인도군은 중동과 북아프리카로 파견되어 나치 독일, 이탈리아 왕국, 일본 제국의 3대 추축국과 이들에 동조한 나라의 군대와 싸웠다. 1940년 초, 무솔리니의 이탈리아군이 영국령 소말릴란드를 침공했다. 그리고 12월경에는 수단에서 인도군 부대 2개 사단이 아비시니아와 에리트레아의 이탈리아군을 격퇴할 태세를 갖췄다. 그동안 인도군 부대는 1940년 후반과 1941년 전반에 리비아의 이탈리아군을 격파한 이집트 주둔 영국군의 전력에서 상당 부분을 차지했다. 이 사막 전투의 첫 단계에서 인도군은 롬멜의 아프리카군단에 대항해 싸우다가 전쟁이 끝날 때까지 연합군의 일부로 시칠리아와 이탈리아를 관통해 진격했다.

1940년 12월 초에 이 편지를 쓰던 인도의 영국군 병사 다수는 중동과 아프리카에서의 전투에 참여할 것으로 예상했지 일본과 전쟁하리라 생각한 사람은 없었다. 그런데 이들의 눈앞에 있는 당장의 근심거리는 이탈리아군이나 독일군과 싸우는 것이 아니라, 고된 북서 국경 순찰이었다. 왕비의 왕실연대 제1대대의 한 병사가 와지리스탄의 라즈막에서 펜젠스에 있는 부모에게 쓴 편지에는 무장한 부족민들의 습격에 대한 이야기와 파괴된 마을의 사진이 남아 있다. 영국군 병사 여러 명이 전사했고 그 자신도 두 번 적의 포화를 받았다. 콘월 공작 경보병대의 제1대대에서 온 또 다른 편지는 추운 산악지대 순찰의 어려움을 담고 있고, 데본셔 연대 제1대대에서 편지를 보낸 한 병사는 "일분일초라도 경계심을 놓지 않았다"라고 썼다. 1840년대 후반에 국경을 아프가니스탄까지 밀어붙인 이래 이런 경험은 영국군 병사 대다수의 몫이었다. 수십 년간 이어진 저강도 분쟁, 가장 최근으로는 1919년에 일어난 아프가니스탄에서 벌어진 전쟁, 1936~1939년의 와지리스탄 봉기를 포함한 대규모 봉기가 간간이 끼어들었다. 그리고 그럴 때마다 수천 명의 사상자가 발생했다. 본국에서 이러한 분쟁은 제2차 세계대전이 막 벌어졌을 때보다 19세기에 더 피부로 다가왔다. 이 분쟁은 중앙아시아, 특히 아프가니스탄, 페르시아, 티베트 일대의 패권을 차지하기 위한 영국과 러시아의 전략적인 경쟁, 즉 그레이트 게임(Great Game)의 일부였다. 그리고 이 경쟁은 최근까지도 아프가니스탄과 같은 국경 지역에서 끊임없이 분쟁을 일으키는 원인이 되었다.

군인만이 아니라 여러 계층의 민간인들도 편지를 보냈고 이들의 직업도 다양했다. 그 대다수는 나름의 관점에서 전쟁을 생각하며 미래를 예측해 보기도 했다. 로스앤젤레스의 친척에게 쓴 어떤 이의 편지에는 많은 이들의 희망이 반영되었다.

> 결국 미국이 단결해 세계 평화를 파괴하는 위협을 전심전력으로 도 우리라는 것을 믿을 수밖에 없습니다. (…) 되도록 이른 시간에 이 끔찍한 전쟁이 성공적으로 끝나기를 바라지만, 그 전에 히틀러와 그의 악마들을 완전히 박멸해야만 할 것입니다. 나는 결국 미국이 와서 이 과업을 돕기를 바랍니다.

많은 인도 주재 영국인들은 영국의 친구나 가족을 걱정하는 마음이 있었다. 동인도 비하르에 살던 한 여성은 이렇게 썼다. "영국이 어떻게 여름의 대폭격과 (…) 보나파르트 같은 침공 위협을 이겨냈는지 놀라울 따름이에요." 어떤 남자는 데번에 있는 자기 부인에게 이렇게 호소한다. "언제나 위층에서 자도록 해요. 그리고 불이 났을 때 어디로 나가야 할지도 항상 미리 대비해 주겠어요? (…) 매일 아침 일어날 때마다 나는 진정 우리가 하느님의 은총으로 하루하루를 살아가고 있다는 걸 가장 먼저 떠올린답니다." 유화정책이나 협상으로 평화를 맺을 거라고 생각하는 사람은 거의 없었다. 이들은 아마 평화 협상에 대한 생각은 거의 하지 않았을 것이다. 사람들은 아마 제1차 세계대전 말의 휴전과 1918년 독일을 어떻게 정복했는지를 기억하며 그때 독일 군대를 분쇄했더라면 나치즘의 탄생을 막는 더 좋은 결과로 이어졌으리라 생각했을

지 모른다. 데번의 한 여성은 이렇게 말했다. "임시방편 평화를 원하지 않습니다. 우리는 그 돼지를 무찌르기를 원해요. 그것도 아주 제대로 무찔러야 합니다. 독일 여자들도 그렇게 느껴야 해요." 그리고 게어소파호의 운명에 대한 사전 경고처럼, 한 여성은 "영국의 사랑하는 이들에게 편지하기가 어렵습니다. (…) 왜냐면 편지가 언제, 어떻게 도착할지를 모르기 때문이지요. 그리고 이 편지가 도착할 때 당신이 어떤 상황에 있을지도요."

이 편지가 발송되고 거의 정확히 1년 뒤에 이들의 관점을 근본적으로 바꿀 사건이 일어났다. 일본이 진주만을 공격했고 독일과 이탈리아는 일본과 함께 미국에 선전포고했다. 로스앤젤레스의 친구에게 편지를 쓴 남자의 희망은 이루어졌다. 몇 달 뒤 미국이 대서양 전투에 비행기와 선박을 공여함으로써 전투 결과에 결정적인 영향을 미친 것이다. 동시에 일본은 영국에 전쟁을 선포하고 말레이시아와 버마를 공격했다. 그 때문에 인도군과 영국군은 일본군의 인도 진공(進攻)을 막기 위해 3년 이상을 정글에서 싸워야 했다. 북서 국경의 고된 생활에 대해 편지한 병사들은 다른 규모의 전쟁을 치러야 했다. 1941년에 인도를 떠난 데본셔 연대 제1대대는 1942년 북아프리카의 토브룩 포위전에서 심한 손실을 입고 해체되었다. 콘월 공작 경보병대 제1대대는 1944년에 버마 국경 근처 코히마와 임팔에서 일본군과 힘들게 싸웠다. 전 세계에서 전쟁을 치르게 되면서 인도군의 규모는 거의 250만 명으로 늘어났으며 이와 더불어 전쟁 수행을 위한 대량의 무기와 탄약, 장비, 식료품과 원자재가 인도에서 생산, 수송되었다.

이 시기에 마하트마 간디의 인도 독립운동도 추진력을 얻었다. 전쟁이 끝나면 인도의 분리 독립은 불가피한 사실이 되어가고 있었다. 새로운 인도에 대한 전망과 기대감은 난파선 잔해에서 발견된 여러 편지에서도 드러난다. 그중 돋보이는 편지가 있는데 그 편지는 라지푸티나의 D. 시카르(D. Sikar)라는 원격 강의 수강생이 쓴 시험지 답안이었다. 답안과 더불어 수료증을 받기 위한 증명사진이 '할리우드 라디오 텔레비전 교습소'로 보내졌다. 이 교습소는 1929년부터 40개국 이상에서 무선 통신사를 성공적으로 양성했고 원격 강의와 가정실험을 위한 무전기 키트도 제공하고 있었다. 1940년 12월에 《인디안 리스너스(Indian Listeners)》에는 "전시에는 무선 기술 전문가 수요가 폭증한다"라는 선전 문구로 "전쟁은 귀하의 H.R.T.I. 과정 수강을 방해하지 않습니다. 왜냐면 교전국과 우호국에도 우편 서비스는 계속되기 때문입니다"라는 광고가 실렸다. 과목에는 당시로서는 최첨단 기술인 텔레비전 기술도 포함되었다. 첫 TV 생방송인 〈바람과 함께 사라지다〉의 애틀랜타 시사회는 1939년 12월에 있었다. 70년이 지나, 전쟁이 아닌 아이디어와 기술이 미래에 큰 영향력을 끼칠 것으로 내다본 한 남자의 사진이 해저에서 발견된 것은 강한 울림으로 다가온다.

## 연대의 힘

신발 두 켤레가 난파선 잔해에서 발견되었다. 하나는 유럽식 디자인이었고 다른 하나는 샌들이었다. 아마도 각각 게어소파호의 사관과 인도인 선원의 것이었을 이 두 켤레의 신발은, 사관은 영국인이고 평선원은 인도의 해안마을에서 모집된 선원으로 구성되었던 당시의 시대상을 반영한다. 사관은 갑판사관과 기관사관으로 나뉘었다. 갑판사관은 배의 항해와 화물 관리, 그리고 기관사관은 배의 기관과 추진 장치의 유지를 맡았다. 갑판부는 숫자로 계급이 구분된 사관들과 그들을 지휘하는 장교 혹은 갑판 장교로 구성되었다. 기관부도 갑판부처럼 기관과 그 밑에 계급이 구분된 사관들로 구성되었다. 게어소파호의 기관사관 다섯 명 중 세 명이 스코틀랜드인이었던 것처럼, 기관사관 상당수는 스코틀랜드 출신이었다. 이들은 중공업 분야에서 견습생활을 한 다음 항해를 시작했다. 선장과 같은 계급이었던 기관장은 제복 소매에 똑같이 금줄 4개를 달았다. 그러나 배의 전반적 총책임자는 선장 혹은 마스터(Master)로 갑판부에서 승진을 계속해야 도달할 수 있는 최고의 자리였다.

1930년대와 1940년대에 브리티시 인디아 기선이나 클랜 라인 상선의 갑판사관으로 바다에 나간 사람은 종종 100년 혹은 그 이전의 동인도회사 간부들과 크게 다르지 않은 사회적 배경을 공유하고 있었다. 그리고 이들은 훈련을 통해 그 전통을 이어가야 한다는 강한 의무감을 몸과 마음으로 학습했다. 19세기 초의 많은 사관후보생들은 전열함이던 훈련선 HMS 우스터호나 HMS 콘웨이호에서 2년을 보냈다. 이 배에서 수천 명의 상선사관과 해군사관이 훈련받았다. 리처드 아이레스는 우스터호에, 내 할아버지는 콘웨이호에 있었는데, 이들은 HMS 빅토리호에 탑승한 선배들처럼 해먹에서 자고 갑판을 박박 문질렀으며 줄사다리를 올라갔다. 상업 해운 분야에서 일하려는 사람들에게 브리티시 인디아 기선 같은 회사는 매력적인 곳이었다. 급여가 높고 위상을 갖추었으며 이국적 장소로 항해하는 경험을 쌓고 일찍 선장으로 진급할 수 있었기 때문이다. 이 회사에서는 하급 사관조차 매일 4시간 당직을 서야 했다. 그 전에 이들은 실습 선박에서 몇 년 동안 항해를 마쳐야 했는데 이 역시 선장이 견습사관의 훈련도 책임졌던 범선시대의 전통에 따른 것이었다. 당시 겨우 17세였던 게어소파호의 존 우드클리프(John Woodcliffe) 견습사관은 갑판사관과 함께 임무를 수행함으로써 일찍 요령을 터득할 수 있었다. 즉 선상에서 인도인 선원들과 같이 시간을 보내며 그들의 언어, 음식 및 종교에 대해 배우면서 경력을 시작했다는 걸 의미한다.

게어소파호의 선원 명부를 연구하기 위해 국립문서보관소에 갔을 때 나는 영국 선사에서 아시아 선원들과 맺은 계약인 라스카(인도인 선원) 계약이 명부에 포함된 것을 발견하고 몹시 기뻐했다. 이 계약서는 현존하는 것이 드물고, 특히 전시 선박에서 작성된 계약서는 연구된 적이 없었다. 갑판, 기관실, 급양부의 3개로 나뉜 목록에는 각 선원의 이름, 나이, 이전 근무 선박, 급여 내용, 종교와 고향이 포함되었다. 이 계약서는 게어소파호가 출항하기 2주 전인 1940년 12월 4일에 캘커타에서 작성되었고, 인도 식민 정부가 정한 라스카 고용을 위한 규칙이 뒤따랐다. 조항에는 인도인 선원을 고용하는 회사들은 선원을 위한 요리사의 봉급을 지불하고, 이들을 위한 식자재를 확보하며, 추운 날씨에서 몸을 보호할 설비를 제공하고, 일일 기도 시간과 다른 종교의 축일을 엄수해야 한다는 규칙이 있었다. 게어소파호의 갑판원과 기관원 모두 무슬림이었다.

갑판원과 기관원은 갑판장, 화부장에 해당하는 '세랑'이 지휘했다. 세랑의 보좌로 갑판장, 화부장 보조인 한 명, 혹은 여러 명의 틴달(수부장)과 화물 담당, 회계 담당이 있었다. 선원 대다수는 갑판에서 일하거나 기관실에 있었다. 화부는 화로에 석탄을 삽으로 넣는 일을 했고 급탄부는 석탄을 석탄고에서 가져오며 석탄고에 쌓인 석탄 높이를 수평으로 맞춰 선박 트림[무게 배분을 통해 배의 균형을 맞추는 일 – 옮긴이]을 유지했다. 급탄부의 영어 이름인 콜 트리머(Coal Trimmer)는 여기에서 나온 말이다. 이들은 배에서 가장 위험하고 불쾌한 임무를 수행했다. 공기가 석탄 가루로 가득한 경우 석탄은 자연 발화하기도 했다. 그뿐만 아니라 어뢰가 명중했을 때 석탄고와 기관실은 최악의 장소였다. 그래서 배가 가라앉았을 때 기관실 선원들의 사망률이 가장 높았다.

갑판 세랑인 압둘 쿠두스(Abdul Qudus)는 방글라데시 남동부에 위치한 치타공 맞은편 산드윕섬 만트방가 마을 출신이다. 기관실 세랑 칼릴 라흐만(Khalil Rahman)은 산드윕 건너편의 본토에 있는 파틱차리 구역의 박타푸르에서 왔다. 모두 현재 방글라데시에 있는 곳이다. 그러나 1940년에 이들은 버마 국경과 가까운 영국령 인도의 일부였다. 캘커타와 랑군 사이에 있는 주요 항구인 치타공에는 브리티시 인디아 기선과 클랜 라인 소속 상선들이 주로 기항했다. 세랑이 선원을 고향 마을과 근처 지역에서 모집하는 일은 흔했고 게어소파호의 경우도 그랬다. 갑판원 27명 중 18명이 산드윕섬, 그중 여덟 명이 만트방가 마을 출신이었다. 그리고 기관원 29명 중 27명이 파틱차리에서 왔고 그중 16명이 박타푸르와 이웃 마을 다르마푸르 출신이었다. 배 한 척이 침몰하면 작은 공동체에 큰 타격을 줄 수 있는 상황이었다. 농업과 어업으로는 간신히 생계만 유지할 수 있었던 이 지역은 선원으로 근무하는 이들의 봉급에 크게 의존했다. 오늘날 만트방가 마을 주민은 고작 90여 명인데 그 일부는 게어소파호와 운명을 같이한 이들의 친척일 것이다. 산드윕섬의 삶도 예나 지금이나 고단하다. 이 섬 대부분은 해면에서 고작 몇 미터 위에 있으며 1991년의 사이클론으로 홍수가 발생해 가옥 80퍼센트가 파괴되고 주민 약 4만 명이 죽었다.

세 번째 명단인 급양부 선원은 완전히 다른 곳 출신이다. 이들은 인도 서해안의 포르투갈령 고립지 고아에서 왔다. 선사들은 주방 인원을 고아에서 고용했는데, 이곳 주민들이 포르투갈의 통치 시기를 거치며 기독교도가 되었기 때문이다. 즉 이들은 돼지고기를 다룰 수 없는 무슬림이나 쇠고기를 다룰 수 없는 힌두교도와 달리 식재료에 제약이 없었다. 급양부장인 집사는 아카시오 로사리오 파리스(Acacio Rozario Pais)였다. 66세인 파리스는 상업 중심 마르가오에서 강을 따라 내려가면 있는 인구 3500명의 아솔나 출신이었다. 선실부원 13명 중 여섯 명이 아솔나, 세 명이 마르가오 출신자였다. 파리스의 이름이 암시하듯, 이 지역 주민 상당수는 포르투갈인이 조상이거나 포르투갈 이름을 받아들였다. 선실부원 네 명의 성이 로드리게스(Rodrigues)였다. 동인도회사 시대와 직할 식민지 시대 내내 영국이 포르투갈에 고아를 비롯한 몇몇 작은 고립지를 지배하도록 허용한 것은 놀라운 사실이다. 고아는 1961년에 인도에 병합됐다. 이는 바스쿠 다가마가 1498년에 바다로 인도에 도착한 최초의 유럽인이 된 지 불과 몇 년 만에 포르투갈령 고아가 설립된 것과 연결 지어 생각할 만한 이야기다.

게어소파호에 탑승한 인도인 선원의 평균 나이는 36세였다. 갑판원 중 최소 10명은 1940년에 탑승한 배에서 유보트, 항공, 수상 공격을 받았던 대서양 전투를 이미 경험했다. 28세의 갑판원 무함마드 하룬(Muhammad Harun)은 산드윕섬 무사포어 마을 출신으로 1939년에 내 할아버지와 같이 클랜 머독호에서 근무했다.

기관실 세랑 칼릴 라흐만은 75세로 대서양 전투에 참전한 사람 중 최고령자로 알려졌다. 이들의 이름을 재조명하고 이들의 이야기를 게어소파호의 유럽인 선원들과 나란히 놓는 것은, 나치에 대항한 전쟁에 인도인 상선 선원이 이바지한 바를 보여주고 싶어서다. 다른 국적의 선원들도 마찬가지다. 당시는 배가 몇 척만 더 격침되면 나치 독일에 홀로 대항하던 영국과 영국제국 구성국이 전쟁 수행 능력을 잃을 정도로 위태로운 상황이었다.

### 절박함으로 맞서다

국립문서보관소를 찾은 나는 리처드 아이레스의 대영제국 훈작사 표창 추천사 전문을 찾았다. 해군성은 아이레스의 이야기가 "전쟁 중 더 극명한 에피소드 중 하나"라고 묘사했다. 시련에서 살아남은 그의 수상 소식이 알려지자 언론이 관심을 가지기 시작했고 그의 인터뷰와 경험담을 앞다투어 기사로 냈다. 영국의 일간 타블로이드 신문 《데일리 미러(Daily Mirror)》의 일요일판인 1941년 9월 7일 자 《선데이 픽토리얼(The Sunday Pictorial)》은 "29명의 선원이 표류하다 – 생존자는 단 한 명"이라는 제목의 기사를 실었다. 부제는 다음과 같았다. "육지에서 480킬로미터 떨어진 곳에서 무개(無蓋) 보트에 웅크린 채 거친 파도에 시달리던, 어뢰에 맞은 배의 선원 29명에게 생존을 건 악몽이 시작되다." 11월 19일 자 《뉴스 크로니클(News Chronicle)》은 그의 증언을 이렇게 실었다.

> 배가 어뢰에 맞았을 때 나는 선실에 있다가 갑판으로 급하게 뛰어 올라갔다. 배의 한쪽 측면에 큰 구멍이 났다. 그리고 우리는 보트로 올라탈 준비를 했다. 나는 1번 구명보트의 하강 작업을 감독했다. 그때 연돌에서 기관총탄이 튀었다. 우리는 갑판에 납작 엎드렸고 구명보트는 바다로 떨어졌다. 바다는 거칠었고 바람도 셌다. 보트에는 30명 정도가 탑승했다. 그중에는 기관장, 이등기관사와 삼등기관사, 사무장, 무전수, 해병대 사수와 견습사관이 있었다. 다른 보트 두 척도 내려졌지만, 이들에게 무슨 일이 일어났는지는 알 수 없다. 최악의 순간은 회전하는 배의 프로펠러 쪽으로 휩쓸려 갔을 때였다. 우리는 프로펠러에 빨려드는 사태를 아슬아슬하게 피했다. 그 뒤로 며칠 동안 우리 머리 위로 비행기 여러 대가 지나갔다. 우리는 버니식 신호 권총을 발사했으나 그들의 주의를 끌 수는 없었다. 낮에는 태양을 기준으로, 밤에는 별을 기준으로 항해했다. 나는 죽지 않겠다고 결심했다.

11월 20일 자 《코니시맨(Cornishman)》은 기관총 사격에 대한 아이레스의 또 다른 증언을 보도했다.

우리는 잠수함을 본 적이 없으나 소리는 들었다. 보트를 내리는 동안 날아온 기관총탄이 갑판을 휩쓸고 지나갔다. 나는 재빨리 몸을 숨겼고 우리 모두 바닥에 엎드렸다. 총탄은 구명보트의 도르래 밧줄을 절단해 배가 바다로 떨어지게 했다.

거친 바다의 물결 때문에 구명보트 위에서의 식수 보급에 처음부터 어려움을 겪었다. "물통의 마개가 빠지는 바람에 물 절반이 새어 나갔다." 작은 돛은 강풍에 둘로 찢어졌으나 "나는 인도의 다우선에서 사용되는 것과 비슷한 방법을 고안했다." 보트에는 키가 없었으므로 이들은 노를 이용해 조타했고 자주 물을 퍼내야 했다. 그는 생존자를 두 당직 집단으로 나누고 보트를 다루는 방법을 가르쳤다. "우리는 농축 우유 24캔, 비스킷 6캔, 물통 2개로 항해를 시작했다. 비스킷은 거칠었으며 아주 조금씩만 먹을 수 있었다. 물은 하루에 1/4컵만 마실 수 있게 배급했다. 4일째 되는 날에 첫 인도 선원이 사망했다."

서쪽으로 부는 강풍을 뚫고 항해하던 생존자들은 두 번 쏟아진 소나기에 잠시 숨을 돌렸다. 식수는 7일째 되는 날 떨어졌고 이들은 깡통에 받은 빗물을 몇 모금 마시며 버텨야 했다. "동료 선원 상당수는 바닷물을 마시고 미쳐버렸다." 사망자는 바다로 던져졌고 그들이 입었던 옷은 생존자를 돕는 데 사용되었다. 결국 일곱 명이 살아남았는데 그중 네 명이 인도인이었다. 마침내 그들의 시야에 육지와 등대가 보이기 시작했다. 리저드 포인트의 등대였다. "눈길이 닿는 곳은 온통 높은 파도가 밀려와 부서지는 모습뿐이었다." 그래서 아이레스는 만을 찾아 항해하기로 했다. 배에서 떨어진 다음 그는 "너무 피곤한 나머지 살기 위한 투쟁이 가치가 없다고" 느꼈지만, 그때 "해변에서 힘내라고 소리치는 아이들의 목소리"를 들었다. 이 소리를 듣고 그는 마지막 힘을 내어 눈에 보인 밧줄을 허리에 단단히 맸다. 그는 부하 선원들에게 할 수 있는 최선을 다했다. 하지만 "잔인한 바다가 노력의 과실을 빼앗아 가버렸다."

호송선단 SL64의 나머지 선박에 대한 호위대 지휘관의 보고는 날씨가 얼마나 험악했는지를 증언한다. 아이레스가 출발한 2월 17일에 호위대 지휘관은 '매우 거친' 바다와 "우박, 눈, 진눈깨비를 동반한 스콜성 소나기"를 보고했다. 2월의 아일랜드 근해 수온은 섭씨 6도에서 9도다. 이 수온에서 물속에 있는 사람의 예상 생존 시간은 3시간 정도이며 30분만 지나도 탈진하거나 의식을 잃는다. 구명보트에 있는 것도 숨 돌릴 틈을 주지 않았다. 왜냐면 생존자들은 처음부터 물에 흠뻑 젖어 있기 때문이었다. 아이레스가 살아남은 지 몇 주 뒤, 호송선단 SL68 소속으로 카보베르데제도 근처에서 침몰한 SS 클랜 오길비에서도 비슷한 생존 드라마가 펼쳐졌다. 이등항해사의 지휘로 구명보트에 탑승한 선원들이 12일 만에 구조되었다. 그 이등항해사 역시 이 과정에서 보인 솜씨와 결의 때문에 대영제국 훈작사가 되었다. 역경을 겪지 않고 생존한 사람은 아무도 없었다. 정보부가 상선단에 배포한 전시 책자는 선원들이 '상상조차 할 수 없는 인내력'을 보여주었다고 설명했다. 이 책에 실린 한 사진은 팔짱을 낀 생존자 네 명이 뒤집힌 구명보트 위에 누운 모습을 보여준다. 이 상태로 이들은 열흘을 지냈다. 다른 사진은 구명보트에서 한 달 동안 살아남은 생존자 네 명을 보여주는데 동료 24명은 이미 사망한 후였다. 생존담도 있었지만 구명보트나 구명벌에는 시체만 있는 경우가 더 많았다. 놀랍게도 아이레스 본인을 포함한 생존자 다수는 회복되는 대로 바다로 자원해서 돌아갔다. 《코니시맨》에 따르면 이들은 "우리에게 삶의 필요성을 일깨우면서도 언제나 죽음의 신을 길동무로 데리고 다니는 사람"이었다.

## 우리는 희생 위에 서 있다

바다에서의 전쟁은 게어소파호의 침몰 뒤에도 가차 없이 전개되었다. 매일 상선이 격침되었고 아이레스와 그의 동료들처럼 생존자들이 구명보트에 의지해 표류하는 상황은 그 뒤에도 오래 계속되었다.

게어소파호와 함께 캘커타에서 은을 수송했던 소말리호는 다음 항해에서 살아남지 못했다. 3월에 사우스엔드에서 출항한 소말리호는 폭격을 받아 노섬벌랜드 해안에서 폭발했다. 지난달에 클랜 머독호가 공격받은 곳에서 멀지 않은 곳이었다. 수심 28미터 해저에 가라앉은 소말리호의 잔해는 잠수사들이 발견했는데 보일러와 함미포가 아직 온전한 상태였다. 클랜 라인과 브리티시 인디아 두 회사 모두 그해에 지중해와 대서양에서 많은 선박을 잃었다. 그중 한 척이 SS 클랜 프레이저호였다. SS 클랜 프레이저호의 잔해는 가장 인상적으로 우리 곁에 남아 있다. 이 배는 독일군이 그리스를 침공한 1941년 4월 6일에 TNT 200톤을 하역하다 슈투카 급강하폭격기의 목표가 되어 폭발했는데 그때 날아온 선체 조각이 피레우스항의 한 나무에 박혀 있다. 일주일 뒤, 남쪽으로 몇 킬로미터 떨어진 곳에서 SS 클랜 커밍이 아이기나섬 근해에서 지뢰 폭발로 침몰했다. 그곳은 기원전 480년에 그리스인과 페르시아인이 싸운 살라미스에서 가까운 곳이었다. 2012년에 그리스 잠수사들이 수심 94미터 바다에서 발견한 이 난파선은 제2차 세계대전기 난파선 중 가장 잘 보전된 배 중 하나다. 이렇게 위치가 확정되어 잠수사들이 탐사한 난파선은 예외적인 경우이고 상선 대부분은 심해에 가라앉았기 때문에 게어소파호를 발견하는 데 사용된 기술로만 접근할 수 있다.

이후 호송선단 기록에는 프리타운에서 출항하기 전에 반드시 연료를 충분히 싣고, 9노트를 유지할 수 없는 선박은 호송선단에 참가시키지 말라는 해군성의 지시가 보인다. 아마 SL64에서 배운 교훈 일부가 반영되었을 것이다. 1941년 3월에 Fw-200 콘도르 폭격기가 일선에서 철수했다. 그렇게 서부 접근로에서 치명적 손실을 일으켰던 적의 공습도 잦아들었다. 그리고 5월 초에 나치 독일이 군기밀을 암호화하는 데 사용한 에니그마(Enigma) 암호기를 실은 독일군 잠수함을 영국 군함들이 포획하면서 나치 독일을 무찌를 돌파구가 열렸다. 이에 따라 독일군의 암호해독이 가능해져 더 많은 비밀 전보를 읽을 수 있게 되었다. 해독 작업은 앨런 튜링(Alan Turing)과 블레츨리 파크에 있던 암호해독자들이 수행했는데 이들이 이룬 암호해독으로 독일군의 늑대 떼 전술이 상쇄됐다. 유보트는 단독 공격 대신 집단을 이룬 협동 공격으로 호송선단에 엄청난 손실을 입혔다. 연합군도 비슷한 방법으로 복수에 나섰다. 대잠전에 특화된 소형함으로 호위 그룹을 꾸리고 폭뢰, 수중음파탐지기로 유보트 사냥에 나선 이후에야 전황은 연합군에 유리해졌다. 그러나 이런 일은 1943년이 되어야 일어났고 그때에도 유보트 위협은 심각했다. 인도양에서 작전을 수행하던 장거리 유보트들은 이전에는 독일군이 공격하지 않던 항로를 항해하는 배들도 격침했다. 그런 항로 중에는 게어소파호가 1940년 12월에 캘커타에서 남아프리카까지의 마지막 항해에 사용했던 항로도 있었다.

영국 선박이 1939년 9월에 첫 공격을 받은 후 5년 7개월이 지난 1945년 5월에 마지막으로 어뢰 공격을 받았으니, 전쟁 중

대서양이 안전했던 적은 없었다. 호송선단 SL64의 선박 가운데 1944년까지 18척이 격침되었고, 상선 선원 453명이 목숨을 잃었다. 게어소파호는 총 123척을 보유한 브리티시 인디아 상선이 전쟁 중 잃은 51척 중 한 척이었다. 클랜 라인은 55척 중 37척을 잃었다. 전쟁이 끝날 무렵에는 영국 선적 선박 3500척, 그리스 선적 선박 930척, 미국 선적 730척, 노르웨이 선적 690척, 네덜란드 선적 260척뿐 아니라 이들을 호위하던 수많은 연합군 함선이 격침되었다. 반면에 독일은 유보트 785척을 잃었고 이 중 다수는 승조원 전원과 같이 침몰했다. 이 숫자는 바다에서 벌어진 제2차 세계대전의 규모가 어느 정도였는지를 보여준다. 제1차 세계대전과 더불어 이번 전쟁은 세계 곳곳의 해저에 그 어떤 시대보다 더 많은 역사를 남겼다.

리처드 아이레스는 9개월의 회복 기간을 거쳐 바다로 다시 나갔다. 사망 2년 전인 1990년에 쓴 편지에서 그는 구명보트에서 마지막까지 같이 있던 동료들에 대해 더 자세한 이야기를 전하고 있다.

생존자 중에는 18세의 무전수 로버트 프레더릭 햄프셔(Robert Frederick Hampshire), 20세의 포수 노먼 해스켈 토머스, 17세의 견습사관 존 마틴 우드리프(John Martin Woodliffe)는 총 세 명의 유럽인과 인도인 선원 두 명이 있었다. 견습사관의 시신은 발견되지 않았으나 나머지 네 명의 시신은 카에틸리언만에서 1.6킬로미터 떨어진 란데웨드낵의 성 윈월로 교회 마당에 매장되었다. 그중 세 명의 무덤에는 코먼웰스 전사자묘지위원회가 1947년에 묘비를 세웠다. 그리고 노먼 해스켈 토머스의 무덤에는 그의 가족이 가져온 십자가가 세워졌다. 이 십자가에는 "그는 용감하게 죽었다"라는 묘비명이 새겨졌다. 아이레스는 근처 병원에서 두 인도인 선원의 신원을 확인해 달라는 요청을 받았으나 "내가 더는 걸을 수 없었던 관계로 신원 확인은 불가능했다. 내가 그들의 인상착의를 제출한 다음에 매장되었다. 나는 이슬람교도였던 이 아시아 선원들이 그들의 종교의식에 따라 매장될 수 있게 해달라고 요청했고 (…) 이들은 메카 방향으로 매장되었다."

이들은 라스카 계약을 맺어 이름이 알려진 인도인 선원 63명에 포함되어 있다. 또한 이들의 이름은 제2차 세계대전에서 전사한 인도인 선원 6045명의 이름을 모두 기록한 치타공과 봄베이에 있는 추념록에 남아 있다. 그리고 이들의 이름은 코먼웰스 전사자묘지위원회 명부에 있는 상선 선원 3만 7641명의 일부이기도 하다. 게어소파호의 중국인 목수 르엉 콩(Leong Kong)은 홍콩에 있는 전사 중국인 선원 기념비에 이름이 있는 1491명 중 한 명이다. 해병대 예비역 윌리엄 조지 프라이스는 해군, 해병대, 육군 출신으로 상선에 탑승했다가 바다에서 전사한 3935명의 이름이 적힌 채텀 해군 기념비에 이름이 남아 있다. 그리고 게어소파호에서 사망했거나 그 뒤 실종되어 알려진 무덤이 없는 영국 사관과 선원

11명은 실종자 2만 4543명의 이름이 새겨진 런던 타워힐 소재 상선 기념비에 그 이름을 남겼다. 전쟁 중 여러 국적의 선원 6만 명이 바다에서 목숨을 잃었고, 생존자 상당수는 「상선단 공식 역사(Official History of the Merchant Navy)」에서 말하듯 평생 불구로 살거나 수명이 단축되었다. 사망률을 분석했던 한 전쟁수송부 고위 관리는 이런 결론을 내렸다. "임무 수행을 가능하게 한 상선 선원들의 용기와 위험의 정도, 그리고 통계 뒤에 있는 진실을 보기 위해서는 상상력이 거의 필요하지 않다. 이들이 없었더라면 우리는 모든 것을 잃어버렸을 것이다."

에필로그

# 고고학은 위대한 문서를 드러내는 일

영국 본토의 최남단, 리저드 포인트에서는 건너편 유럽대륙의 해안이 훤히 들여다보인다. 지중해, 희망봉, 인도와 중국, 그리고 이보다 더 먼 곳으로 가는 항로까지 광대한 바다가 넓게 펼쳐진다. 이 절벽에 서 보니 배 여러 척이 지나가는 듯했다. 주석을 싣고 영불해협을 건너는 도버 보트, 영불해협을 순찰하는 메리 로즈호, 암스테르담에서 화물을 싣고 절벽 가까이 항해하다가 심한 바람에 밀려 난파한 산토 크리스토 디 카스텔로호, 황금과 승객을 싣고 가다가 고작 몇백 미터 떨어진 암초를 넘지 못한 로열 앤 갤리호의 모습이 눈앞에 아른거린다.

페르낭 브로델의 말처럼 바다는 과거 존재를 담은 가장 위대한 문서다. 책에 등장하는 배들은 각자의 시대를 담은 소우주다. 넓은 범위의 역사적 사건에서 개인의 삶에 이르기까지 다양한 이야기를 전해준다. 다른 역사 이야기처럼 개인적이며 주관적이다.

이 이야기에는 내가 지난 40여 년간 끈질기게 파고들었던 발굴 현장의 장면이 담겨 있다. 발굴은 한 번으로 멈추는 것이 아니라 계속되는 과정이다. 나에게는 이 책 자체가 흥미진진한 모험이 되어주었다. 무엇보다 나를 이끌어준 힘은 고고학자로서 내가 품은 열정과 지적 호기심이었다. 새로운 유적을 발견할 때마다 독특한 통찰과 유물을 얻을 수 있었다. 익숙하지 않은 곳, 위험한 곳에 잠수할 때마다 나는 의식을 날카롭게 갈고닦았다. 그렇게 하면 해저에 남은 이들의 삶을 마치 내가 다시 불러낼 수 있을 것만 같았다.

개인의 경험과 연결된다는 점에서 고고학은 강력한 역사적 도구가 된다. 이는 우리가 현재의 삶에서 물질문화를 통해 의미를 만들어가듯 과거의 유물들도 같은 방식으로 바라보고 이해하게 해주기 때문이다. 이 책에서 교역, 전쟁과 탐험도 중요하지만 진짜 중요한 것은 개별 인물이다. 역사적으로 유명한 사람도 있고 그렇지 않은 사람도, 이곳에서는 모두가 주인공이다.

청동기시대에는 네페르티티 여왕, 호메로스 시대의 왕들과 왕에게 두려움에 찬 편지를 써 보낸 우가리트 상인들이 있다. 고전기에는 철학자 플라톤과 위대한 의사 갈레노스 시대의 안과의사가 있다. 천일야화의 시대에는 신드바드와 바그다드, 중국 상인들이, 바이킹 시대에는 레이프 에릭손, 그리고 대서양과 다뉴브강의 탐험가들이 있다. 튜더 시대에는 헨리 8세와 그의 아내 아라곤의 캐서린, 그리고 최고의 기량을 자랑하던 헨리의 궁수가 있다. 다음 세기에는 렘브란트와 아타나시우스 키르허라는 비범한 인물이 등장한다. 19세기 들어서는 다게레오타이프 사진기 앞에 앉았다가 선실에서 과학, 지리, 종교 서적을 읽고 나중에는 죽음을 기다리던 캡틴 프랭클린과 그의 부하 장교들이 있다. 그리고 1941년의 암울한 날에는 리처드 아이레스와 그를 따르는 동료 선원들의 모습이 보인다. 이들은 바다가 우리에게 알려주는 '인내'라는 영원한 진리, 민족적 다양성과 경계 없는 해양 문화를 대표한다. 이들은 바다에 가로막혀 제약을 받으면서도 그 가능성과 지평선 너머에 있는 것들의 유혹에 이끌렸다. 잠수부이자 탐험가로서 나 자신이 그러했듯이.

등대가 뿜어내는 강력한 한 줄기의 빛, 안개 위험 신호를 알리는 경적 소리…. 오늘날에도 바다에는 위험이 도사리고 있다. 그 바다의 밑바닥을 벗겨내는 건 위대한 문서를 드러내는 일이다. 위치도 표시되지 않은 수없이 많은 난파선 잔해는 우리가 역사를 조명할 수 있는 한, 끝없이 펼쳐지는 태피스트리처럼 계속 풍부한 역사적 사실을 내놓을 것이다.

**옮긴이 이승훈**
고려대학교와 서울대학교에서 공부했다. 역서로 『미드웨이 해전』, 『언익스펙티드 스파이』, 『욤 키푸르 전쟁』, 『미드웨이 해전과 나』, 『세계사를 바꾼 50가지 전쟁 기술』, 『비스마르크를 격침하라』, 『루돌프 디젤 미스터리』가 있다. 현재 출판번역에이전시 글로하나에서 다양한 분야의 영어 도서를 리뷰, 번역하며 영어번역가로 활발히 활동하고 있다.

12척 난파선에서 발견한 3500년 세계사 대항해

# 바다가 삼킨 세계사

초판 1쇄 발행 2025년 7월 9일
초판 2쇄 발행 2025년 8월 4일

**지은이** 데이비드 기빈스
**옮긴이** 이승훈
**펴낸이** 김선식

**부사장** 김은영
**콘텐츠사업본부장** 박현미
**기획편집** 옥다애 **디자인** 황정민 **책임마케터** 박태준
**콘텐츠사업4팀장** 임소연 **콘텐츠사업4팀** 황정민, 박윤아, 옥다애, 백지윤
**마케팅1팀** 박태준, 권오권, 오서영, 문서희
**미디어홍보본부장** 정명찬
**브랜드홍보팀** 오수미, 서가을, 김은지, 이소영, 박장미, 박주현
**채널홍보팀** 김민정, 정세림, 고나연, 변승주, 홍수경
**영상홍보팀** 이수인, 염아라, 김혜원, 이지연
**편집관리팀** 조세현, 김호주, 백설희 **저작권팀** 성민경, 이슬, 윤제희
**재무관리팀** 하미선, 임혜정, 이슬기, 김주영, 오지수
**인사총무팀** 강미숙, 이정환, 김혜진, 황종원
**제작관리팀** 이소현, 김소영, 김진경, 이지우, 황인우
**물류관리팀** 김형기, 김선진, 주정훈, 양문현, 채원석, 박재연, 이준희, 이민운

**펴낸곳** 다산북스 **출판등록** 2005년 12월 23일 제313-2005-00277호
**주소** 경기도 파주시 회동길 490 다산북스 파주사옥 3층
**전화** 02-702-1724 **팩스** 02-703-2219 **이메일** dasanbooks@dasanbooks.com
**홈페이지** www.dasanbooks.com **블로그** blog.naver.com/dasan_books
**용지** 스마일몬스터 **인쇄 및 제본** 한영문화사 **코팅 및 후가공** 제이오엘앤피

ISBN 979-11-306-6757-7 (03900)

· 책값은 뒤표지에 있습니다.
· 파본은 구입하신 서점에서 교환해드립니다.
· 이 책은 저작권법에 의하여 보호를 받는 저작물이므로 무단 전재와 복제를 금합니다.

다산북스(DASANBOOKS)는 책에 관한 독자 여러분의 아이디어와 원고를 기쁜 마음으로 기다리고 있습니다. 출간을 원하는 분은 다산북스 홈페이지 '원고 투고' 항목에 출간 기획서와 원고 샘플 등을 보내주세요. 머뭇거리지 말고 문을 두드리세요.